HOLLAND

Colofon
Holland is een uitgave van
© Uitgeverij Elmar b.v., Rijswijk MCMLXXXIX

Fotograaf: Paul C. Pet
Tekst: Rien van de Helm
Beeldresearch en tekst bijschriften: Anja Pet
Vertalingen: Duits: Franz J. Lukassen
          Engels: Ivo Blom
Vormgeving omslag en lay-out: Victor Hoefnagels
Zetwerk: Baston, Den Haag
Druk: V.O.B., Hardenberg
ISBN 906120 686 3

CIP GEGEVENS KONINKLIJKE BIBLIOTHEEK, DEN HAAG

Pet, Paul

Holland / Paul Pet [fotogr.] ; Rien van der Helm [tekst].
– Rijswijk : Elmar. – ill., foto's
Tekst in het Nederlands, Engels en Duits.
ISBN 90-6120-686-3 geb.
SISO 982 UDC 914.92(084.12) NUGI 675
Trefw.: Nederland ; fotoboeken.

HOLLAND

PAUL C. PET
RIEN VAN DER HELM

E L M A R

HOLLAND

In het buitenland is Nederland vooral beroemd om zijn bloembollen, windmolens en klompen. Belangrijkste kenmerken van Nederland, dat gelegen is aan de Noordzee en aan de mondingen van twee grote Europese rivieren, de Rijn en de Maas, zijn echter het vlakke landschap en de lage ligging. Slechts weinig landen hebben zo'n betekenisvolle naam, want een groot deel van het land ligt lager dan het niveau van de zee en de rivieren. Bij hoge vloedstanden zou dan ook meer dan de helft van het land onder water lopen, ware het niet dat dit dankzij een uitgekiende waterbeheersing, bestaande uit duinen, dijken en dammen, wordt voorkomen.

De benaming *Holland* is historisch ontstaan. Aan het einde van de middeleeuwen werd het gebied aangeduid met *Lage Landen* of *Nederlanden*. In 1581 kwamen de Verenigde Provinciën der Nederlanden tot stand. Eén van deze provinciën, de voormalige provincie Holland (in 1840 opgesplitst in de huidige provinciën Noord- en Zuid-Holland) overvleugelde in de zeventiende eeuw, ook wel aangeduid als de *Gouden Eeuw*, op economisch, cultureel en politiek gebied de overige provinciën. Napoleon riep zijn broer Lodewijk Napoleon in 1806 zelfs uit tot 'Koning van Holland'. De naam Holland is sindsdien nooit meer verdwenen. Ook niet toen Willem I zichzelf in 1813 uitriep tot 'Koning der Nederlanden' en de naam Nederland weer de voorkeur genoot. Deze benaming is nadien niet meer veranderd en de huidige koningin Beatrix is dan ook 'Koningin der Nederlanden'.

Overigens is de naam Holland afgeleid van het woord 'holt', hetgeen hout betekent. Letterlijk betekent de naam Holland dus 'Houtland'. In vroeger tijden was een groot deel van Nederland overdekt met uitgestrekte bossen, hetgeen deze naam verklaart. Met name in het buitenland wordt de naam Holland vaak voor geheel Nederland gebezigd.

IJstijden

Het natuurlandschap van Nederland is nog betrekkelijk jong. De meeste landschapsvormen zijn ontstaan tijdens en na de periode van de grote ijstijden, die circa 2½ miljoen jaar geleden begon en tienduizend jaar geleden eindigde. Dit tijdvak wordt aangeduid met de naam Pleistoceen, een onderdeel van de periode genaamd Kwartair. Op de geologische tijdschaal is het Kwartair de jongste periode die loopt van ruim twee miljoen jaar geleden tot het heden. Het tijdvak van tienduizend jaar geleden tot het heden wordt Holoceen genoemd.

In het Pleistoceen werd het klimaat gekenmerkt door een afwisseling van koude en warme perioden. Gedurende de ijstijden kwamen de maximumtemperaturen niet boven de 5°C uit. In de warme perioden was het klimaat vergelijkbaar met het huidige Nederlandse weerbeeld. In de voorlaatste ijstijd, het Saalien genaamd, tussen circa 200.000 en 130.000 jaar geleden, reikte het ijs zelfs tot aan Nederland en bedekte de ijsmassa het noordelijke deel van het land. De brede ijstongen schuurden diepe laagtes uit en drukten de ondergrond weg, waardoor diverse heuvelruggen ontstonden waarvan de Veluwe, de Utrechtse Heuvelrug en het Rijk van Nijmegen nog altijd goede voorbeelden zijn. In de warmere periode die volgde, werden de tijdens de ijstijd ontstane laagtes door afzettingen van de zee en aanslibbingen van de diverse rivieren weer gedeeltelijk opgevuld. Daarnaast namen de gletsjers allerlei materiaal zoals keien en andersoortig puin met zich mee, terwijl het ijs over de bodem voortschoof. Onder invloed van de kracht van de gletsjers werd dit materiaal fijngemalen tot het zogenaamde keileem, dat op diverse plaatsen in het noorden van Nederland nog is terug te vinden.

Aan het einde van de ijstijd kwam er veel water vrij. Dit water stroomde naar beneden en nam allerlei materiaal als zand en grind met zich mee en zette dit af. Door het smelten van het vele ijs steeg ook de zeespiegel weer en liepen de laagste delen van Nederland onder water. Op deze gebieden werden zand en klei afgezet. Tijdens de laatste ijstijd, het Weichselien genaamd, bereikte het landijs Nederland niet, maar heerste er wel een koud klimaat. Hierdoor was begroeiing nauwelijks mogelijk, waardoor de wind vrij spel had. De zeespiegel daalde weer en de drooggevallen zandplaten van de Noordzee waren een gewillige prooi van de wind die grote delen van Nederland met een laag zand bedekte, dat men toepasselijk 'dekzand' noemt. Deze laatste ijstijd eindigde circa 10.000 jaar geleden. Door de hogere temperaturen smolt het landijs en steeg de zeespiegel weer: een nieuwe geologische periode brak aan.

Holoceen

In het geologische tijdvak Holoceen kreeg Nederland zijn huidige landschaps- en kustvormen. Met name de stijging van de zeespiegel als gevolg van de hogere temperaturen was van grote invloed op het landschap en de kust. Circa 8000 jaar geleden werd de basis gelegd voor de huidige kustlijn van Nederland. Er ontstond langs de ondiepe kust een reeks van langgerekte zandbanken, waaruit langzaam maar zeker duinen ontstonden. Deze duinen of strandwallen werden door de beukende zee keer op keer vernietigd, maar na verloop van tijd bleven ze buiten het bereik van de zee en liep het grondgebied achter deze duinen bij vloed via gaten in de strandwal onder. Er ontstonden diverse binnenzeeën, die bij eb zo goed als droog vielen.

Op de aan de kust ontstane zandduinen kwam langzaam maar zeker een spaarzame begroeiing, die ook het zand dat door de wind werd aangevoerd vast hield. Eb en vloed hadden echter vrij spel en geregeld vielen grote delen land ten prooi aan het geweld van de golven.

Er ontstonden grote meren, maar eeuwen later zou de mens het verloren gegane land weer heroveren.

Verder landinwaarts had zoet rivierwater de overhand. Bij hoog water traden de rivieren buiten hun oevers en lieten ook hier zand en klei achter. Langs de rivieren ontstonden oeverwallen en op ondiepe plaatsen met een slechte waterafvoer meertjes en moerassen. Al met al was een groot deel van het land onbewoonbaar omdat de elementen er vrij spel hadden. Archeologisch onderzoek heeft aangetoond dat de zandgronden al vroeg bewoond waren.

Eerste bewoners
De schaarse bewoners waren in eerste instantie geheel afhankelijk van wat de natuur aan eetbaars bood. Jagen en vissen waren destijds de enige middelen van bestaan. Toen de Romeinen kort voor onze jaartelling de Rijn afzakten en bij de monding arriveerden, ontmoetten zij hier verschillende stammen, die leefden van visvangst en jacht. Julius Caesar versloeg de ten zuiden van de Rijn wonende stammen, waaronder de Morinen, Usipetes, Tencteren, Menapiërs en Eburonen en voegde het veroverde gebied toe aan het immense Romeinse Rijk. Helemaal in het noorden, boven de Rijn, woonden de Friezen en aan de grote rivieren in het middelste deel woonden de Batavieren, een Germaanse stam. De Friezen werden tijdelijk aan het Romeinse gezag onderworpen, maar in het jaar 28 herwonnen zij hun vrijheid.

Het landschap bestond ten tijde van de inval van de Romeinen uit een grote laagvlakte, waar weer en wind vrij spel hadden en die regelmatig overstroomd werd door de Noordzee. De Romeinen versterkten de grensrivier de Rijn op diverse plaatsen met forten en garnizoenen. Op deze manier werd de basis gelegd voor steden als Utrecht en Nijmegen. De Romeinse onderdrukking leidde geregeld tot opstanden, maar het zou tot het begin van de vierde eeuw duren alvorens Germaanse stammen een einde konden maken aan de Romeinse heerschappij. Na het ineenstorten van het Romeinse Rijk kwam het zuidelijke deel onder Frankisch bestuur en bleef het noorden Fries. De Franken rukten uit het zuiden op en versloegen de Batavieren, doch de Friezen hielden geruime tijd stand. Aan het eind van de achtste eeuw stond het hele gebied echter onder Frankische heerschappij.

In 800 werd Karel de Grote in Rome door de paus tot keizer gekroond en tot zijn reusachtige rijk behoorde ook het gebied van het huidige Nederland. In 814 volgde Lodewijk de Vrome zijn overleden vader Karel de Grote op en na de dood van Lodewijk in 840 werd het grote Karolingische rijk door zijn drie overgebleven zoons in drieën verdeeld. Deze verdeling werd bekrachtigd bij het Verdrag van Verdun (843). Karel de Kale kreeg West-Frankenland, Lodewijk de Duitser Oost-Frankenland en Lotharius het Middenrijk alsmede de keizerskroon. Dit Middenrijk liep van de Middellandse Zee tot aan de Noordzee en omvatte ook het grondgebied Nederland.

Na de dood van Keizer Lotharius in 855 werd het Middenrijk door diens drie zoons wederom in drieën gesplitst. Het grondgebied waartoe ook het huidige Nederland behoorde, werd toebedeeld aan Lotharius II. In de volksmond werd dit gebied ook wel Lotharingen genoemd. Na het zonder wettige erfgenamen sterven van Lotharius II in 870 werd diens rijk wederom opgesplitst, een deel kwam bij West-Frankenland en een deel bij Oost-Frankenland. Het Nederlands grondgebied was voor het eerst sinds eeuwen verdeeld. De tijd van grote invallen en plunderingen door Noormannen brak aan, hetgeen tot versterking van veel steden leidde. De laatste invallen van de Vikingen vonden plaats aan het begin van de elfde eeuw.

Vader des Vaderlands
Gedurende de middeleeuwen was er geen sprake meer van één groot rijk, maar bestond het gebied uit een groep zelfstandige graafschappen en hertogdommen met het bisdom Utrecht. Aan het einde van de middeleeuwen werden deze autonome gebieden onder de Habsburgse vorst Karel V met het huidige Luxemburg en België samengevoegd tot één geheel: de 'Lage Landen' waren een feit. Ze waren een onderdeel van het grote Bourgondisch-Habsburgse Rijk.

In 1568, tien jaar na de dood van keizer Karel V, kwam een aantal noordelijke gewesten onder leiding van de 'Vader des Vaderlands' Willem van Oranje – ook wel Willem de Zwijger genoemd – in opstand tegen de zoon en opvolger van Karel V, de Spaanse koning Filips II. Deze opstand was het begin van de Tachtigjarige Oorlog en vormde tevens de basis van een zelfstandige staat. Willem van Oranje bond de strijd aan tegen de Spaanse onderdrukkers en won menige veldtocht. Op 22 juli 1581 zegden de Staten-Generaal de gehoorzaamheid aan de Spaanse koning Filips II op en richtten de onafhankelijke 'Republiek der Verenigde Provinciën' op. Drie jaar later, op 10 juli 1584, werd Willem de Zwijger in het Prinsenhof in Delft vermoord. De Staten besloten het heft zelf in handen te nemen en de strijd, samen met de zoon van Willem van Oranje, Maurits, voor een onafhankelijke republiek voort te zetten.

Aartshertog Albrecht van Oostenrijk trouwde in 1599 met de dochter van Filips II, Isabelle, en als bruidsschat schonk Filips II de Nederlanden aan zijn dochter. Maurits versloeg echter in de slag bij Nieuwpoort in 1600 de troepen van de nieuwe landvoogd Albrecht van Oostenrijk. In 1609 werd een bestand met Spanje getekend waarbij Spanje de Republiek als soevereine mogendheid erkende. Tijdens dit bestand, het zogenaamde 'Twaalfjarig Bestand', woedde een fanatieke godsdienststrijd in de Nederlanden waarin ook Maurits partij koos. Een tijd van politieke intriges was het gevolg. Het Twaalfjarig Bestand eindigde op 9 april 1621 en de strijd voor een onafhankelijke republiek ging voort. Een hoogtepunt in de strijd was de verovering van de Spaanse Zilvervloot op 8 september 1628 door Piet Heyn. De onafhankelijkheid kreeg definitief gestalte toen de oorlog in 1648 met de Vrede van Münster werd beëindigd en de 'Republiek der Zeven Verenigde Nederlanden' officieel door de Spaanse koning Filips IV als zelfstandige staat werd erkend

Gouden Eeuw
De Tachtigjarige Oorlog was nog in volle gang toen Johan van Oldenbarnevelt in 1602 de befaamde 'Verenigde Oostindische

Compagnie' oprichtte. In 1621 volgde de 'Westindische Compagnie' en beide handelsondernemingen vestigden lucratieve handelsposten over de gehele wereld. Zo werd in 1619 door Jan Pieterszoon Coen het handelscentrum Batavia in Indië gesticht en in 1625 ontstond de Nederlandse nederzetting 'Nieuw Amsterdam' (het huidige New York) in Noord-Amerika. Het noordoostelijke deel van Brazilië werd in 1624 bezet en diverse eilanden in het Caribisch gebied volgden, waaronder de huidige Koninkrijkseilanden Aruba, Bonaire, Curaçao, Saba, Sint Eustatius en Sint Maarten. Langs de verschillende handelsroutes werden uiteenlopende produkten aangevoerd, zoals specerijen, zout, rijst, kostbare metaalsoorten, parfums enzovoort. Als gevolg van deze wereldomvattende handel steeg de welvaart tot grote hoogte. Het culturele leven profiteerde hiervan. Vooral op het gebied van schilderkunst en filosofie was de zeventiende eeuw een hoogtepunt in de geschiedenis van Nederland. Schilders als Rembrandt van Rijn, Frans Hals en Johannes Vermeer zijn nu nog wereldberoemd en maken duidelijk waarom men de zeventiende eeuw ook wel de 'Gouden Eeuw' noemt. De wijsgeer Baruch Spinoza en wetenschapper Hugo de Groot bepaalden in hoge mate het denken in deze bloeiperiode.

Holland

Zowel zakelijk als cultureel ging het met name de provincie Holland voor de wind. Niet iedereen was hierover te spreken en een aantal oorlogen om de diverse handelsbelangen te beschermen kon niet worden vermeden. Met name de Engelsen was de Hollandse rijkdom een doorn in het oog en in 1652 brak de Eerste Engelse Oorlog uit. Deze oorlog eindigde in 1654 met de Vrede van Westminster. In 1664 veroverden de Engelsen Nieuw-Amsterdam en vernoemden het gebied naar de hertog van York: New York. Op 4 maart 1665 verklaarde de Engelse koning Karel II de Republiek de oorlog: de Tweede Engelse Oorlog was begonnen. Admiraal De Ruyter en Cornelis Tromp beslisten de strijd door een groot deel van de Engelse vloot tijdens een bliksemactie in juni 1667 bij Chatham, aan de monding van de Theems, te vernietigen. Met de Vrede van Breda in juli 1667 werd deze oorlog beëindigd. Vijf jaar later was het weer zover. In maart 1672 verklaarde Engeland de Republiek wederom de oorlog, een maand later gevolgd door Frankrijk, Keulen en Münster. Het jaar 1672 wordt dan ook een rampjaar in de geschiedenisboekjes genoemd. De Republiek bleef evenwel nog ruim een eeuw bestaan, maar werd wel verzwakt door de vele oorlogen, waardoor de vooraanstaande plaats op het wereldtoneel verloren ging.

Franse overheersing

In 1795 veroverde Frankrijk de Verenigde Provinciën en het land werd een vazalstaat van het grote Franse Rijk. De dan regerende stadhouder Willem V vluchtte met zijn familie naar Engeland en in 1801 werd het land in acht departementen verdeeld. In 1806 riep Keizer Napoleon zijn broer Lodewijk Napoleon uit tot 'Koning van Holland'. Reeds vier jaar later deed deze afstand van de troon en lijfde Napoleon het 'Koninkrijk Holland' in bij zijn rijk. Op 30 november 1813 landde Willem van Oranje, de zoon van de laatste stadhouder van de Verenigde Provinciën Willem V, in Scheveningen en werd 2 dagen later in de Nieuwe Kerk in Amsterdam ingehuldigd als Koning Willem I. De Franse troepen trokken zich langzaam terug en na de gewonnen slag bij Waterloo werd Willem I bij het Verdrag van Wenen erkend als Koning der Nederlanden. Het Verenigd Koninkrijk der Nederlanden is een feit. Het grondgebied omvatte het huidige Nederland, België en Luxemburg (Koning Willem I was namelijk tevens Groothertog van Luxemburg). In 1830 brak een opstand uit in de zuidelijke Nederlanden (het huidige België) en in 1839 erkende Willem I de onafhankelijkheid van België. Nederland kreeg zijn huidige omvang. Daarnaast was er nog een aantal overzeese gebiedsdelen, waaronder Indonesië, Suriname en de Nederlandse Antillen.

Twintigste eeuw

In 1890 eindigde de erfopvolging in mannelijke lijn met de dood van Koning Willem III. Na een achtjarig regentschap van haar moeder, Koningin Emma, werd in 1898 Wilhelmina tot koningin gekroond. Ten tijde van de Eerste Wereldoorlog (1914 – 1918) wist Nederland met moeite zijn neutraliteit te behouden. Dat lukte niet bij de Tweede Wereldoorlog: in mei 1940 trok het Duitse leger het land binnen en vijf jaar van bezetting volgden. Koningin Wilhelmina week uit naar Engeland en leidde vandaar het verzet tegen de Duitse bezetter. Na de bevrijding, in mei 1945, keerde zij met haar familie naar het vaderland terug. Na een regeerperiode van vijftig jaar deed zij in 1948 afstand van de troon ten gunste van haar dochter Juliana. Nog geen jaar later vond de soevereiniteitsoverdracht plaats aan de nieuwe republiek Indonesië. Het grote koloniale rijk van weleer viel uiteen. Op 25 november 1975 volgde Suriname dit voorbeeld. Het Koninkrijk der Nederlanden bestond op dat moment nog maar uit Nederland en de Nederlandse Antillen. Koningin Juliana deed op 30 april 1980 afstand van de troon ten gunste van haar oudste dochter, de huidige Koningin der Nederlanden, Beatrix. Sinds 1 januari 1986 heeft het Antilliaanse eiland Aruba een aparte status binnen het Koninkrijk verkregen. Momenteel bestaat het Koninkrijk der Nederlanden uit drie gelijkwaardige gebiedsdelen: Nederland, de Nederlandse Antillen – bestaande uit de Caribische eilanden Curaçao, Bonaire, Sint Maarten, Saba en Sint Eustatius – én Aruba.

Staatsvorm

De provincies Noord- en Zuid-Holland, destijds gezamenlijk een grote koloniale mogendheid met vestigingen over de gehele wereld, zijn nu slechts twee van de twaalf provincies die het huidige Nederland rijk is. Tot 1 januari 1986 was er sprake van elf provincies, maar op die datum is de provincie Flevoland, ontstaan uit ingepolderd land, toegevoegd.

De provincies worden elk bestuurd door de provinciale staten, het college van gedeputeerde staten en de commissaris der koningin. De leden van de provinciale staten worden gekozen door de in de betrokken provincie woonachtige, stemgerechtigde burgers. Iedere

Nederlander van 18 jaar en ouder heeft stemrecht. De provinciale staten benoemen uit hun midden het dagelijkse bestuur van de provincie, gedeputeerde staten genaamd, en de 75 leden van de Eerste Kamer der Staten-Generaal. De voorzitter van zowel de provinciale staten als van de gedeputeerde staten, de commissaris der koningin, wordt benoemd door de Kroon.

De eerder genoemde Staten-Generaal bestaat uit twee Kamers die te samen het parlement vormen. De Tweede Kamer telt 150 leden, die rechtstreeks gekozen worden door de stemgerechtigde Nederlanders. Samen met de koning(in) en ministers vormt het parlement de *wetgevende macht*. De *uitvoerende macht* berust bij de koning(in) en de ministers, ook wel aangeduid met de term de Kroon. Volgens de grondwet uit 1814 is de koning(in) onschendbaar en zijn de ministers verantwoording verschuldigd aan het parlement. Elk wetsontwerp dient na goedkeuring door het parlement bekrachtigd te worden door ondertekening door de koning(in) en de verantwoordelijke ministers. Uit het voorgaande blijkt dat Nederland een constitutionele monarchie is met een parlementair stelsel. Het huidige staatshoofd is koningin Beatrix.

Bevolking

Aan het begin van deze eeuw telde Nederland ruim 5 miljoen inwoners. Momenteel is dat aantal bijna verdrievoudigd. Nederland heeft nu ruim 14½ miljoen inwoners. Het sterftecijfer is dankzij het hoge peil van de volksgezondheid één van de laagste ter wereld. Het voorheen hoge geboortecijfer is de laatste decennia echter aanzienlijk gedaald en ondanks een immigratie-overschot (het aantal immigranten verminderd met het aantal emigranten) zal de bevolking de komende decennia niet meer zo explosief toenemen. De verwachting is dat Nederland in het jaar 2000 circa 15 miljoen inwoners zal hebben. Eén van de gevolgen van een dergelijke ontwikkeling is dat de bevolking verder zal vergrijzen. Het aantal bejaarden bedraagt nu ruim tien procent. Dit percentage zal het komende decennium stijgen tot veertien procent.

Met een oppervlakte van 41.548 km^2, waarvan bijna één zesde deel uit water bestaat, is Nederland het dichtst bevolkte land van Europa. Gemiddeld wonen er 426 personen op één vierkante kilometer. Ter vergelijking: in de Verenigde Staten is dat aantal 20 en in Japan 310 mensen per vierkante kilometer. De sterkste bevolkingsconcentratie, te weten ruim 750 mensen per vierkante kilometer, vinden we in de provincies Noord- en Zuid-Holland, ook wel aangeduid met de term *Randstad Holland*. Hieronder wordt de stedengroep Amsterdam, Den Haag, Rotterdam en Utrecht verstaan. Ruim driekwart van de Nederlandse bevolking woont in steden. Het intensieve gebruik van de beperkt beschikbare ruimte stelt hoge eisen aan de ruimtelijke ordening. De overheid is er dan ook alles aan gelegen een optimaal woon-, werk- en leefklimaat te creëren.

Ruim één derde van de bevolking is rooms-katholiek (36%). Twintig procent is nederlands hervormd en acht procent gereformeerd. Eén derde van de bevolking zegt geen godsdienst te belijden. Vrijheid van godsdienst is overigens vastgelegd in de grondwet. In de zuidelijke provincies Noord-Brabant en Limburg treft men de rooms-katholieken aan. Protestanten vindt men vooral in het middendeel dat van de provincie Groningen tot aan de provincie Zeeland loopt. Het westen, de Randstad Holland, bevat de meeste onkerkelijken. Een belangrijk kenmerk van de Nederlandse samenleving is de zogenaamde 'verzuiling'. Op zowel politiek als maatschappelijk terrein bestaan er partijen, organisaties of instellingen die (bijna) hetzelfde doel nastreven, doch in levensbeschouwelijk opzicht verschillen. Dit verschijnsel is duidelijk waarneembaar bij onder meer televisie, radio, pers, verenigingsleven en onderwijs. Naast vrijheid van godsdienst is ook vrijheid van onderwijs vastgelegd in de Grondwet. Na een circa 70 jaar durende 'schoolstrijd' werd het zogenaamde 'openbare onderwijs', dat volledig door de overheid werd bekostigd, en het zogenaamde 'bijzondere onderwijs', dat in eerste instantie alleen door particulieren werd gefinancierd, volledig gelijkgesteld. Circa driekwart van alle Nederlandse scholen zijn door particuliere stichtingen en verenigingen met een katholieke of protestants-christelijke grondslag opgericht. Er zijn nu scholen voor basisonderwijs (voor kinderen van 4 tot 12 jaar), speciaal onderwijs (voor geestelijk, lichamelijk of sociaal gehandicapten van 3 tot 21 jaar), voortgezet onderwijs (bestaande uit beroepsonderwijs, middelbaar en hoger algemeen onderwijs en het voorbereidend wetenschappelijk onderwijs), hoger onderwijs (hoger beroepsonderwijs en universitair onderwijs) en internationaal onderwijs (onderwijsinstellingen speciaal voor buitenlandse afgestudeerden). Daarnaast zijn er speciale onderwijsfaciliteiten voor volwassenen, zoals een Open School en een Open Universiteit. Er is een leerplicht voor kinderen van 5 tot 16 jaar. Afhankelijk van het type onderwijs is het kind daarna nog één of twee jaar partieel leerplichtig (één of twee dagen per week verplicht naar school). Gedurende de leerplichtige leeftijd is het onderwijs gratis.

De voertaal is het Nederlands, een van oorsprong Germaanse taal. In Friesland wordt Fries gesproken. In totaal wordt er door meer dan twintig miljoen mensen, in en buiten Nederland, Nederlands gesproken.

Flora en fauna

De eerder genoemde hoge bevolkingsdichtheid en de verregaande industrialisering zijn er de oorzaak van dat er nog maar weinig oorspronkelijk natuurlandschap over is. Van de totale oppervlakte kan slechts circa dertien procent beschouwd worden als 'natuurlijk terrein', zoals bos (diverse natuurreservaten), duinen, strand, heide, moeras enzovoort. Bijna tweederde van de oppervlakte is in gebruik voor agrarische doeleinden en circa acht procent wordt benut voor bewoning. De flora en fauna staan dan ook onder druk.

De flora telt circa 1200 hogere plantesoorten, 600 mossoorten, ruim 3000 zwamsoorten en een grote variëteit aan wieren. Dit aantal wordt echter zienderogen minder. In de afgelopen 50 jaar is het aantal vindplaatsen gekoppeld aan de diversiteit van de flora teruggelopen tot één vijfde deel van wat het was. Diverse natuurbeschermingsorganisaties, zowel particuliere als van overheidswege, zijn actief om deze teruggang tot stilstand te brengen.

Dankzij de vele plassen, meren, drassige gebieden en duinen is Nederland echter nog altijd een geliefde plek voor veel trek- en strandvogels. Het aantal voorkomende vogelsoorten is circa 370, waaronder 170 soorten broedvogels en 100 soorten trekvogels. In de kuststreken zijn vooral de sternen en meeuwen talrijk. Nabij rivieren, plassen en kanalen zijn vele soorten eenden te vinden. Ook treft men veelal op deze plaatsen blauwe reigers aan. Op diverse plaatsen zijn vogelreservaten ingericht teneinde de met uitsterven bedreigde vogelsoorten, waaronder de ooievaar en de lepelaar, in alle rust te laten broeden. Daarnaast worden sommige van deze bedreigde vogelsoorten gekweekt.

Nederland telt ruim 50 soorten zoogdieren, waaronder zestien soorten knaagdieren (onder andere muis, eekhoorn en hamster), zestien soorten vleermuizen, zeven soorten insekteneters (bij voorbeeld mol en egel), acht soorten roofdieren (onder andere wezel, hermelijn, otter, das en vos), twee soorten haasachtigen (konijn en haas), vier soorten hoefdieren (edelhert, ree, damhert en wild zwijn) en drie soorten zeeroofdieren (zeehond, grijze zeehond en stinkrob). De Nederlandse fauna telt verder zestien soorten amfibieën (salamanders, padden en kikkers) en slechts acht soorten reptielen (onder andere vier hagedissoorten). Het aantal inheemse insekten loopt in de duizenden. Aan vissen worden hier circa 180 soorten aangetroffen. Het klimaat is mede bepalend voor de flora en fauna.

Klimaat
Nederland heeft een gematigd zeeklimaat. Dit is het gevolg van de ligging aan de Noordzee, die een warme golfstroom, welke afkomstig is uit het Caribisch gebied, langs de kust voert. Er valt ruim 750 mm neerslag per jaar. De maanden februari tot en met mei zijn het droogst. De maanden mei tot en met augustus hebben gemiddeld het hoogste aantal uren zonneschijn. De wind waait overwegend uit het westen en is vaak krachtig. De gemiddelde temperatuur in januari bedraagt ongeveer 1°C en in juli is dat 17°C.

Ondanks het feit dat Nederland klein is, zijn er wel degelijk meetbare temperatuurverschillen tussen het noorden en het zuiden. Zo meet men in het noorden gemiddeld niet meer dan 5 dagen per jaar een maximumtemperatuur van 25°C of hoger, terwijl in het zuidoosten meer dan 35 van dit soort zomerse dagen voorkomen. Ook het gemiddeld aantal dagen met een maximum temperatuur beneden het vriespunt verschilt: in het noordoosten 17 en in het zuidwesten slechts 8. Al met al een klimaat met milde winters en niet te warme zomers.

Cultuur
De plaats en functie van kunst in het algemeen vormt al jarenlang onderwerp van discussie in de Nederlandse samenleving, waarbij vooral de taak van de overheid centraal staat. Door middel van allerlei financieel-sociale regelingen wordt het de kunstenaar gemakkelijker gemaakt zijn werk te doen. Door de eeuwen heen heeft Nederland een belangrijke bijdrage geleverd aan de Westerse beschaving. Vooral op het gebied van de bouw- en schilderkunst heeft Nederland in het verleden een zeer groot aantal kunstenaars voortgebracht, die tot ver over de eigen landsgrenzen beroemd zijn geworden.

Op het gebied van de muziek heeft Nederland een ondergeschikte rol gespeeld, maar de Nederlandse literatuur heeft – ondanks de beperking dat slechts 20 miljoen mensen de Nederlandse taal beheersen – door de eeuwen heen schrijvers van internationale allure gekend. Reeds in de dertiende eeuw verschenen er in de Nederlandse taal geschreven werken. In de zestiende en zeventiende eeuw werd er echter vooral in het Latijn geschreven. Bekend zijn Erasmus, Hugo de Groot en Spinoza. In de Gouden Eeuw zijn P.C. Hooft en Joost van den Vondel, beide lid van de zogenaamde Muiderkring, de meest vooraanstaande schrijvers. Ook de staatsman Jacob Cats en de diplomaat Constantijn Huygens mogen niet onvermeld blijven. In de achttiende eeuw gaat het bergafwaarts met de literatuur in de Lage Landen om in de negentiende eeuw weer op te leven. Werken van Hildebrand (Camera Obscura) en vooral van Multatuli (Max Havelaar) zijn hoogtepunten in de Nederlandstalige literatuur. Er ontstaat een nieuwe stroming, genaamd *De Tachtigers*, waartoe de dichters en schrijvers Willem Kloos, Albert Verwey en Frederik van Eeden behoren. Louis Couperus schetst in zijn verhalen een voortreffelijk tijdsbeeld. Aan het begin van de twintigste eeuw is het dramatische toneelstuk *Op Hoop van Zegen* van Herman Heyermans een hoogtepunt.

De Nederlandstalige literatuur heeft in de afgelopen negentig jaar een grote vlucht genomen met schrijvers als Simon Vestdijk, Willem Frederik Hermans, Gerard Reve, Simon Vinkenoog, Jan Wolkers en Harry Mulisch. Een groot aantal romans van deze schrijvers is met succes verfilmd, waaronder *Turks Fruit* van Wolkers, *De Vierde Man* van Reve en *De Aanslag* van Harry Mulisch. Regisseur Fons Rademakers ontving voor deze film in 1987 een Oscar. Andere internationaal succesrijke Nederlandse films zijn *Max Havelaar*, *Soldaat van Oranje*, *Van de Koele Meren des Doods* en *Ciske de Rat*. De internationale belangstelling is na het succes van *De Aanslag* nog groter geworden en Nederlandse acteurs en actrices zijn tegenwoordig ook voor buitenlandse produkties veel gevraagd.

Bouwkunst
Met name op het gebied van de bouwkunst heeft Nederland een rijke historie en op diverse plaatsen in ons land zijn dan ook schitterende bouwwerken te vinden. Zo staan in Maastricht prachtige voorbeelden van Romaanse architectuur, waaronder de St. Servaeskerk. In de veertiende en vooral in de vijftiende eeuw deed de Gotische bouwkunst haar intrede en in de provincie Noord-Brabant, met zijn overwegend katholieke bevolking, staan prachtige kerken en kathedralen opgetrokken in deze bouwstijl. De Grote Kerk van Breda is een fraai voorbeeld van de zogenaamde Brabantse gotiek, evenals de St. Jans kathedraal in 's-Hertogenbosch. Deze voor Brabant typische bouwstijl vond ook elders in het land navolging. De Nieuwe Kerk in Amsterdam en de St. Bavokerk in Haarlem zijn daar goede voorbeelden van. Ook de Domtoren, het enige overblijfsel van de in 1674 verwoeste Domkerk in Utrecht, kan daartoe worden gerekend. Op het

gebied van stadhuizen is het stadhuis van Gouda vermeldenswaardig. De sierlijke en in flamboyant gotische stijl uitgevoerde voorgevel is prachtig versierd met vele spitsen en pinakels.

De Renaissance drong pas laat door in Nederland en de bouwkunst is eerst vanaf het midden van de zestiende eeuw door deze stijl beïnvloed. In het midden van de Gouden Eeuw geeft het Classicisme de toon aan in de bouwkunst. Uit deze periode dateert het Koninklijk Paleis op de Dam in Amsterdam. Het is ontworpen door een van de beroemdste architecten uit die tijd, Jacob van Campen. Oorspronkelijk was dit statige bouwwerk het stadhuis van Amsterdam (1648) en het heeft destijds de architectuur in het gehele land sterk beïnvloed. Zo zijn Paleis Het Loo in Apeldoorn, het stadhuis van Maastricht, het Huis ten Bosch en het Mauritshuis in Den Haag goede voorbeelden van deze navolging. Ook de befaamde Amsterdamse grachtenhuizen uit die periode werden door deze bouwstijl beïnvloed. Een mooi voorbeeld daarvan is het Trippenhuis, dat ontworpen werd door Justus Vingboons. In de achttiende en negentiende eeuw wordt voortgeborduurd op het verleden, maar langzaam maar zeker raakt de bouwkunst in verval.

In de twintigste eeuw ontstaat echter onmiskenbaar een vernieuwingsbeweging, die een aanvang neemt met de bouw van de Amsterdamse Beurs aan het einde van de negentiende eeuw. Architect Berlage legt de nadruk op het functionele gebruik van de ruimte en op de toegepaste materialen. In diezelfde periode wordt de groep *De Stijl* opgericht door Mondriaan, J.P.P. Oud en Theo van Doesburg. Een architect als Gerrit Rietveld liet zich erdoor inspireren en ontwierp het befaamde Schröderhuis in Utrecht. Ook ontwierp hij enkele inmiddels befaamd geworden stoelen.

Na de Tweede Wereldoorlog zijn de hedendaagse architecten, met name bij de opbouw van het geheel verwoeste Rotterdam, meer rekening gaan houden met de specifieke behoeften van de stadsbewoners. Zo is de Lijnbaan, ontworpen door architect J.B. Bakema, het eerste voetgangersgebied in Europa.

Schilderkunst

Ook op het gebied van de schilderkunst heeft Nederland door de eeuwen heen een vooraanstaande en invloedrijke rol gespeeld. Befaamd is onder andere de zestiende-eeuwse schilder Jeroen Bosch, die met zijn schilderijen de basis legde voor het werk van veel grote latere schilders. Zijn originele schildertrant is ook een voorbode van het surrealisme. Het hoogtepunt van de Nederlandse schilderkunst ligt zonder enige twijfel in de Gouden Eeuw, met wereldberoemde schilders als Rembrandt van Rijn, Frans Hals, Johannes Vermeer, Jacob van Ruysdael.

In de achttiende eeuw gaat het een stuk minder met de schilderkunst, maar de negentiende eeuw zorgt met de komst van de *Haagsche School* onder leiding van Jozef Israëls voor een opleving. Natuur, strand, duinen en vissers vormen de bron voor de kunstenaars van deze school. Ook de impressionisten J.B. Jongkind en G.H. Breitner mogen niet onvermeld blijven. Aan het einde van de negentiende eeuw zorgt het werk van Vincent van Gogh voor een absoluut hoogtepunt in de Nederlandse schilderkunst. Veel van zijn werken bevinden zich in het naar hem vernoemde Amsterdamse museum. De *Stijlgroep* met Mondriaan voorop heeft ook op het terrein van de schilderkunst baanbrekend werk verricht.

In het recente verleden heeft de internationale groep schilders verenigd onder de naam *Cobra* (samengesteld uit de beginletters van de steden Copenhagen, Brussel en Amsterdam), waarvan de Nederlanders Karel Appel en Constant lid waren, voor de nodige vernieuwingen gezorgd. Deze schilders verwerpen elke vorm van figuratieve kunst en propageren een geheel nieuwe vorm van expressionisme. Ook de grafisch kunstenaar Maurits Escher geniet buiten de landsgrenzen bekendheid om zijn perfecte beheersing van de perspectiefleer en ingenieuze ruimtelijke werken.

HOLLAND

In other countries the Netherlands is especially famous for its flowerbulbs, windmills and wooden shoes. However, the most essential features of the Netherlands, located at the North Sea and the estuary of two major European rivers, the Rhine and the Meuse, are its flat landscape and its low level. If it were not for a careful system of water level control more than half of the country would be flooded at extremely high tides. This is prevented by an integraal network of dunes, dikes and dams.

The name *Holland* has a historical background. By the end of the Middle Ages the area was known as the *Low Countries* or the *Netherlands*. In 1581 the United Provinces of the Netherlands were created. In the seventeenth century, also known as *The Golden Age*, one of these provinces, the former province of Holland (split up in 1840 into the present provinces of North Holland and South Holland) outshone the other provinces in economic, cultural and political respect. In 1806 Napoleon even proclaimed his brother Louis Napoleon 'King of Holland'. The name stuck and since that time the use of the word Holland has never completely disappeared. Not even when William I proclaimed himself 'King of the Netherlands' in 1813, giving preference to the name the Netherlands. Since then the name hasn't changed and thus the present Queen Beatrix is 'Queen of the Netherlands'.

Actually the name Holland is derived form the word 'holt', which means wood. So literally the name Holland means 'Woodland'. In former days a major part of the Netherlands was covered with vast woods, explaining this name. Especially in other countries the name Holland is frequently used, meaning for the entire Netherlands.

Ice Ages

The landscape of the Netherlands is still relatively young. Most of the landscape shapes were created during and after the period of the great ice ages, starting some 2½ million years ago and ending ten thousand years ago. This era is called Pleistocene, which is part of the period called the Quaternary. On the geological chart the Quaternary is the most recent period, stretching from over two million years ago until the present. The era of ten thousand years ago up till the present is called Holocene.

The climate of the Pleistocene is characterized by alternating cold and warm periods. During the ice ages maximum temperatures never rose above 5°C. In the warm period the climate was comparable to the present Dutch weather pattern. During the next to the last ice age, called Saalien, in the Middle Pleistocene, about between 200,000 and 130,000 years ago, the ice even reached as far as the Netherlands. Massive sheets of ice covered the northern part of the country. The wide glaciers made deep erosions and pushed the subsoil away, thus creating various ranges of hills, of which the 'Veluwe', the Utrecht range ande the 'Rijk van Nijmegen' are good examples. In the warmer period that followed, the valleys that had been created during the ice age were partly filled again by marine deposits and silt of rivers. The gliding ice of the glaciers carried with it all kinds of material, such as rocks and boulders and other kinds of debris, while scraping along the soil. The force of the glacier ground this material into so-called boulder clay, which can still be located in various places in the northern part of the Netherlands.

At the end of the ice age much water was released. This water flowed down, carrying all kinds of material such as sand and gravel, which it deposited. Because huge quantities of ice melted the sealevel rose again, so that the lowest parts of the Netherlands were flooded. Sand and clay were deposited in these areas. During the last ice age, called Weichselien, the land ice did not reach the Netherlands, although there was a cold climate. This allowed hardly any vegetation to flourish so that the wind had free play. The sea level went down again and the uncovered sandbanks of the North Sea became an easy prey to the wind which covered large parts of the Netherlands with a layer of sand.

In geology this is aptly called wind-borne sand deposit. This last ice age came to an end about 10,000 years ago. The higher temperatures caused the land ice to melt and the sea level rose again, heralding a new geological period.

Holocene

In the geological era Holocene the present landscape and coastal patterns of the Netherlands were formed. Especially the rise in sea level, caused by the higher temperatures had a major influence on landscape and coast. Around 8000 years ago the present coastline of the Netherlands began to emerge. Along the shallow coast a series of elongated sand banks were created, slowly but surely growing into dunes. Again and again these dunes were destroyed by lashing waves, but in due course they rose out of the reach of the sea, though the area beyond the dunes was flooded at high tide through holes in the dune wall. Various inland seas were created, that were practically dry at low tide.

On the sanddunes created along the coast, slowly but surely, sparse vegetation appeared that captured wind blown sand. However, low and high tides had free play and large pieces of land regularly fell prey to the force of the waves. Large lakes were created, but centuries later man would reclaim the lost land.

Further inland fresh river water prevailed. At high tide the rivers overflowed their banks depositing sand and clay. In shallow places with bad drainage and along the river banks small lakes and marshes

were formed. A major part of the land was uninhabitable because the elements had free play. Archeological research has shown that sandy areas were inhabited fairly early.

First inhabitants
These few early inhabitants were dependent on nature. Hunting and fishing were the only means of survival. When shortly before the Christian era the Romans drifted down the river Rhine and arrived at the estuary, they encountered various tribes, who subsisted on fishing and hunting. Julius Caesar defeated the tribes living south of the river Rhine, including the Morini, Usipi, Tencteres, Menapii and Eburones and incorporated the conquered land into the vast Roman Empire. The Frisians lived in the far north, above the Rhine. The Batavians, a Germanic tribe, were to be found along the large rivers in the central part. The Frisians submitted temporarily to Roman authority, but regained their freedom in the year 28.
At the time of the Roman invasion the landscape existed of a wide plain, exposed to wind and regularly flooded by the North Sea. The Romans strengthened the banks along the border river Rhine in various places with fortifications and garrisons. In this way the foundations were laid for towns such as Utrecht and Nijmegen. There were frequent revolts against the Roman oppression, but is wasn't until the beginning of the fourth century that Germanic tribes could put an end to Roman rule. After the collapse of the Roman Empire the southern part came under Frankish government and the northern part remained Frisian. The Franks moved up from the south and defeated the Batavians, but the Frisians stood their ground for a long time. However, by the end of the eighth century the entire area had come under Frankish rule.
In the year 800 Charlemagne was crowned emperor in Rome by the Pope. His gigantic empire also included the present Netherlands. In 814 Louis the Pious succeeded his deceased father Charlemagne and after the death of Louis in 840 the great Carlovingian realm was divided into three parts by his three surviving sons. This division was ratified by the Verdun Treaty (843). Charles the Bald got West Franconia, Louis the German East Franconia and Lothair the Central Realm and the imperial crown. This Central Realm stretched from the Mediterranean to the North Sea and also included the Dutch area.

After the death of Emperor Lothair in 855 his three sons again divided the Central Realm into three parts. The area including the present-day Netherlands was allotted to Lothair II; this area was popularly called 'Lotharingen' (Lorraine). When Lothair II died in 870 without leaving a legal heir his realm was again divided: one part went to West Franconia and another to East Franconia. For the first time in centuries the Dutch territory was divided. The period of large-scale invasions and forays by the Norsemen dawned, leading to the reinforcement of many towns. The last invasions by the Vikings occurred at the beginning of the eleventh century.

Pater Patriae
During the Middle Ages Dutch territory was made up of a number of independent countries and duchies with the bishopric in Utrecht, so there was no longer one large realm. By the end of the Middle Ages these autonomous territories were incorporated, together with the present Luxemburg and Belgium, by the Habsburg sovereign Charles V into one unity: the 'Low Countries' were created. They became part of the great Burgundy-Habsburg Empire. In 1568, ten years after the death of emperor Charles V, a number of northern counties rose in revolt against the son and successor of Charles V, the Spanish king Philip II. This revolt, under the leadership of the 'Pater Patriae' William of Orange – also known as William the Taciturn – marked the beginning of the Eighty Years War and laid the foundation of an independent state. William of Orange fought the Spanish oppressors and won many battles. On July 22, 1581 the States General revoked their allegiance to the Spanish king Philip II and founded the independent 'Republic of the United Provinces'. Three years later, on July 10, 1584, William the Taciturn was assassinated in the 'Prinsenhof' in Delft. The States decided to take control and to continue the fight for an independent republic, together with William of Orange's son, Maurice.
The Archduke Albrecht of Austria married Isabelle, the daughter of Philip II, in 1599 and as a dowry Philip II gave the Netherlands to his daughter. However in 1600 Maurice defeated the army of the new viceroy Albrecht of Austria in the battle of Nieuwpoort. In 1609 an armistice with Spain was signed, in which Spain recognized the Republic as a sovereign power. During this armistice, the so-called 'Twelve-Year Truce' a fanatic religious war was fought in the Netherlands, in which Maurice also took sides. A period of political intrigue followed. The Twelve-Year Truce ended on April 9, 1621 and the struggle for an independent republic continued. A milestone in the fight was the capture of the Spanish treasure fleet by Piet Heyn on September 8, 1628. The independence became definite when, in 1648, the Peace Treaty of Münster was signed, marking the end of the war and the official recognition of the 'Republic of the Seven United Netherlands' as an official state by the Spanish king Philip IV.

Golden Age
The Eighty Years War was still in full swing when, in 1602, Johan van Oldenbarnevelt founded the famous 'United East India Company'. In 1621 follows the 'West India Company' and both trading companies set up lucative trading posts all over the world. Jan Pieterszoon Coen founded the trade centre Batavia in Indonesia in 1619 and in 1625 the Dutch settlement 'New Amsterdam' (present-day New York) followed in North America. The northeastern part of Brazil was occupied in 1624, followed by various islands in the Caribbean, including the present-day Kingdom-islands Aruba, Bonaire, Curaçao, Saba, Saint-Eustache and Saint-Martin. Along the various trade routes a wide range of products were imported, such as spices, salt, rice, precious metals, perfumes, etc. As a result of this

world-wide trade prosperity soared. Cultural life profited. Especially in the fields of painting and philosophy the seventeenth century was a highlight in the history of the Netherlands. Painters such as Rembrandt van Rijn, Frans Hals and Johannes Vermeer are still world-famous and illustrate why the seventeenth century is also known as the 'Golden Age'. The Philosopher Baruch Spinoza and the scientist Hugo de Groot exerted great influence on the way of thinking during this flourishing period.

Holland

Especially the province of Holland prospered both commercially and culturally. Not everybody was happy with this situation and a number of wars to protect the various trade interests could not be avoided. Dutch wealth was a thorn in the flesh of the English and in 1652 the First Anglo-Dutch War started. This was ended in 1654 with the Peace of Westminster. In 1664 the English captured New Amsterdam and named the territory after the Duke of York: New York. On March 4, 1665 the English king Charles II declared war on the Republic: the Second Anglo-Dutch War had started.

Admirals De Ruyter and Cornelis Tromp decided the fight by destroying the major part of the English fleet during a raid in June 1667 at Chatham, at the Thames estuary. This war was concluded with the Peace of Breda, in July 1667, but the peace lasted a mere five years. In March, 1672 England declared war on the Republic once more, followed a month later by France, Cologne and Münster. The Dutch history books call the year 1672 a year of disaster. However, the Republic survived for more than a century, though weakened by the many wars. This also entailed the loss of its prominent position on the world stage.

French rule

In 1795 France captured the United Provinces and the country became a vassal state of the great French Empire. The reigning stadtholder William V sought refuge in England with his family and in 1801 the country was divided into eight departments. In 1806 Emperor Napoleon proclaimed his brother Louis Napoleon 'King of Holland'. Four years later he abdicated from the throne and Napoleon annexed the 'Kingdom of Holland' in his empire. On November 30, 1813 William of Orange, son of the last stadtholder of the United Provinces William V, disembarked at Scheveningen. Two days later he was inaugurated in the 'Nieuwe Kerk' in Amsterdam as King William I. The French army slowly retreated and after the battle he won at Waterloo William I was recognized as King of the Netherlands with the Treaty of Vienna. The United Kingdom of the Netherlands was realised. The territory included the present-day Netherlands, Belgium and Luxemburg (King William I was also Grandduke of Luxemburg). In 1830 a revolt started in the southern part of the Netherlands (present-day Belgiumd) and in 1839 William I recognized the independence of Belgium. The present area of the Netherlands was formed. There were also a number of overseas territories, including Indonesia, Surinam and the Dutch Antilles.

Twentieth century

In 1890 hereditary succession in the male line ended with the death of King William III. In 1898 Wilhelmina was crowned queen after an eight year regency by her mother, Queen Emma. During the First World War (1914-1918) the Netherlands succeeded, though with difficulty, in maintaining its neutrality. It did not succeed in the Second World War: in May, 1940 the German army invaded the country, followed by five years of occupation.

Queen Wilhelmina sought refuge in England and from there she directed the resistance against the German occupying forces. After the liberation, in May, 1945, she returned with her family to the fatherland. After a reign of fifty years she abdicated in 1948, in favour of her daughter Juliana. Less than a year later transfer of sovereignty to the new republic of Indonesia took place. The former large colonial empire disintegrated. On November 25, 1975 Surinam followed suit. At that moment the Kingdom of the Netherlands consisted only of the Netherlands and the Dutch Antilles. On April 30, 1980 Queen Juliana abdicated from the throne in favour of her eldest daughter, the present queen of the Netherlands, Beatrix. On January 1, 1986 the Antillian island of Aruba acquired a special status within the Kingdom. At the moment the Kingdom of the Netherlands consists of three territories of equal standing: the Netherlands, the Dutch Antilles – consisting of the Caribbean islands of Curaçao, Bonaire, Saint-Martin, Saba and Saint-Eustache – and Aruba.

Form of government

The provinces of North Holland and South Holland, formerly a major colonial power with world wide settlements, are now only two of the twelve provinces of the present-day Netherlands. Until January 1, 1986 there were only eleven provinces, but on that day the province of Flevoland, created from reclaimed land, was added.

The provinces are each governed by the Provincial States, the Board of Provincial Commissioners and the Royal Commissioner. The members of the Provincial States are elected by the inhabitants of the various provinces that have the right to vote. Each Dutchman who is 18 years or older has that right. Provincial States appoint from their midst the daily executive of the province, called 'Gedeputeerde Staten', and the 75 members of the First Chamber of Parliament. The president of both the Provincial States and the daily executive, the Royal Commissioner, is appointed by the Crown. The Dutch parliament consists of two Chambers. The Second Chamber has 150 members, directly elected by the Dutch electorate. Together with the King or Queen and the ministers, parliament is the *legislative power*.

The *executive power* is in the hands of the King (Queen) and the ministers, also known as the Crown. The 1814 Consitution proclaims the King (Queen) immune, but the ministers are responsible to parliament. Each bill must receive royal assent and the signature of the responsible ministers after approval by parliament. This demonstrates that the Netherlands is a constitutional monarchy with a parliamentary system. The present head of state is Queen Beatrix.

Population

At the beginning of this century the Netherlands had over 5 million inhabitants. Now this quantity has almost tripled. At present the Netherlands has well over 14½ million inhabitants. Owing to the high level of national health the death rate is one of the lowest in the world. However, the formerly high birth rate has considerably decreased during the past decades and in spite of an immigration surplus (the number of immigrants deducted by the number of emigrants) the population will not grow explosively in the decades to come. The Netherlands is expected to have some 15 million inhabitants in the year 2000. One of the consequences of such a development is an ageing population. At the moment the number of people over 65 is over ten per cent. In the next decade this proportion will increase to fourteen per cent.

With a surface area of 41,548 sq.kms., of which one sixth is water, the Netherlands is the most densely populated country in Europe: on average 426 people to one square kilometre. In comparison: in the United States this number is 20 and in Japan 310 people live on one square kilometre. The highest population concentration, over 750 people per square kilometre is found in the provinces of North and South Holland, also called *'Randstad Holland'*, urban agglomeration Holland. This agglomeration includes the cities Amsterdam, The Hague, Rotterdam and Utrecht. Over three quarters of the Dutch population live in cities. The intensive use of the limited available space sets high demands on environmental planning. The central government gives high priority to the creation of an optimum living, working and housing climate.

Over one third of the population is Roman Catholic (36 per cent), twenty per cent is Dutch Reformed and eight per cent Reformed (fundamentalists). One third of the population has no religious affiliation.

Freedom of religion is constitutionalized. Roman Catholics are concentrated in the southern provinces of Noord Brabant and Limburg. Protestants live chiefly in the central part of the Netherlands from the northern province of Groningen to the coastal province of Zeeland. Most of the non-religious people live in the western part, the 'Randstad Holland'.

An important feature of the Dutch society is the so-called 'compartmentalization'. Both in the political and social fields there are parties, organizations or institutions, pursuing (almost) the same aim, but that differing in ideological respect. This phenomenon can be clearly observed in e.g. television, radio, press, social life and education. In addition to freedom of religion freedom of education is also a constitutional right. After a school funding controversy that lasted for about 70 years equal rights were granted to the so-called 'state education', completely financed by the government and the so-called 'private education', originally only financed by private persons. About three quarters of the Dutch schools were founded by private institutions and associations with a catholic or protestant-christian background. There are now schools for primary education (for children of 4 to 12 years), special education (for mentally, physically or socially handicapped pupils, from 3 to 21 years), secondary education (consisting of vocational training, secondary and higher education and pre-university education), higher education (higher technical and vocational education and university education) and international education (educational institutes especially for foreign graduates). There also are special educational facilities for adults, such as an Open School and an Open University. Education is compulsory for children from 5 to 16 years. Depending on the kind of education the pupil has an additional one or two years of partial compulsory education (an obligation to attend school one or two days per week). Education is free during the compulsory education age.

The language of instruction is Dutch, a Germanic language by origin. In the province of Friesland people speak Frisian. Altogether there are about twenty million people who speak Dutch in and outside the Netherlands.

Flora and fauna

There is only a little original natural landscape left, because of the high population density and the extensive industrialization. Of the total surface only about thirteen per cent can be considered as 'natural area': woods (various nature reserves), dunes, beaches, moors, swamps, etc. Almost two thirds of the surface is used for agricultural purposes and about eight per cent for housing accommodation. So flora and fauna are under pressure. The flora numbers about 1200 higher species of vegetation, 600 species of moss, over 3000 varieties of fungus and a wide variety of algae. However, this number is decreasing noticeably. During the past 50 years the number of sites with this variety of vegetation has decreased to one fifth of the original number. Various nature conservation organizations, both private and official, are trying to stem this decrease.

However, due to the many lakes, pools, marshy areas and dunes, the Netherlands still are a popular place for many migratory birds and beach birds. Birdlife includes some 370 species, among which 170 summer birds and 100 species of migratory birds. In the coastal region there are numerous terns and seagulls. Close to rivers, lakes and canals there are many species of duck. In these places there are also many grey herons. In various birds' sanctuaries birds threatened with extinction, such as the stork and the spoonbill, can brood in peace. Some of these threatened species of bird are even being bred.

There are over 50 species of mammal in the Netherlands (a.o. mouse, squirrel and hamster), sixteen varieties of bats, seven species of insectivores (e.g. mole and hedgehog), eight species of carnivores (a.o. weasel, stoat, otter, badger and fox), two varieties of lagomorphs (rabbit and hare), four species of ungulates (red deer, roe, fallow deer and wild boar) and three varieties of marine carnivores, (seal, grey seal and earless seal). Furthermore Dutch fauna includes sixteen varieties of amphibians (newts, toads and frogs) and only eight varieties of reptiles (including four species of lizard). The number of indigenous insects runs into thousands. There are about 180 varieties of fish. Climate conditions determine, in part, the flora and the fauna.

Climate

The Netherlands has a temperate maritime climate. This is a consequence of its location on the North Sea, where a warm current, originating from the Caribbean area, flows along the coast. There is precipitation of over 750 millimetres per year. The driest months are February up to and including May. On an average the months of May up to and including August have the highest number of hours of sunshine. The wind blows predominantly from the west and is often fresh. The average temperature in January is around 1°C and in June 17°C.

In spite of the fact that the Netherlands covers only a modest area, there are measurable differences in temperature between the north and the south. Thus there are on an average no more than 5 days a year with a temperature of 25°C or higher in the north, but 35 of these summery days in the southeast. Also the average number of days with maximum temperatures below zero differs: in the northeast 17 and in the southwest only 8. It is a climate with temperate winters and not too hot summers.

Culture

The place and function of the arts in general have been a topic of discussion in the Dutch society for many years, especially focussed on the task of the government. A broad scale of financial-social arrangements are available to facilitate the artist to do his work. Through the ages the Netherlands has contributed considerably to Western culture. In the past the Netherlands has produced a large number of artists, who acquired fame far beyond Dutch borders, especially in the fields of architecture and painting.

In the field of music the Netherlands has played a rather modest role, but through the ages Dutch literature has contributed writers of international standing, in spite of the limitation that only 20 million people speak Dutch. As early as the thirteenth century works written in the Dutch language were published. However, in the sixteenth and seventeenth centuries preference was given to Latin. Erasmus, Hugo de Groot and Spinoza are among the well-known names. During the Golden Age P.C. Hooft and Joost van den Vondel, both members of the so-called 'Muiderkring', were leading authors. Also statesman Jacob Cats and diplomat Constantijn Huygens deserve to be mentioned. In the eighteenth century literature written in the Low Countries reached a low point but revived again in the nineteenth century. Works by Hildebrand (Camera Obscura) and especially by Multatuli (Max Havelaar) are highlights of literature in the Dutch language. A new movement presented itself, named *De Tachtigers* (Eighties Movement); it included the poets and authors Willem Kloos, Albert Verwey and Frederik van Eeden. Louis Couperus depicts an excellent portrait of the era in his stories. At the beginning of the twentieth century Herman Heijermans' play *Op Hoop van Zegen* (literally means 'in good hope', but in the herring fishing trade also means 'to be paid by the catch') is a highlight.

During the past ninety years Dutch-language literature has witnessed a boom with authors such as Simon Vestdijk, Willem Frederik Hermans, Gerard Reve, Simon Vinkenoog, Jan Wolkers and Harry Mulisch. A large number of novels by these authors have been turned into movies, with great success, including *Turks Fruit* (Turkish Delight) by Wolkers, *De Vierde Man* (The Fourth Man) by Reve and *De Aanslag* (The Assault) by Harry Mulisch. Director Fons Rademakers was awarded an Oscar in 1987 for this movie. Other internationally successful Dutch movies are *Max Havelaar, Soldaat van Oranje* (Soldier of Orange), *Van de Koele Meren des Doods* (From the Cool Lakes of Death) and *Ciske the Rat*. After the success of *The Assault* international interest has increased and Dutch actors and actresses are also very popular in foreign productions.

Architecture

Especially in the field of architecture the Netherlands has a rich history and various towns of our country boast beautiful buildings. Thus Maastricht has beautiful examples of Romanesque architecture, such as the St. Servaes church. In the fourteenth and especially the fifteenth centuries Gothic architecture was introduced and in the province of Noord Brabant, with its predominantly Roman Catholic population, there are beautiful churches and cathedrals in this style. The Great Church of Breda is a magnificent example of the so-called Brabant gothic, as is St. John's Cathedral of 's Hertogenbosch. This architectural style, so typical for Brabant, was also imitated in other parts of the country. Good examples are the New Church of Amsterdam and the St. Bavo Church of Haarlem. Also the tower of Utrecht Cathedral, the only part remaining after the 1672 devastation can be included. Among the many lovely townhalls Gouda's townhall deserves to be mentioned. The graceful façade, in flamboyant Gothic style, is magnificently decorated with many spires and pinnacles.

It took a long time before the Renaissance penetrated the Netherlands and it was only from the mid-sixteenth century that this architectural style influenced the country's architecture. Around the middle of the Golden Age the Baroque influence set a sober trend in architecture. The Royal Palace on the Dam in Amsterdam dates from this period. It was designed by one of the most famous architects of those days, Jacob van Campen. Originally this impressive building served as the city hall of Amsterdam (1648) and it had great influence on the architecture of the entire country. Palace 'Het Loo' in Apeldoorn, the Maastricht town hall, the 'Huis ten Bosch' and the 'Mauritshuis' in The Hague are good examples of that trend. A fine example is the 'Trippenhuis', designed by Justus Vingboons. Architecture during the eighteenth and nineteenth centuries was mostly an elaboration on the past, and gradually declined in importance. However, in the twentieth century there was a marked revival, beginning with the construction of the Amsterdam Exchange-building by the end of the nineteenth century. Architect Berlage stressed functional use of available space and materials. In the same period Mondriaan, J.J.P. Oud en Theo van Doesburg founded the 'De Stijl' (the Style) group. This inspired architects such as Gerrit Rietveld, when he designed the famous Schröder-house in Utrecht. He also designed chairs that have won international fame.

After the Second World War the architects started to pay more attention to the specific demands of the citizens, especially in the reconstruction of Rotterdam, where the city centre had been completely destroyed by an air raid. Thus the 'Lijnbaan' (Ropewalk), designed by architect J.B. Bakema, was the first traffic-free shopping precinct in Europe.

Painting
Throughout the ages the Netherlands has also played a leading and influential part in the field of painting. The sixteenth century painter Hieronymus Bosch was famous for his original style, heralding surrealism. With his realism he was later a source of inspiration for many major painters. The Golden Age is undoubtedly the highlight of the Dutch art of painting, with world-famous painters such as Rembrandt van Rijn, Frans Hals, Johannes Vermeer, Jacob van Ruysdael. Painting declined noticeably in the eighteenth century, but the nineteenth century brought a revival with the advent of *The Hague School*, headed by Jozef Israëls. The artists of this school find their inspiration in nature, beaches, dunes and fishermen. The impressionists J.B. Jongkind and G.H. Breitner also deserve to be mentioned. By the end of the nineteenth century the work of Vincent van Gogh represents an absolute peak in Dutch painting. Many of his works are on display in the Amsterdam museum named after him. The *Style Group* with Mondriaan in the lead also broke new ground in the field of painting.

An international group of painters united under the name *Cobra* (composed of the first letters of the cities Copenhagen, Brussels and Amsterdam) recently introduced inspiring innovations. Dutch members were Karel Appel and Constant. These painters reject every form of figurative art and propagate an entirely new form of expressionism. The graphic artist Maurits Escher has also acquired international fame for his perfect command of perspectivity and ingenious three-dimensional works.

HOLLAND

Im Ausland sind die Niederlande vor allen Dingen wegen ihrer Blumenzwiebeln, Windmühlen und Klompen bekannt. Wichtigste Eigenheiten der Niederlande, die an der Nordsee sowie an den Mündungen zwei großer europäischer Flüsse liegen, nämlich Rhein und Maas, sind jedoch die flache Landschaft und die tiefe Lage. Nur wenige Staaten haben einen so bedeutungsvollen Namen, denn ein großer Teil des Landes liegt unter dem Meeresspiegel und tiefer als die Flüsse. Bei Hochwasser würde daher auch mehr als die Hälfte des Landes unter der Wasseroberfläche verschwinden, wenn man dies nicht mit einer erfindungsreichen Wasserbautechnik, die aus Dünen, Deichen und Dämmen besteht, zu verhindern verstände.

Der Name *Holland* ist historisch zu erklären. Gegen Ende des Mittelalters wurde dieses Gebiet mit "Lage Landen" oder *Niederlande* bezeichnet. 1581 wurden die Vereinigten Provinzen der Niederlande gegründet. Eine dieser Provinzen, die ehemalige Provinz Holland (1840 wurde sie in die heutigen Provinzen Nord- und Südholland unterteilt) überflügelte im siebzehnten Jahrhundert, das man auch als *Goldenes Jahrhundert* bezeichnet, wirtschaftlich, kulturell und politisch die übrigen Provinzen. Napoleon machte seinen Bruder Ludwig Napoleon 1806 sogar zum "König von Holland". Der Name Holland ist seither nicht mehr verschwunden, auch dann nicht, als Wilhelm I. sich 1813 zum "König der Niederlande" ausrief und der Name "Niederlande" vorgezogen wurde. Diese Bezeichnung hat sich seit jener Zeit nicht mehr geändert, und die gegenwärtige Königin Beatrix ist daher auch "Königin der Niederlande". Übrigens kann der Name "Holland" von dem alten Wort "holt" abgeleitet werden, was soviel wie "Holz" bedeutet. Wortwörtlich übersetzt würde der Name "Holland" daher "Holzland" heißen. In früheren Zeiten war ein großer Teil der Niederlande mit ausgedehnten Wäldern bedeckt, was den Namen erklären könnte. Insbesondere im Ausland wird der Name "Holland" häufig als pars pro toto für die ganzen Niederlande gebraucht.

Eiszeiten

Die Naturlandschaft der Niederlande ist noch recht jung. Die meisten Landschaftsformen sind während und nach den großen Eiszeiten entstanden, die vor ca. 2,5 Millionen Jahren begannen und vor rund zehntausend Jahren endeten. Dieses Zeitalter wird auch als Pleistozän bezeichnet. Das Pleistozän wiederum ist ein Abschnitt des sogenannten Quartiär. Auf der geologischen Zeittafel ist das Quartiär das jüngste Zeitalter und umfaßt die letzten zwei Millionen Jahre. Das Zeitalter ab etwa 10.000 v. Chr. bis heute nennt man Holozän.

Im Pleistozän zeichnete sich das Klima durch abwechselnd warme und kalte Perioden aus. Während der Eiszeiten stiegen die Temperaturen nicht über 5 °C. In den wärmsten Zeitabschnitten war das Klima mit dem heutigen Wetter in den Niederlanden vergleichbar. In der vorletzten Eiszeit, der Saale-Eiszeit, etwa vor 200.000 bis 130.000 Jahren, reichte das Eis sogar bis in die heutigen Niederlande, und die Eismassen bedeckten den nördlichen Teil des Landes. Die breiten Eiszungen hinterließen Tiefebenen und schoben den Untergrund beiseite, wodurch verschiedene Hügelketten entstanden, darunter die Veluwe, der Utrechtse Heuvelrug und das Rijk van Nijmegen. In der wärmeren Zeit, die dann folgte, wurden Tiefebenen, die während der Eiszeit entstanden, durch Ablagerungen des Meeres und Anschwemmungen der verschiedenen Flüsse zum Teil wieder aufgefüllt. Daneben führten die Gletscher allerlei Material, etwa Felsen und Steinschutt heran, während sich das Eis über die Erdoberfläche schob. Durch die Kraft der Gletscher wurde dieses Material zu sogenanntem Geschiebelehm, den man an verschiedenen Stellen im Norden der Niederlande noch finden kann.

Gegen Ende der Eiszeit wurde sehr viel Wasser freigesetzt. Dieses Wasser strömte hinab und führte allerlei Material, etwa Sand und Kies mit, das dann abgesetzt wurde. Durch die Schmelze des vielen Eises stieg auch der Meeresspiegel wieder an, und die am tiefsten gelegenen Teile der Niederlande wurden überflutet. Hier nun setzten sich Sand und Lehm ab. Während der letzten Eiszeit, der Weichseleiszeit, erreichte das Festlandeis die Niederlande nicht mehr, doch das Klima dort war sehr kalt. Dadurch gab es kaum Vegetation, wodurch der Wind freies Spiel hatte. Der Meeresspiegel sank erneut, und die vom Wasser zurückgelassenen Sandflächen der Nordsee waren leichte Beute des Windes, der weite Teile der Niederlande mit einer Sandschicht bedeckte, die man sinnigerweise "Decksand" nennt. Diese letzte Eiszeit endete ca. 10.000 vor unserer Zeit. Durch die höheren Temperaturen schmolz das Festlandeis und der Meeresspiegel stieg weiter: Eine neue geologische Epoche brach an.

Holozän

In der geologischen Epoche des Holozän erhielten die Niederlande ihre heutigen Landschafts- und Küstenformen. Insbesondere der Anstieg des Meeresspiegels infolge der gestiegenen Temperaturen hatte beträchtlichen Einfluß auf die Landschaft und die Küste. Vor rund 8000 Jahren wurden die Grundlagen für die heutige Küstenlinie der Niederlande geschaffen. An der flachen Küste entstanden zahlreiche Sandbänke, aus denen sich langsam aber sicher die Dünen entwickelten. Diese Dünen an den Küsten wurden durch das anstürmende Meer immer wieder zerstört, doch nach einiger Zeit konnten sie vom Wasser nicht mehr erreicht werden, und das Land hinter diesen Dünen wurde bei Flut durch Öffnungen im Küstenwall

vom Meer überschwemmt. Auf diese Weise entstanden mehrere Küstenseen, die bei Ebbe so gut wie wasserfrei waren.

Auf den an der Küste entstandenen Sanddünen entwickelte sich ganz allmählich eine spärliche Vegetation, die auch den vom Wind herangeführten Sand zurückhielt. Ebbe und Flut hatten jedoch freies Spiel, und regelmäßig fielen weite Teile des Landes der Gewalt des Meeres zum Opfer. Es entstanden große Seen, doch Jahrhunderte später sollte der Mensch das verlorengegangene Land dem Meer wieder abringen.

Weiter landeinwärts überwog süßes Flußwasser. Bei Hochwasser traten die Flüsse über ihre Ufer und hinterließen auch hier Sand und Lehm. An den Flüssen entstanden Uferwälle, und an flachen Stellen mit einer unzureichenden Entwässerung entwickelten sich kleine Seen und Sümpfe. Alles in allem war ein großer Teil des Landes unbewohnbar, weil die Naturelemente freies Spiel hatten.

Archäologische Untersuchungen haben bewiesen, daß die Sandböden schon früh besiedelt waren.

Erste Bewohner

Die wenigen Menschen waren in erster Linie völlig von dem abhängig, was ihnen die Natur an Eßbarem bot. Jagd und Fischerei waren seinerzeit die einzigen Möglichkeiten, die Existenz zu fristen. Als die Römer kurz vor der Zeitenwende rheinabwärts zogen und schließlich die Rheinmündung erreichten, trafen sie hier verschiedene Volksstämme an, die von Fischfang und Jagd lebten. Julius Caesar unterwarf die südlich des Rheins lebenen Völker, darunter die Morinen, die Usipeten, die Tencteren, die Meanpier und die Eburonen, und er gliederte das eroberte Gebiet in das riesige Römische Reich ein. Im Norden, oberhalb des Rheins, lebten die Friesen und an den großen Flüssen im mittleren Teil die Batavier, ein germanischer Stamm. Die Friesen mußten sich vorübergehend der Römerherrschaft unterwerfen, doch im Jahre 28 n. Chr. gewannen sie ihre Freiheit zurück.

Die Landschaft zur Zeit des Römereinmarsches bestand aus einer großen Tiefebene, die Wetter und Wind ausgesetzt war und regelmäßig von der Nordsee überschwemmt wurde. Die Römer sicherten den Grenzfluß Rhein an verschiedenen Stellen mit Festungen und Garnisonsstandorten. Auf diese Weise wurde der Grundstein für Städte wie Utrecht und Nimwegen gelegt. Die Unterdrückung durch die Römer führte immer wieder zu Aufständen, doch es sollte noch bis zum Anfang des vierten Jahrhunderts dauern, ehe die germanischen Stämme die Herrschaft der Römer abschütteln konnten. Nach dem Zusammenbruch des Römischen Reiches fiel der südliche Teil unter fränkische Herrschaft, und der Norden blieb friesisch. Die Franken drängten von Süden her nach und schlugen die Batavier; doch die Friesen konnten sich noch einige Zeit halten. Gegen Ende des achten Jahrhunderts unterstand die gesamte Region jedoch fränkischer Herrschaft.

Im Jahre 800 wurde Karl der Große in Rom vom Papst zum Kaiser gekrönt, und zu seinem riesigen Reich gehörte auch das Gebiet der heutigen Niederlande. 814 trat Ludwig der Fromme an die Stelle seines verstorbenen Vaters Karls des Großen, und nach dem Tode Ludwigs im Jahre 840 wurde das große Karolingische Reich unter seinen drei Söhnen aufgeteilt. Diese Aufteilung fand im Vertrag von Verdun (843) ihre Bestätigung. Karl der Kahle erhielt das Westfränkische, Ludwig der Deutsche das Ostfränkische und Lothar das Mittelreich sowie die Kaiserkrone. Dieses Mittelreich erstreckte sich vom Mittelmeer bis an die Nordsee und umfaßte auch das Gebiet der Niederlande.

Nach dem Tode von Kaiser Lothar im Jahre 855 wurde das Mittelreich unter dessen drei Söhnen wiederum in drei Teile gespalten. Der Teil, zu dem auch die Niederlande gehörten, wurde Lothar II. zugewiesen; und daher erhielt dieses Gebiet im Volksmund auch den Namen "Lothringen". Nachdem Lothar II. 870 ohne gesetzliche Erben starb, wurde sein Reich ein weiteres Mal gespalten: ein Teil fiel an das Westfränkische und einer an das Ostfränkische Reich. Die heutigen Niederlande waren zum ersten Mal seit Jahrhunderten geteilt. Die Zeit der Überfälle und Plünderungen durch die Normannen brach an, was schließlich zu einer Befestigung vieler Städte führte. Die letzten Wikingerüberfälle fanden im 11. Jahrhundert statt.

Vater des Vaterlands

Im Mittelalter konnte von einem großen Reich keine Rede mehr sein, sondern das Gebiet bestand aus einer Gruppe selbständiger Grafschaften und Herzogtümer mit dem Bistum Utrecht. Gegen Ende des Mittelalters wurden diese autonomen Gebiete unter dem Habsburger Karl V. mit dem heutigen Luxemburg und Belgien vereinigt und zu einem Ganzen zusammengefaßt: Die "Niederlande" waren geboren. Sie waren Teil des großen burgundisch-habsburgischen Reichs. 1568, zehn Jahre nach dem Tode Kaiser Karls V., erhoben sich einige der nördlich gelegenen Gebiete unter Führung des "Vaters des Vaterlands", Wilhelm von Oranien – auch Wilhelm der Schweiger genannt – gegen den Sohn und Nachfolger von Karl V., den spanischen König Philipp II. Dieser Aufstand war der Anfang des Achtzigjährigen Kriegs und schuf zugleich die Grundlagen für einen selbständigen Staat. Wilhelm von Oranien führte einen Kampf gegen die spanischen Unterdrücker und gewann manche Feldschlacht. Am 22. Juli 1581 kündigten die Generalstaaten dem spanischen König Philip II. den Gehorsam auf und gründeten die unabhängige "Republik der Vereinigten Provinzen". Drei Jahre später, am 10. Juli 1584, wurde Wilhelm der Schweiger im Prinsenhof in Delft ermordet. Die Generalstaaten beschlossen daraufhin, die Dinge selbst in die Hand zu nehmen und den Kampf für eine unabhängige Republik gemeinsam mit dem Sohn Wilhelms von Oranien, Moritz, fortzusetzen.

Erzherzog Albrecht von Österreich heiratete 1599 die Tochter Philipp II., Isabella, und als Brautschatz machte Philip II. seiner Tochter die Niederlande zum Geschenk. Moritz gelang es jedoch, im Jahre 1600 die Truppen des neuen Landvogts Albrecht von Österreich in der Schlacht bei Nieuwpoort zu schlagen. 1609 wurde ein Waffenstillstand mit Spanien unterzeichnet, mit dem Spanien die

Republik als souveräne Macht anerkannte. Während der Dauer dieses Waffenstillstands, des sogenannten "Zwölfjährigen Waffenstillstands", wütete ein fanatischer Religionskrieg in den Niederlanden, in dem auch Moritz Partei ergriff. Eine Zeit der politischen Intrigen war die Folge. Der Zwölfjährige Waffenstillstand endete am 9. April 1621, und der Kampf um eine unabhängige Republik ging weiter. Ein Höhepunkt in diesem Kampf war die Kaperung der spanischen Silberflotte am 8. September 1628 durch Piet Heyn. Die Unabhängigkeit nahm endgültig Gestalt an, als der Krieg 1648 mit dem Westfälischen Frieden ein Ende fand und die "Republik der Sieben Vereinigten Niederlande" vom spanischen König Philipp IV. offiziell als selbständiger Staat anerkannt wurde.

Goldenes Jahrhundert

Der Achtzigjährige Krieg war noch in vollem Gange, als Johan von Oldenbarnevelt 1602 die berühmte "Vereinigte Ostindische Kompagnie" gründete. 1621 folgte dann die "Westindische Kompagnie", und beide Handelsunternehmen errichteten lukrative Handelsposten, die überall in der damals bekannten Welt zu finden waren. So wurde 1619 von Jan Pieterszoon Coen in Indien das Handelszentrum Batavia gegründet, und 1625 entstand die niederländische Siedlung "Neu-Amsterdam" (das heutige New York) in Nordamerika. Der nordöstliche Teil Brasiliens wurde 1624 besetzt, und verschiedene Inseln in der Karibik folgten, darunter die heutigen, der niederländischen Krone unterstehenden überseeischen Gebiete Aruba, Bonaire, Curaçao, Saba, Sint Eustatius und Sint Maarten. Über die verschiedenen Handelsrouten wurden die unterschiedlichsten Waren ins Land gebracht, etwa Gewürze, Salz, Reis, kostbare Metalle, Duftöle usw. Infolge dieses weltumspannenden Handels wurden die Niederlande zu einem wohlhabenden Land. Davon profitierte auch das kulturelle Leben. Vor allem im Bereich der Malerei und der Philosophie stellt das siebzehnte Jahrhundert einen Höhepunkt in der Geschichte der Niederlande dar. Maler wie Rembrandt van Rijn, Frans Hals und Johannes Vermeer sind noch heute weltberühmt und machen klar, weshalb man das siebzehnte Jahrhundert auch als das "Goldene Jahrhundert" bezeichnet. Der Philosoph Baruch Spinoza und der Wissenschaftler Hugo de Groot beeinflußten in hohem Maße das Denken dieser Blütezeit.

Holland

Sowohl wirtschaftlich als auch kulturell ging es insbesondere in der Provinz Holland immer weiter aufwärts. Nicht überall war man mit dieser Entwicklung zufrieden, und eine Reihe von Kriegen zum Schutz der verschiedenen Handelsinteressen war unvermeidlich. Besonders den Engländern war der Reichtum der Niederlande ein Dorn im Auge, und 1652 kam es zum Ersten Englischen Krieg. Dieser Krieg endete 1654 mit dem Frieden von Westminster. 1664 eroberten die Engländer Neu-Amsterdam und benannten das ganze Gebiet nach dem Herzog von York: New York. Am 4. März 1665 erklärte der englische König Karl II. der Republik den Krieg: Der Zweite Englische Krieg begann. Admiral De Ruyter und Cornelis Tromp beschlossen, den Kampf durch Vernichtung eines großen Teils der englischen Flotte mit einem raschen Streich im Juni 1667 bei Chatham an der Themsemündung zu beenden. Mit dem Frieden von Breda im Juli 1667 wurde dieser Krieg beendet. Fünf Jahre später war es wieder soweit. Im März 1672 erklärte England der Republik erneut den Krieg, und einen Monat später folgten Frankreich, Köln und Münster. Das Jahr 1672 wird daher auch als ein Katastrophenjahr in der niederländischen Geschichte angesehen. Die Republik bestand noch gut ein Jahrhundert, doch wurde sie durch die zahlreichen Kriege immer weiter geschwächt, und die Niederlande büßten ihre tonangebende Rolle auf der Weltbühne ein.

Franzosenherrschaft

1795 eroberte Frankreich die Vereinigten Provinzen, und das Land wurde zum Vasallenstaat des großen französischen Reichs. Der in dieser Zeit regierende Statthalter Wilhelm V. floh mit seiner Familie nach England, und 1801 wurde das Land in acht Departements untergliedert. 1806 rief Kaiser Napoleon seinen Bruder Ludwig Napoleon zum "König von Holland" aus. Bereits vier Jahre später dankte dieser ab, und Napoleon verleibte sich das "Königreich Holland" ein. Am 30. November 1813 landete Wilhelm von Oranien, der Sohn des letzten Statthalters der Vereinigten Provinzen, Wilhelm V., in Scheveningen, und zwei Tage später wurde er in der Neuen Kirche in Amsterdam als König Wilhelm I. inthronisiert. Die französischen Truppen zogen sich allmählich zurück, und nach der gewonnenen Schlacht bei Waterloo wurde Wilhelm I. im Vertrag von Wien als König der Niederlande anerkannt. Das Vereinigte Königreich der Niederlande war nun ein vollendeter Tatbestand. Dieses Gebiet umfaßte die heutigen Niederlande, Belgien und Luxemburg (König Wilhelm I. war zugleich Großherzog von Luxemburg). 1830 kam es zu einem Aufstand der südlichen Niederlande (dem heutigen Belgien), und die Niederlande erhielten ihre heutige Form. Daneben gab es noch eine Reihe überseeischer Gebiete, darunter Indonesien, Surinam und die Niederländischen Antillen.

Zwanzigstes Jahrhundert

1890 endete die Erbfolge in männlicher Linie mit dem Tod von König Wilhelm III. Nach achtjähriger Regentschaft ihrer Mutter, Königin Emma, wurde Wilhelmina 1898 zur Königin gekrönt. Im Ersten Weltkrieg (1914-1918) konnten die Niederlande ihre Neutralität mit viel Mühe wahren; doch im Zweiten Weltkrieg gelang das nicht mehr. Im Mai 1940 überfielen deutsche Truppen das Land, und es folgten fünf Jahre Besatzungszeit.
Königin Wilhelmina ging nach England ins Exil und leitete von dort aus den Widerstand gegen die deutschen Besatzer. Im Anschluß an die Befreiung im Mai 1945 kehrte sie mit ihrer Familie in die Heimat zurück. Nach einer Regierungszeit von fünfzig Jahren dankte sie 1948 zugunsten ihrer Tochter Juliana ab. Noch kein Jahr später erhielt die neue Republik Indonesien die Unabhängigkeit; das große Kolonialreich früherer Zeiten fiel auseinander. Am 25. November

1975 folgte Surinam. Das Königreich der Niederlande bestand zu diesem Zeitpunkt nur noch aus den Niederlanden und den Niederländischen Antillen. Königin Juliana dankte am 30. April 1980 zugunsten ihrer Tochter Beatrix ab. Seit dem 1. Januar 1986 hat die Antilleninsel Aruba innerhalb des Königreichs der Niederlande einen eigenen Status. Zur Zeit besteht das Königreich der Niederlande aus drei gleichwertigen Gebietsteilen: den Niederlanden, den Niederländischen Antillen – zu denen die karibischen Inseln Curaçao, Bonaire, Sint Maarten, Saba und Sint Eustatius gehören – und Aruba.

Staatsform

Die Provinzen Nord- und Südholland, seinerzeit eine große Kolonialmacht mit Niederlassungen in der ganzen Welt, sind heute nur zwei von insgesamt zwölf Provinzen, die die gegenwärtigen Niederlande ausmachen. Bis zum 1. Januar 1986 gab es nur elf Provinzen, doch an diesem Tag wurde die Provinz Flevoland, die aus eingedeichtem Land (Polder) besteht, eingegliedert.

Die Provinzen werden von den Provinzialstaaten, der Provinzialregierung und dem von der Krone ernannten Gouverneur regiert. Die Mitglieder der Provinzialstaaten werden von den in der betreffenden Provinz ansässigen und stimmberechtigten Bürgern gewählt. Jeder Niederländer, der 18 Jahre alt oder älter ist, hat das Wahlrecht. Die Provinzialstaaten ernennen aus ihrer Mitte die geschäftsführende Provinzialregierung sowie die 75 Mitglieder der Ersten Kammer der Generalstaaten. Der Vorsitzende sowohl der Provinzialstaaten als auch der Provinzialregierung, der Gouverneur der Königin, werden von der Krone ernannt.

Die oben bereits erwähnten Generalstaaten bestehen aus zwei Kammern, die zusammen das Parlament darstellen. Die Zweite Kammer zählt 150 Mitglieder, die direkt von den stimmberechtigten Niederländern gewählt werden. Gemeinsam mit dem König/der Königin und den Ministern bildet das Parlament die *Legislative*. Die *Exekutive* liegt beim König/bei der Königin und den Ministern, auch mit dem Begriff "Krone" bezeichnet. Der Verfassung von 1814 zufolge ist der König/die Königin unantastbar, und die Minister sind dem Parlament verantwortlich. Jeder Gesetzesentwurf muß nach Zustimmung des Parlaments durch die Unterschrift des Königs/der Königin und des verantwortlichen Ministers besiegelt werden. Aus dem eben Gesagten ergibt sich, daß die Niederlande eine konstitutionelle Monarchie mit parlamentarischem System sind. Gegenwärtiges Staatsoberhaupt ist Königin Beatrix.

Bevölkerung

Zu Beginn dieses Jahrhunderts gab es in den Niederlanden rund 5 Millionen Einwohner. Bis heute hat sich diese Zahl fast verdreifacht. Die Niederlande haben jetzt 14,5 Millionen Einwohner. Die Sterberate zählt dank des hohen Stands der Volksgesundheit zu einer der niedrigsten der Welt. Die ehemals hohe Geburtenrate ist in den vergangenen Jahrzehnten jedoch beträchtlich zurückgegangen, und trotz eines Immigrationsüberschusses (die Zahl der Einwanderer, verringert um die Zahl der Auswanderer) wird die Bevölkerung in den kommenden Jahrzehnten nicht mehr in so hohem Maße anwachsen. Man erwartet, daß die Niederlande im Jahre 2000 ca. 15 Millionen Einwohner zählen werden. Eine der Folgen dieser Entwicklung ist die weitere "Vergreisung" der Bevölkerung. Die Zahl der alten Menschen beläuft sich heute schon auf rund 10%. Sie wird im kommenden Jahrzehnt auf 14% ansteigen.

Mit einer Gesamtfläche von 41.548 km^2, wovon beinahe ein Sechstel aus Wasser besteht, sind die Niederlande das am dichtesten besiedelte Land Europas. Im Durchschnitt leben 426 Personen auf einem Quadratkilometer. Zum Vergleich: In den Vereinigten Staaten sind es 20 und in Japan 310 Menschen pro Quadratkilometer. Die höchste Bevölkerungskonzentration, rund 750 Menschen pro km^2, finden wir in den Provinzen Nord- und Südholland, auch mit dem Begriff *Randstad Holland* bezeichnet. Darunter versteht man die Städte Amsterdam, Den Haag, Rotterdam und Utrecht. Rund drei Viertel der niederländischen Bevölkerung lebt in den Städten. Die intensive Ausnutzung des nur beschränkt zur Verfügung stehenden Raumes stellt hohe Anforderungen an die Raumordnung. Der Staat unternimmt daher alles, um ein möglichst optimales Wohn-, Arbeits- und Lebensklima zu schaffen.

Rund ein Drittel der Bevölkerung ist römisch-katholisch (36%), 20% gehören der niederländisch reformierten und 8% der reformierten Kirche an. Ein Drittel der Bevölkerung gibt an, keiner Glaubensrichtung anzugehören. Die Religionsfreiheit ist übrigens in der Verfassung niedergelegt. In den südlichen Provinzen Nordbrabant und Limburg findet man auch Katholiken. Protestanten gibt es vor allem im Zentrum der Niederlande, das sich zwischen der Provinz Groningen und der Provinz Seeland hinzieht. Der Westen, die Randstad Holland, weist die meisten Niederländer auf, die keiner Konfession angehören.

Ein wichtiges Merkmal der niederländischen Gesellschaft ist die sogenannte "Versäulung". Sowohl im politischen als auch im gesellschaftlichen Bereich gibt es Parteien, Organisationen oder Einrichtungen, die (fast) das gleiche Ziel anstreben, in lebensanschaulicher Hinsicht allerdings Unterschiede aufweisen. Diese Erscheinung ist am deutlichsten unter anderem beim Fernsehen, beim Rundfunk, bei der Presse, im Vereinsleben und im Unterrichtswesen erkennbar. Neben der Religionsfreiheit ist auch die Unterrichtsfreiheit in der Verfassung niedergelegt. Nach einem siebzig Jahre währenden "Schulstreit" wurden der sogenannte "öffentliche Unterricht", der ausschließlich vom Staat finanziert wird, und der sogenannte "Sonderunterricht", der in erster Linie von Privatleuten unterhalten wird, vollkommen gleichgestellt. Etwa drei Viertel aller niederländischen Schulen sind von privaten Einrichtungen und Vereinigungen mit katholischem oder protestantisch-christlichem Einschlag gegründet worden. Es gibt heute Schulen für den Grundschulunterricht (für Kinder vom 4. bis zum 12. Lebensjahr), Sonderschulunterricht (für geistig, körperlich oder sozial Behinderte vom 3. bis zum 21. Lebensjahr), fortführenden Unterricht (bestehend aus Berufsschulunterricht, Realschul- und Gymnasialunterricht sowie vorbereitendem

wissenschaftlichen Unterricht), höheren Unterricht (höheren Berufsschulunterricht und Universitätsausbildung) und internationalen Unterricht (Ausbildungseinrichtungen speziell für ausländische Hochschulabsolventen). Daneben gibt es besondere Ausbildungseinrichtungen für Erwachsene, etwa eine "offene Schule" und eine "offene Universität". Schulpflicht herrscht für Kinder zwischen dem 5. und 16. Lebensjahr. Je nach Art der Ausbildung ist das Kind anschließend noch für ein oder zwei Jahre partiell schulpflichtig (ein oder zwei Tage pro Woche muß es dann noch eine Schule besuchen). Während der schulpflichtigen Zeit ist der Unterricht kostenlos.

Unterrichtssprache ist Niederländisch, eine in ihrem Ursprung germanische Sprache. In Friesland wird Friesisch gesprochen. Niederländisch ist sowohl in den Niederlanden selbst als auch außerhalb die Sprache von mehr als 20 Millionen Menschen.

Flora und Fauna

Die oben bereits erwähnte hohe Bevölkerungsdichte und die weitreichende Industrialisierung sind der Grund dafür, daß es nur wenig ursprüngliche Naturlandschaft gibt. Von der Gesamtfläche können nur noch etwa 13% als "natürliche Landschaft" angesehen werden, etwa Wälder (verschiedene Naturschutzgebiete), Dünen, Strand, Heide, Moor usw. Fast zwei Drittel der Oberfläche werden für agrarische Zwecke genutzt, und ca. 8% dienen Wohnzwecken. Flora und Fauna sind daher besonderem Druck ausgesetzt.

Die Flora zählt ca. 1200 höhere Pflanzenarten, 600 Arten von Moosen und ca. 3000 Schwammarten sowie zahlreiche Algen. Diese Zahl geht jedoch ständig zurück. In den vergangenen 50 Jahren ist die Zahl der Fundorte im Zusammenhang mit der Diversivität der Flora auf ein Fünftel dessen zurückgegangen, was früher einmal galt. Verschiedene Naturschutzorganisationen – sowohl privater als auch staatlicher Art – sind aktiv, um diesen Rückgang zum Stillstand zu bringen.

Dank der vielen Gewässer, Feuchtgebiete und Dünen sind die Niederlande jedoch immer noch ein beliebter Aufenthaltsort für zahlreiche Zug- und Strandvögel. Die Zahl der vorkommenden Vogelarten beläuft sich auf etwa 370, worunter 170 Brutvogelarten und 100 Zugvogelarten zu beobachten sind. In den Küstengebieten sind vor allen Dingen die Strandläufer und Möven zahlreich zu finden. Nahe der Flüsse, Seen und Kanäle gibt es vielerlei Arten von Enten. Darüber hinaus findet man an diesen Orten Blaureiher. An verschiedenen Stellen hat man Vogelschutzgebiete eingerichtet, um vom Aussterben bedrohte Vogelarten – darunter Storch und Löffelreiher – die notwendige Ruhe zur Brut zu geben. Daneben werden einige dieser bedrohten Vogelarten gezüchtet.

Die Niederlande zählen rund 50 Säugetierarten, darunter 16 Arten von Nagetieren (unter anderem Maus, Eichhörnchen und Hamster), 16 Fledermausarten, 7 Arten von Insektenfressern (etwa Maulwurf und Igel), 8 Arten von Raubtieren (darunter Wiesel, Hermelin, Otter, Dachs und Fuchs), 2 Arten von Hasenartigen (Kaninchen und Hase), 4 Arten von Huftieren (Edelhirsch, Reh, Damhirsch und Wildschwein) sowie 3 Arten von Meeresraubtieren (Seehund, grauer Seehund und Stinkrobbe). Die niederländische Fauna zählt darüber hinaus 16 Arten von Amphibien (Salamander, Schildkröten und Frösche) und nur 8 Reptilienarten (darunter 4 Arten von Eidechsen). Die Zahl der einheimischen Insekten geht in die Tausende. Fische gibt es in ca. 180 Arten. Das Klima ist für Flora und Fauna mitbestimmend.

Klima

Die Niederlande werden von gemäßigtem Seeklima bestimmt. Das ist die Folge der Lage an der Nordsee, die den warmen Golfstrom, der aus der Karibik kommt, an der Küste entlangführt. Es fallen durchschnittlich rund 750 mm Niederschlag pro Jahr. Die Monate Februar bis Mai sind die trockensten. Die Monate Mai bis August weisen durchschnittlich die höchste Zahl an Sonnenstunden auf. Der Wind weht überwiegend aus Westen und ist häufig sehr kräftig. Die mittleren Temperaturen im Januar liegen bei etwa 1°C und im Juli bei 17°C.

Trotz der Tatsache, daß die Niederlande klein sind, gibt es deutlich meßbare Temperaturunterschiede zwischen dem Norden und dem Süden des Landes. So mißt man im Norden im Mittel an nicht mehr als fünf Tagen im Jahr eine Höchsttemperatur von 25°C oder mehr, während es im Südosten mehr als 35 Tage sind, die eine solche sommerliche Temperatur aufweisen. Auch die mittlere Zahl der Tage mit Minimaltemperaturen unter dem Gefrierpunkt ist unterschiedlich: Im Nordosten sind es 17 und im Südwesten nur 8 Tage. Alles in allem wird das Klima von milden Wintern und nicht zu warmen Sommern bestimmt.

Kultur

Ort und Aufgabe von Kunst im allgemeinen sind schon seit Jahren Thema von Diskussionen in der niederländischen Gesellschaft, wobei auch vor allem die Aufgabe des Staates im Mittelpunkt steht. Durch verschiedene finanziell-soziale Regelungen wird es dem Künstler leichter gemacht, seine Arbeit zu tun. Durch die Jahrhunderte hinweg haben die Niederlande einen wichtigen Beitrag zur westlichen Kultur geliefert. Vor allem im Bereich der Architektur und der Malerei haben die Niederlande in der Vergangenheit zahlreiche große Künstler hervorgebracht, die bis weit über die eigenen Landesgrenzen hinaus berühmt geworden sind.

Im Bereich der Musik haben die Niederlande eine eher untergeordnete Rolle gespielt; doch die niederländische Literatur hat – trotz der Begrenzung auf nur 20 Millionen Menschen, die die niederländische Sprache beherrschen – über die Jahrhunderte hinweg Schriftsteller internationalen Formats hervorgebracht. Bereits im 13. Jahrhundert erschienen in niederländischer Sprache verfaßte Werke. Im 16. und 17. Jahrhundert wurde jedoch vor allen Dingen in lateinischer Sprache geschrieben. Bekannt sind Erasmus, Hugo de Groot und Spinoza. Im Goldenen Jahrhundert zählen P.C. Hooft und Joost van den Vondel – beide Mitglieder des sogenannten Muiderkring - zu den bedeutensten Autoren. Auch der Staatsmann Jacob Cats und der

Diplomat Constantijn Huygens dürfen nicht unerwähnt bleiben. Im 18. Jahrhundert geht es mit der Literatur in den Niederlanden bergab, um im 19. Jahrhundert zu einer neuen Blüte zu gelangen. Werke von Hildebrand (Camera Obscura) und vor allen Dingen von Multatuli (Max Havelaar) sind Höhepunkte der niederländischsprachigen Literatur. Es entsteht eine neue Strömung, *De Tachtigers* genannt, zu der die Dichter und Schriftsteller Willem Kloos, Albert Verwey und Frederik van Eeden zählen. Louis Couperus zeichnet in seinen Erzählungen ein vortreffliches Bild seiner Zeit. Zu Beginn des 20. Jahrhunderts ist das dramatische Theaterstück *Op Hoop van Zegen* von Herman Heyermans ein Höhepunkt.

Die niederländischsprachige Literatur hat in den vergangenen 90 Jahren mit Autoren wie Simon Vestdijk, Willem Frederik Hermans, Gerard Reve, Simon Vinkenoog, Jan Wolkers und Harry Mulisch einen besonderen Aufschwung erlebt. Zahlreiche Romane dieser Autoren sind erfolgreich verfilmt worden, darunter *Turks Fruit* von Wolkers, *De Vierde Man* von Reve und *De Aanslag* von Harry Mulisch. Regisseur Fons Rademakers erhielt für diesen Film 1987 einen Oscar. Weitere international erfolgreiche niederländische Filme sind *Max Havelaar, Soldaat van Oranje, Van de Koele Meren des Doods* und *Ciske de Rat*. Das internationale Interesse hat nach dem Erfolg von *De Aanslag* noch zugenommen, und niederländische Schauspieler und Schauspielerinnen sind heute auch bei ausländischen Produktionen sehr begehrt.

Architektur
Insbesondere im Bereich der Architektur gibt es in den Niederlanden eine reiche Geschichte, und an zahlreichen Orten in unserem Land kann man herrliche Bauwerke finden. So gibt es in Maastricht ausgezeichnete Beispiele für die romanische Architektur, darunter die Sankt-Servatius-Kirche. Im 14. und vor allem im 15. Jahrhundert hielt die gotische Architektur ihren Einzug, und in der Provinz Nordbrabant mit ihrer überwiegend katholischen Bevölkerung stehen herrliche Kirchen und Kathedralen, die in diesem Baustil errichtet wurden. Die Große Kirche in Breda ist ein schönes Beispiel für die sogenannte Brabanter Gotik, das gleiche gilt für die St. Johannes-Kathedrale in 's-Hertogenbosch. Dieser für Brabant typische Baustil wurde auch anderswo im Land nachgeahmt. Die Neue Kirche in Amsterdam und die St. Bavo-Kirche in Haarlem sind gute Beispiele dafür. Auch der Domturm, das einzige Relikt der 1672 zerstörten Domkirche in Utrecht, kann dazugezählt werden. Unter den Rathäusern ist das von Gouda erwähnenswert. Der in zierlichem und flamboyanten Stil ausgeführte Vordergiebel ist mit vielen Spitzen und Ziertürmchen versehen worden.

Die Renaissance konnte sich in den Niederlanden erst spät durchsetzen, und die Architektur wurde erst Mitte des 16. Jahrhunderts von dieser Richtung beeinflußt. In der Mitte des Goldenen Jahrhunderts gibt das Barock den schlichten Ton der Architektur an. Aus dieser Zeit datiert der königliche Palast auf der Dam in Amsterdam. Er wurde von einem der berühmtesten Architekten jener Zeit entworfen, von Jacob van Campen. Ursprünglich diente dieses prachtvolle Bauwerk als Rathaus Amsterdams (1648) und hat seinerzeit die Architektur im gesamten Land stark beeinflußt. So sind das Palais Het Loo in Apeldoorn, das Rathaus von Maastricht, das Huis ten Bosch und das Mauritshuis in Den Haag gute Beispiele für diese Nachahmung. Auch die berühmten Amsterdamer Grachtenhäuser aus jener Zeit wurden von diesem Baustil inspiriert. Ein schönes Beispiel ist das Trippenhuis, das von Justus Vingboons entworfen wurde. Im 18. und 19. Jahrhundert wird auf der Vergangenheit aufgebaut, doch langsam aber sicher gerät die Architektur in Verfall. Im 20. Jahrhundert entsteht jedoch unverkennbar eine Erneuerungsbewegung, die den Anfang mit der Errichtung der Amsterdamer Börse gegen Ende des 19. Jahrhunderts macht.

Architekt Berlage betont den funktionellen Gebrauch von Raum und eingesetzten Materialien. Zur gleichen Zeit wird die Gruppe *De Stijl* vom Mondriaan, J.P.P. Oud und Theo van Doesburg gegründet. Ein Architekt wie Gerrit Rietveld ließ sich davon inspirieren und entwarf das berühmte Schröderhuis in Utrecht. Darüber hinaus schuf er auch einige inzwischen berühmt gewordene Stühle. Nach dem Zweiten Weltkrieg sind die modernen Architekten insbesondere im Zusammenhang mit dem Wiederaufbau des völlig zerstörten Rotterdams dazu übergegangen, die speziellen Bedürfnisse der Stadtbewohner zu berücksichtigen. So ist die Lijnbaan, entworfen von dem Architekten J.B. Bakema, die erste Fußgängerzone Europas.

Malerei
Auch im Bereich der Malerei haben die Niederlande über Jahrhunderte hinweg eine bedeutende und einflußreiche Rolle gespielt. Berühmt ist unter anderem der Maler Hieronymus Bosch aus dem 16. Jahrhundert, der mit seinem Realismus die Grundlage für die Arbeit vieler großer, späterer Maler legte. Seine originelle Art zu malen ist auch ein Vorbote des Surrealismus. Der Höhepunkt der niederländischen Malerei liegt zweifellos im Goldenen Jahrhundert, mit weltberühmten Malern wie Rembrandt van Rijn, Frans Hals, Johannes Vermeer und Jacob van Ruysdael.

Im 18. Jahrhundert geht es der Malerei nicht ganz so gut, doch im 19. Jahrhundert sorgt die Entstehung der *Haagsche School* unter Leitung von Jozef Israels für ein Aufleben. Natur, Strand, Dünen und Fischer sind die Inspirationsquelle der Künstler dieser Schule. Auch die Impressionisten J.B. Jongkind und G.H. Breitner dürfen nicht unerwähnt bleiben. Gegen Ende des 19. Jahrhunderts sorgt das Werk von Vincent van Gogh für einen absoluten Höhepunkt der niederländischen Malerei. Zahlreiche seiner Werke befinden sich in dem nach ihm benannten Amsterdamer Museum. Die *Stijlgroep* mit Mondriaan an der Spitze, hat im Bereich der Malerei ebenfalls Bahnbrechendes geleistet.

In der jüngsten Vergangenheit hat die internationale Malergruppe, die sich unter der Bezeichnung *Cobra* (zusammengesetzt aus den Anfangsbuchstaben der Städte Copenhagen, Brüssel und Amsterdam) zusammenfand und der die Niederländer Karel Appel und Constant angehörten, für die notwendigen Erneuerungen gesorgt.

Zee, visserij en polder

De zee heeft altijd een belangrijke rol gespeeld in de geschiedenis van de Lage Landen. Dankzij de gunstige ligging aan de Noordzee kon Nederland in de zeventiende eeuw uitgroeien tot een van de belangrijkste zeevarende naties van de wereld. Ook de handel profiteerde van deze ideale ligging en heeft daar heden ten dage nog altijd voordeel van.

Al aan het begin van onze jaartelling was visvangst een belangrijke bestaansbron voor de bewoners van de Lage Landen. Met eenvoudige middelen visten ze hun dagelijks maaltje bij elkaar. In de middeleeuwen groeide deze eenvoudige visvangst uit tot een volwaardig middel van bestaan. De haringvisserij werd de belangrijkste pijler van de economie. De uitvinding van het zogenaamde haringkaken, een conserveringsmethode met behulp van zout, door Jan Beukelszoon aan het eind van de middeleeuwen, legde de basis voor de wereldomvattende Nederlandse handel in vis. Langs de zeekust ontstond een groot aantal typische vissershavens, waarvan Scheveningen misschien wel de bekendste is. Ook aan de kust van de voormalige Zuiderzee, nu het IJsselmeer, vinden we nog altijd een groot aantal vissersdorpen waaronder Marken en Volendam.

De zee vormde in het verleden niet alleen een belangrijke bron van inkomsten, maar was ook aanleiding tot een constante strijd. Met veel inzet en vindingrijkheid werden namelijk grote delen land op de zee veroverd of heroverd. Het waren de Friezen die als eersten de strijd tegen de elementen, zee en wind, aanbonden. Ruim 500 jaar voor onze jaartelling woonden zij al op met de hand aangelegde heuvels, de zogenaamde terpen. In de middeleeuwen legden zij de eerste dijken aan, waardoor enkele stukken grond droog vielen. In feite waren dit de eerste polders. Deze liepen echter bij hoog water wederom onder.

In de veertiende eeuw werden voor het eerst

Sea, fishing and polder

The sea has always played an essential part in the history of the Low Countries. In the seventeenth century the favourable location on the North Sea gave the Netherlands the chance to develop into one of the leading seafaring nations in the world. Trade has always profited from this ideal location, and still does.

Fishing was a major source of living for the first inhabitants of the Low Countries. With simple means they caught their daily meal. In the Middle Ages these simple fishing methode developed into full-fledged means of existence. Herring fishing became the cornerstone of the economy. The invention of the so-called herring-gutting, a method of preservation with the aid of salt, by Jan Beukelszoon at the end of the Middle Ages, laid the foundation for a world-wide Dutch trade in fish. Along the seacoast a large number of typical fishing ports appeared, among which Scheveningen may be the best known. There are still a large number of fishing ports along the coast of the former Zuyder Zee, now IJselmeer, including Marken and Volendam.

In the past the sea was not only a major source of income, but also the reason for constant struggles. For, with much dedication and ingenuity large stretches of land were reclaimed from the sea. The Frisians were the first to engage in this fight with the elements, the sea and the wind. Well over 500 years B.C. they already lived on so-called terps. In the Middle Ages they constructed the first dikes, creating dry pieces of land. These were actually the first polders. However, in the case of bad weather they were flooded again. In the fourteenth century windmills were used for the first time to reclaim lakes and marshes. That resulted in the first real polders. A *polder* is a piece of land, surrounded by dikes, reclaimed by drainage, on a level lower than the water outside the dikes. Drainage is neces-

Meer, Fischerei und Polder

Das Meer hat in der Geschichte der Niederlande immer schon eine wichtige Rolle gespielt. Dank der günstigen Lage an der Nordsee konnten sich die Niederlande im 17. Jahrhundert zu einer der bedeutendsten seefahrenden Nationen der Welt entwickeln. Auch der Handel profitierte von dieser idealen Lage und hat bis auf den heutigen Tag noch Vorteile davon.

Bereits zu Beginn unserer Zeitrechnung war der Fischfang eine wichtige Lebensgrundlage für die Menschen in den heutigen Niederlanden. Mit einfachen Mitteln fingen sie die Fische. Im Mittelalter entwickelte sich diese einfache Form der Fischerei zu einem vollwertigen Element der Lebensgrundlagen. Die Heringsfischerei wurde wichtigste Stütze der Wirtschaft. Die Erfindung des sogenannten "haringkaken", einer Konservierungsart mit Hilfe von Salz durch Jan Beukelszoon gegen Ende des Mittelalters schuf die Grundlage für den weltumfassenden niederländischen Handel mit Fisch. An der Meeresküste entstanden zahlreiche typische Fischerhäfen, unter denen Scheveningen vielleicht der bekannteste ist. Auch an der Küste der ehemaligen Zuiderzee, heute IJsselmeer, finden wir immer noch zahlreiche Fischerdörfer, darunter Marken und Volendam.

Das Meer stellte in der Vergangenheit nicht nur eine wichtige Einnahmequelle dar, sondern war zugleich auch Grund für einen dauernden Kampf. Mit großem Einsatz und viel Erfindungsreichtum wurden nämlich große Teile Land dem Meer abgerungen oder von ihm zurückerobert. Es waren die Friesen, die als erste den Kampf gegen die Elemente, gegen Meer und Wind, aufnahmen.

Rund 500 Jahre vor unserer Zeit lebten sie bereits auf sogenannten Warften. Im Mittelalter legten sie die ersten Deiche an, wodurch weite Teile Land trockengelegt wurden. In der Tat waren dies die ersten

windmolens ingezet om moerassen en meren droog te leggen en droog te houden. De eerste echte polders waren een feit. Een *polder* is een door dijken omgeven stuk land, dat door bemaling kunstmatig drooggelegd is en waarvan het maaiveld lager ligt dan het water buiten de dijken. Bemaling is noodzakelijk om vollopen tegen te gaan. Ook kan de grondwaterstand geregeld worden met behulp van sluizen. Het eerste grote succes in dit verband werd geboekt in 1612 toen onder leiding van Jan Adriaenszoon Leeghwater het Beemstermeer, ten noorden van Amsterdam, met behulp van ruim veertig molens werd drooggelegd. Dit succes vormde de basis van een groot aantal inpolderingen. In de zeventiende eeuw volgden nog de Purmer (1622), de Wormer (1626) en de Schermer (1635). Grotere successen zouden echter volgen. In 1848 werd begonnen met de drooglegging van de Haarlemmermeerpolder met behulp van stoomgemalen. Dit gigantische karwei was in 1852 voltooid. De strijd tegen het water werd keer op keer in het voordeel van de Nederlanders beslecht.

In 1923 werd begonnen met de aanleg van de Afsluitdijk, een 30 kilometer lange dam tussen de provincies Noord-Holland en Friesland, waardoor de voormalige Zuiderzee bij de voltooiing van de dijk in 1932 veranderde in het IJsselmeer. In de zo ontstane binnenzee zijn inmiddels vier polders aangelegd en werd in totaal een landaanwinst van 165 duizend hectare geboekt. De twee oudste polders, de Wieringermeer en de Noordoostpolder zijn typische agrarische polders. De jongste polders, Oostelijk en Zuidelijk Flevoland, vormen de nieuwe, twaalfde provincie van Nederland.

De strijd tegen de zee ging echter ook op andere plaatsen door. Zo kwamen op 1 februari 1953 bij een watersnoodramp, waarbij de Zuidhollandse en Zeeuwse eilanden voor een groot gedeelte werden overstroomd, 1835 mensen om het leven en werd ruim 250.000 hectare grond verwoest. Om herhaling te voorkomen werd het zogenaamde Deltaplan ontworpen, een omvangrijk waterbouwkundig project tot afsluiting van de zeearmen in het zuidwestelijk deel

sary in order to avoid flooding. The groundwater level can also be controlled by means of sluices. Then the polder is located above sea level and the excess water can be drained at low tide by opening the sluice doors. The first major success in this field was achieved in 1612 when under the direction of Jan Adriaenszoon Leeghwater the Beemster-lake was reclaimed, to the north of Amsterdam, with the aid of forty mills. This success laid the foundation for a large number of land reclamations. In the seventeenth century followed the 'Purmer' (1622), the 'Wormer' (1626) and the 'Schermer' (1635). However, even greater successes were to follow. In 1848 a beginning was made with the reclamation of the Haarlemmer-lake polder with the aid of steam pumping stations. This gigantic job was completed in 1852. Again and again the fight against the water was settled in favour of the Dutch.

In 1923 a beginning was made with the construction of the IJselmeer Dam, a 30 kilometre long dam between the provinces of North Holland and Friesland, so that upon completion of the dike in 1932 the former Zuyder Zee became the IJselmeer. Since then four polders have been built in the inland sea thus created and a total of 410,000 acres of land have been reclaimed. The two oldest polders, the Wieringen-lake and the 'Noordoostpolder' are typically agricultural polders. The newer polders, Eastern and Southern 'Flevoland' are the twelfth province of the Netherlands. The fight against the sea, however, continued in other places. On February 1, 1953, 1853 people were killed in a flood disaster, that inundated a major part of the Zuid-Holland and Zeeland islands; 625,000 acres of land were destroyed. In order to avoid repetition the so-called Delta Plan was drawn up, a substantial hydrological project to close the estuaries in the southwestern part of the Netherlands. In 1954 a start was made with the execution of this plan. The Delta Plan was officially finished on October 4, 1986, with the completion of the flood barrier in the Eastern Scheldt. Now all parts of the Zuid-Holland islands and the province of

Polder. Sie wurden jedoch schon bald wieder vom ·Meer überflutet. Im 14. Jahrhundert wurden zum ersten Mal Windmühlen eingesetzt, um Sümpfe und Seen trockenzulegen und trocken zu halten. Die ersten wirklichen Polder waren damit geschaffen. Ein *Polder* ist ein von Deichen umgebenes Stück Land, das durch Entwässerungsmaßnahmen künstlich trockengelegt wurde, und dessen Oberfläche tiefer liegt als das Wasser jenseits der Deiche. Entwässerungsmaßnahmen sind notwendig, um ein erneutes Überschwemmen zu verhindern. Auch der Grundwasserspiegel muß mit Hilfe von Schleusen geregelt werden. Der Polder befindet sich dann über dem Meeresspiegel und kann bei Ebbe durch Öffnen der Schleusentore von dem überschüssigen Wasser befreit werden. Der erste Erfolg in diesem Zusammenhang wurde 1612 unter Leitung von Jan Adriaenszoon Leeghwater bei der Arbeit am Beemstermeer, nördlich von Amsterdam, erzielt, als er dieses Gewässer mit Hilfe von rund 40 Mühlen trockenlegte. Im 17. Jahrhundert folgten noch Purmer (1622), Wormer (1626) und Schermer (1635).

Es sollten jedoch noch größere Erfolge zu verzeichnen sein. 1848 begann man mit der Trockenlegung des Haarlemmermeerpolders durch Einsatz von Dampfmühlen. Diese gigantische Arbeit wurde 1852 vollendet. Der Kampf gegen das Wasser endete immer wieder mit dem Sieg der Niederländer.

1916 nahm man den Bau des Abschlußdeiches in Angriff, eines 30 km langen Damms zwischen den Provinzen Nordholland und Friesland, wodurch die ehemalige Zuiderzee bei Vollendung des Deiches 1932 zum IJsselmeer wurde. In dem so entstandenen Binnensee hat man inzwischen vier Polder angelegt, und insgesamt konnte man einen Landzugewinn von 165.000 ha verzeichnen. Die beiden ältesten Polder, der Wieringermeer- und der Nordostpolder sind typische agrarisch genutzte Polder. Die jüngsten Polder, Ost- und Süd-Flevoland bilden eine neue, die zwölfte, Provinz der Niederlande. Der Kampf gegen das Meer wurde jedoch auch andernorts fortgesetzt. So wurden bei

van Nederland. Met de uitvoering van dit project werd in 1954 een aanvang gemaakt. Met het gereedkomen van de stormvloedkering in de Oosterschelde op 4 oktober 1986 is het Deltaplan officieel gereed gekomen en zijn alle delen van de Zuidhollandse eilanden en de provincie Zeeland door middel van bruggen, dijken en dammen met elkaar verbonden en tegen stormvloeden beschermd. Op de Westerschelde en Nieuwe Waterweg na, die open blijven voor de zeevaart naar respectievelijk Antwerpen en Rotterdam, zijn alle Zeeuwse en Zuidhollandse zeearmen afgesloten van de zee. Uit milieu-overwegingen is de Oosterschelde afgesloten met een speciale stormvloedkering, bestaande uit 65 betonnen pijlers met daartussen stalen schuiven die onder normale omstandigheden open staan, maar die bij storm gesloten kunnen worden. Voor deze oplossing is gekozen om het milieu en met name de schelpdierenvisserij, die afhankelijk is van de getijdestroming, niet in gevaar te brengen. In totaal is er de afgelopen eeuwen ruim 7000 vierkante kilometer land teruggewonnen.

Momenteel heeft Nederland een brede kuststrook van 280 kilometer lengte, die loopt van de provincie Zeeland in het zuidwesten tot en met de Waddeneilanden in het noorden. Er zijn vier verschillende kustgebieden te onderscheiden, de Waddeneilanden, de Noordhollandse kust, de Zuidhollandse kust en de Zeeuwse kust, met elk een eigen karakter. Langs de kuststrook vinden we een grote verscheidenheid aan badplaatsen, variërend van pittoresk tot mondain. Een wandeling langs de zee is in ieder seizoen en bij elke weersomstandigheid een belevenis. Vooral bij stormachtig weer biedt de Noordzee een fascinerende aanblik. Daar komt bij dat de zuivere zilte zeelucht een heilzame werking heeft. In dit boek staan enkele afbeeldingen van de mooiste stranden, die van Texel, Camperduin, Egmond aan Zee, Wijk aan Zee, Zandvoort en Scheveningen. Ook de achterliggende duinen zijn een bezoek zeker waard.

Zeeland are connected by means of bridges, dikes and dams and protected against flooding. All Zeeland and Zuid-Holland estuaries are closed to the sea, with the exception of the Western Scheldt and the New Waterway, that remain accessible for seagoing shipping to Antwerp and Rotterdam respectively. For environmental reasons the Eastern Scheldt has been closed by a special flood barrage, consisting of 65 concrete piles with steel gates in between, that are open in normal conditions, but that can be closed during gales. This solution was chosen so as not to endanger the environment, especially shellfish fishing, which is dependent on the movement of the tides. During the past few centuries more than 7,000 square kilometres of land have been reclaimed.

At the moment the Netherlands has a wide coastline with a length of 280 kilometres, from the province of Zeeland in the southwest to the 'Wadden' islands in the north. There are four different types of coastal areas, the 'Wadden' islands, the Noord-Holland coast, the Zuid-Holland coast and the Zeeland coast, each with their own features. Along the coastal belt we find a wide variety of seaside resorts, ranging from the picturesque to fashionable. In every season and in any weather conditions a walk along the seaside is an experience. The North Sea offers a spectacular view, especially when it is stormy weather. And the pure salty sea air has a salubrious effect. This book includes pictures of some of the most beautiful beaches, of Texel, Camperduin, Egmond aan Zee, Wijk aan Zee, Zandvoort and Scheveningen. The dunes behind them are also certainly worth a visit.

der Hochwasserkatastrophe am 1. Februar 1953, wobei die südholländischen und seeländischen Inseln größtenteils überschwemmt wurden, 1835 Menschen getötet und rund 250.000 ha Land verwüstet. Um die Wiederholung einer solchen Katastrophe zu verhindern, wurde der sogenannte Deltaplan entworfen, ein gigantisches wasserbaukundliches Projekt zum Abschluß der Meeresarme im südwestlichen Teil der Niederlande. Mit der Durchführung dieses Projektes begann man 1954. Die Fertigstellung des Stumflutschutzes in der Oosterschelde am 4. Oktober 1986 bildete den offiziellen Abschluß des Deltaplans, und alle Teile der südholländischen Inseln sowie der Provinz Seeland sind durch Brücken, Deiche und Dämme miteinander verbunden und gegen Sturmfluten geschützt. Bis auf die Westerschelde und den Nieuwe Waterweg, die für die Seeschiffahrt nach Antwerpen bzw. Rotterdam offen bleiben müssen, sind alle seeländischen und südholländischen Meeresarme vom Meer abgetrennt. Aus umweltschützerischen Überlegungen hat man die Oosterschelde durch einen speziellen Sturmflutschutz abgeschlossen, der aus 65 Betonpfeilern besteht, zwischen denen sich stählerne Schiebetore befinden, die normalerweise geöffnet sind, bei Flut aber geschlossen werden können. Diese Lösung hat man gewählt, um die Umwelt und insbesondere die Schalentierfischerei, die vom Gezeitenstrom abhängig ist, nicht zu gefährden. Insgesamt hat man in den vergangenen Jahrhunderten rund 7000 km^2 Land zurückgewonnen.

Derzeit haben die Niederlande einen breiten Küstenstreifen von 280 km Länge, der sich von der Provinz Seeland im Südwesten bis zu den Watteninseln im Norden hinzieht. Es gibt vier verschiedene Küstengebiete: die Watteninseln, die nordholländische Küste, die südholländische Küste und die seeländische Küste, die jeweils einen eigenen Charakter haben. Am Küstenstreifen entlang gibt es zahlreiche Badeorte, die alle ein eigenes Erscheinungsbild aufweisen, das von pittoresk bis mondän reicht. Ein Spaziergang am Meer ist zu jeder Jahreszeit und bei jedem Wetter ein Erlebnis.

pag. 29 *Vuurtorentje op Marken. Tot aan 1959 was Marken een eiland, gelegen in het IJselmeer, waar hoofdzakelijk een vissersgemeenschap leefde.*

pag. 30 en 31
De jaarlijkse visvangst op de Noordzee bedraagt ruim 3.3 miljoen ton waarvan Nederland ongeveer 5% vangt. Het visbestand wordt echter zeer bedreigd door overbevissing en giftige afvalstoffen.

pag. 32 *Strand bij Loodsmansduinen op Texel.*

pag. 33 boven:
'Oliebollen', een in olie gebakken zoete bolvormige koek met of zonder rozijnen, is een typisch Nederlandse lekkernij.

onder:
Golfbrekers

pag. 34 en 35
Met 426 personen op één vierkante kilometer is Nederland bijvoorbeeld twee maal zo dicht bevolkt als India.

pag. 36 en 37
Skûtsje silen (zeilen). Een jaarlijks terugkerend evenement op de Friese meren. Het festijn vindt plaats in de zomervakantie.

pag. 38 *Vissersschepen in de haven van Volendam aan het IJselmeer. Volendammers zijn zoutwatervissers gebleven.*

pag. 39 *Vismarkt te Delft.*

pag. 40 en 41
Bij Warder in Waterland, Noord-Holland. Waterland is een landelijk veenweidegebied

page 29 *Marken lighthouse. Until 1959 Marken was an island, located in the IJselmeer, with a population of mainly fishermen.*

page 30 and 31
*Over 3.3 million tons of fish are caught in the North Sea each year, with a Dutch share of about 5 per cent.
However, the fish stock is badly threatened bij overfishing and poisonous waste dumping.*

page 32 *Beach at Loodsmanduinen on Texel.*

page 33 above:
'Oliebollen', doughnutballs, a cake of dough, sweetened and boiled in fat with or without raisins, are a typical Dutch delicacy.

below:
Breakwaters

page 34 and 35
With 426 people to one square kilometre the Netherlands is twice as densely populated as e.g. India.

page 36 and 37
Skûtsje silen (sailing). A yearly event on the Frisian lakes. The festivity takes place during the summer holiday.

page 38 *Fishing vessels in the port of Volendam on the IJselmeer. Volendammers still are saltwater fishermen.*

page 39 *Delft fish-market.*

page 40 and 41
Near Warder in Waterland, province of Noord-Holland. Waterland is a rural peat pas-

Seite 29 *Leuchtturm auf Marken. Bis 1959 war Marken eine Insel im IJsselmeer, auf der meist Fischer lebten.*

Seite 30 und 31
Der jährliche Fischfang auf der Nordsee beläuft sich auf rund 3,3 Millionen Tonnen, von denen die Niederlande rund 5% einbringen. Der Fischbestand ist allerdings durch Überfischung und giftige Abfallstoffe sehr gefährdet.

Seite 32 *Strand bei Loodsmansduinen auf Texel.*

Seite 33 oben:
"Oliebollen" ein in Öl gebackener süßer, knollenförmiger Kuchen mit oder ohne Rosinen, sind eine typisch niederländische Leckerei.

unten:
Wellenbrecher

Seite 34 und 35
Mit 426 Personen pro Quadratkilometer sind die Niederlande doppelt so dicht besiedelt wie Indien.

Seite 36 und 37
Skûtsje silen (segeln). Ein alljährlich wiederkehrendes Ereignis auf den friesischen Seen. Das Fest findet in den Sommerferien statt.

Seite 38 *Fischerboote im Hafen von Volendam am IJsselmeer. Volendamer Fischer sind Meerwasserfischer geblieben.*

Seite 39 *Fischmarkt in Delft.*

Seite 40 und 41
Bei Warder in Waterland, Nordholland. Waterland ist ein lokales Sumpfweidenge-

ten noorden van Amsterdam dat voornamelijk gericht is op de melkveehouderij. Om dit gebied te beschermen tegen de oprukkende suburbanisatie is het 'Nationaal Landschap Waterland' gecreëerd.

pag. 42 en 43
Molens aan de Kinderdijk in de Alblasserwaard in Zuid-Holland. In en ver na de middeleeuwen was het gebruik van wind in de Lage Landen niet in alle gevallen vrij. Er goldt een windrecht. Dit hield in dat de heersende vorst, aan wie het recht toebehoorde, dit uitleende aan zijn landsheer of ambachtsheer. Deze op hun beurt kenden dit recht van windvang toe aan de molenaar en ontvingen daarvoor windgeld.
Pas tijdens de inlijving bij Frankrijk eind 18e eeuw, kwam dit recht te vervallen.

pag. 44 en 45
Het landschap van Noord-Holland is een typisch Hollands landschap met eindeloze weidevelden doorsneden door vele sloten.

pag. 46 Goed voor zo'n 33.000.000 liter melk per dag.

pag. 47 Langs de Beemsterringvaart in Noord-Holland.

pag. 48 & 49
De agrarische sector zorgt voor ruim 4% van het nationaal inkomen.
Van het oppervlak van Nederland wordt 60% voor agrarische doeleinden gebruikt maar slechts 6% van de beroepsbevolking is werkzaam in deze sector.

tureland north of Amsterdam mainly for dairy farming. In order to protect this area against the encroaching suburbanization the 'National Landscape Waterland' has been created.

page 42 and 43
Windmills at Kinderdijk in the 'Alblasserwaard' in the province of Zuid-Holland. During and after the Middle Ages the use of the wind in the Low Countries was not always free. There was a wind privilege. This implied that the ruling sovereign, to whom this right belonged, loaned it to his lord of the manor. He, in his turn granted the right of catching the wind to the miller and received 'wind-money' in return. This right was only cancelled after the incorporation into France at the end of the 18th century.

page 44 and 45
The Noord-Holland countryside is a typically Dutch landscape of endless pastures criss-crossed with many ditches.

page 46 Produce some 33,000,000 litres of milk per day.

page 47 Along the Beemster-ring canal in Noord-Holland.

page 48 and 49
The agricultural sector provides over 4 per cent of the national income. 60 per cent of the surface area of the Netherlands is used for agricultural purposes, but only 6 per cent of the working population is employed in this sector.

biet nördlich von Amsterdam, in dem man hauptsächlich Milchviehwirtschaft betreibt. Um diese Landschaft vor der immer näherrückenden Suburbanisation zu schützen, wurde die "Nationaal Landschap Waterland" (Naturschutzorganisation) gegründet.

Seite 42 und 43
Mühlen am Kinderdijk bei Alblasserwaard in Südholland. Im Mittelalter und lange danach noch war die Nutzung der Windkraft in den Niederlanden nicht in allen Fällen frei. Es galt ein Windrecht. Das hieß, daß der herrschende Fürst, dem das Recht zustand, dies seinem Landesherrn oder Verwalter überließ. Der übertrug das Windrecht schließlich dem Müller und erhielt dafür ein Windgeld.
Erst nach dem Anschluß an Frankreich Ende des 18. Jahrhunderts wurde dieses Recht abgeschafft.

Seite 44 und 45
Die Landschaft von Nordholland ist typisch für die Niederlande: mit endlos erscheinenden Wiesen, die von zahlreichen Gräben durchzogen sind.

Seite 46 Gut für rund 33.000.000 Liter Milch pro Tag.

Seite 47 An der Beemsterringvaart in Nordholland.

Seite 48 und 49
Der agrarische Bereich hat am Nationaleinkommen einen Anteil von rund 4 %. Von der Gesamtfläche der Niederlande werden 60% für landwirtschaftliche Zwecke genutzt; doch nur 6% der erwerbstätigen Bevölkerung arbeiten in diesem Sektor.

pag. 50, 51 en 52

Het typisch Hollandse polderlandschap met z'n sloten, tochten en sluisjes kreeg al zijn vorm in de 13e en 14e eeuw. Nadat het achterland beschermd was door dijken werd het noodzakelijk de afwatering in het laagveengebied te regelen. Het water in deze sloten wordt op 'polderpeil' gehouden door afwatering bij een teveel aan neerslag of door inlaten van water na een langdurige droogte.

page 50, 51 and 52

The typical Dutch polder landscape with its ditches, trenches and locks was shaped as early as the 13th and 14th centuries. When the hinterland had been protected by dikes it became necessary to regulate the drainage of the fens. The water in these ditches is kept at 'polder level' by drainage of surplus precipitation or by letting in water after prolonged droughts.

Seite 50, 51 und 52

Die typisch niederländische Polderlandschaft mit ihren Gräben, Wegen und Schleusen erhielt bereits im 13. und 14. Jahrhundert ihre Gestalt. Nachdem das Hinterland mit Deichen geschützt war, wurde es notwendig, die Entwässerung im Tiefmoorgebiet zu regeln. Das Wasser in diesen Gräben wurde auf "Polderniveau" gehalten, indem man das überschüssige Wasser (Niederschläge usw.) abführte oder bei langandauernder Trockenheit Wasser auf den Polder ließ.

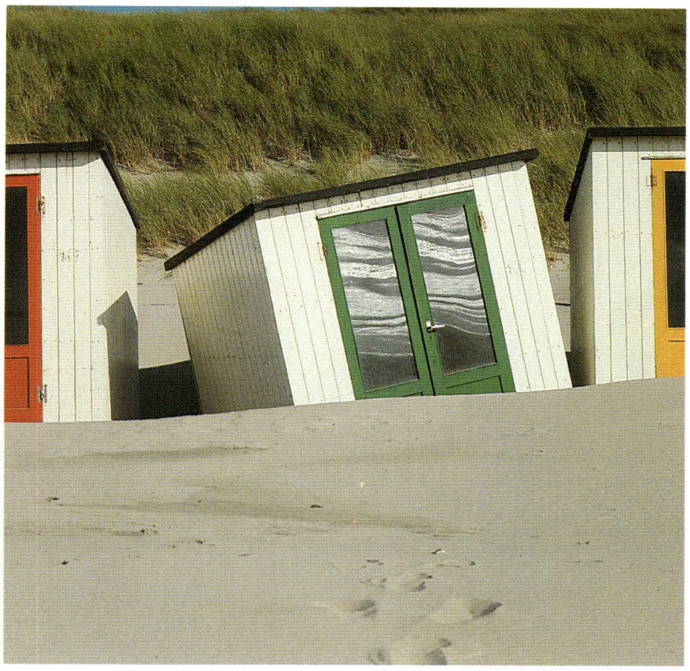

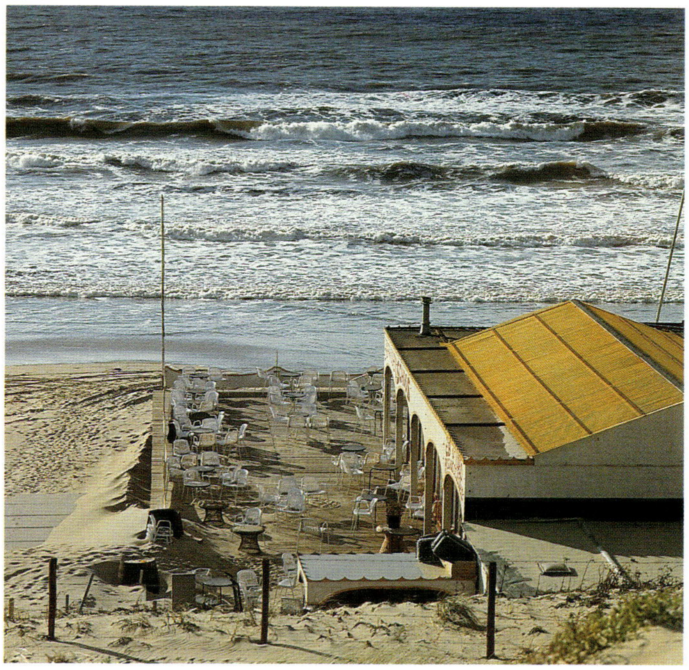

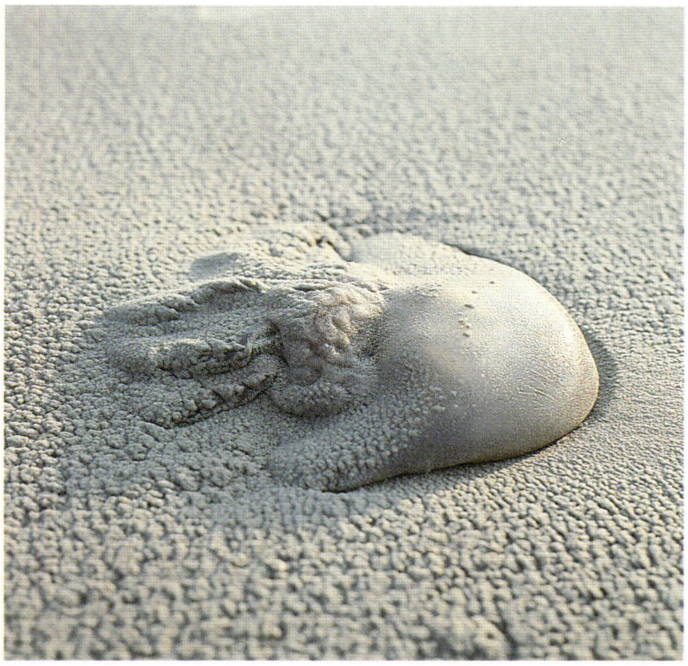

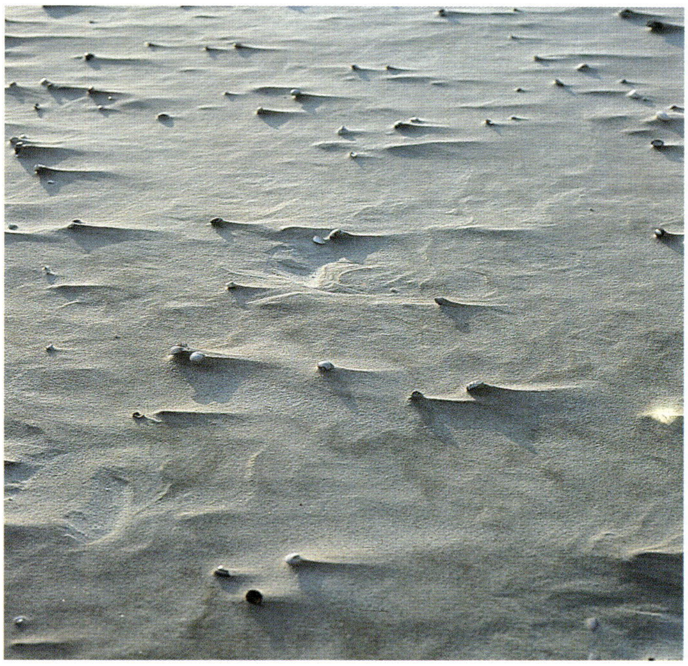

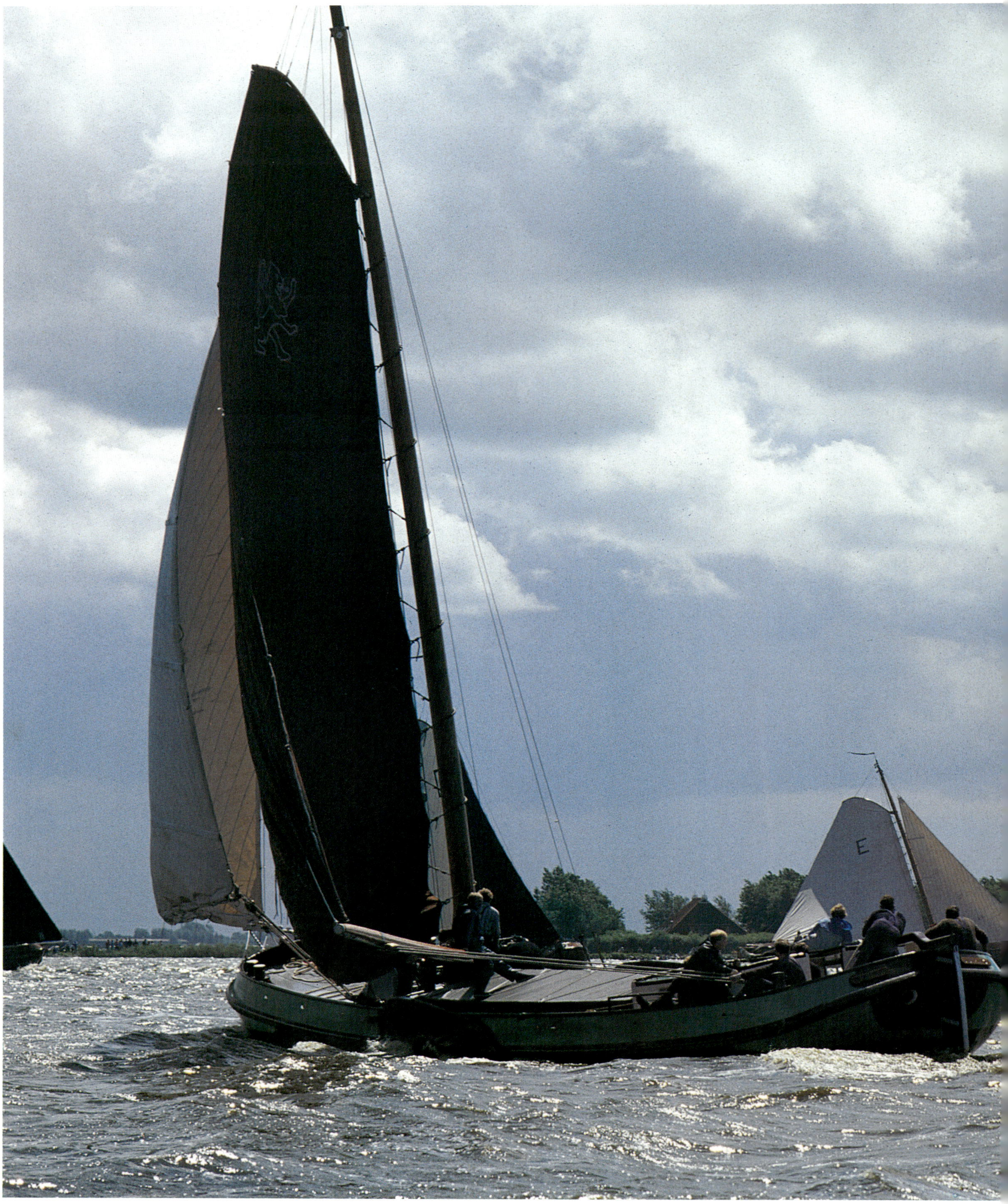

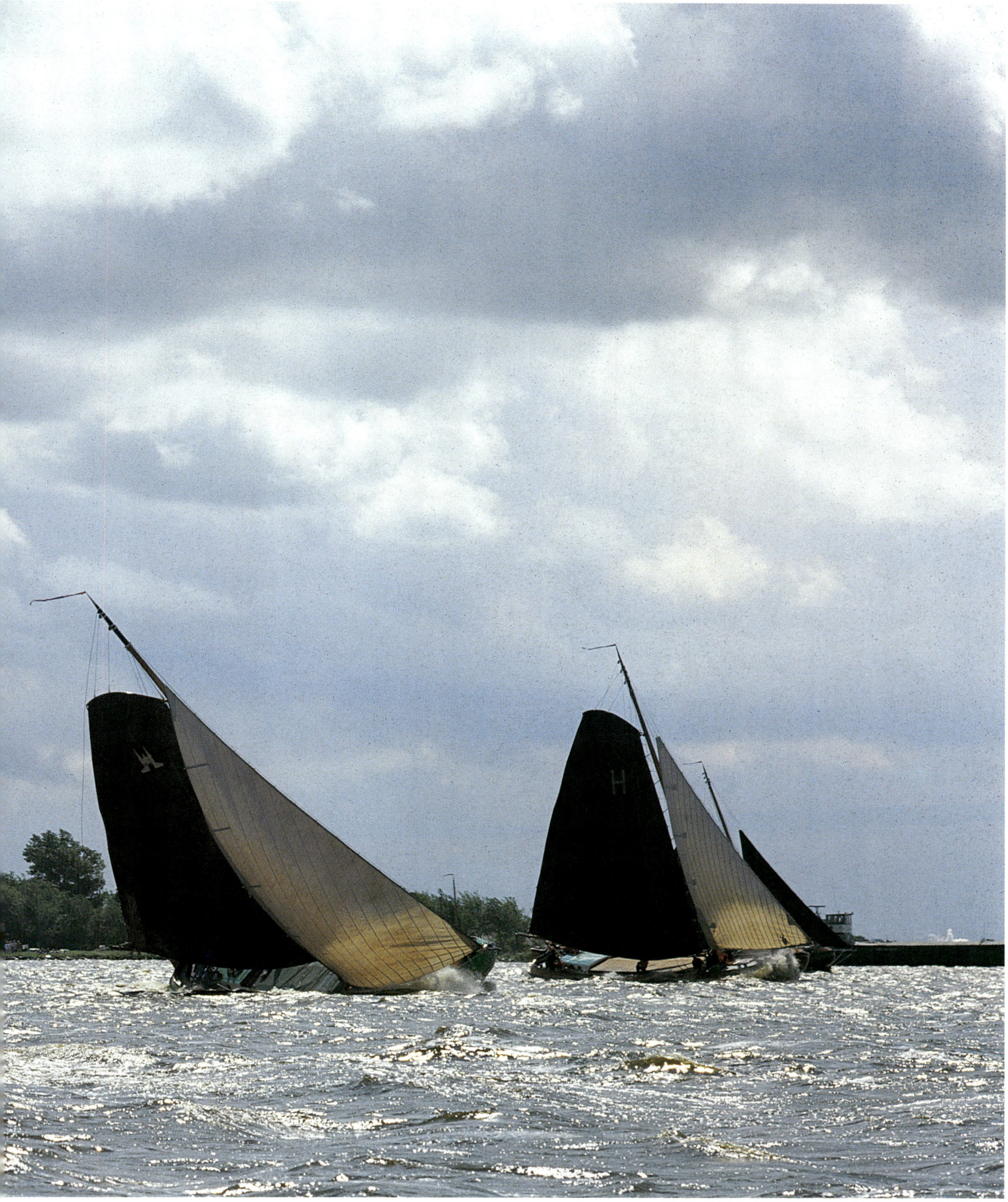

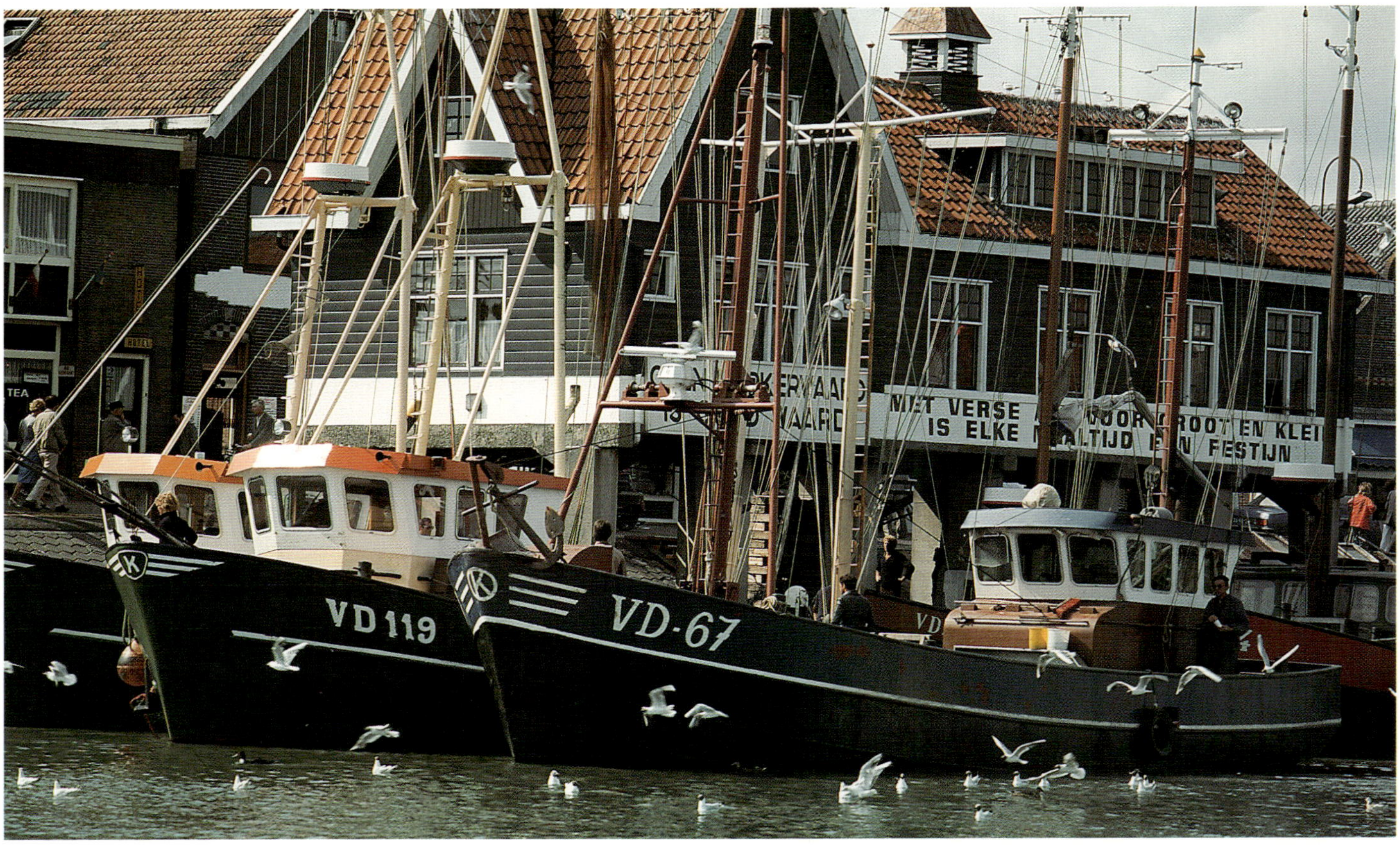
VD 119
VD-67

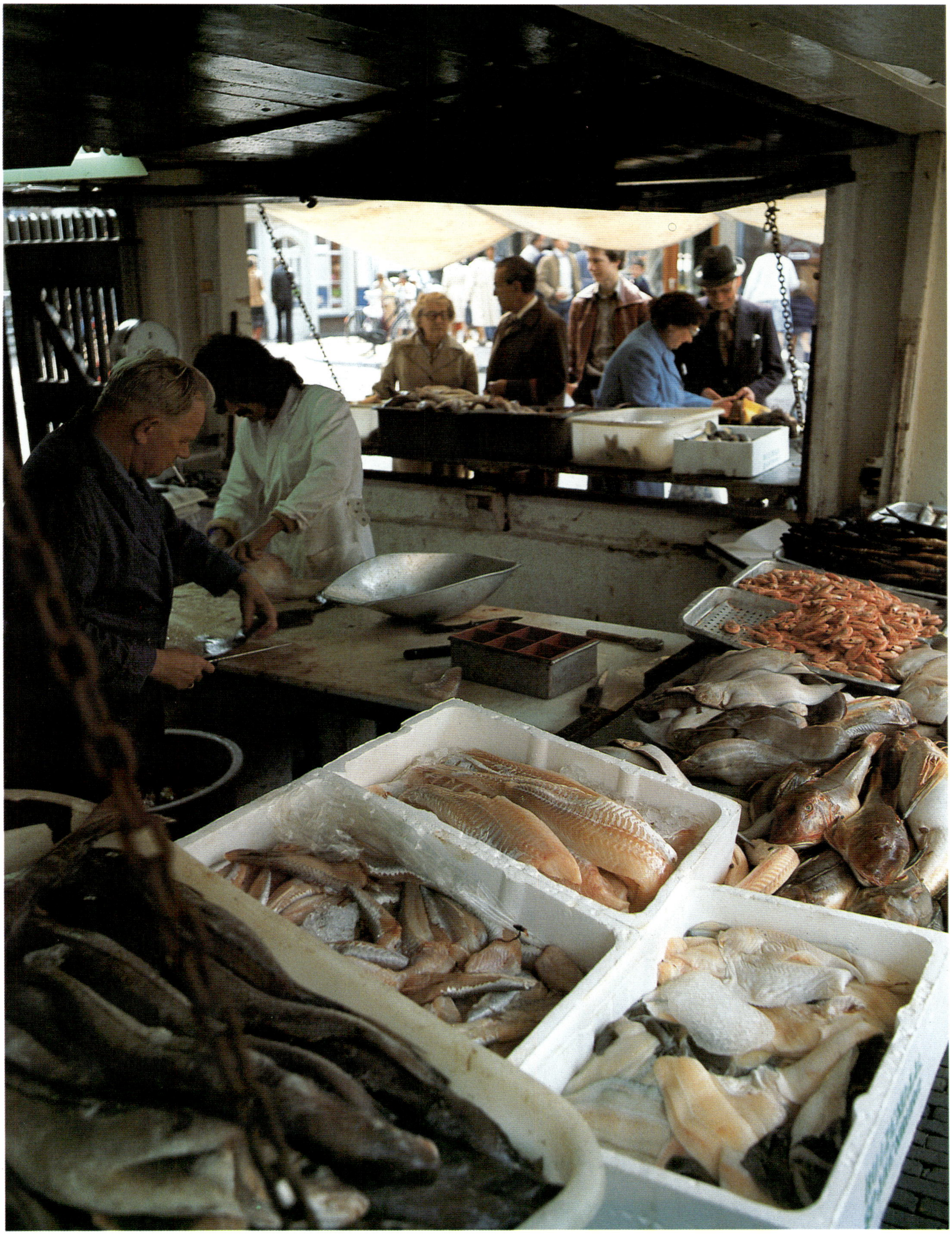

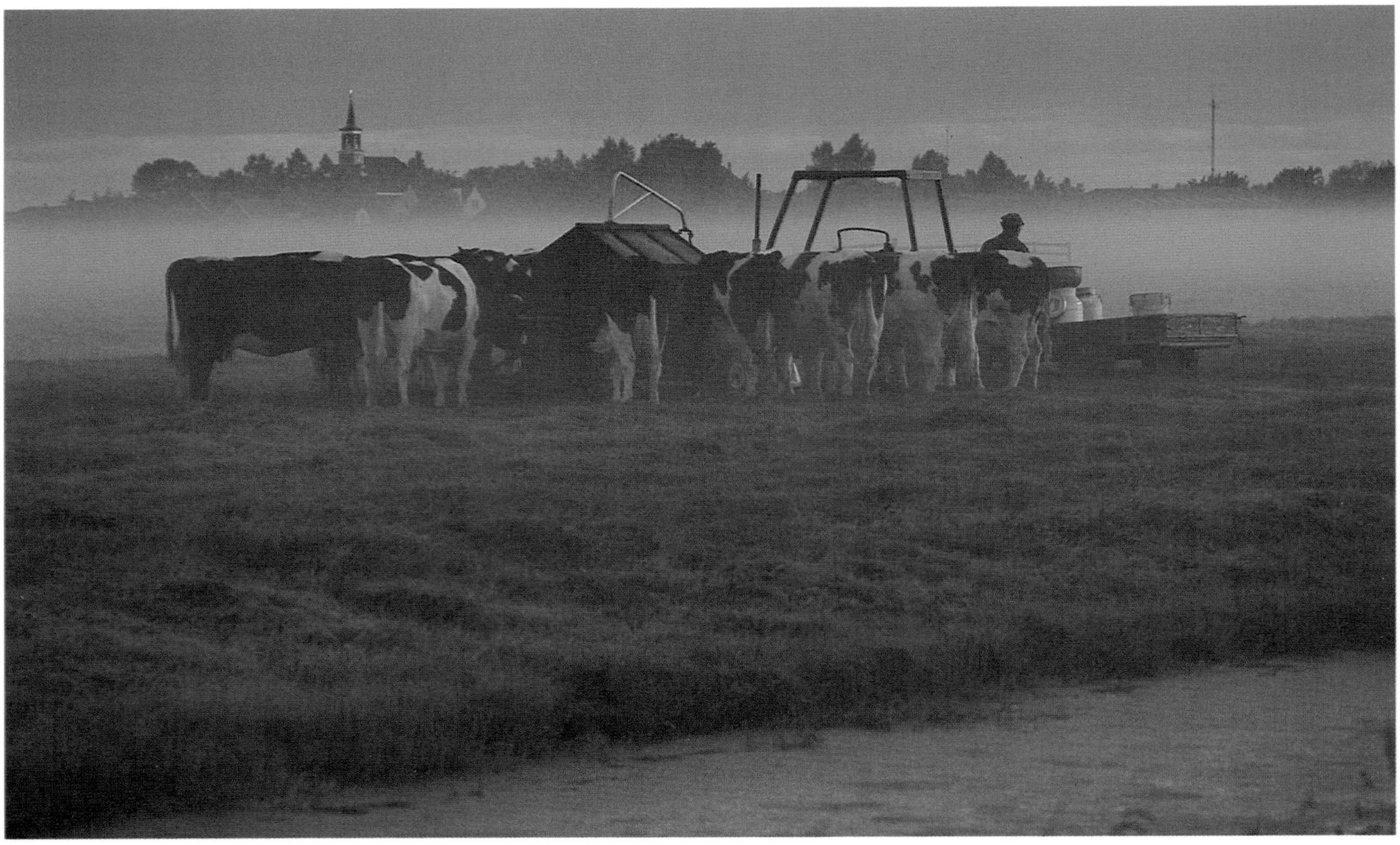

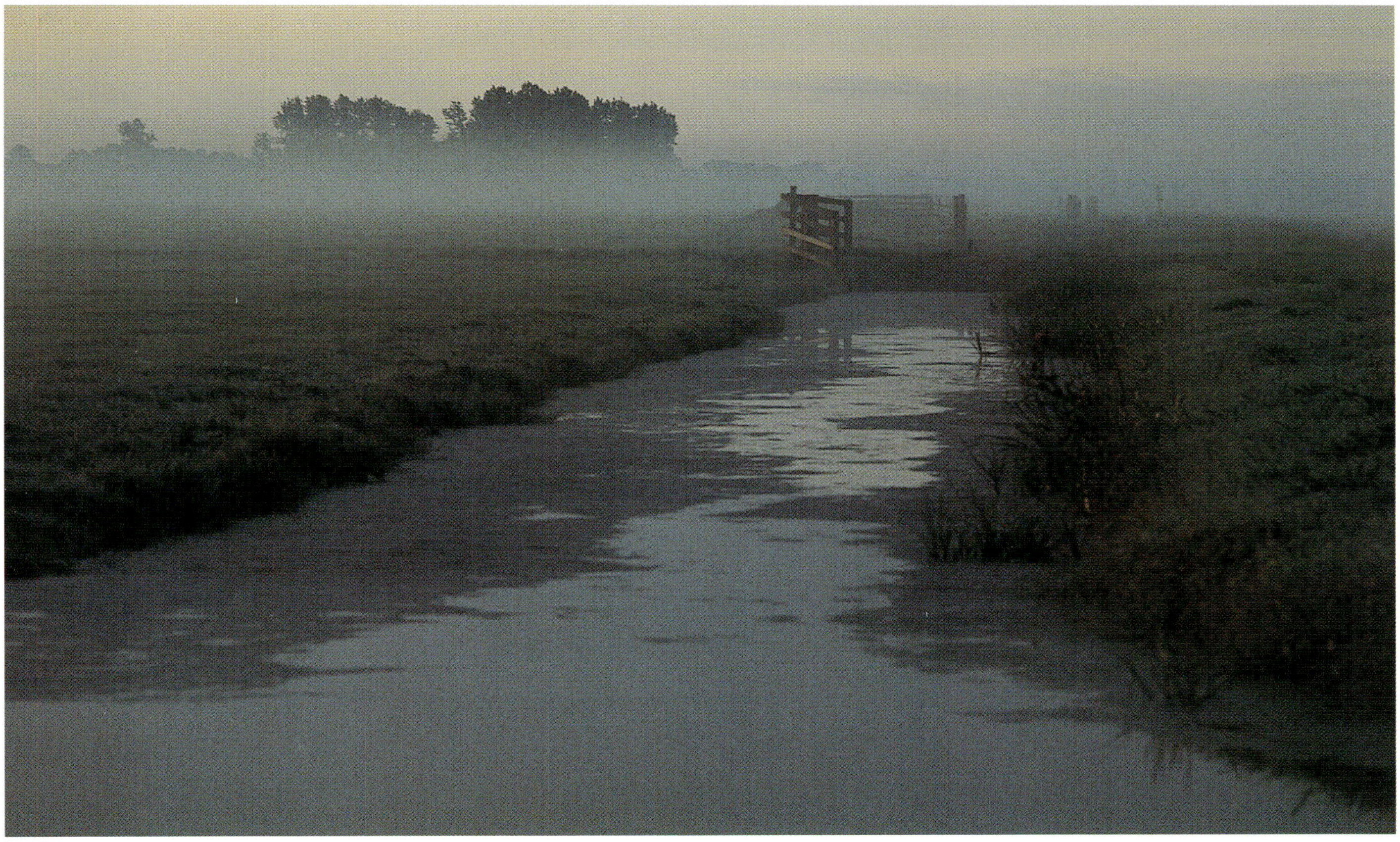

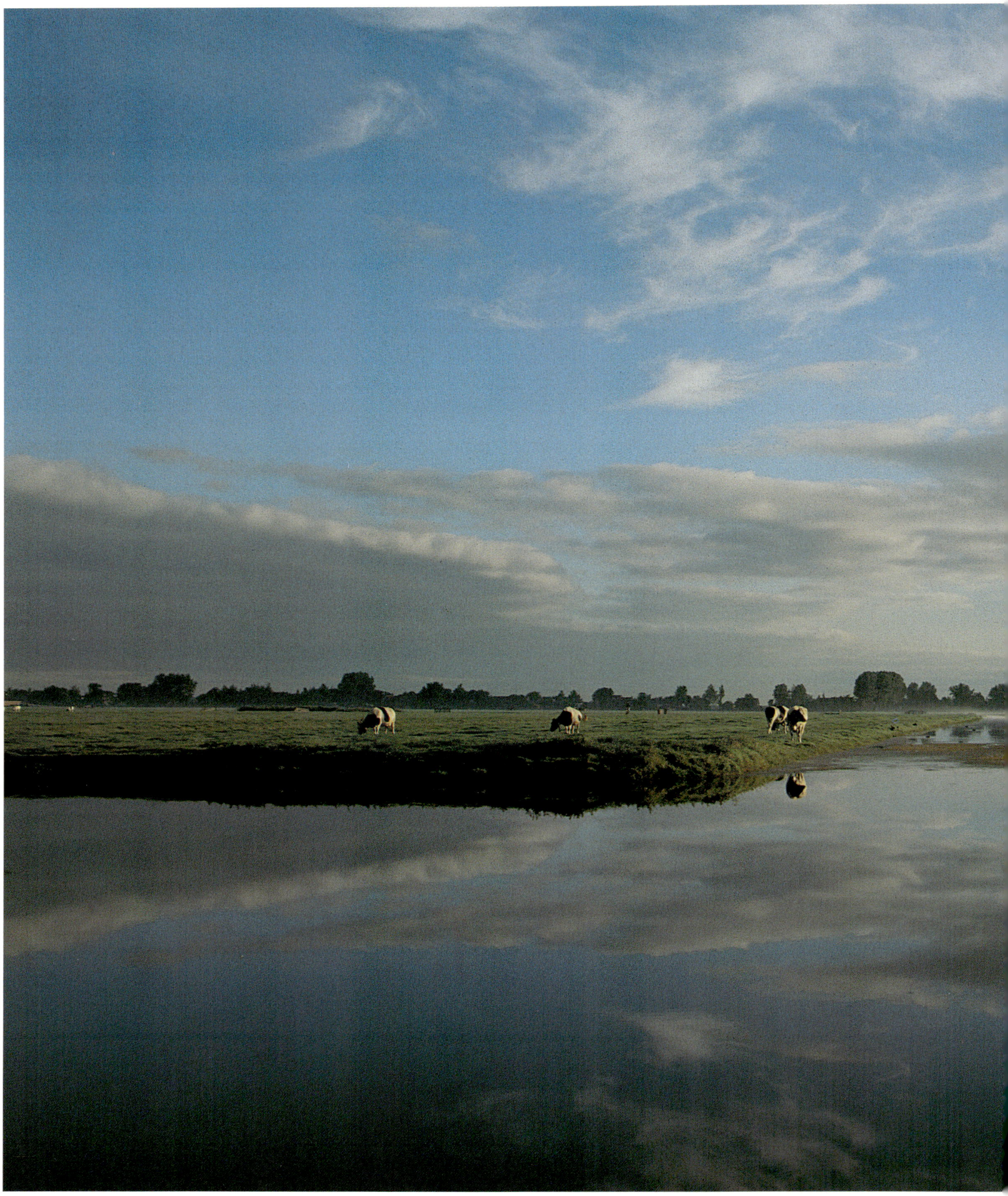

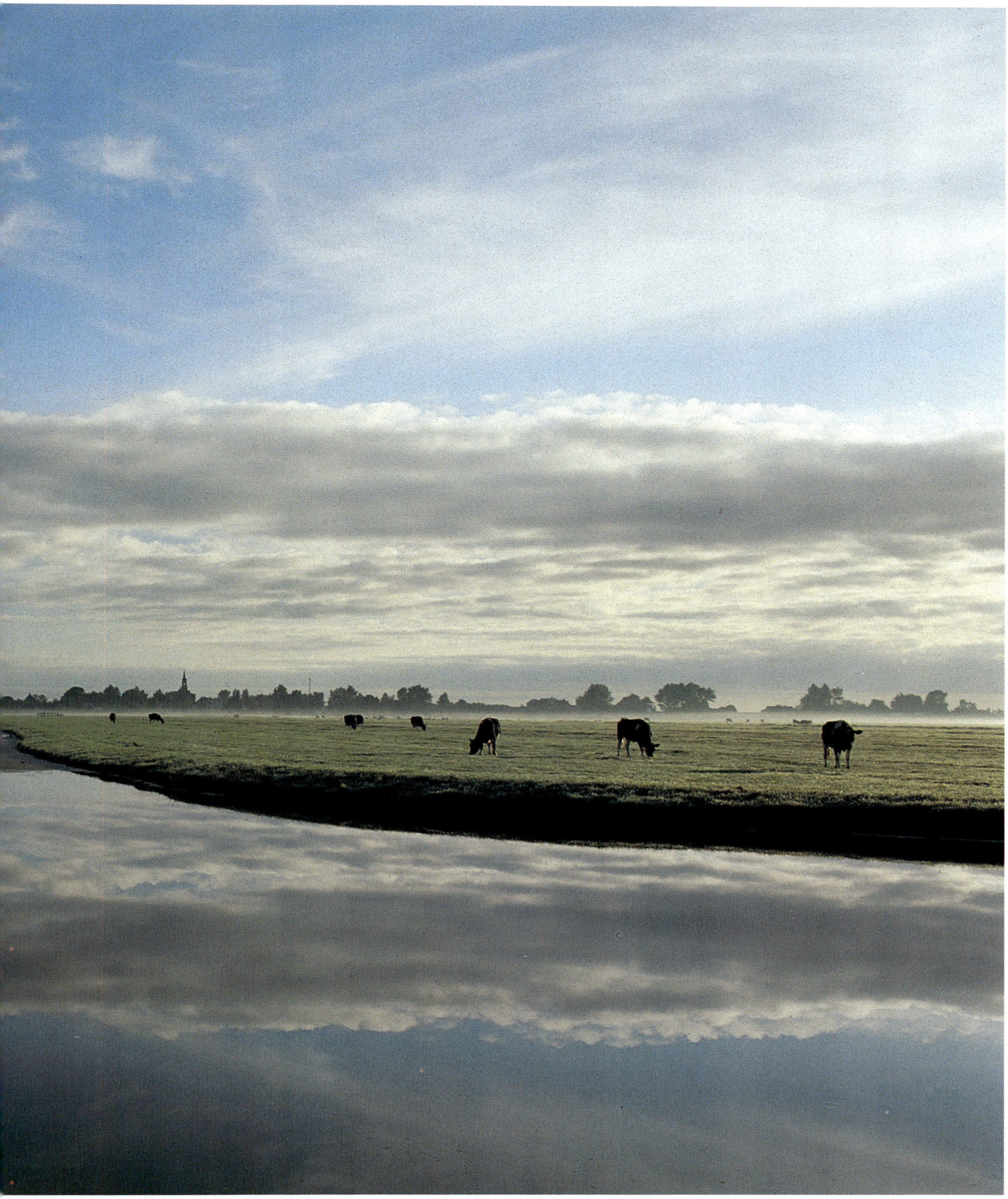

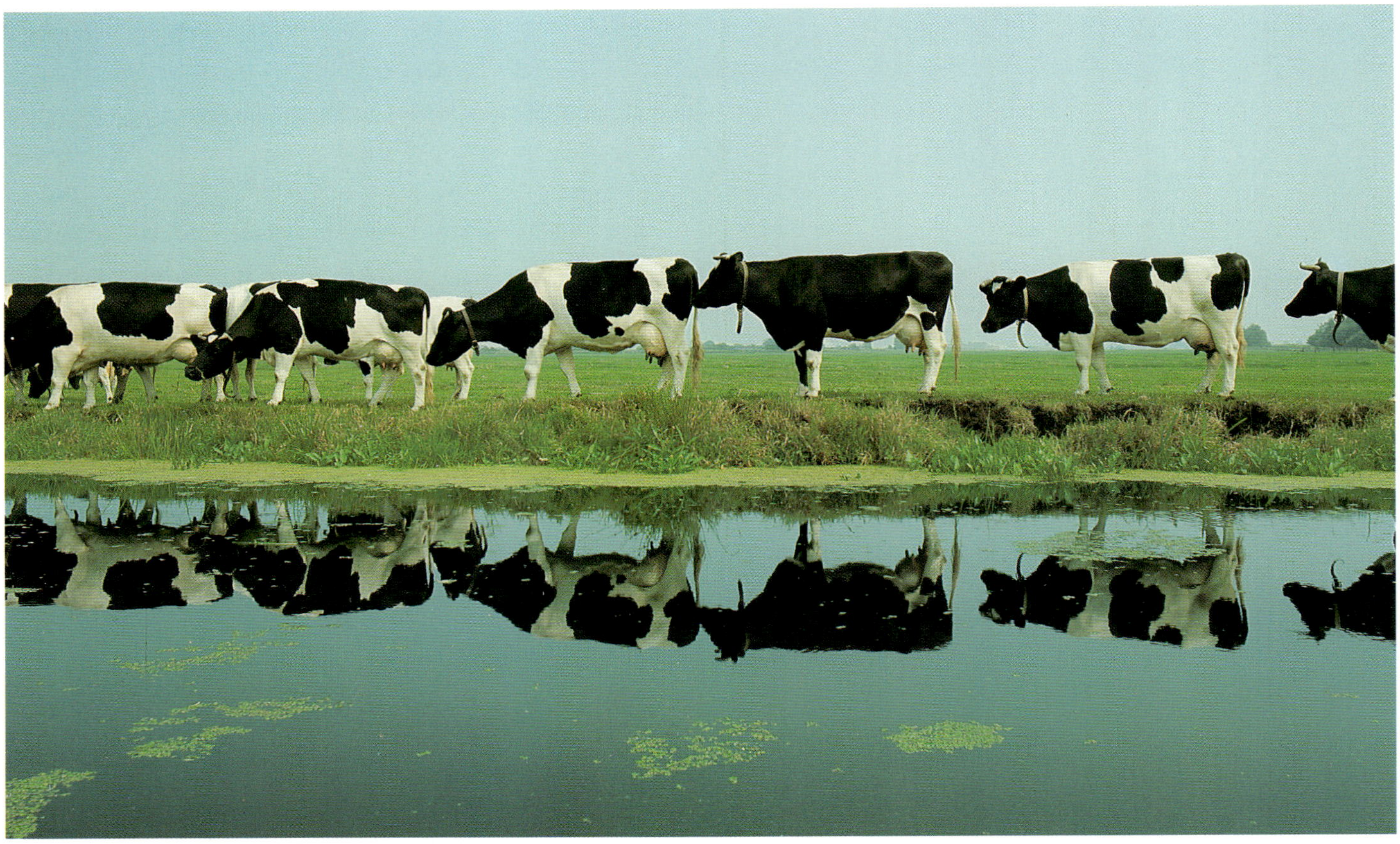

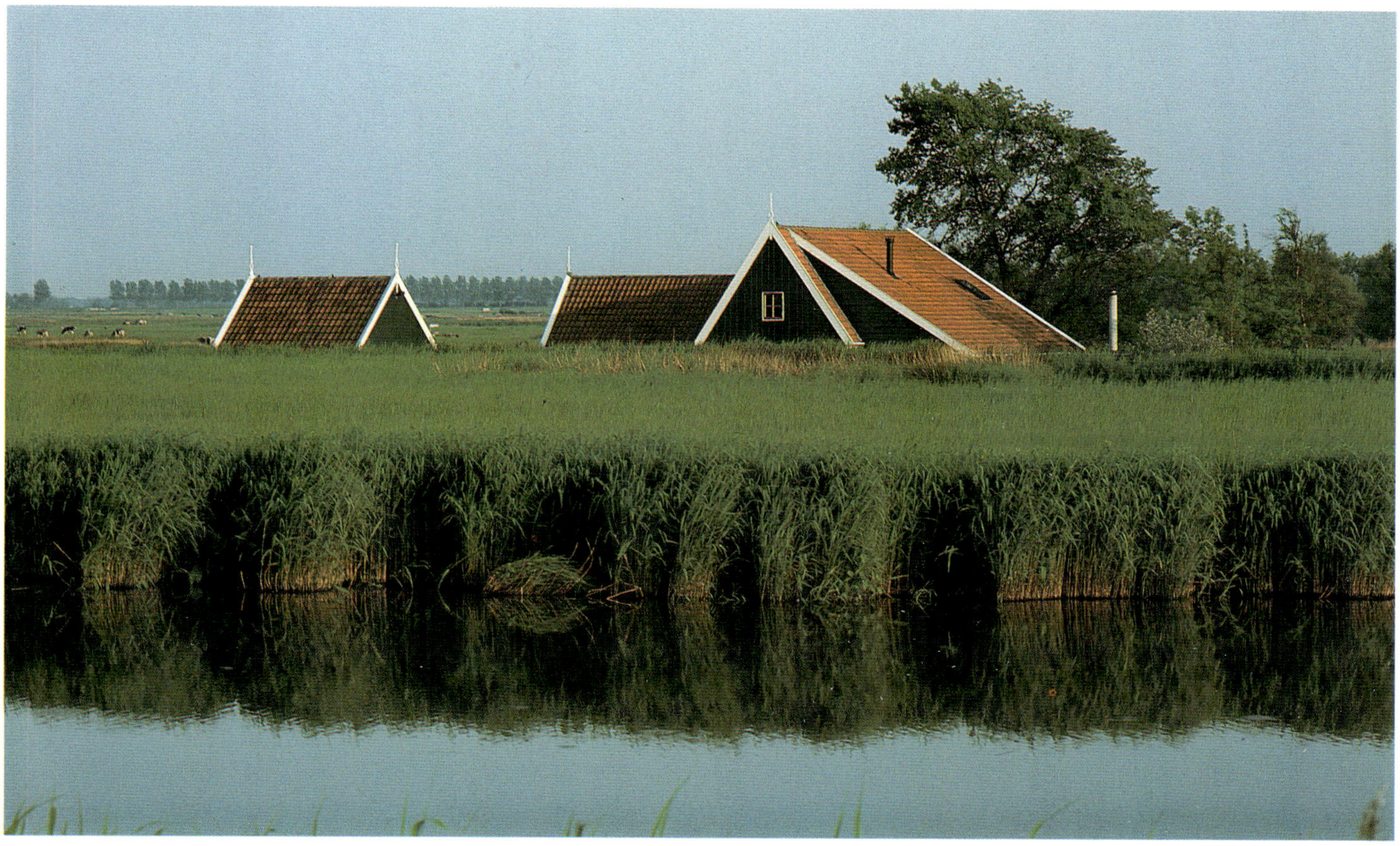

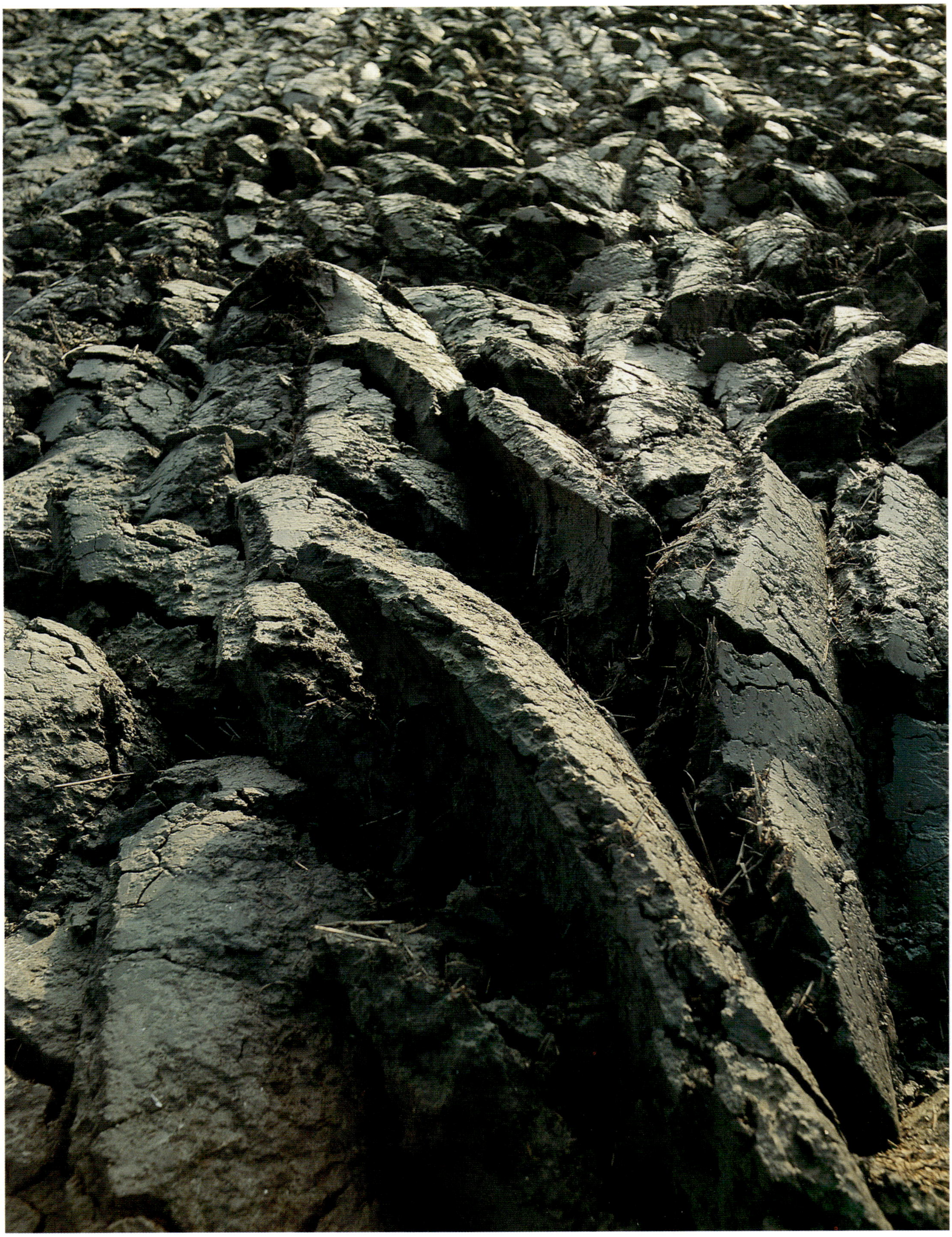

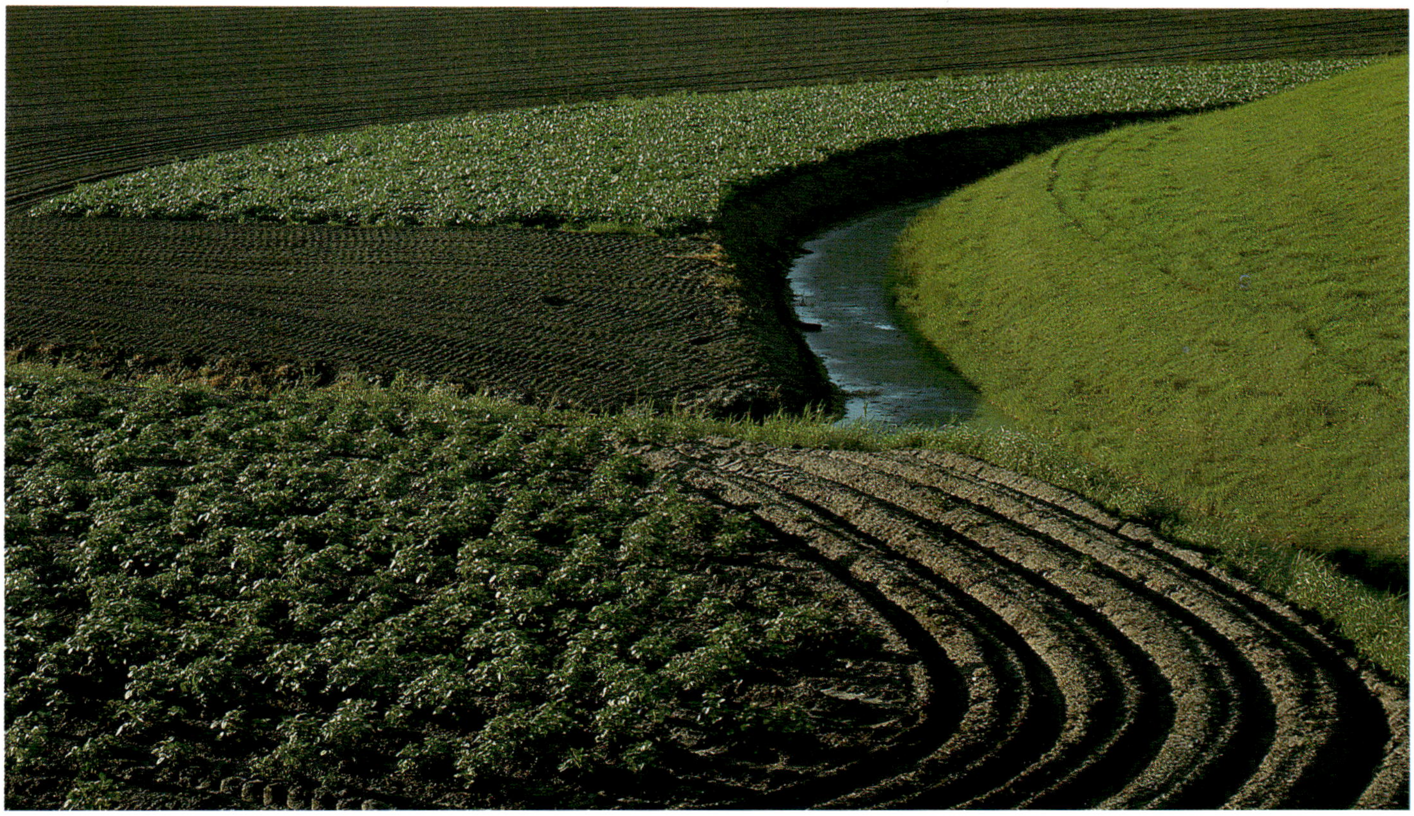

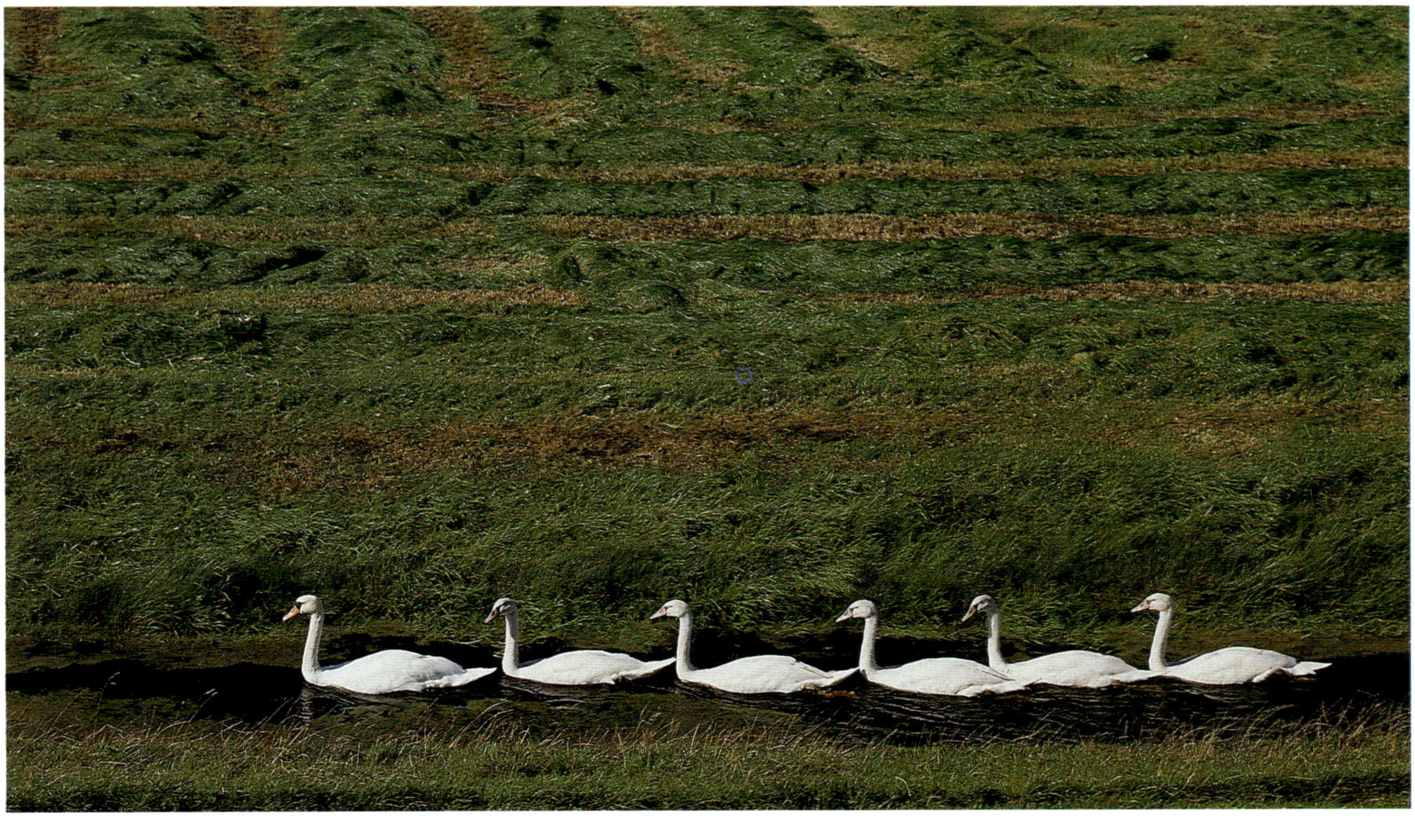

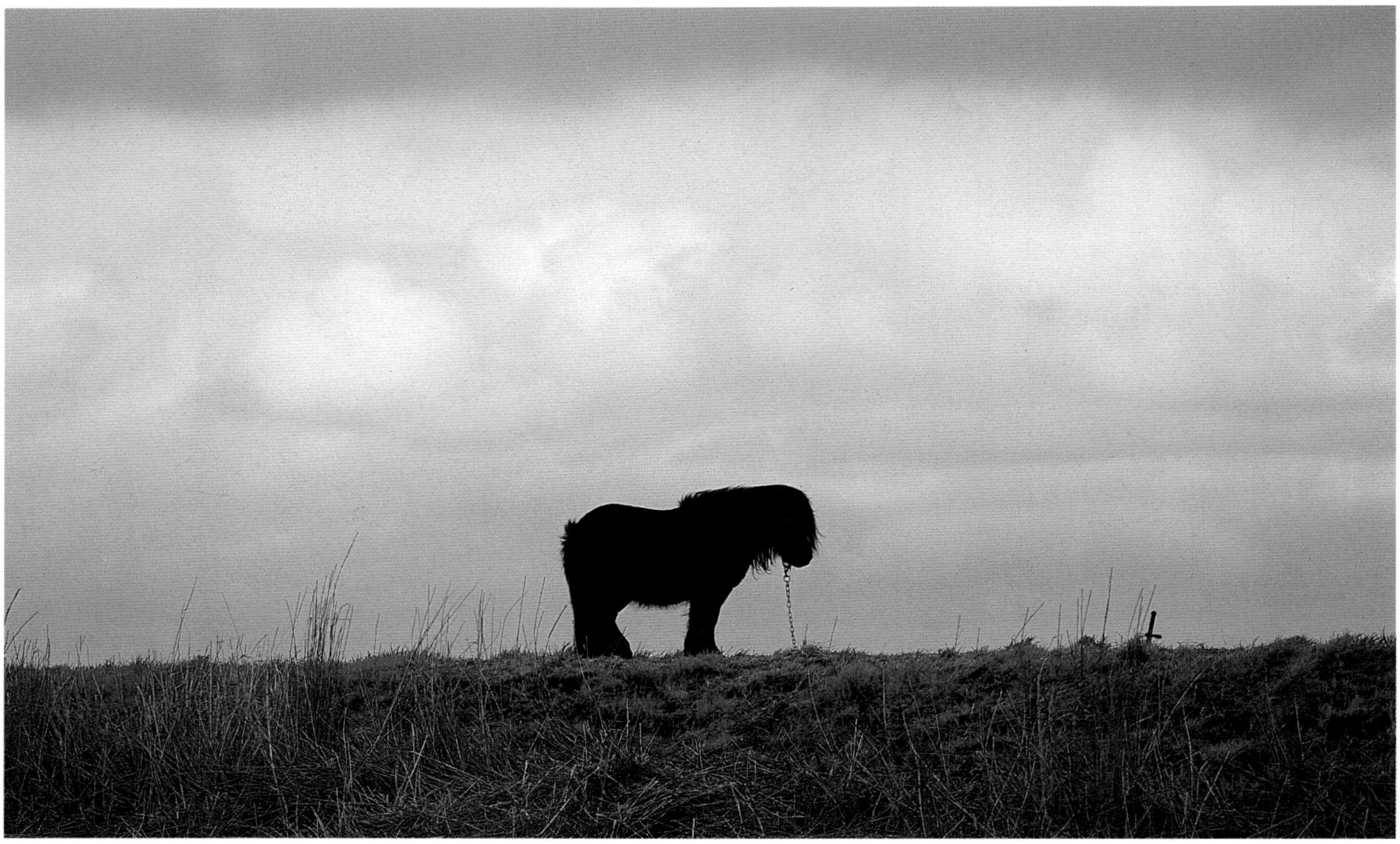

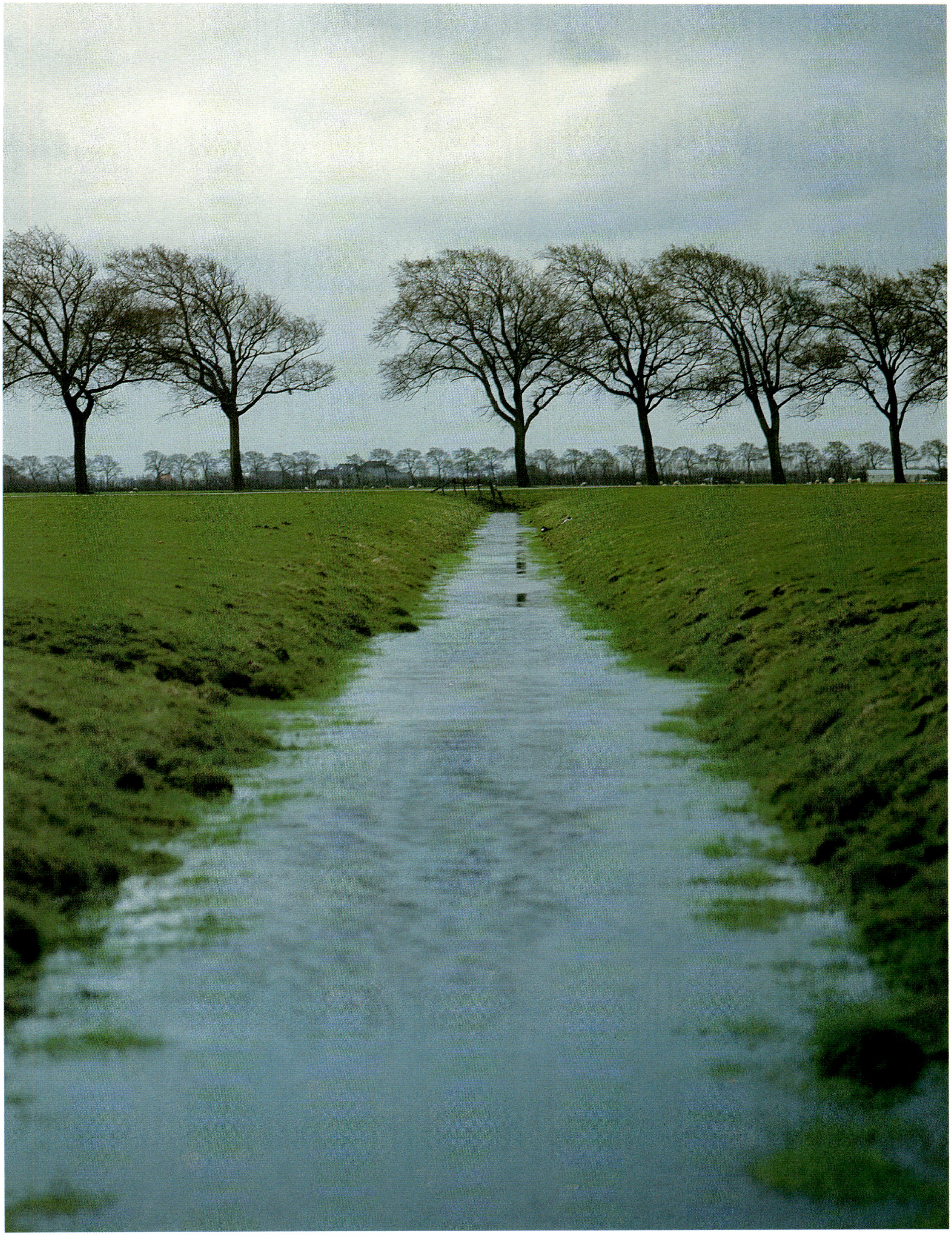

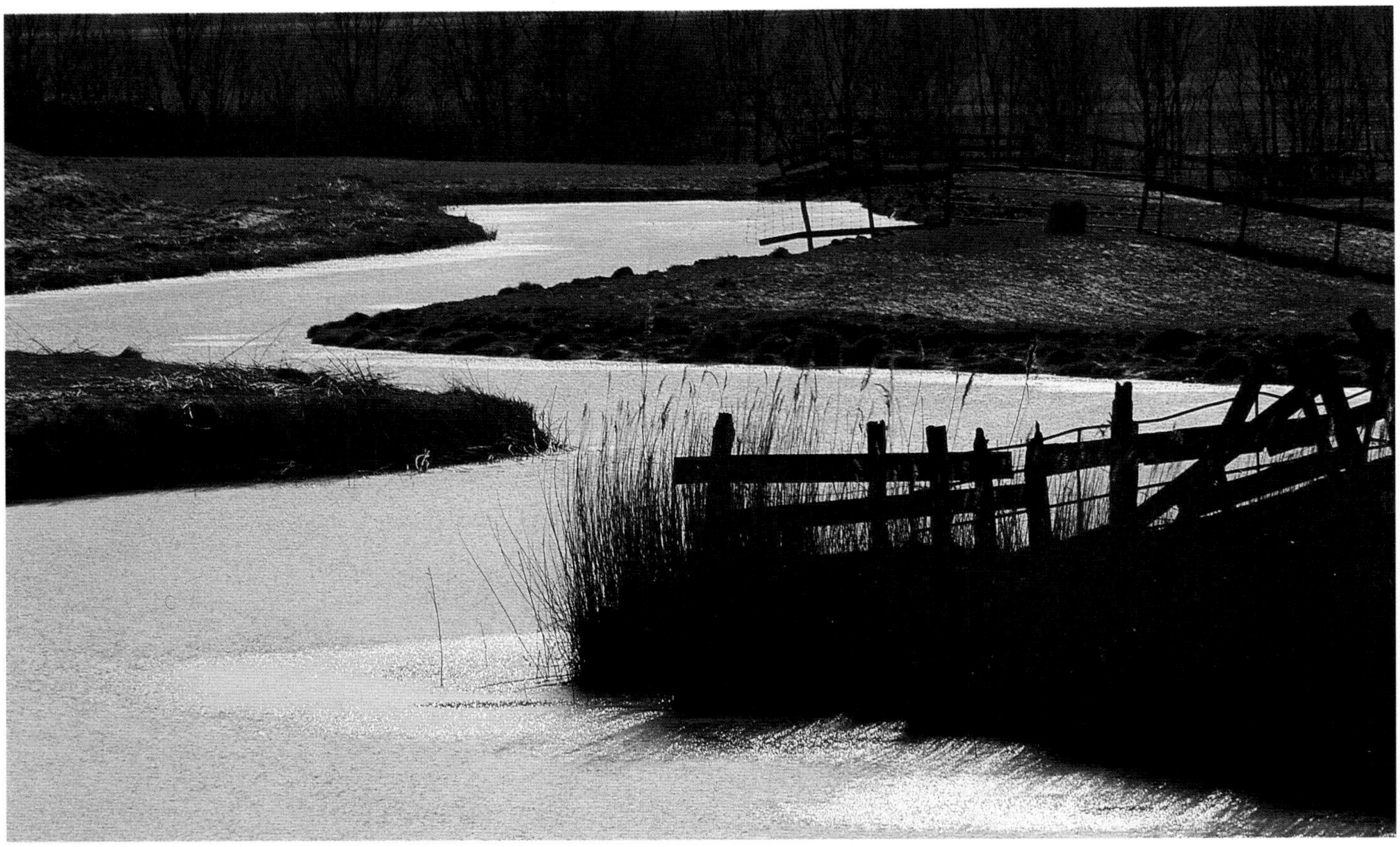

Amsterdam

Amsterdam is de hoofdstad van Nederland en behoort sinds vele eeuwen tot de belangrijkste steden van Europa. De stad is volgens een legende op de oever van de Amstel gesticht door twee Friese vissers, die hier tijdens een storm schipbreuk leden en er een tijdelijk onderkomen bouwden. Zij vonden deze plek bij nader inzien, gezien de ligging bij de monding van de Amstel aan de toenmalige Zuiderzee, bijzonder gunstig en lieten hun familieleden overkomen. De basis voor het latere Amsterdam was gelegd.

In het jaar 1275 verleent graaf Floris V van Holland de bewoners van dit kleine vissersdorp, genaamd Amstelledamme, het privilege van tolvrijheid. Rond het jaar 1300 worden stadsrechten verleend en langzaam maar zeker ontwikkelt Amsterdam zich tot een belangrijke stad. Een belangrijke gebeurtenis is de plundering van Antwerpen in 1576 door de Spanjaarden, waardoor de Antwerpse kooplieden uitwijken naar Amsterdam en in hun kielzog de lucratieve diamanthandel meebrengen. In de Gouden Eeuw stijgt de welvaart van Amsterdam tot ongekende hoogten. De stad groeit, mede dank zij de successen van de respectievelijk in 1602 en in 1621 opgerichte Verenigde Oostindische en Westindische Compagnie, uit tot de belangrijkste haven van de wereld.

In het jaar 1610 wordt een aanvang gemaakt met het graven van de drie voornaamste grachten, de Herengracht, de Keizersgracht en de Prinsengracht, die in cirkels om het centrum worden aangelegd en waarlangs de rijke kooplieden hun indrukwekkende herenhuizen laten bouwen. Vervolgens worden er stevige stadswallen omheen gebouwd met een aantal windmolens ter beheersing van het water. In 1611 kwam het Beursgebouw naar een ontwerp van Hendrick de Keyser gereed. De economische bloeiperiode was ook van invloed op het sociale en culturele leven. Zo vestigde in 1630 de uit Leiden afkomstige schilder Rembrandt van

Amsterdam

Amsterdam is the capital of the Netherlands and has for many centuries been one of Europe's most important cities. Legend has it that the city was founded on the bank of the river Amstel by two Frisian fishermen, who were shipwrecked there during a gale and built make-shift quarters. On second thought they deemed the location very favourable, close to the mouth of the river Amstel at the former Zuyder Zee and they sent for their families. This was the start of what later became Amsterdam.

In the year 1275 count Floris V of Holland granted the inhabitants of this small fishing village, then called Amstelledamme, the privilege of exemption of toll duty. Around the year 1300 a towncharter was granted and gradually Amsterdam developed into a major city. An important event was the pillage of Antwerp by the Spaniards in 1576. Antwerp merchants sought refuge in Amsterdam and brought the lucrative diamond trade with them. In the Golden Age Amsterdam's prosperity soared to a record level. The city expanded to become the world's leading port, stimulated by the success of the Dutch East India and Dutch West India Companies, founded in 1602 and 1621 respectively.

In the year 1610 a start was made with the digging of the three most important canals, the 'Prinsengracht', the 'Keizersgracht' and the 'Herengracht', constructed in circles around the city centre and along which the wealthy merchants erected their impressive mansions. Solid town ramparts were built around them with a number of windmills to control the water. In 1611 the Exchange Building was completed, designed by Hendrick de Keyser. The economic boom also influenced social and cultural life. Thus the painter Rembrandt van Rijn, who came from Leyden, settled in prosperous Amsterdam in 1630. By the end of the seventeenth

Amsterdam

Amsterdam ist die Hauptstadt der Niederlande und zählt seit vielen Jahrhunderten zu den wichtigsten Städten Europas. Die Stadt wurde einer Legende zufolge am Ufer der Amstel von zwei friesischen Fischern gegründet, die hier in einem Sturm Schiffbruch erlitten hatten und dort Notunterkünfte errichteten. Sie hielten diese Stelle bei näherem Hinsehen wegen der Lage an der Mündung der Amstel in die damalige Zuiderzee für besonders günstig und ließen daher ihre Familien nachkommen. Die Grundlage für das spätere Amsterdam war damit gelegt.

Im Jahre 1275 verleiht Graf Floris V. von Holland den Bewohnern dieses kleinen Fischerdorfs, genannt Amstelledamme, das Privileg der Zollfreiheit. Um 1300 wird das Stadtrecht verliehen, und allmählich entwickelt sich Amsterdam zu einer immer bedeutenderen Stadt. Ein wichtiges Ereignis ist die Plünderung Antwerpens 1576 durch die Spanier, woraufhin die Antwerpener Kaufleute nach Amsterdam gehen und den lukrativen Diamantenhandel gleich mitbringen. Im Goldenen Jahrhundert erreicht der Wohlstand Amsterdams bis dahin unerreichte Höhen. Die Stadt gedeiht, dank der Erfolge der Vereinigten Ostindischen und Westindischen Kompagnie (gegründet 1602 bzw. 1621), zum wichtigsten Hafen der Welt.

Im Jahre 1610 beginnt man mit dem Ausheben der drei wichtigsten Grachten, der Prinsengracht, der Keizersgracht und der Herengracht, die kreisförmig um das Zentrum herum angelegt werden, und an denen sich die wohlhabenden Kaufleute beeindruckende Herrenhäuser errichten lassen. Anschließend werden mächtige Stadtwälle angelegt, auf denen sich zahlreiche Windmühlen zur Kontrolle des Wassers befinden. 1611 wird die Börse nach einem Entwurf von Hendrick de Keyser errichtet. Die wirtschaftliche Blütezeit ist auch für das

Rijn zich in het welvarende Amsterdam. Aan het eind van de zeventiende eeuw neemt de rijkdom langzaam maar zeker af en in de achttiende eeuw is Amsterdam nog maar een schim van wat het geweest was.

In 1795 wordt de stad veroverd door de Fransen en in 1806 roept Napoleon zijn broer Lodewijk Napoleon uit tot koning van Holland. Deze vestigt zich in Amsterdam, waarmee de stad de status van hoofdstad van het koninkrijk verwerft. Door de komst van Lodewijk Napoleon naar Amsterdam, wordt het in classicistische stijl opgetrokken stadhuis naar een ontwerp van Jacob van Campen omgetoverd tot het Koninklijk Paleis. De gevels aan de oost- en westzijde van dit paleis bezitten timpanen met beeldhouwwerk en in de Burgerzaal bevindt zich het beroemde beeld van Atlas die de aarde op zijn schouders draagt. De kunstwerken zijn van de Antwerpse kunstenaar Artus Quellinus de Oude.

In 1810 wordt het gehele land echter ingelijfd bij Frankrijk en Amsterdam wordt de derde stad van het keizerrijk. De Amsterdammers komen in 1813 in opstand tegen de Franse bezetters en op 30 november 1813 landt Willem van Oranje in Scheveningen om twee dagen later op 2 december 1813 in de Nieuwe Kerk te Amsterdam ingehuldigd te worden als Koning Willem I. In deze protestantse kerk vinden vanaf die dag alle soevereine inhuldigingen plaats. Zo wordt op 30 april 1980 koningin Beatrix eveneens in deze kerk ingehuldigd. Ook liggen er enkele praalgraven van vooraanstaande Nederlanders waaronder admiraal Michiel de Ruyter en de dichter Joost van den Vondel.

De Franse troepen trekken zich na de inhuldiging van Willem I langzaam terug en na de door de Fransen verloren slag bij Waterloo wordt hij bij het Verdrag van Wenen erkend als Koning der Nederlanden. Pas in de tweede helft van de negentiende eeuw leeft de economie van de stad Amsterdam weer op. De opening van het Noordzeekanaal, in 1876, waardoor een directe open verbinding met de zee ontstaat, geeft nieuwe impulsen aan de handel. De stad breidt zich gestaag uit en handel en industrie bloeien in de twintigste eeuw op.

century wealth gradually decreased and in the eighteenth century Amsterdam was only a mere shadow of its former self.

In 1795 the city was captured by the French and in 1806 Napoleon proclaimed his brother Louis Napoleon king of Holland. He settled in Amsterdam, so that the city acquired the status of capital of the kingdom. Because Louis Napoleon came to Amsterdam, the city hall, built in classical style and designed by Jacob van Campen was transformed into a Royal Palace. The façades of the east and west sides of this palace have tympans with sculptures and in the Civic Hall stands the famous statue of Atlas supporting the globe on his shoulders. The works of art were designed by the Antwerp artist Artus Quellinus the Elder.

However, in 1810 the entire country was incorporated into France and Amsterdam became the third biggest city of the empire. In 1813 the Amsterdammers rose against the French occupying forces and on November 30, 1813 William of Orange disembarked at Scheveningen. Two days later he was inaugurated King William I in the New Church (Nieuwe Kerk) of Amsterdam. Since then all coronations take place in this Protestant church. On April 30, 1980, Queen Beatrix was also coronated in this church.

In the New Church are mausoleums of prominent Dutchmen, including admiral Michiel de Ruyter and the poet Joost van den Vondel. After William I's inauguration the French troops slowly retreated and when the French lost the battle of Waterloo he was recognized as King of the Netherlands, confirmed in the Treaty of Vienna. Not until the second half of the nineteenth century did the economy of the city revive. The opening of the North Sea canal in 1876, providing a direct, open access to the sea, gave an impetus to trade. The city steadily expanded and in the twentieth century trade and industry flourished.

During the Second World War Amsterdam went through difficult times, but the city recovered miraculously. The National Monument on the Dam commemorates the

soziale und kulturelle Leben der Stadt von Bedeutung. So läßt sich 1630 der aus Leiden kommende Maler Rembrandt van Rijn im wohlhabenden Amsterdam nieder. Gegen Ende des 17. Jahrhunderts geht der Reichtum langsam aber sicher zurück, und im 18. Jahrhundert ist Amsterdam nur noch ein Schatten dessen, was es einst einmal war.

1795 wird die Stadt von den Franzosen erobert, und 1806 ruft Napoleon seinen Bruder Ludwig Napoleon zum König von Holland aus. Dieser lebt in Amsterdam, womit die Stadt den Status der Hauptstadt des Königreichs erhält. Durch die Ankunft Ludwig Napoleons in Amsterdam wird das in klassizistischem Stil errichtete Rathaus nach einem Entwurf von Jacob van Campen zum königlichen Palast umgewandelt. Die Giebel an der Ost- und Westseite des Palastes weisen Giebelfelder mit Bildhauerarbeiten auf, und im Bürgersaal befindet sich die berühmte Darstellung des Atlas, der die Erde auf seinen Schultern trägt. Die Kunstwerke stammen vom Antwerpener Künstler Artus Quellinus dem Älteren.

1810 wird das gesamte Land jedoch Frankreich angegliedert, und Amsterdam steigt zur drittwichtigsten Stadt des Kaiserreichs auf. Die Amsterdamer erheben sich 1813 gegen die französischen Besatzer, und am 30. November 1813 landet Wilhelm von Oranien in Scheveningen, um zwei Tage später, am 2. Dezember 1813, in der Neuen Kirche in Amsterdam als Wilhelm I. zum König gekrönt zu werden. In dieser protestantischen Kirche finden von diesem Tage an alle souveränen Krönungen statt. So wird am 30. April 1980 Königin Beatrix ebenfalls dort gekrönt. In dieser Kirche befinden sich auch die Prunkgräber bedeutender Niederländer, darunter Michiel de Ruyter und Joost van den Vondel. Die französischen Truppen ziehen sich nach der Krönung Wilhelms I. allmählich zurück, und nach der Schlacht bei Waterloo, die die Franzosen verlieren, wird Wilhelm I. durch den Wiener Kongreß als König der Niederlande anerkannt. Erst in der zweiten Hälfte des 19. Jahrhunderts lebt die Wirtschaft der Stadt Amsterdam wieder auf. Die Eröffnung des Nordseekanals 1876,

Tijdens de Tweede Wereldoorlog maakt Amsterdam zware tijden door, maar de stad herstelt zich wonderbaarlijk. Het Nationaal Monument op de Dam herdenkt de Nederlanders die vielen in de Tweede Wereldoorlog. Het monument bevat twaalf urnen met in elk een handvol aarde uit elf verschillende Nederlandse plaatsen en één uit Indonesië. Ondanks de vele uitbreidingen is er decennia lang in Amsterdam sprake geweest van woningnood, hetgeen geresulteerd heeft in grote aantallen woonboten. Later wordt het wonen op een woonboot meer een uiting van een bepaalde levensstijl dan dat het strikt noodzakelijk is.

Amsterdam heeft een groot aantal interessante bezienswaardigheden. Aan de met bomen omzoomde grachten staan indrukwekkende herenhuizen met schitterende geveltoppen, die het bekijken meer dan waard zijn. Ook de vele bruggen en bruggetjes over de grachten zijn vermeldenswaardig. Met veertig grachten en meer dan vierhonderd bruggen wordt Amsterdam ook wel het *Venetië van het Noorden* genoemd. Maar de stad heeft zijn bezoekers nog veel meer te bieden. De eerder genoemde Dam met het Koninklijk Paleis en de Nieuwe Kerk zijn een bezoek zeker waard. Bijzonder interessant is het Begijnhof, een binnenplaats uit de veertiende eeuw met daarom heen huizen die in de vijftiende en zestiende eeuw gebouwd zijn. Sommige gevels zijn restauraties van latere datum. Het Begijnhof is een soort klooster waar begijnen, vrome vrouwen niet behorend tot een religieuze orde, zich bezig hielden met liefdadigheid en een afgezonderd leven leidden. Ook nu nog is het een oase van rust.

Amsterdam heeft verder een groot aantal belangwekkende pleinen en marktplaatsen. Zo vindt men langs de Singel in het centrum bijna dagelijks een bloemenmarkt, op de Noordermarkt een vogeltjesmarkt, een antiekmarkt aan de Nieuwmarkt en de befaamde vlooienmarkt op het Waterlooplein. Beroemd is ook de markt in de Albert Cuypstraat, kortweg 'De Cuyp' genoemd. Een kleurrijke markt waar men van alles en nog wat kan kopen.

Dutchmen who fell during the Second World War. The monument contains twelve urns with in each a handful of soil from eleven different Dutch places and one from Indonesia.

In spite of the many houses that have been built there has been a shortage of houses in Amsterdam for many decades, which has resulted in great numbers of houseboats. Now, living in a houseboat is more the expression of a certain style of living than a strict necessity.

Amsterdam has a large number of interesting sights. The tree-lined canals are rimmed by impressive mansions with splendid gables, that are certainly worth a look. The many bridges, small and larger, are worth mentioning. Amsterdam, with its forty canals and more than four hundred bridges is sometimes called the *Venice of the North*. But the city has more to offer to its visitors. The Dam, already mentioned, with its Royal Palace and the New Church is certainly worth a visit. Very interesting is the Begijnhof (beguinage), a court dating back to the fourteenth century surrounded by houses that were built in the fifteenth and sixteenth centuries. Some façades are restorations of a later date.

The Begijnhof is a kind of cloister, where Beguines, pious women not belonging to a religious order and engaged in charity, led secluded lives. It is still a haven of peace.

Amsterdam also has a large number of interesting squares and markets. Almost daily, there is a flower market along the "Singel" in the city centre. There is also a bird market on the 'Noordermarkt', an antique market on the 'Nieuwmarkt', and the famous flea market on the Waterlooplein. Famous, too, is the market in the Albert Cuyp street, called 'De Cuyp' for short. It is a picturesque market where you can buy all kinds of things.

Amsterdam is also unsurpassed in its museums. The Netherlands has over 800 museums, antiquities' rooms, castles, botanical gardens, etc. and Amsterdam beats the lot. The major examples are the

wodurch es eine direkte offene Verbindung zum Meer gibt, stimuliert den Handel erneut. Die Stadt breitet sich allmählich aus, und Handel und Industrie blühen im 20. Jahrhundert auf.

Im Zweiten Weltkrieg macht Amsterdam schwere Zeiten durch, doch die Stadt kann sich wunderbarerweise wieder erholen. Das Nationaldenkmal auf der Dam erinnert an die Niederländer, die im Zweiten Weltkrieg fielen. Dieses Denkmal enthält 12 Urnen mit jeweils einer Handvoll Erde aus elf verschiedenen niederländischen Orten und eine mit Erde aus Indonesien.

Trotz der zahlreichen Erweiterungen hat es in Amsterdam jahrzehntelang Wohnungsnot gegeben, was schließlich zu den zahlreichen Wohnbooten auf den Grachten führte. Später wird das Wohnen auf einem Wohnboot eher zum Ausdruck eines bestimmten Lebensstils als ein Zeichen der Not.

Amsterdam hat zahlreiche interessante Sehenswürdigkeiten. An den mit Bäumen umsäumten Grachten stehen prächtige Herrenhäuser mit wunderschönen Giebeln, die es wert sind, näher betrachtet zu werden. Auch die vielen Brücken und Stege über die Grachten sind einer Erwähnung wert. Mit 40 Grachten und mehr als 400 Brücken wird Amsterdam auch "*Venedig des Nordens*" genannt. Doch die Stadt hat ihren Besuchern noch sehr viel mehr zu bieten. Die bereits oben genannte Dam mit dem Königspalast und der Neuen Kirche ist ebenfalls einen Besuch wert. Besonders interessant ist der Beginenhof, ein Platz aus dem 14. Jahrhundert, der von Häusern aus dem 15. und 16. Jahrhundert umgeben ist. Manche Giebel sind in späteren Zeiten restauriert worden. Der Beginenhof war eine Art Kloster, in dem sich Beginen – fromme Frauen, die keinem bestimmten Orden angehörten – der Wohltätigkeit und einem abgeschiedenem Leben widmeten. Auch heute noch ist dieser Ort eine Oase der Ruhe.

Amsterdam weist darüber hinaus zahlreiche interessante Plätze und Marktplätze auf. So findet man am Singel im Zentrum fast jeden Tag einen anderen Blumenmarkt; auf dem

Ook op het gebied van musea is Amsterdam onovertroffen. Nederland telt ruim 800 musea, oudheidkamers, kastelen, hortussen enzovoort en Amsterdam spant de kroon. De belangrijkste zijn het Rijksmuseum met zijn zeldzame verzameling vijftiende-, zestiende- en zeventiende-eeuwse schilderkunst, waaronder de befaamde Nachtwacht van Rembrandt; het Rijksmuseum Vincent van Gogh met circa 200 schilderijen van deze uitzonderlijk begaafde schilder en zijn tijdgenoten; het Stedelijk Museum met moderne kunst vanaf circa 1850 tot heden; het Rembrandt Huis aan de Jodenbreestraat waar de beroemde schilder van 1639 tot 1659 woonde en waar nu grafisch werk van hem wordt tentoongesteld; het Allard Pierson Museum met een fraaie verzameling oudheden inzake Egypte, West-Azië, Griekenland, Etrurië en het Romeinse Rijk; het Anne Frank Huis met het beroemde achterhuis; en het Tropenmuseum met wisselende tentoonstellingen over de Derde Wereld. Ook op andere culturele terreinen geeft Amsterdam de toon aan. Zo is hier het befaamde Concertgebouworkest gehuisvest en biedt het in 1986 geopende Muziektheater onderdak aan het Nationaal Ballet en de Nederlandse Operastichting.

Winter
Nederland heeft een gematigd zeeklimaat. Dit is het gevolg van de ligging aan de Noordzee, die een warme golfstroom, welke afkomstig is uit het Caribisch gebied, langs de kust voert. De winters zijn over het algemeen mild met een gemiddelde temperatuur van net boven het vriespunt. Het koude, besneeuwde Hollandse landschap krijgt dan een geheel eigen karakter met een grauwe, nevelige lucht en met rijp aan de takken van de bomen.
Eén keer in de zoveel jaar komt er een strenge winter voor met dagenlang en soms wel wekenlang temperaturen ver onder het vriespunt en dan is het tijd voor een van die typisch Friese tradities: de Elfstedentocht. Er wordt dan een schaatstocht over een afstand van circa 200 kilometer georganiseerd op natuurijs langs elf Friese steden, te weten Dokkum, Leeuwarden, Sneek, IJlst,

'Rijksmuseum' with its exceptional collection of fifteenth, sixteenth and seventeenth century paintings, including Rembrandt's famous 'Nachtwacht' (Nightwatch of Corporalcy of Banning Cocq), the National Museum Van Gogh with about 200 paintings by this exceptionally gifted painter and his contemporaries, the City Museum (Stedelijk Museum) with modern art from about 1850 to the present; the Rembrandt House at the Jodenbree-street, where the famous painter lived from 1639 to 1659, and where some of his graphic work is on display, the Allard Pierson Museum with a fine collection of antiquities from Egypt, Western Asia, Greece, Etruria and the Roman Empire; the Anne Frank House with the famous 'achterhuis' and the Tropics Museum (Tropenmuseum) with varying exhibitions with Third World topics. Amsterdam also sets the trend in other cultural areas. The famous 'Concertgebouw' Orchestra is located in Amsterdam and the 'Muziektheater' (Music theatre), opened in 1986, houses the National Ballet and the Dutch Opera Foundation.

Winter
The Netherlands has a temperate maritime climate. That is the result of its location on the North Sea, with a warm gulfstream, originating in the Caribbean area streaming along the coast. Generally the winters are mild with an average temperature of just above freezing point. The cold, snow-covered Dutch landscape has a very special atmosphere with a grey, foggy sky and with rime-covered tree branches. Occasionally there will be a severe winter with days and sometimes weeks of temperatures far below freezing point and then it will be time for one of those typical Frisian traditions: the 'Elfstedentocht', a long-distance skating race through eleven towns. Total distance is about 200 kilometres, the eleven Frisian towns are Dokkum, Leeuwarden, Sneek, IJlst, Sloten, Stavoren, Hindeloopen, Workum, Bolsward, Harlingen and Franeker. A race with 17,000 (!) participants. That skating is a popular winter pas-

Noordermarkt gibt es einen Vogelmarkt, am Nieuwmarkt einen Antikmarkt und auf dem Waterlooplein den berühmten Flohmarkt. Bekannt ist auch der Markt in der Albert Cuypstraat, kurz "De Cuyp" genannt. Ein bunter Markt, auf dem man alles mögliche kaufen kann.
Auch was Museen angeht, ist Amsterdam unübertroffen. In den Niederlanden gibt es rund 800 Museen, Burgen, Herrensitze usw., und Amsterdam steht auch hier an der Spitze. Die wichtigsten Museen sind das Rijksmuseum mit seiner seltenen Sammlung der Malerei des 15., 16. und 17. Jahrhunderts, darunter auch die berühmte "Nachtwache" von Rembrandt; das Rijksmuseum Vincent van Gogh mit etwa 200 Gemälden eines außergewöhnlich begabten Malers und seiner Zeitgenossen; das Stedelijk Museum mit moderner Kunst ab etwa 1850 bis heute; das Rembrandt Huis an der Jodenbreestraat, wo der berühmte Maler von 1639 bis 1659 lebte, und wo man heute seine graphischen Arbeiten bewundern kann; das Allard Pierson Museum mit einer herrlichen Sammlung von Altertümern aus Ägypten, Westasien, Griechenland, Etrurien und dem Römischen Reich; das Anne-Frank-Haus mit dem berühmten "Achterhuis"; das Tropenmuseum mit wechselnden Ausstellungen über die Dritte Welt. Auch in anderen kulturellen Bereichen ist Amsterdam tonangebend. So befindet sich hier das berühmte Concertgebouworkest, und das 1986 eröffnete Musiktheater bietet dem Nationalballett sowie der Nederlandse Operastichting eine Heimstatt.

Winter
Die Niederlande haben ein gemäßigtes Seeklima, was auf die Lage an der Nordsee zurückzuführen ist. Der warme Golfstrom, der aus der Karibik kommt, wird an der Küste entlanggeführt. Die Winter sind im allgemeinen mild, wobei die Durchschnittstemperaturen knapp über dem Gefrierpunkt liegen. Die kalte, schneebedeckte niederländische Landschaft erhält dann einen völlig eigenen Charakter mit grauer, nebeliger Luft und Reif an den Baumzweigen. Einmal im Laufe mehrerer Jahre gibt es einen

Sloten, Stavoren, Hindeloopen, Workum, Bolsward, Harlingen en Franeker. Een tocht waaraan 17.000 mensen (!) deelnemen. Dat schaatsen een populair winters tijdverdrijf is mag duidelijk zijn en zodra de rivieren, meren en plassen bevroren zijn, bindt menige Nederlander, jong en oud, de ijzers onder om zich over te geven aan de ijspret.

time is obvious when the rivers, lakes and ponds are frozen and many Dutchmen, young and old, fasten on their skates and indulge in ice sport.

strengen Winter, an dem tage- und zuweilen auch wochenlang Temperaturen weit unter dem Gefrierpunkt herrschen können, und dann ist es Zeit für eine der typisch friesischen Traditionen: die Elf-Städte-Fahrt. Dann wird ein Schlittschuhwettlauf über eine Entfernung von etwa 200 km auf Natureis durch elf friesische Städte organisiert: Dokkum, Leeuwarden, Sneek, IJlst, Sloten, Stavoren, Hindeloopen, Workum, Bolsward, Harlingen und Franeker. Ein Wettlauf, an dem 17.000 Menschen (!) teilnehmen. Schlittschuhlaufen ist im Winter sehr beliebt, und man kann das feststellen, sobald die Flüsse, Seen und anderen Gewässer eisbedeckt sind. Dann macht sich mancher Niederländer, jung oder alt, mit den Schlittschuhen auf den Weg, um sich dem kalten Vergnügen zu widmen.

pag. 61 *Twee van de vier zogenaamde Crombouthuizen langs de Herengracht in Amsterdam, in 1660-'62 door Philip Vingboons in opdracht van Jacob Cromhout gebouwd. Er zijn vooral in Amsterdam in de 17e eeuw langs de grachten veel classicistische huizen gebouwd door Philip en zijn jongere broer Justus Vingboons. In deze eeuw vond ook een uitgebreide uitwisseling plaats binnen Europa van kunstenaars en bouwmeesters. Zo heeft Justus ook veel gebouwd in Zweden op uitnodiging van het koningshuis waar hij onder andere samen met de Franse bouwmeesters, de gebroeders de la Vallée, het bijzondere fraaie Ridderhuis in Stockholm bouwde. Het gebouw wordt beschouwd als een hoogtepunt uit de Hollandse Renaissance.*

page 61 *Two of the four so-called 'Cromhout' houses on the 'Herengracht' in Amsterdam, built in 1660-1662. Jacob Cromhout commissioned Philip Vingboons to design them. In the 17th century Philip and his younger brother Justus Vingboons built many classical houses, especially in Amsterdam, along the canals. In that century there was an extensive exchange of artists and architects within Europe. Justus also worked in Sweden on the invitation of the Royal Family. Together with a.o. the French architects, the De La Vallée brothers, he designed the very magnificent Knights' Hall in Stockholm. The building is considered to be a highlight of Dutch Renaissance.*

Seite 61 *Zwei der vier sogenannten "Crombouthuizen" an der Herengracht in Amsterdam, 1660-1662 von Philip Vingboons im Auftrag von Jacob Crombout erbaut. Vor allem im Amsterdam des 17. Jahrhunderts findet man an den Grachten viele klassizistischen Häuser, die von Philip und seinem jüngeren Bruder Justus Vingboons erbaut wurden. In diesem Jahrhundert erfolgt auch ein reger Austausch von Künstlern und Baumeistern in ganz Europa. So hat Justus viel in Schweden auf Einladung des Königshauses gearbeitet, wo er unter anderem zusammen mit den französischen Baumeistern, den Gebrüdern de la Vallée, das besonders schöne Ritterhaus in Stockholm baute. Dieses Bauwerk gilt als ein Höhepunkt der niederländischen Renaissance.*

pag. 62 en 63
De rivier de Amstel was in vroegere tijden zeer belangrijk

page 62 and 63
The Amstel River was formerly very important as a

Seite 62 und 63
Der Fluß Amstel war in früheren Zeiten für die Süß-

als zoetwatervoorziening voor de stad.

pag. 64 en 65
Op 20 januari 1648 werd begonnen met het slaan van de eerste van de 13.659 palen voor het Stadhuis (nu paleis) op de Dam, meesterwerk van Jacob van Campen. Aan de westzijde van het gebouw vindt men het timpaan van Artus Quellinus.
De Burgerzaal is 34 meter lang, 16.75 meter breed en 28 meter hoog zonder extra dragende elementen. De schepping van Van Campen verblufte zijn tijdgenoten zodanig dat zij spraken van een wereldwonder.

pag. 66 *Keizersgracht.*

pag. 67 *Door secularisatie en ontvolking van de binnenstad raken veel kerkgebouwen hun oorspronkelijke gebruik kwijt en krijgen soms een culturele funktie zoals de 'Ronde Lutherse Kerk', waar concerten worden gehouden. Niet in de laatste plaats wegens de goede akoestiek en het mooie orgel uit 1820 van Jonathan Bätz. De kerk wordt ook gebruikt als congrescentrum door het nabij gelegen hotel.*

pag. 68 en 69
Amsterdam, niet alleen voor de Amsterdammers. Europees gezien staat Amsterdam op de vierde plaats als toeristenstad.

pag. 70 en 71
Het Begijnhof werd in 1346 gesticht en bestaat nu uit 41 huizen waarin nog vele

source of fresh water for the city.

page 64 and 65
On January 20, 1648 the first of 13.659 piles was driven for the City Hall on the Dam, masterpiece of Jacob van Campen, now the Royal Palace. The tympan by Artus Quellinus is placed at the western side of the building.
The Civic Hall is 34 metres long, 16.75 metres wide an 28 metres high, without additional supporting elements. Van Campen's creation astounded his compemporaries to such an extent that they called it a wonder of the world.

page 66 *'Keizersgracht'.*

page 67 *Many church buildings are losing their original use through secularization and depopulation of the city centre. Some of them, e.g. the 'Round Lutheran Church' where concerts are performed, get a cultural function. The church has excellent acoustics and a fine organ by Jonathan Bätz of 1820 and is also used as congress centre by a hotel in the vicinity.*

page 68 and 69
Amsterdam, not only for the Amsterdammers. In Europe Amsterdam ranks fourth as tourist city.

page 70 and 71
The 'Begijnhof' (beguinage) was founded in 1346. 41 houses have been preserved,

wasserversorgung der Stadt sehr wichtig.

Seite 64 und 65
Am 20. Januar 1648 wurde der erste der 13.659 Pfähle für das Rathaus (heute Palast) auf der Dam in den Boden getrieben, ein Meisterwerk von Jacob van Campen. Auf der Westseite des Gebäudes findet man die Giebelwand von Artus Quellinus.
Der Bürgersaal hat eine Länge von 34 Metern. Er ist 16,75 Meter breit und 28 Meter hoch, und er weist keine zusätzlichen tragenden Elemente auf. Die Schöpfung von van Campen verblüffte seine Zeitgenossen dermaßen, daß sie von einem Weltwunder sprachen.

Seite 66 *Keizersgracht.*

Seite 67 *Durch Säkularisation und Entvölkerung der Innenstadt wurden viele kirchliche Bauwerke ihrer ursprünglichen Bedeutung entfremdet und erhielten zuweilen – wie etwa die "Runde Lutherische Kirche" – eine kulturelle Aufgabe. Hier finden beispielsweise Konzerte statt, nicht zuletzt auch wegen der guten Akustik und der schönen Orgel von Jonathan Bätz aus dem Jahre 1820. Die Kirche dient außerdem noch als Kongreßzentrum eines nahegelegenen Hotels.*

Seite 68 und 69
Amsterdam, nicht nur für die Amsterdamer. Europäisch gesehen liegt Amsterdam als Touristenstadt an vierter Stelle.

Seite 70 und 71
Der Beginenhof wurde 1346 gegründet und besteht heute aus 41 Häusern, in denen

	middeleeuwse houtskeletten bewaard zijn gebleven.	*many of them with medieval timber frames.*	*noch zahlreiche mittelalterliche Holzskelette erhalten sind.*

pag. 72 *Vele grachten, waaronder ook de Spuistraat – voormalige Nieuwezijds Achterburgwal – zijn in de 19e eeuw ten prooi gevallen aan de dempingsdrift.*

page 72 *Many canals, including the Spui-street – the former Nieuwezijds-Achterburgwal – fell victim to an urge to fill them in, during the 19th century.*

Seite 72 *Viele Grachten, darunter auch die Spuistraat – der ehemalige Nieuwezijds Achterburgwal – sind im 19. Jahrhundert zugeschüttet worden.*

pag. 73 boven:
Nergens dan aan de Brouwersgracht vindt men zoveel fraaie 17e-eeuwse bedrijfsgebouwen en pakhuizen.

page 73 above:
No other canal than the Brouwersgracht has so many magnificent 17th century commercial premises and warehouses.

Seite 73 oben:
Nirgendwo anders als an der Brouwersgracht findet man so viele schöne Geschäfts- und Lagerhäuser aus dem 17. Jahrhundert.

onder:
Elke zaterdag is er vogeltjesmarkt op de Noordermarkt.

below:
Every Saturday there is a bird market on the Noordermarkt.

unten:
Jeden Samstag findet auf dem Noordermarkt ein Vogelmarkt statt.

pag. 74 *Spiegeling.*

page 74 *Reflection.*

Seite 74 *Spiegelung.*

pag. 75 *Waren woonboten eertijds een kreatieve oplossing voor de woningnood, nú worden ze bewoond door hen die op een andere wijze willen wonen. Zij verlevendigen het stadsbeeld voor de één, voor de ander is het een ergernis.*

page 75 *When formerly houseboats were a creative solution for the housing shortage, they now are occupied by people that want to live differently. According to some they enliven the townscape, others consider them to be a nuisance.*

Seite 75 *Waren Wohnboote früher eine kreative Lösung der Wohnungsnot, so werden sie heute von denjenigen bewohnt, die eine andere Art zu wohnen suchen. Sie gestalten das Stadtbild in den Augen der einen lebendiger, für andere sind sie ein Ärgernis.*

pag. 76 en 77
Nederland heeft een gematigd zeeklimaat wat inhoudt dat extreem hoge en lage temperaturen niet voorkomen. Snel wisselende weertypes is eigen aan het Nederlandse klimaat.

page 76 and 77
The Netherlands has a temperate maritime climate, implying that there are no extremely high or low temperatures. Rapidly changing weather conditions are inherent to the Dutch climate.

Seite 76 und 77
Die Niederlände haben ein gemäßigtes Seeklima, was bedeutet, daß extrem hohe und niedrige Temperaturen nicht vorkommen. Schnell wechselnde Wettertypen sind dem niederländischen Klima eigen.

pag. 78 *Eerste ijsvorming.*

page 78 *First icing up.*

Seite 78 *Erste Eisbildung.*

pag. 79 *Invallende kou in Noord-Europa en Rusland drijft de ganzen naar onze gematigde streken.*

page 79 *When in Northern Europe and Russia the cold sets in the geese move to our temperate regions.*

Seite 79 *Einfallende Kälte in Nordeuropa und Rußland veranlaßt die Gänse, in unsere gemäßigten Breiten zu kommen.*

pag. 80 *'Koek en Zopie' tentje op het ijs.*

page 80 *'Koek en Zopie', refreshment stall on the ice.*

Seite 80 *"Kakao-und-Kuchen"-Zelt auf dem Eis.*

pag. 81 *In 1809 is voor het eerst op één dag een tocht op de schaats langs elf Friese steden gemaakt. Een afstand van ruim 200 kilometer. Precies honderd jaar later werd de 1e Elfstedentocht georganiseerd als wedstrijd. Tot nu toe zijn er 14 tochten geweest – de laatste in februari 1986 – wat neerkomt op één tocht in de ± 6 jaar.*
Bij de laatste tocht waren er ruim 17.000 deelnemers waaronder enkele honderden wedstrijdrijders. Deze dag groeit uit tot een waar volksfeest.

pag. 82 en 83
Er zijn schaatsen gevonden gemaakt van botten van paardebenen die rond het begin van onze jaartelling in gebruik zijn geweest. Men veronderstelt dat het woord schaats is afgeleid van het oudgermaanse woord 'schake' wat 'schenkel' betekent. Al sinds de late middeleeuwen is schaatsen en aanverwante ijspret een Nederlands volksvermaak.

pag. 84 *Noord-Holland.*

page 81 *The first time that, on one day, a skating trip was made through eleven Frisian towns was in 1809. A distance of well over 200 kilometres. Exactly one hundred years later the first 'Elfstedentocht' was organized as a race. So far there have been 14 races – the latest on February 26, 1986 – or one race in about 6 years. There were more than 17,000 participants in the latest race, including some hundreds of competition sportsmen. This day has become a true popular festival.*

page 82 and 83
Skates have been found made of horse legbones, used at the beginning of the Christian era. The word skate is presumed to be derived from the old Germanic word 'schake', which means 'shank'. Since the late Middle Ages skating and other ice sports have been a Dutch public entertainment.

page 84 *Noord-Holland.*

Seite 81 *1809 wurde zum ersten Mal an einem einzigen Tag eine Schlittschuhfahrt durch elf friesische Städte unternommen. Eine Entfernung von rund 200 Kilometern.*
Genau hundert Jahre später wurde die 1. Elf-Städte-Fahrt als Wettkampf organisiert. Bis heute hat es 14 solcher Wettkämpfe gegeben – den letzten am 26. Februar 1986 – das heißt, etwa alle 6 Jahre eine solche Fahrt. Bei der letzten Fahrt gab es rund 17.000 Teilnehmer, darunter einige hundert Wettkampfteilnehmer. Dieser Tag wird dann zu einem richtigen Volksfest.

Seite 82 und 83
Es wurden Schlittschuhe gefunden, die aus Pferdeknochen hergestellt worden sind und zu Beginn unserer Zeitrechnung benutzt wurden. Bereits seit dem Spätmittelalter ist Schlittschuhlaufen und ähnliches Vergnügen auf dem Eis bei den Niederländern sehr beliebt.

Seite 84 *Nordholland.*

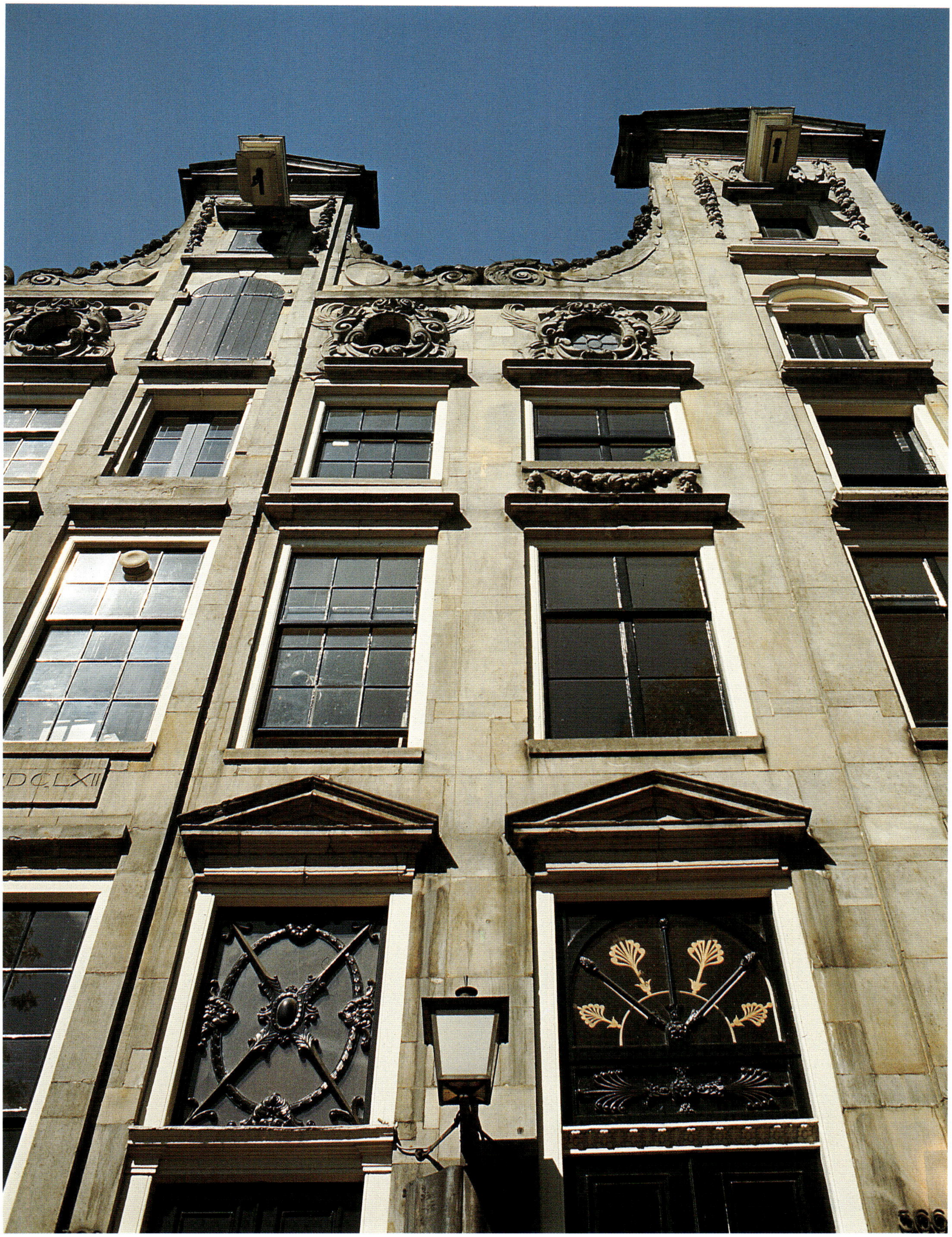
DCLXII

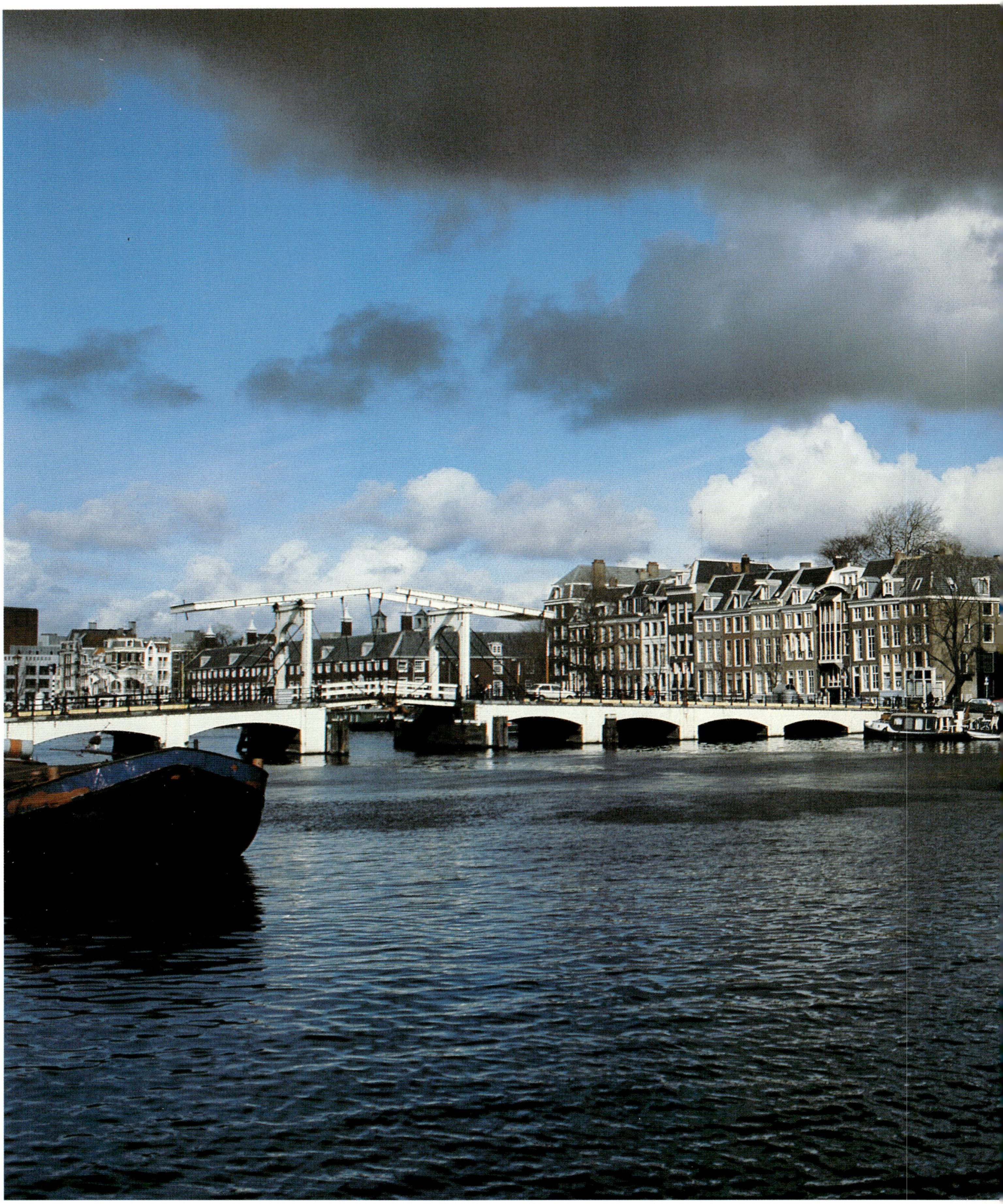

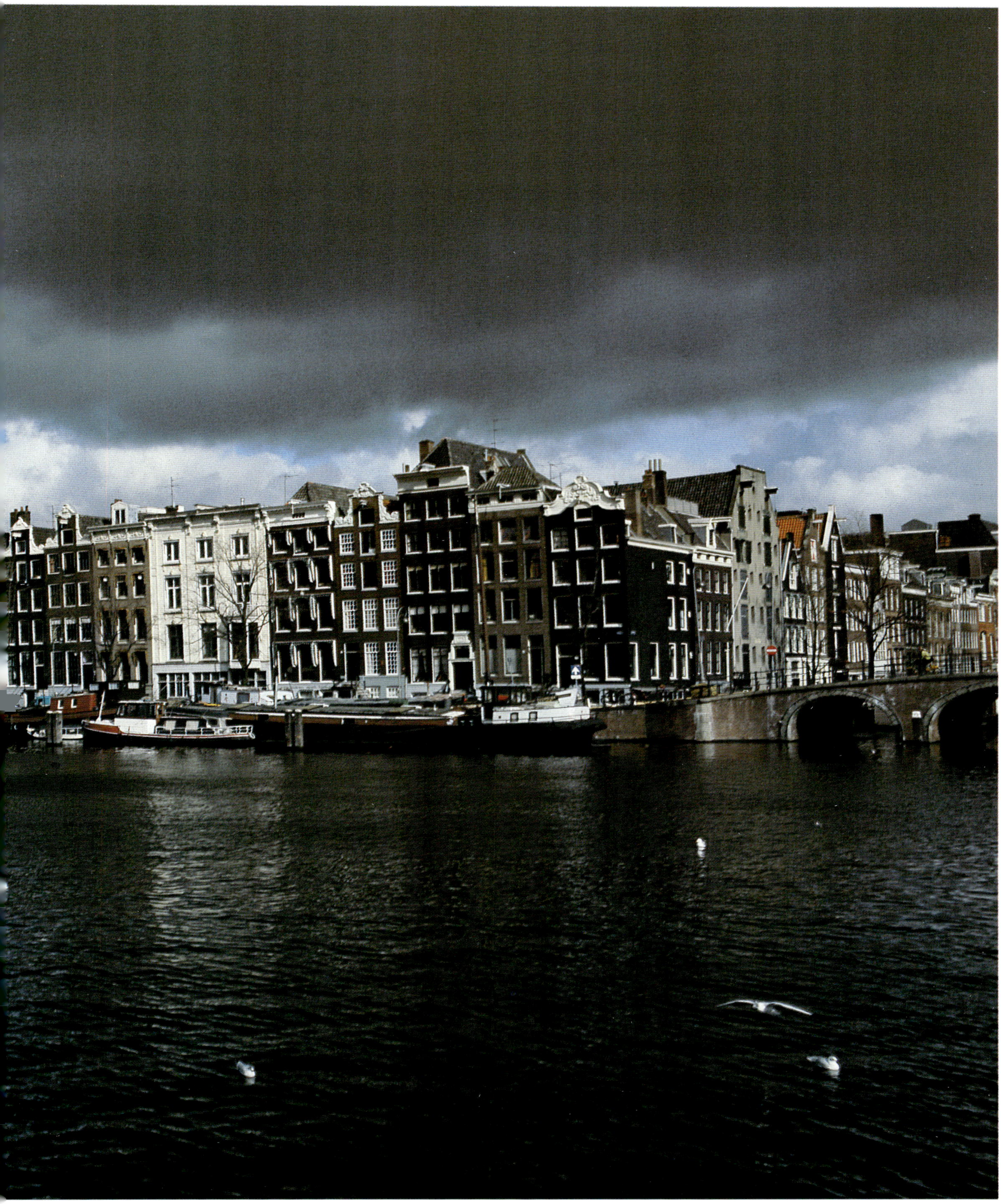

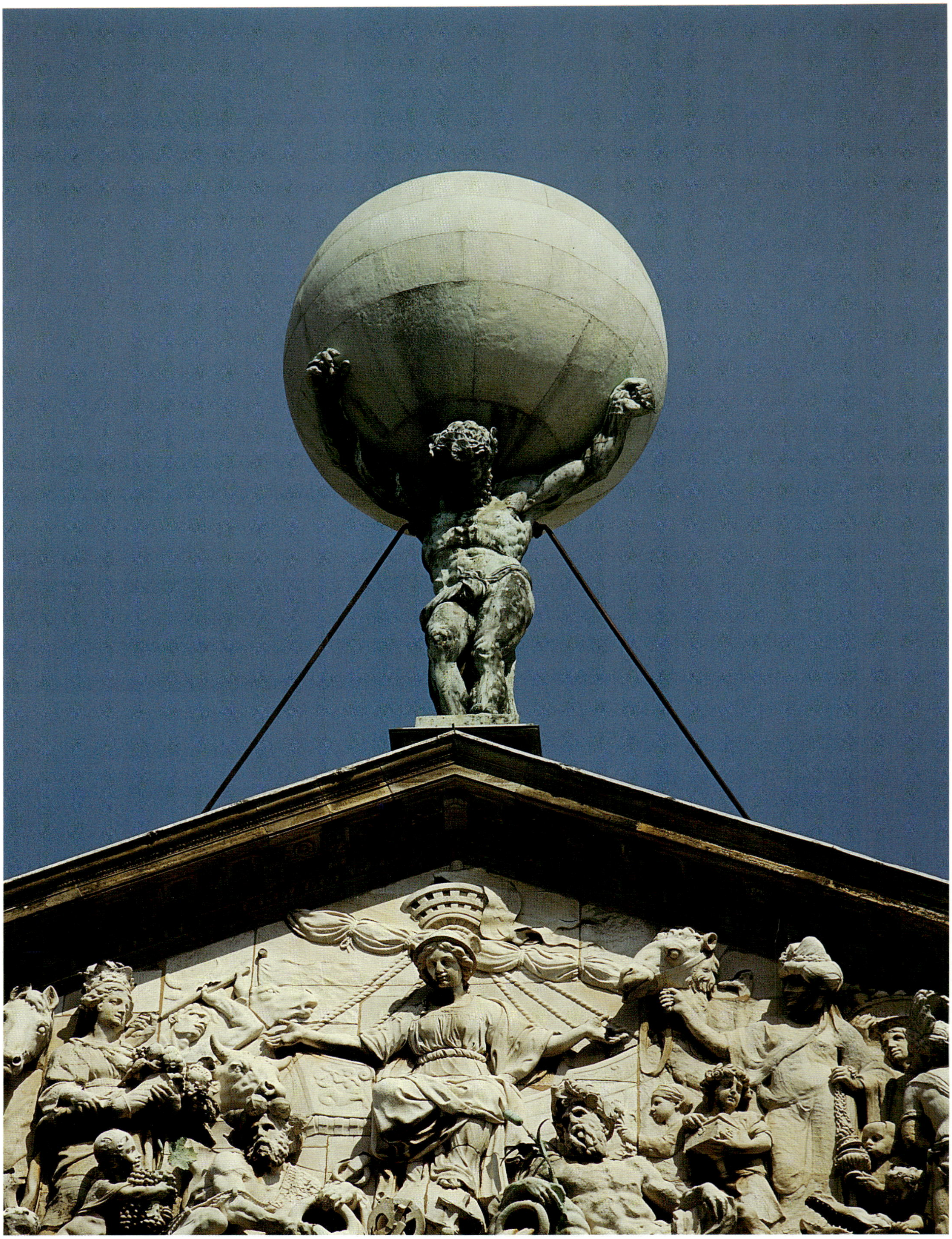

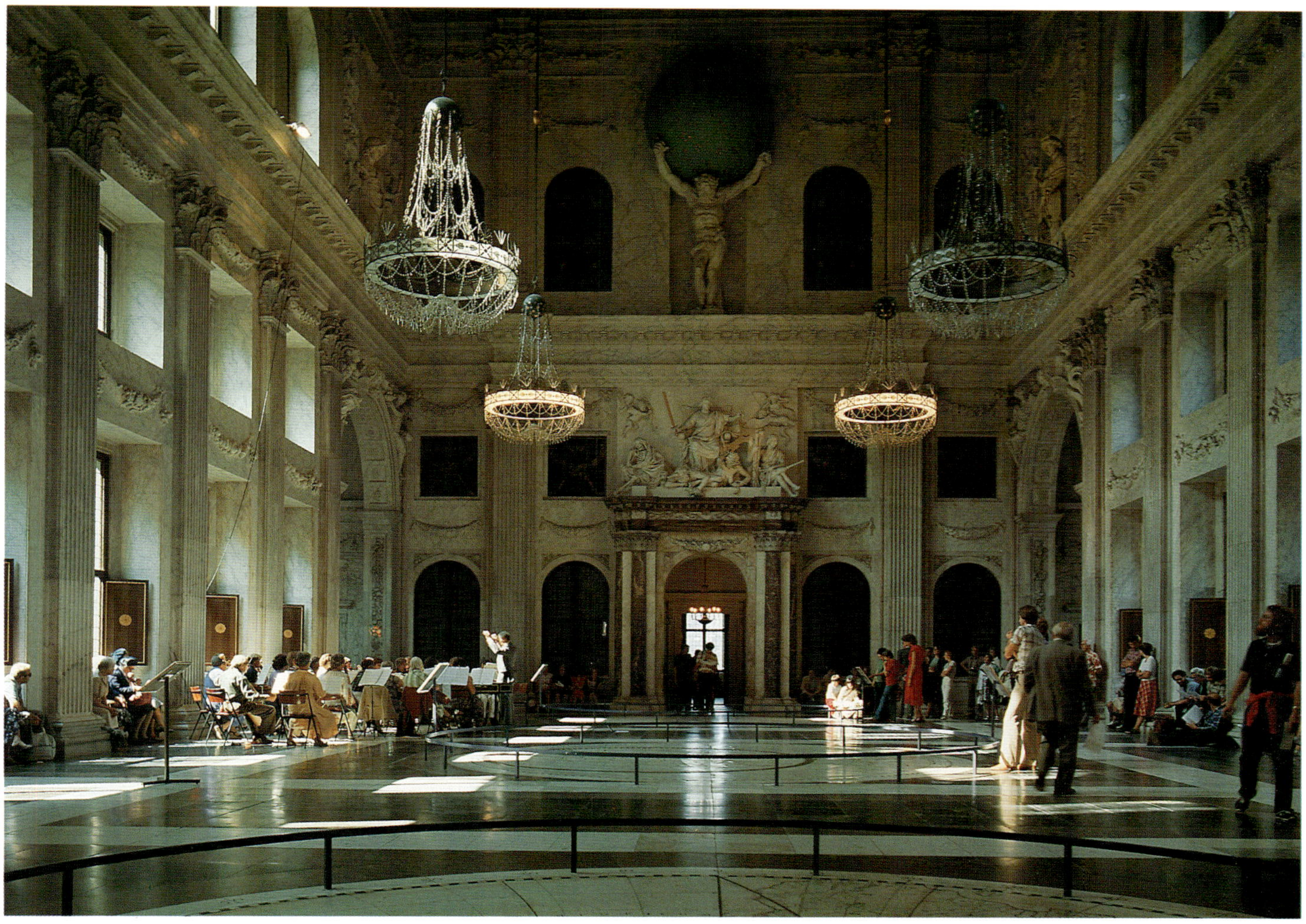

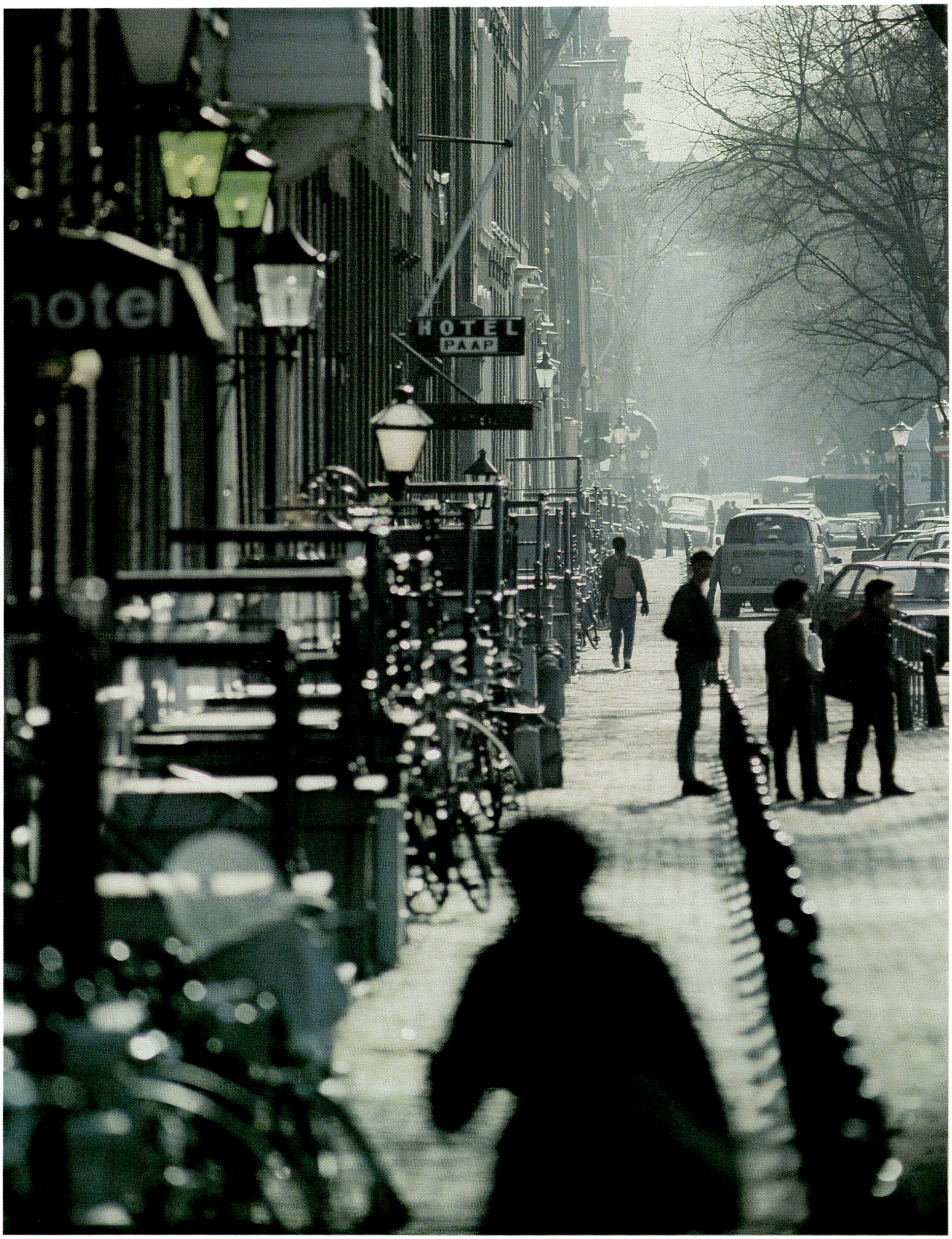
hotel
HOTEL
PAAP

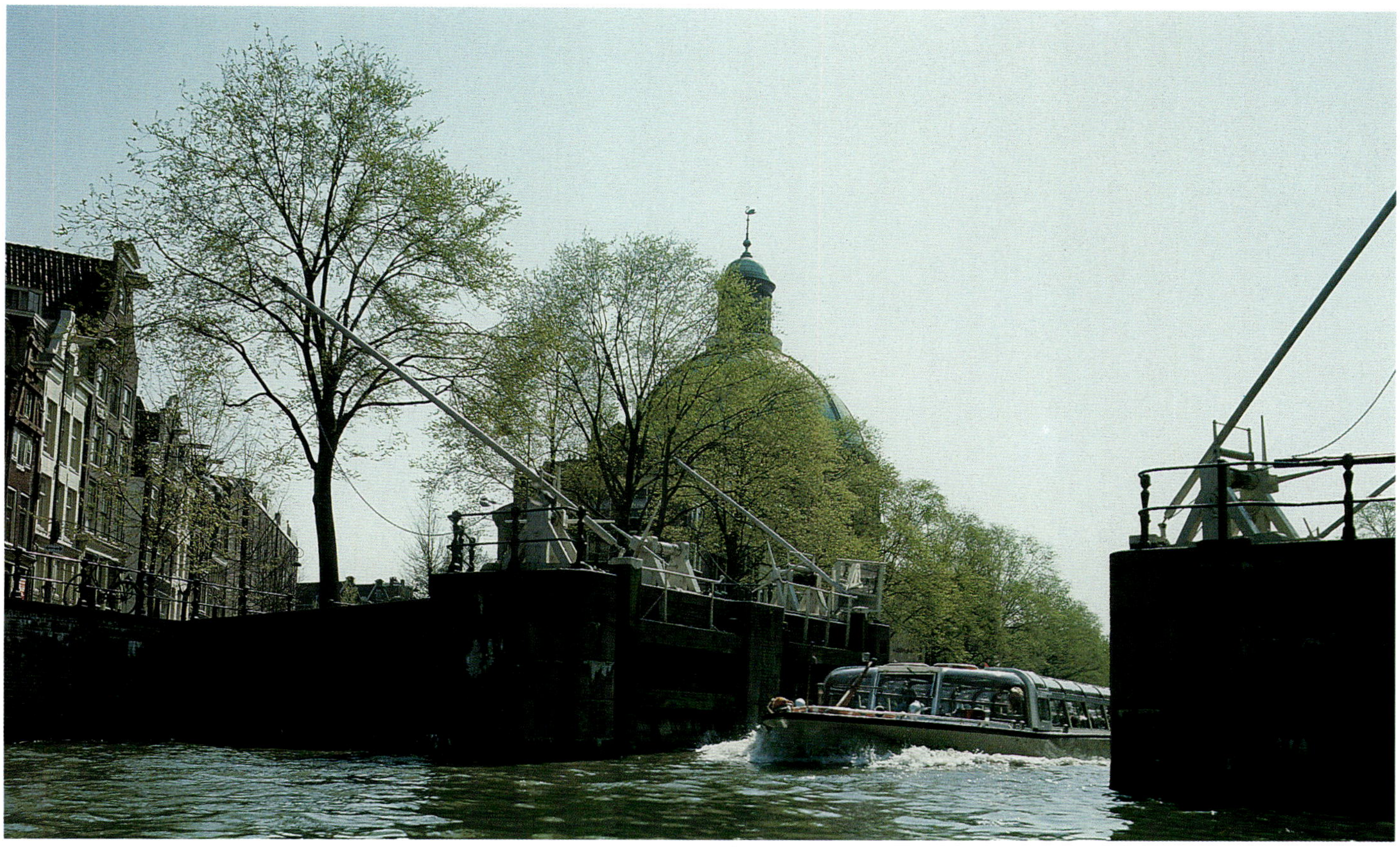

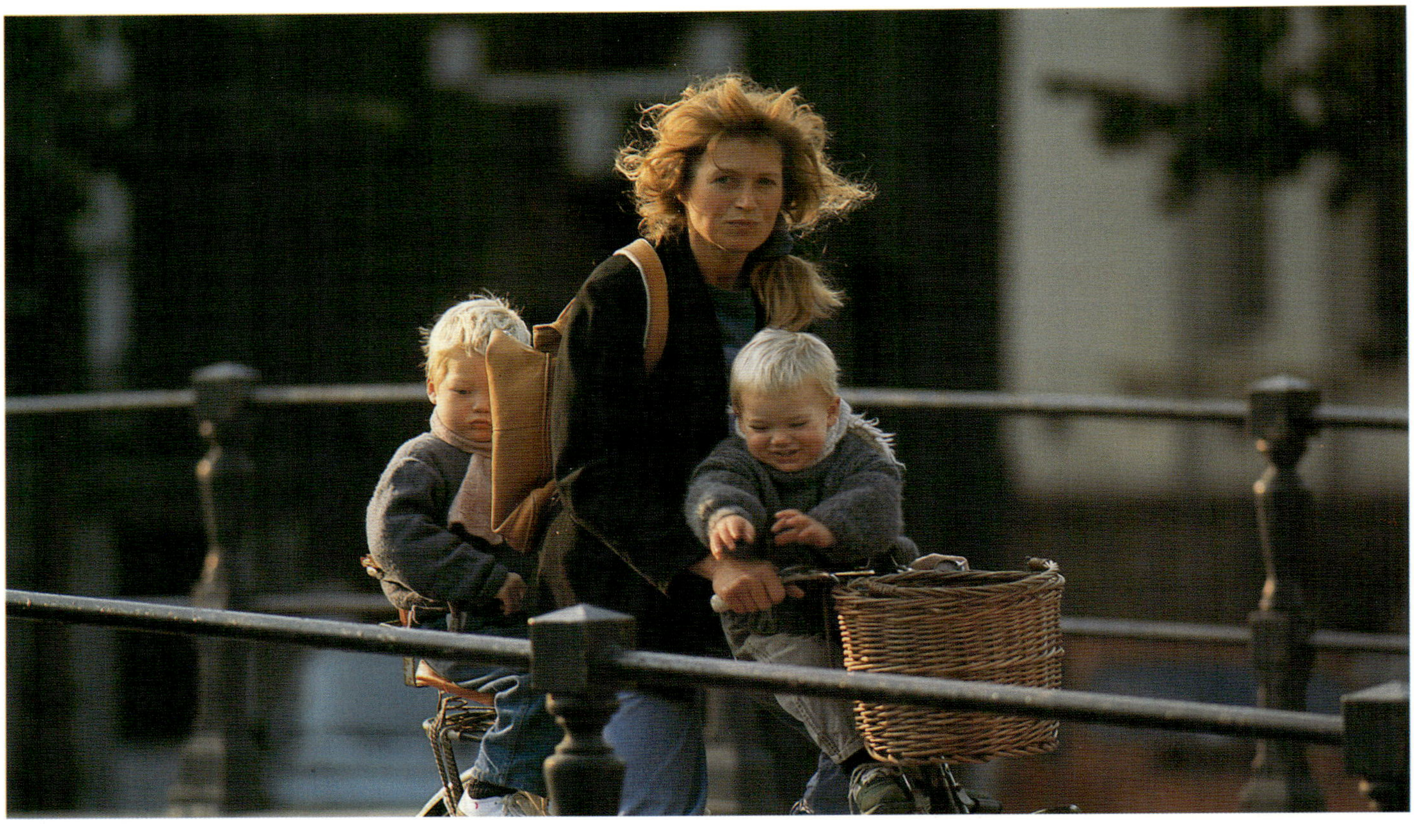

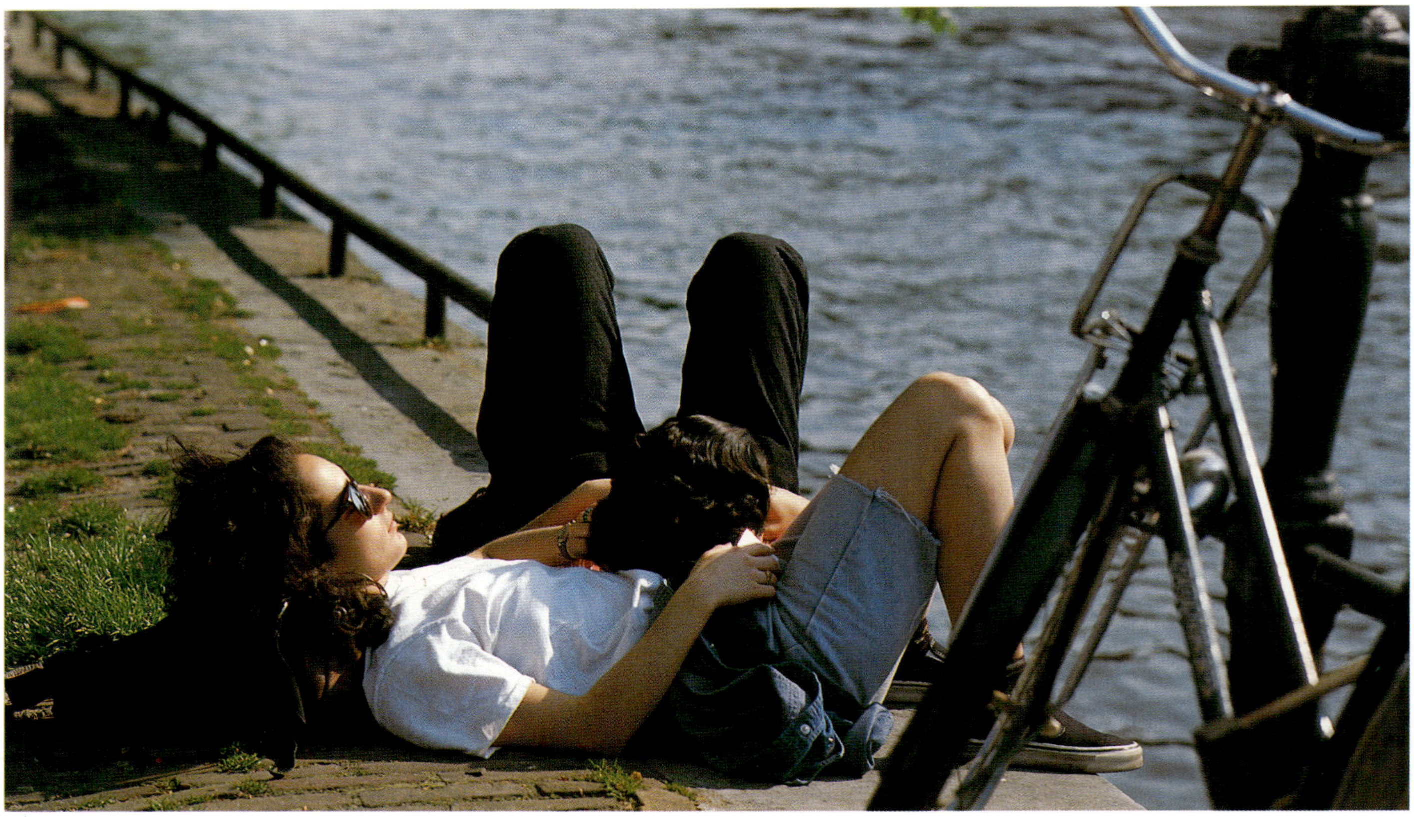

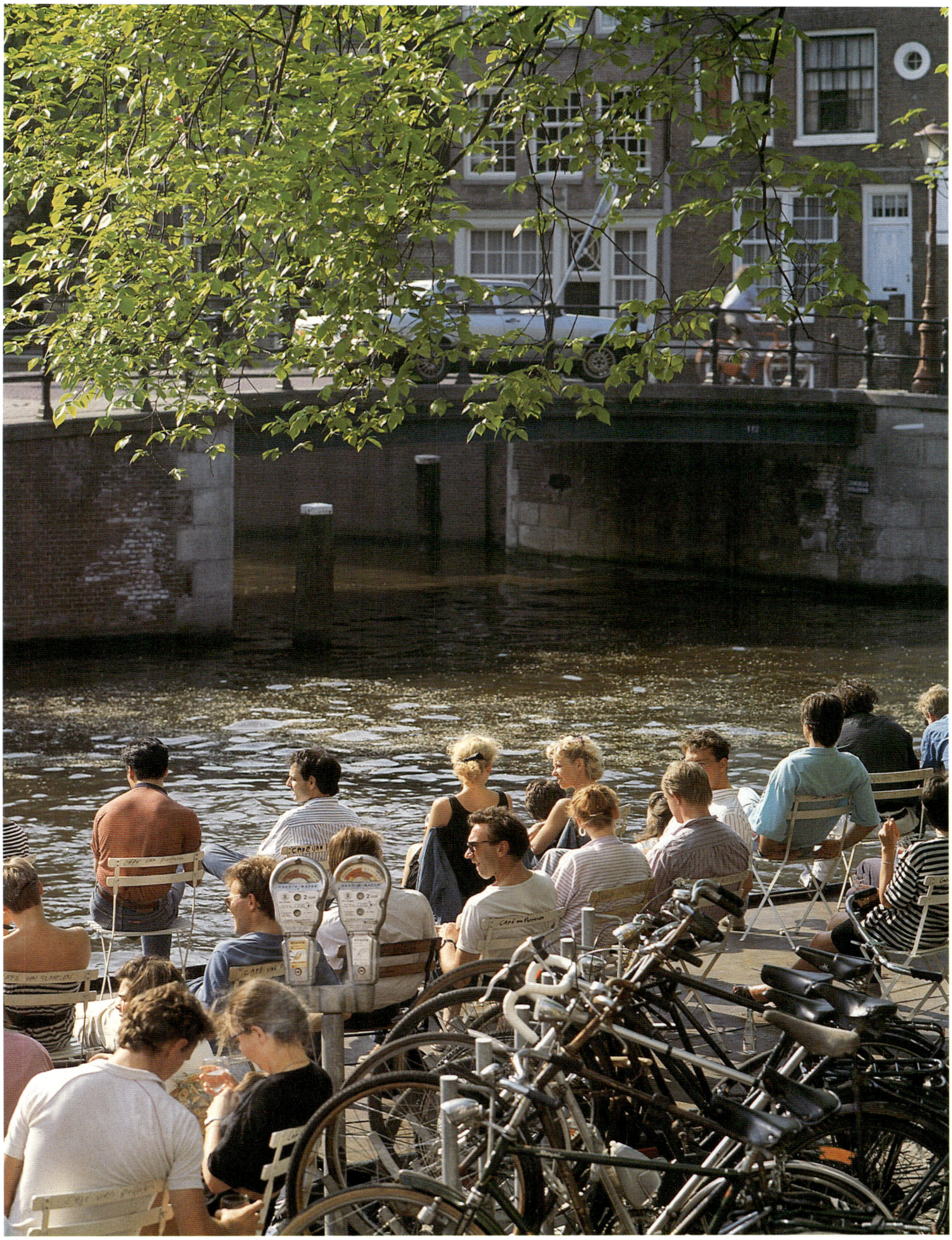

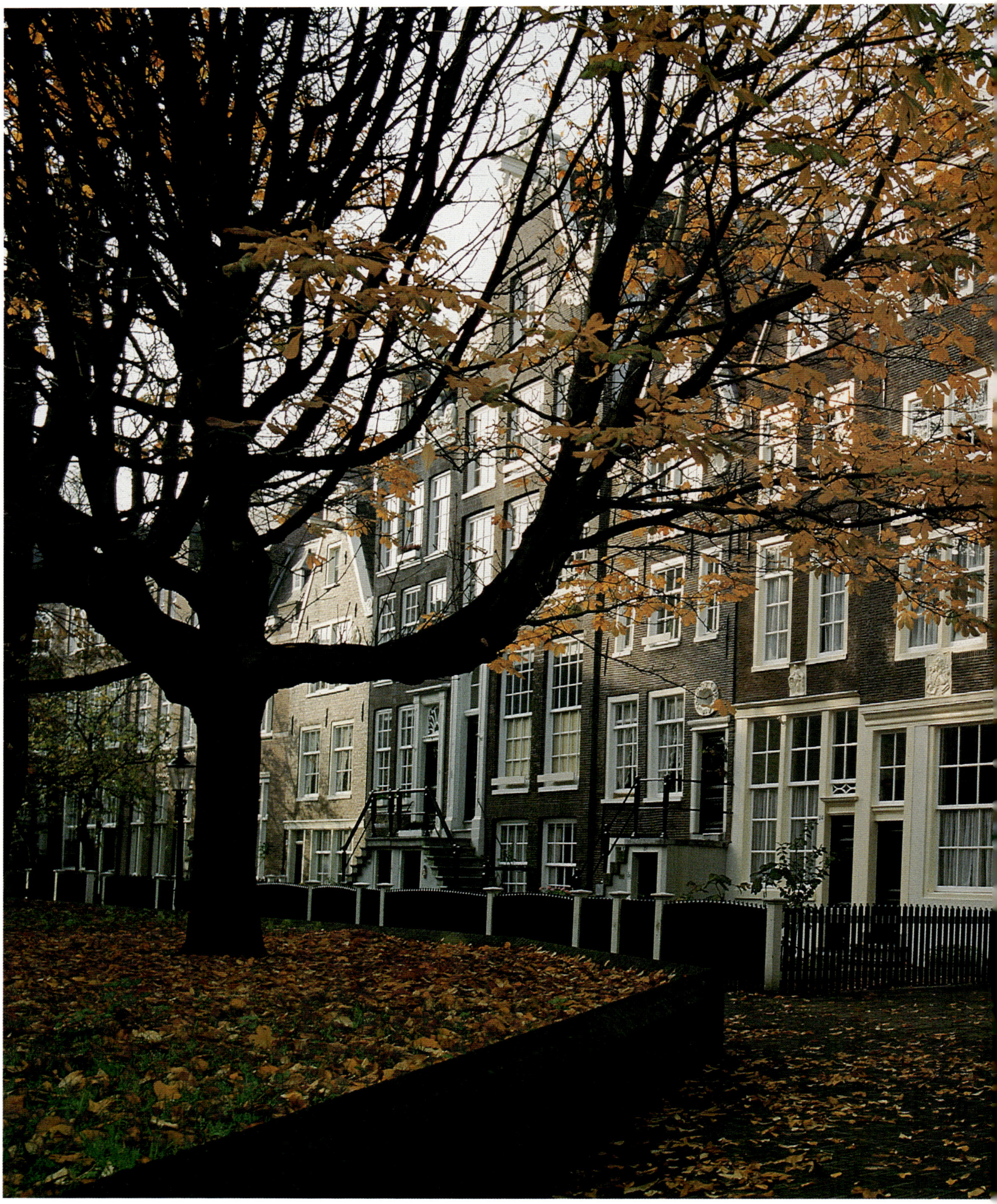

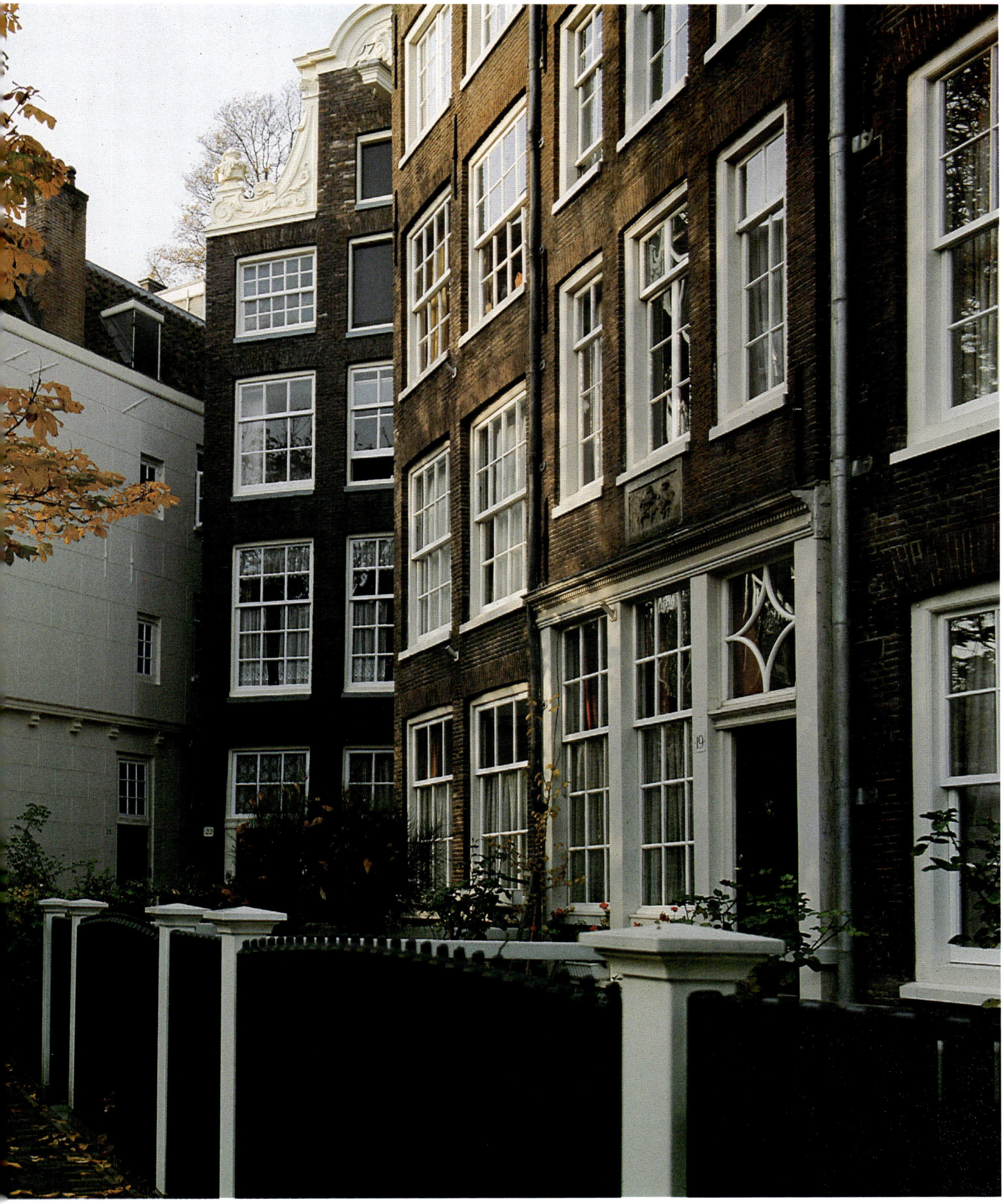

THE HOUSE OF
CUTTY SARK
SCOTCH WHISKY
Grolsch
Heineken Bier
TY SARK

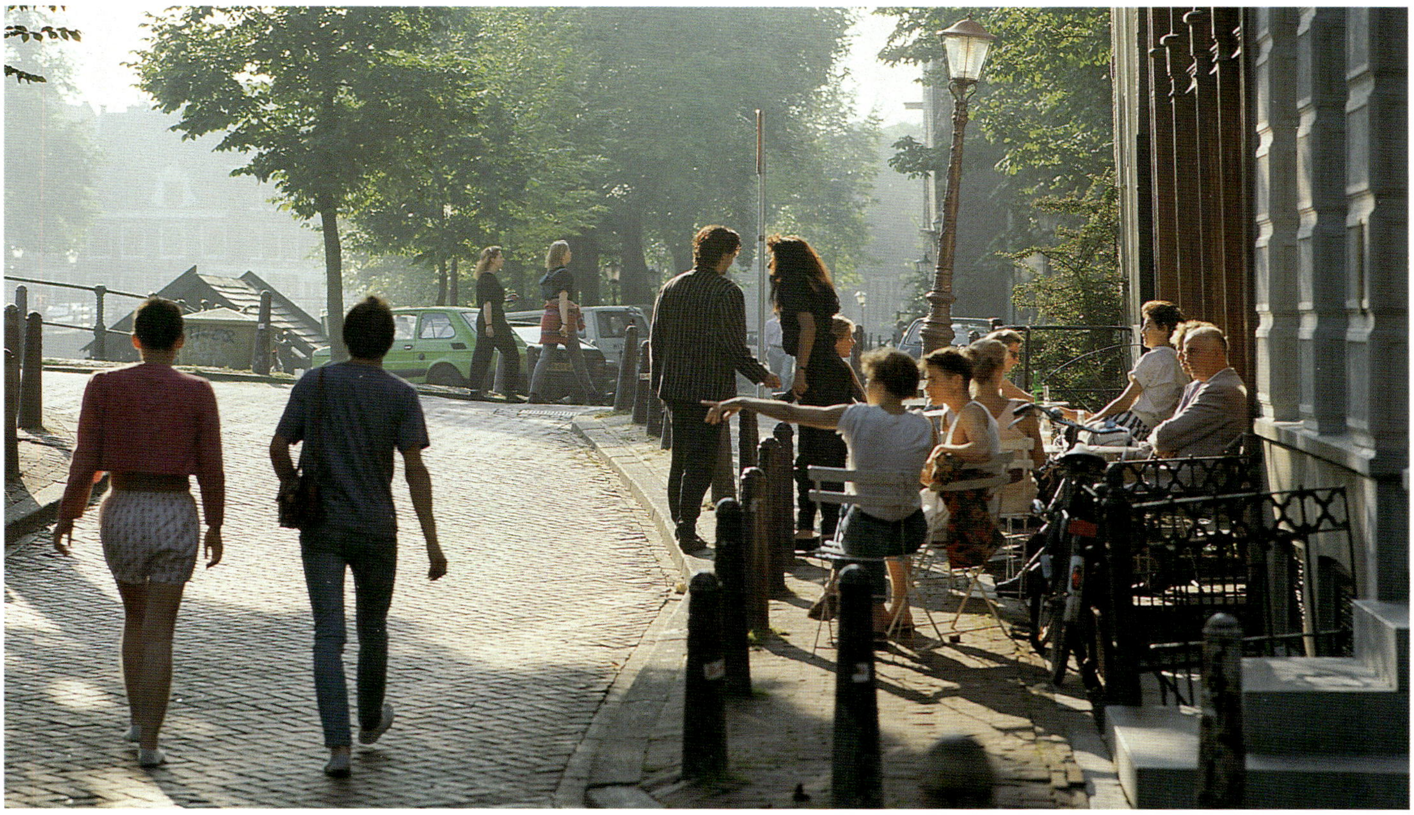

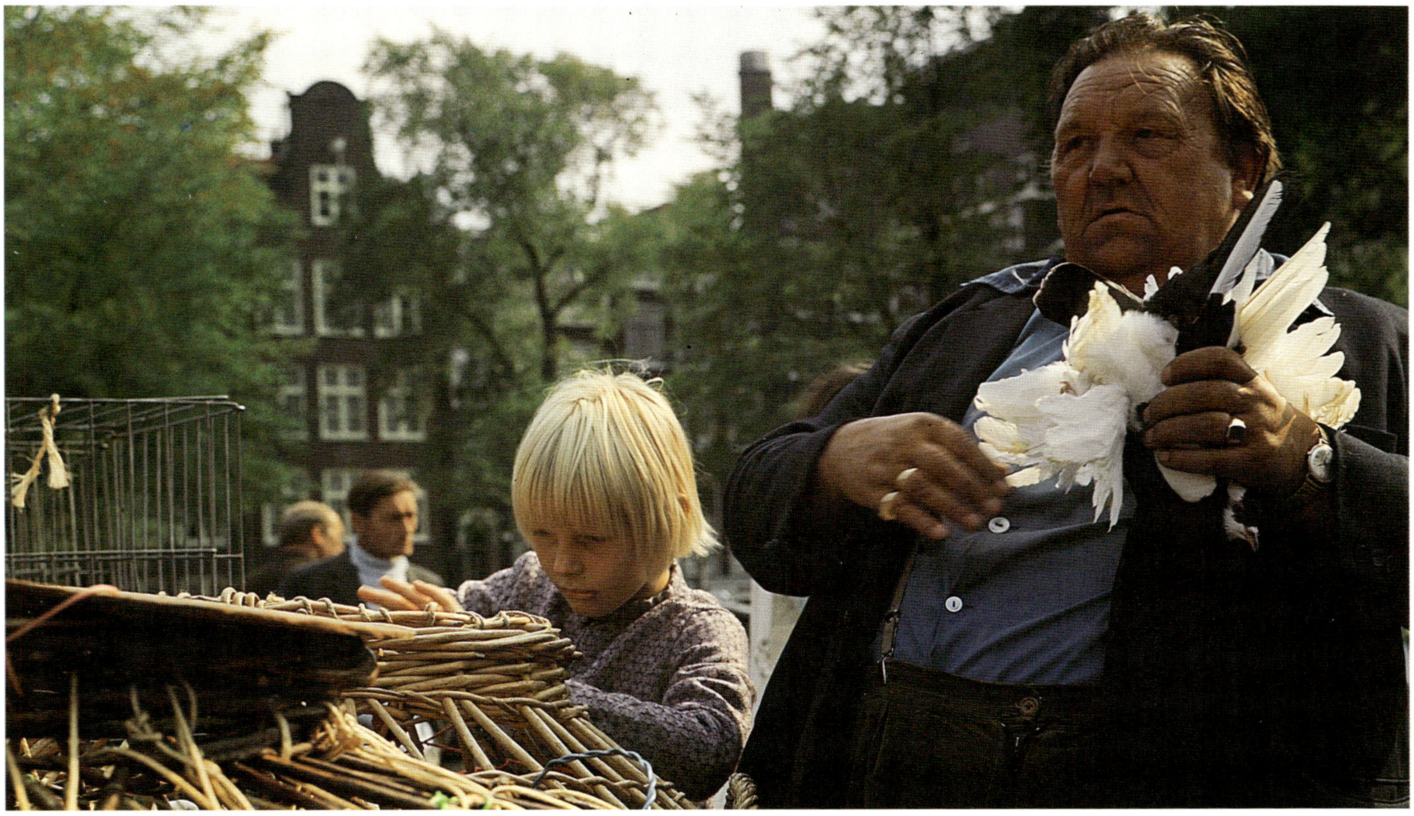

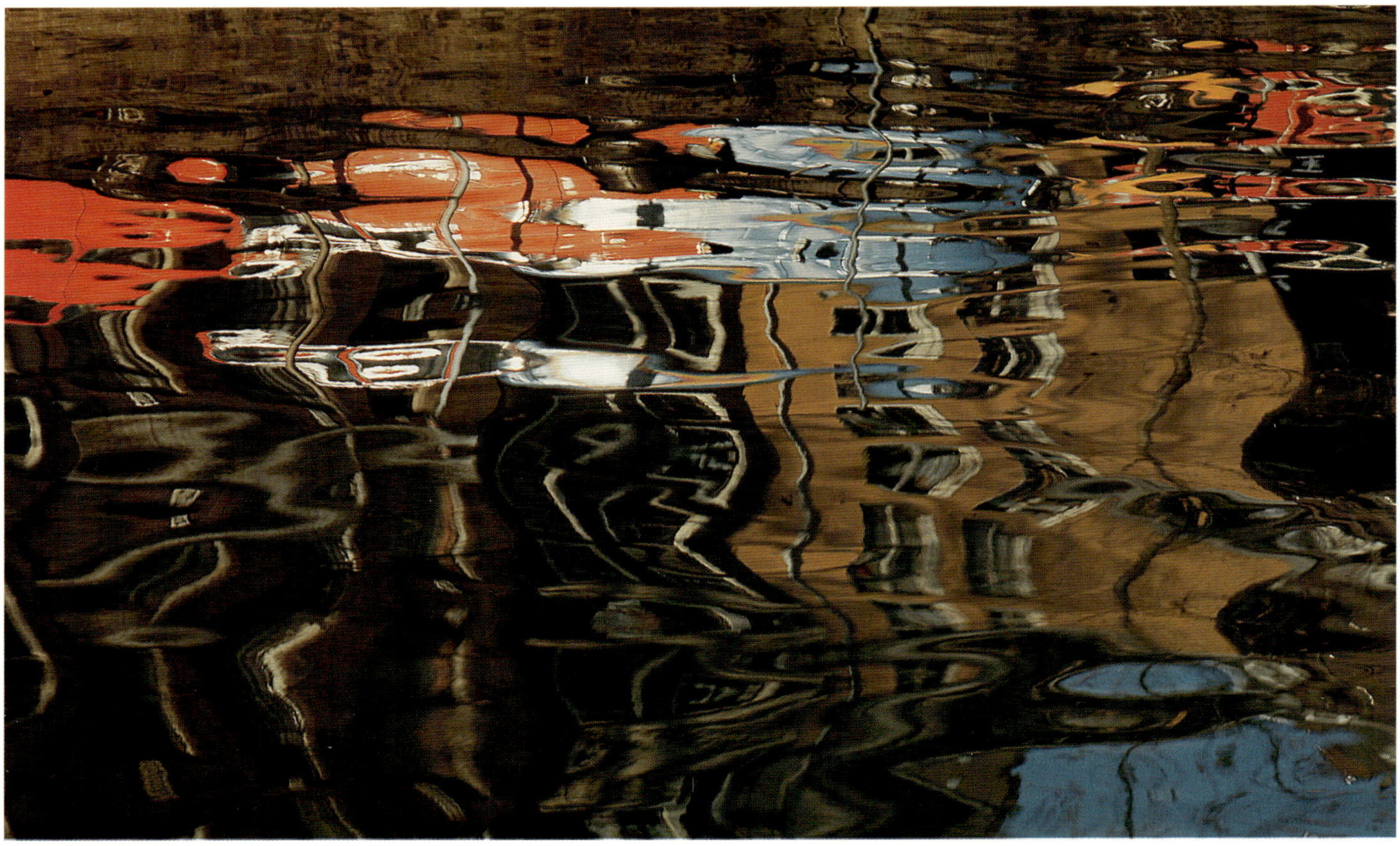

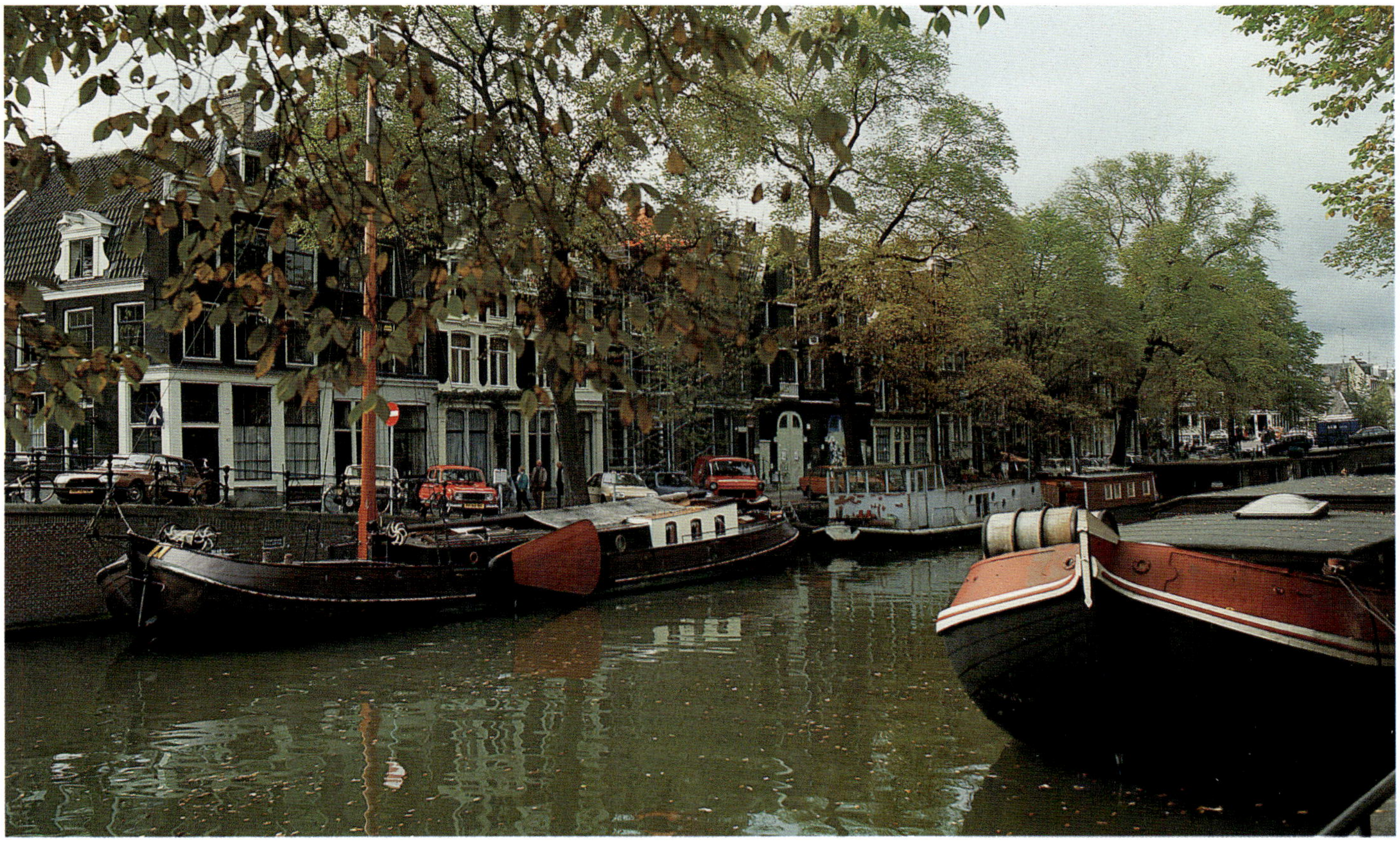

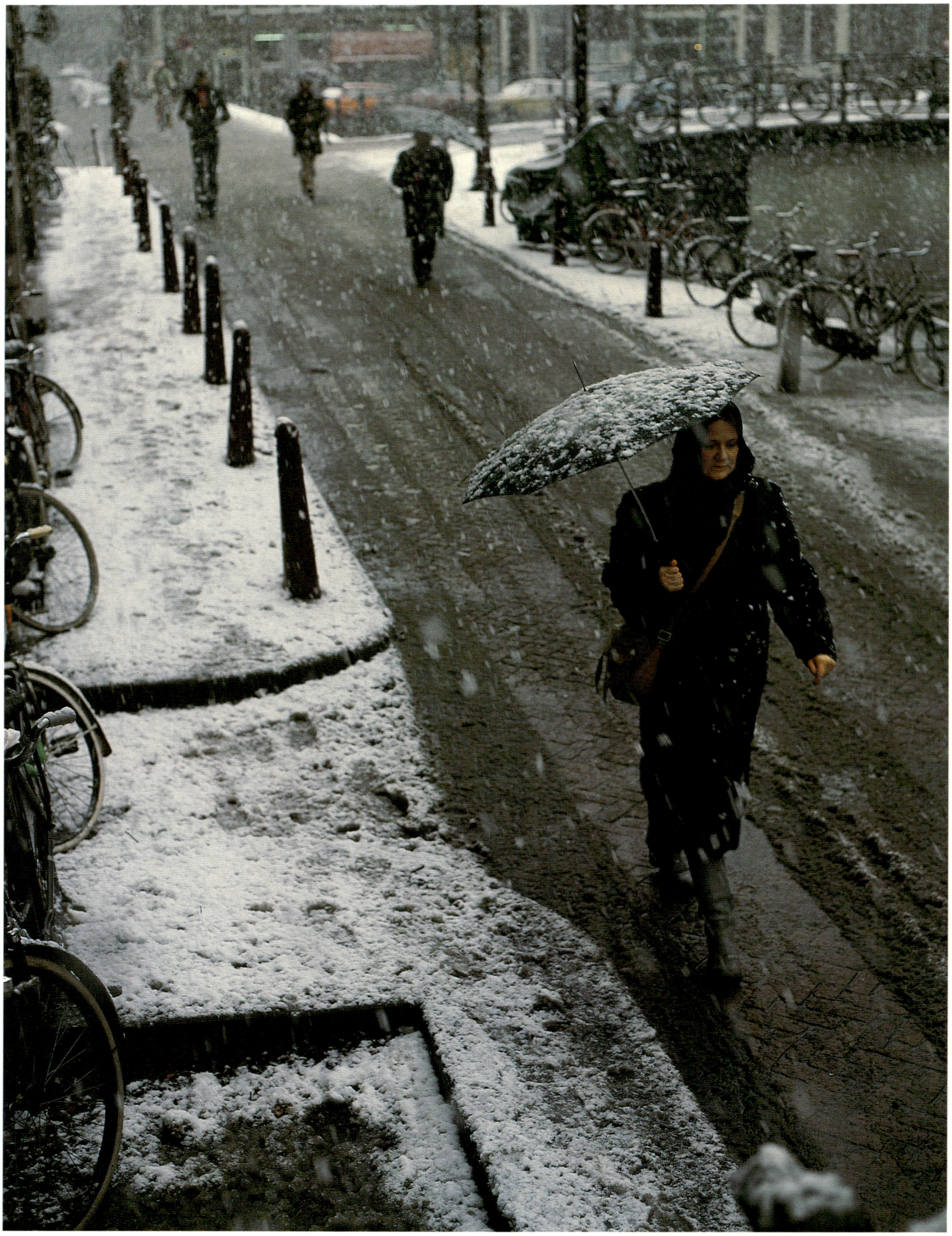

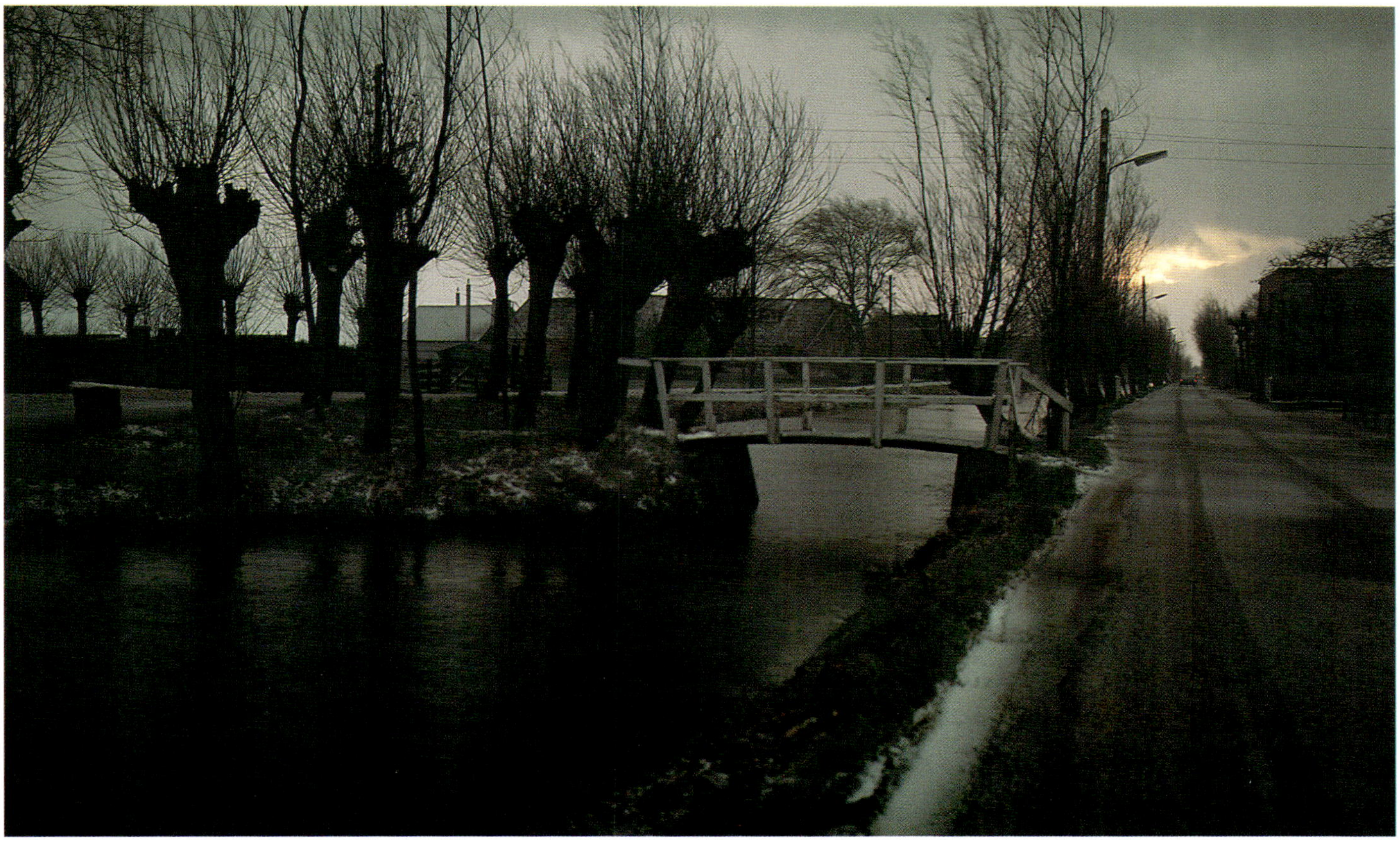

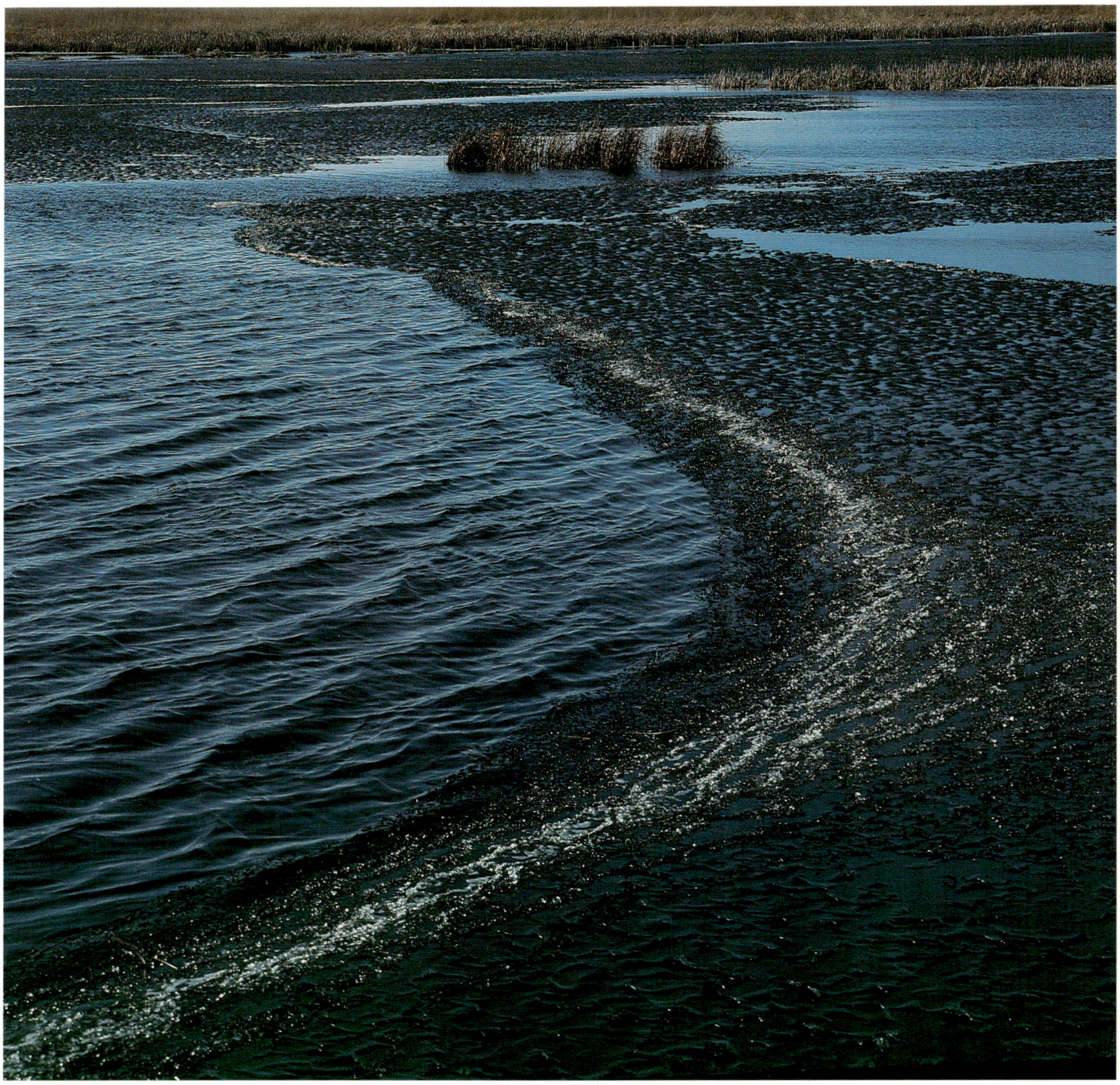

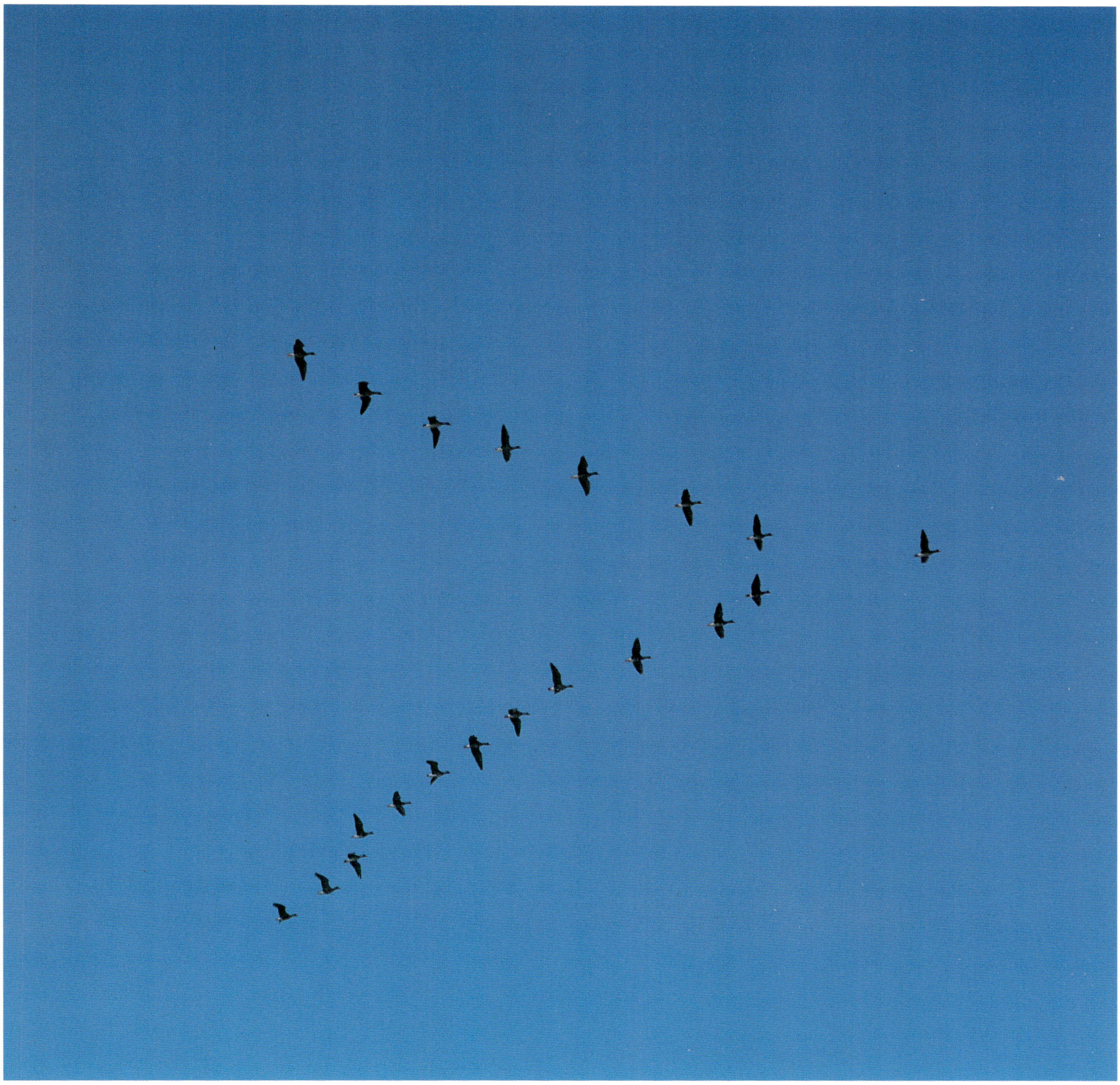

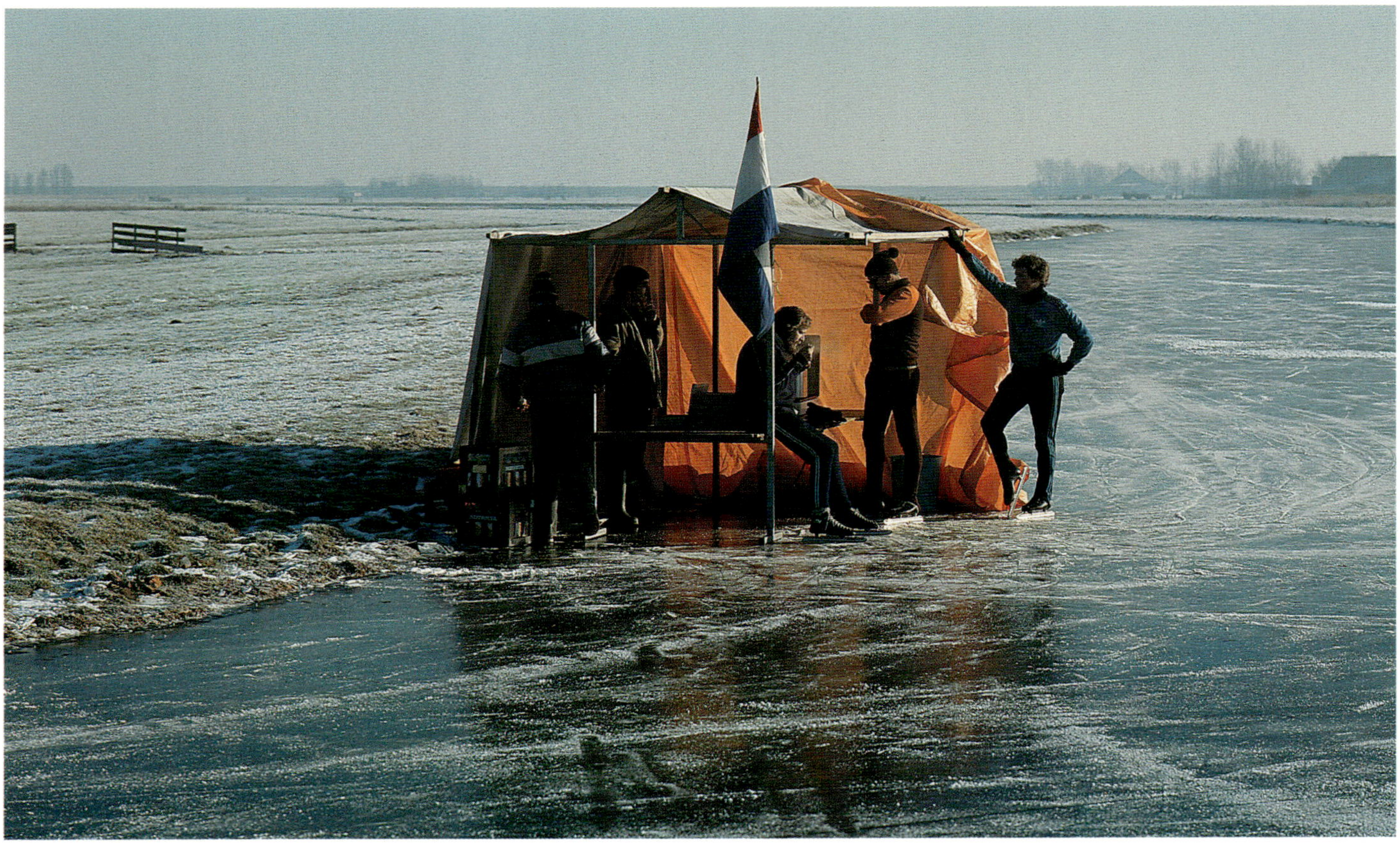

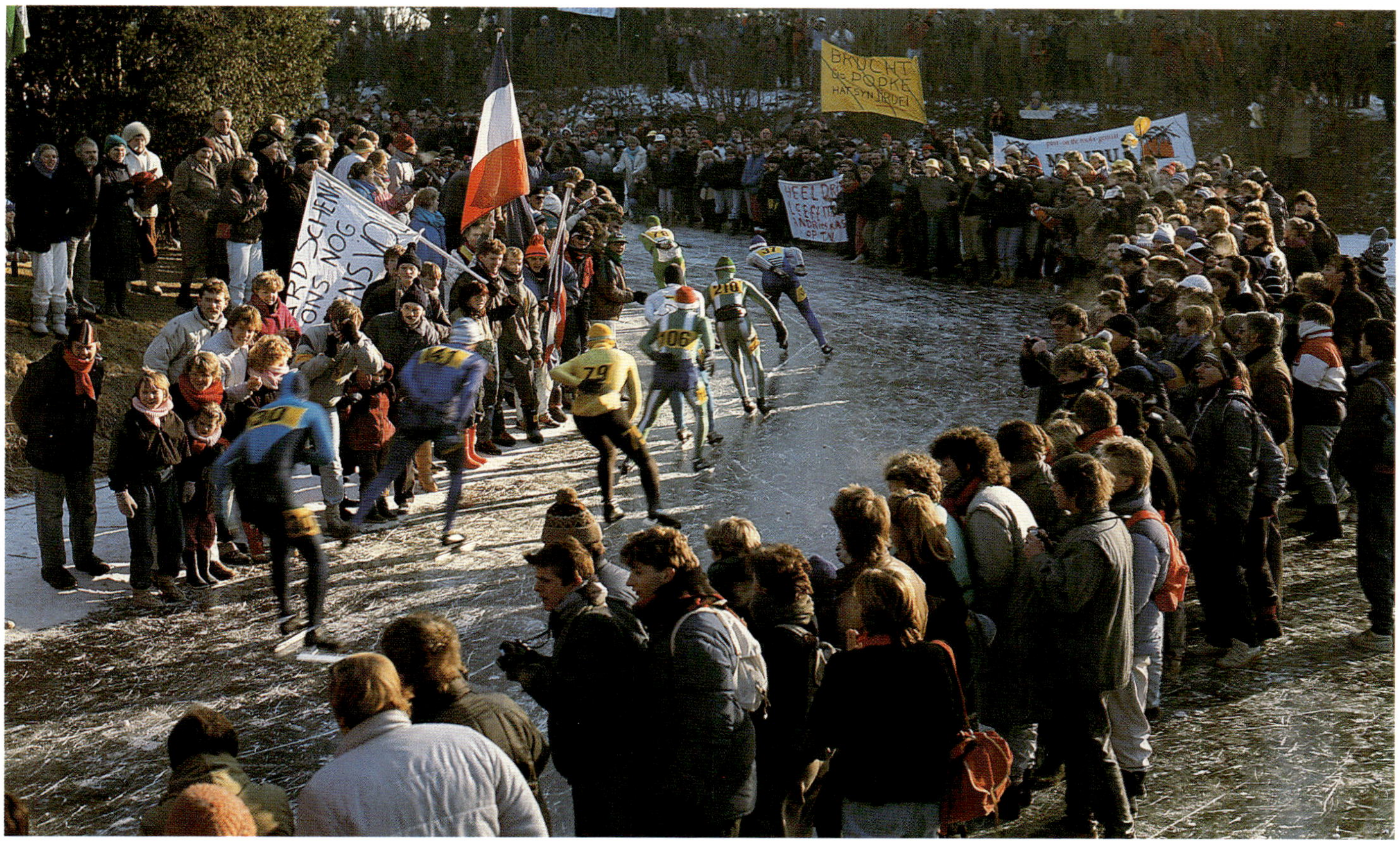

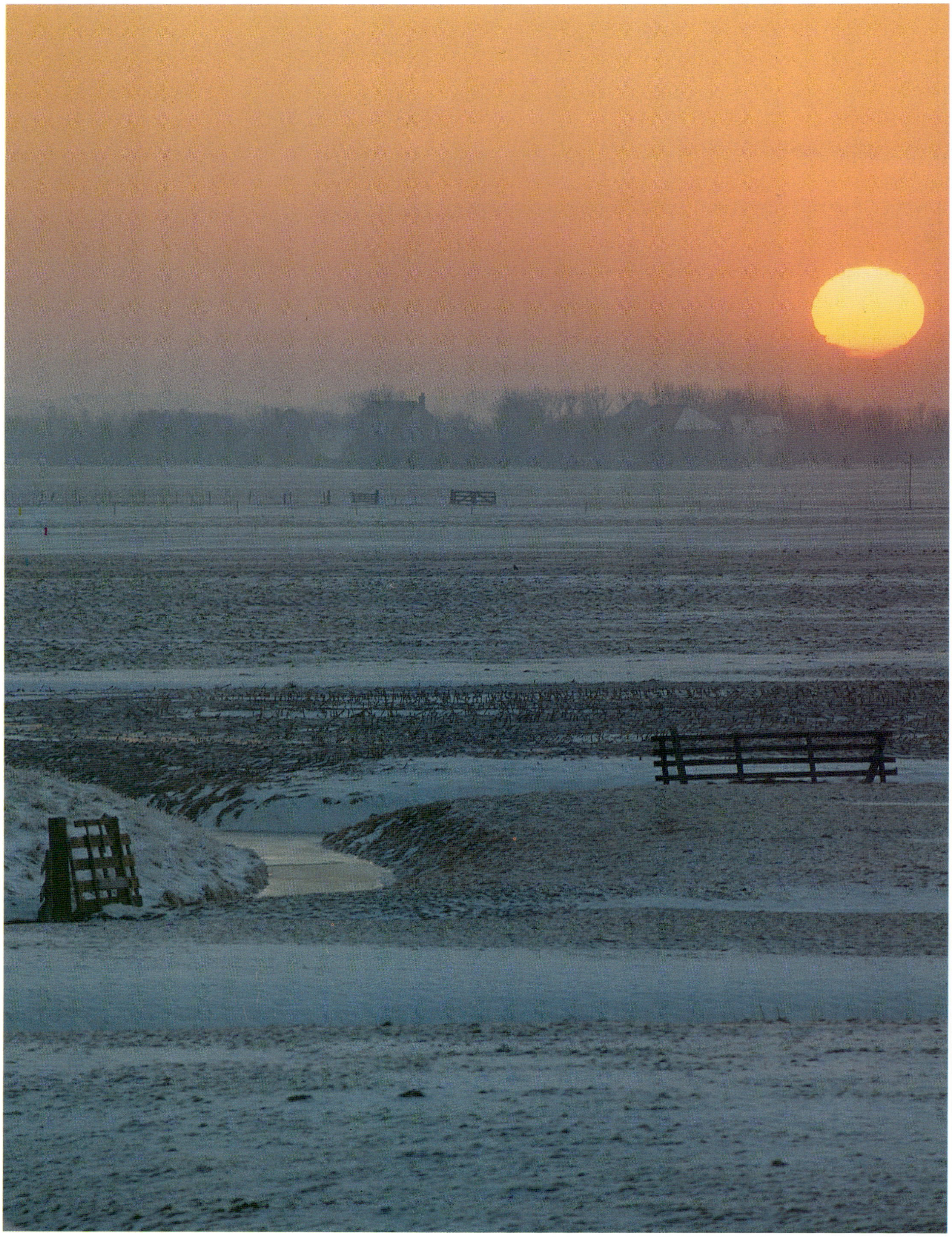

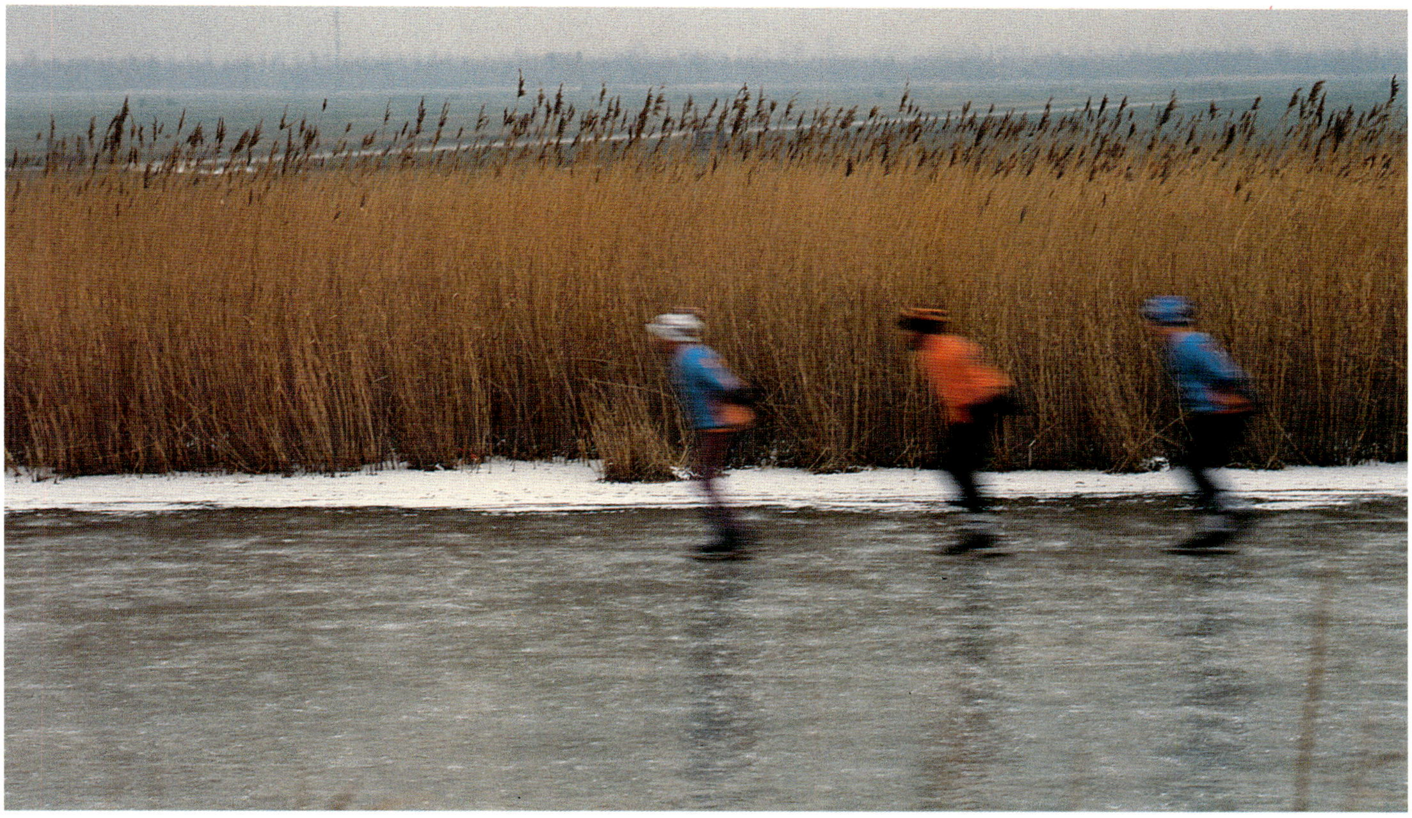

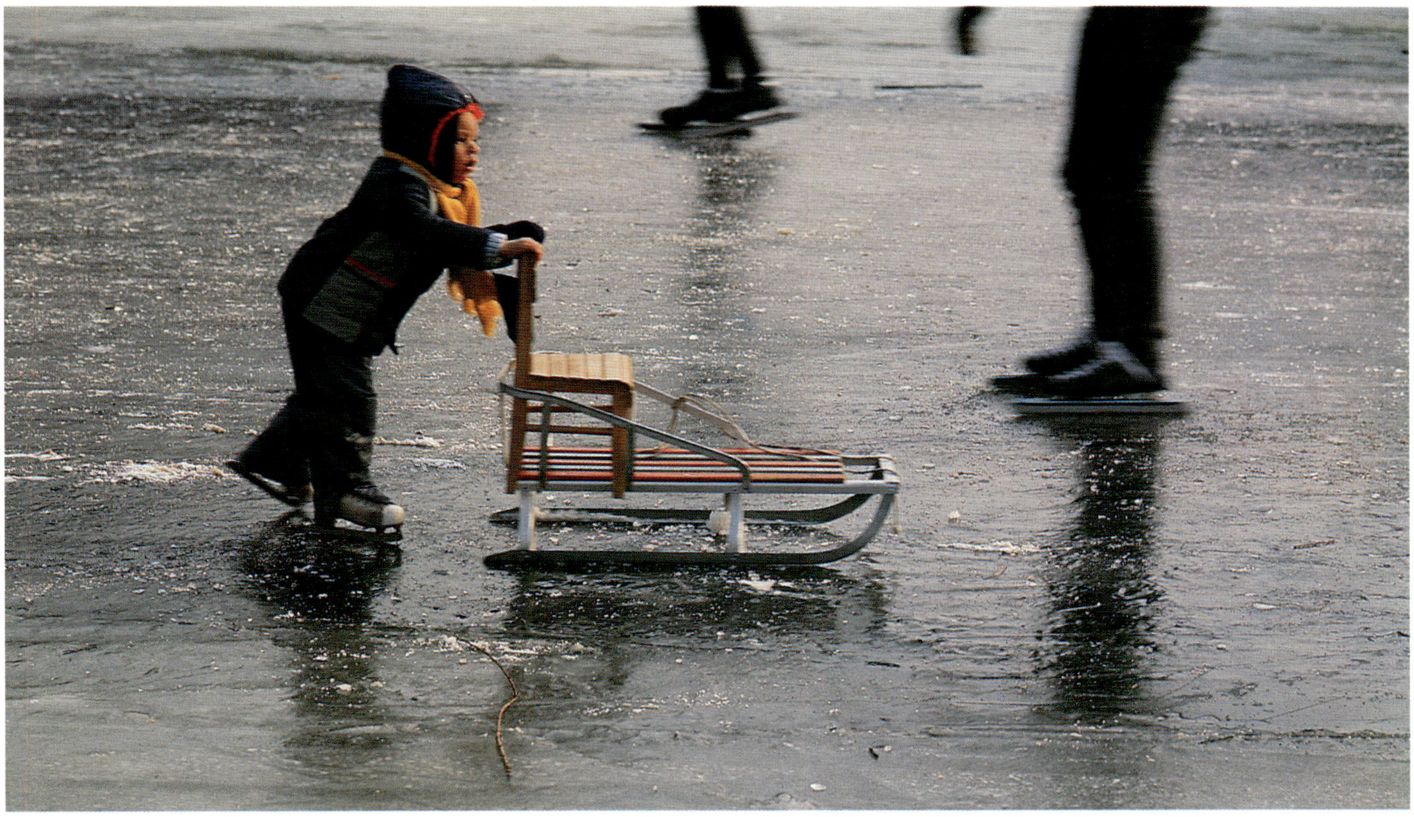

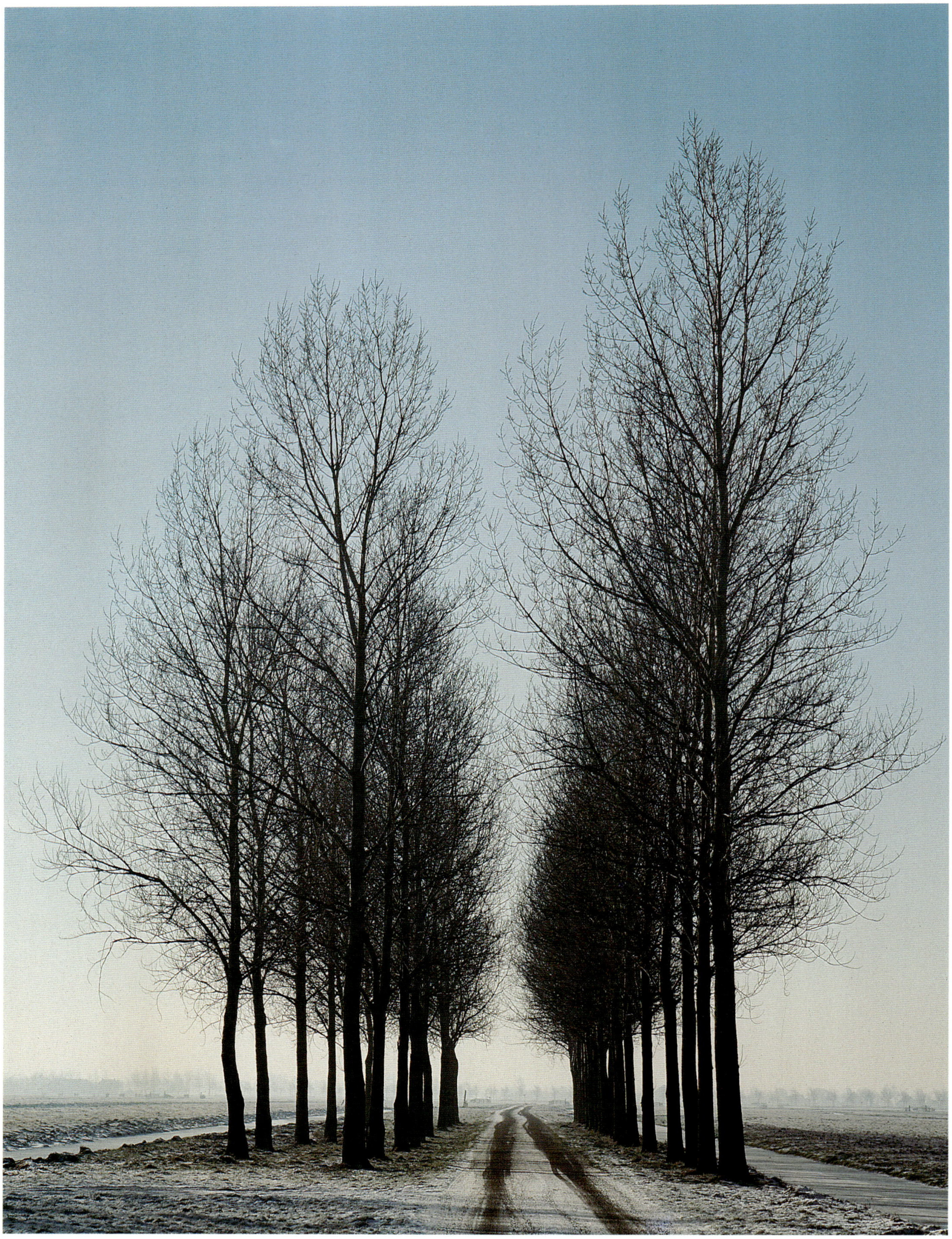

Dorpen en kleine steden   Villages and small towns   Dörfer und kleine Städte

Het westen van Nederland is het dichtst bevolkte deel. Meer dan veertig procent van de totale bevolking woont in de provincies Noord- en Zuid-Holland. Voor het gehele land geldt dat de bevolking voor het merendeel geconcentreerd is in de steden. Meer dan een kwart van de totale bevolking woont in zeventien steden met elk meer dan honderdduizend inwoners, te weten Amsterdam, Rotterdam, Den Haag, Utrecht, Eindhoven, Haarlem, Groningen, Tilburg, Nijmegen, Enschede, Apeldoorn, Arnhem, Breda, Zaanstad, Maastricht, Dordrecht en Leiden. De rest van de bevolking woont in enige honderden kleine steden en enkele duizenden dorpen.

Met name *het dorp* heeft altijd een belangrijke plaats ingenomen in het Nederlandse landschap. Tegenwoordig zijn dorpen of kleine woonkernen met een beperkt aantal – variërend van enkele honderden tot enige duizenden – inwoners veelal onderdeel van een grotere gemeente. De meeste dorpen hebben dan ook geen eigen burgerlijke status zoals in het verleden wel het geval is geweest. Het overgangsgebied van een dorp naar een kleine stad is niet duidelijk aan te geven. Nederland is ondanks de verstedelijking van de afgelopen decennia nog altijd rijk aan een grote hoeveelheid van deze karakteristieke kleine woonkernen.

Er is de laatste jaren ook weer duidelijk een trek vanuit de steden naar het platteland. Veel mensen werken in de stad en wonen in kleine dorpskernen op het platteland.

Nederland kent een grote verscheidenheid aan dorpstypen. De plaats, de ligging en de vorm van het dorp werden in grote mate bepaald door de natuurlijke gesteldheid en de historische ontwikkeling van de omgeving. We onderscheiden in grote lijnen de volgende dorpstypen: kust-, rivier-, polder-, terp-, es-, brink- en streekdorpen. Langs de Nederlandse kust ontstonden vele dorpen, waarvan een aantal zich tot grote steden

The western part of the Netherlands is the most densely populated part. More than forty per cent of the total population is living in the provinces of Noord-Holland and Zuid-Holland. In the entire country the population is concentrated in cities and towns. More than a quarter of the total population lives in seventeen cities with more than one hundred thousand inhabitants each. They are Amsterdam, Rotterdam, The Hague, Utrecht, Eindhoven, Haarlem, Groningen, Tilburg, Nijmegen, Enschede, Apeldoorn, Arnhem, Breda, Zaanstad, Maastricht, Dordrecht and Leiden. The remaining part lives in several hundred small towns and some thousands of villages.

Especially *the village* has always played an essential part in the Dutch landscape. Now villages or small residential precincts with a limited number of inhabitants – ranging from several hundred to thousands – are mostly part of a larger municipality. Most villages do not have a civic status, as in the past. It is hard to define the transitional area from a village to a small town. In spite of the urbanization of the past decades the Netherlands still has quite a few of these characteristic small residential nuclei. During the last few years there has been a marked trend to move away from the cities to the country. Many people work in a city and live in small village nuclei in the country.

The Netherlands has quite a variety of types of villages. Location, situation and size of a village were determined to a large extent by the natural conditions and the historical development of the surrounding area. In broad outlines we can discern the following types of villages; coastal, river, polder, terp, and regional villages. Along the Dutch coast many villages have developed into bigger towns and some into big cities. Most of these villages have a port and most of them can be best described as (former) fishing villages.

Der Westen der Niederlande ist der am dichtesten bevölkerte Teil. Mehr als 40% der Gesamtbevölkerung leben in den Provinzen Nord- und Südholland. Für das gesamte Land gilt, daß die Bevölkerung sich größtenteils in den Städten konzentriert. Mehr als ein Viertel der Gesamtbevölkerung lebt in 17 Städten mit jeweils mehr als 100.000 Einwohnern, nämlich Amsterdam, Rotterdam, Den Haag, Utrecht, Eindhoven, Haarlem, Groningen, Tilburg, Nimwegen, Enschede, Apeldoorn, Arnheim, Breda, Zaanstad, Maastricht, Dordrecht und Leiden. Der Rest der niederländischen Bevölkerung lebt in einigen hundert kleinen Städten und einigen tausend Dörfern.

Insbesondere *das Dorf* hat immer eine besondere Bedeutung in der niederländischen Landschaft gehabt. Heute sind Dörfer oder kleine Wohneinheiten mit einer begrenzten Anzahl von Einwohnern – meist zwischen einigen Hundert und einigen Tausend – Teil einer größeren Gemeinde. Die meisten Dörfer haben daher auch keinen eigenen Status mehr, wie es in der Vergangenheit der Fall war. Die Grenze zwischen Dorf und Kleinstadt ist nicht ganz eindeutig zu benennen. Die Niederlande sind trotz der Verstädterung der vergangenen Jahrzehnte immer noch reich an zahlreichen dieser typischen, kleinen Wohnkerne. In den vergangenen Jahren ist auch deutlich ein Trend aus der Stadt auf das Land zu beobachten. Viele Menschen arbeiten in der Stadt und leben in kleinen Dorfeinheiten auf dem Lande.

Die Niederlande weisen zahlreiche verschiedene Dorftypen auf. Der Ort, die Lage und die Form des Dorfes wurden in hohem Maße durch die natürliche Umgebung und die historische Entwicklung der Umgebung bestimmt. Wir unterscheiden in groben Zügen die folgenden Dorftypen: Küsten-, Fluß-, Warft-, Esch-, Anger-, Polder- und Haufendörfer. An der niederländischen

heeft ontwikkeld. De meeste van deze dorpen hebben een haven en het merendeel laat zich het beste omschrijven als (voormalig) vissersdorp. De onderlinge verschillen tussen deze dorpen zijn echter zeer groot. Een kustdorp aan de Noordzee als Katwijk aan Zee heeft een geheel ander karakter dan bij voorbeeld de dorpen Marken en Enkhuizen die oorspronkelijk in en aan de Zuiderzee lagen, maar nu aan het IJsselmeer liggen.
Het merendeel van de oorspronkelijke *kustdorpen* aan de Noordzee, zoals Noordwijk, Katwijk aan Zee, Zandvoort en Scheveningen, zijn badplaats geworden en hebben veel van hun authenticiteit verloren. Ook het merendeel van de voormalige kustdorpen van de Zuidhollandse en Zeeuwse eilanden hebben tegenwoordig een recreatief karakter. Goede voorbeelden zijn het Zeeuwse Veere en het Zuidhollandse Goedereede. De voormalige zeehaven van Veere is omgetoverd tot een jachthaven voor plezierboten en ook de haven van Goedereede, eens een haven van belang, heeft aan betekenis verloren, maar beide kustdorpen zijn zogenaamde beschermde dorpsgezichten en hebben in tegenstelling tot veel kustdorpen aan de Noordzee hun authentieke karakter weten te behouden.
In de Monumentenwet (1961) is geregeld dat cultuurmonumenten in de vorm van afzonderlijke gebouwen of beeldbepalende gegroepeerde bebouwing tegen aantasting beschermd dienen te worden, hetgeen dan ook van toepassing is geweest op ruim 150 stads- en dorpsgezichten. Op deze wijze bleef het verleden bewaard voor het nageslacht. Ook de voormalige Zuiderzee kustdorpen als Enkhuizen en Marken vallen onder deze Monumentenwet. Enkhuizen heeft een rijk verleden en was vroeger een belangrijke haven. De fraai gerestaureerde koopmanshuizen getuigen van een glorieus en welvarend verleden. Marken met zijn karakteristieke houten huisjes was heel vroeger zelfs een eiland in de Zuiderzee, maar is door inpoldering aan het vaste land vast komen te zitten. Het is dan ook meer een *terpdorp* dan een kustdorp.
De eerste bewoners van ons land, de Friezen in het hoge Noorden, bouwden hun dorpen

However, there are quite substantial differences between these villages. A coastal village on the North Sea such as Katwijk aan Zee has a quite different character than e.g. the villages of Marken and Enkhuizen, that were originally situated in and along the Zuyder Zee, but are now on the IJselmeer. The majority of the original *coastal villages* on the North Sea, such as Noordwijk, Katwijk aan Zee, Zandvoort and Scheveningen, have become seaside resorts and have lost much of their authenticity. The majority of the former coastal villages of the Zuid-Holland and Zeeland islands now have a recreative nature. Good examples are Veere in Zeeland and Goedereede in Zuid-Holland. The former Veere seaport has now been transformed into a yacht harbour for pleasure vessels as has the harbour of Goedereede, once an important port. It has lost its port function but both coastal villages are so-called protected villages and have been able to maintain their authentic character, unlike many coastal villages along the North Sea. In the 'Historic Buildings and Ancient Monuments Act' (1961) is laid down that cultural monuments in the form of separate buildings or groups of buildings that determine the character of the scenery must be protected. This applies to over 150 town and village areas. In this way the past has been preserved for posterity. Former Zuyder Zee coastal villages such as Enkhuizen and Marken also fall under this Act. Enkhuizen has a rich history and was an important port in former days. The splendidly restored merchant mansions testify to a glorious and prosperous past. Marken with its characteristic wooden houses was even an island in the Zuyder Zee, in the distant past. Land reclamations have connected it with the mainland. It is actually more a *terp village* than a coastal village.

The first inhabitants of our country, the Frisians in the far north, built their villages on man-made islands, that are called *terps*. Characteristic for many terp villages is the circular design: the church in the centre with the houses built in a circle around it. Hyum in Friesland is such a typical terp vil-

Küste entstanden viele Dörfer, von den sich viele zu großen Städten entwickelten. Die meisten dieser Dörfer verfügen über einen Hafen, und viele lassen sich am besten als (ehemalige) Fischerdörfer beschreiben. Die Unterschiede zwischen diesen Dörfern sind jedoch sehr groß. Ein Küstendorf an der Nordsee wie etwa Katwijk aan Zee hat einen völlig anderen Charakter als die Dörfer Marken und Enkhuizen, die ursprünglich in der Zuiderzee oder an deren Küste lagen und heute Anlieger des IJselmeeres sind. Der größte Teil der ursprünglichen *Küstendörfer* an der Nordsee, etwa Noordwijk, Katwijk aan Zee, Zandvoort und Scheveningen sind Badeorte geworden und haben viel von ihrer Ursprünglichkeit verloren. Auch die meisten ehemaligen Küstendörfer auf den südholländischen und seeländischen Inseln haben heute Erholungscharakter. Gute Beispiele sind etwa das seeländische Veere und das südholländische Goedereede. Der ehemalige Seehafen Veeres wurde zu einem Jachthafen für Vergnügungsboote umfunktioniert, und auch der Hafen von Goedereede, einst bedeutender Umschlaghafen, hat an Bedeutung verloren; beide Dörfer sind aber sogenannte geschützte Dörfer, und es ist ihnen gelungen, im Gegensatz zu vielen Küstendörfern an der Nordsee, ihren ursprünglichen Charakter zu bewahren.
Im Denkmalschutzgesetz (1961) wurde festgelegt, daß Kulturdenkmäler in Form einzelner Bauwerke oder einer das Erscheinungsbild bestimmenden gruppierten Bebauung gegen Eingriffe geschützt werden müssen, was dann schließlich auf rund 150 städtische und dörfliche Ansichten zur Anwendung gelangte. So blieb die Vergangenheit auch für unsere Nachkommen erhalten. Die ehemaligen Küstendörfer der Zuiderzee, Enkhuizen und Marken etwa, fallen gleichfalls unter dieses Denkmalschutzgesetz. Enkhuizen kann auf eine reichhaltige Vergangenheit zurückblicken und war früher ein wichtiger Hafen. Die schön restaurierten Kaufmannshäuser zeugen von einer glorreichen und von Wohlstand geprägten Vergangenheit. Marken mit seinen charakteristischen Holzhäusern

op met de hand aangelegde heuvels, genaamd *terpen*. Kenmerkend voor veel terpdorpen is de cirkelvormige plattegrond: de kerk staat in het midden en de huizen zijn er in een cirkel omheen gebouwd. Ook Hyum in Friesland is een typisch terpdorp met in het midden een mooie Romaanse kerk.

Naast kustdorpen heeft Nederland ook een aantal dorpen en kleine steden gelegen aan rivieren. Een goed voorbeeld van een stad aan een rivier is Deventer. In dit uit de zevende eeuw daterende rivierdorp werd in 768 een fraaie kerk gesticht door Lebuïnis en sindsdien is dit dorp aan de IJssel uitgegroeid tot een middelgrote stad. Over het algemeen echter liggen in Nederland de meeste dorpen niet zo direct aan een rivier, maar op een redelijke afstand achter een dijk. Het ontzag voor het water spreekt daar wel een beetje uit. Daarnaast zijn er ook zogenaamde *es-* en *brinkdorpen*. Deze dorpen zijn ontstaan vanuit een landbouwkundig systeem dat aan het einde van de Middeleeuwen tot ontwikkeling kwam. Bij deze dorpen liggen de boerderijen willekeurig verspreid in het landschap, soms gegroepeerd om een brink, een langgerekt dorpsplein met kerk en bomen. Rondom het dorp liggen de akkers. Dit soort dorpen vindt men vooral in het midden en oosten van Nederland. Een ronduit schitterend voorbeeld is het Drentse Orvelte. Ruim de helft van de circa dertig boerderijen aldaar is als monument beschermd. In Orvelte waant men zich aan het begin van de negentiende eeuw. Zelfs de straatverlichting en straten zijn geheel in stijl gerestaureerd.

In tegenstelling tot de eerder beschreven dorpstypen is het *streekdorp* niet rondom een kerk of plein gebouwd, maar bestaat het uit een langgerekte lintbebouwing, veelal langs een weg of kanaal. Een prima voorbeeld van een dergelijk streekdorp is het Westfriese Twisk. Een veel voorkomend dorpstype is het *polderdorp*. Deze dorpen vertonen weer een geheel ander beeld. In de zeventiende eeuw vonden de eerste grote inpolderingen plaats en de dorpen in deze gebieden ontstonden veelal op een kruispunt van wegen. Een goed voorbeeld vin-

lage with a fine Romanesque church in the centre.

Apart from the coastal villages the Netherlands also has a number of villages and towns located along rivers. A good example of a riverside town is Deventer. In this river village, dating from the seventh century a beautiful church was founded in 768 by Lebuïnis. Since then this village on the river IJsel has grown into a middle-sized town. However, in general most villages in the Netherlands are not located directly along a river, but at a safe distance behind a dike. This is explained to some extent by a healthy respect for water. There is also a type of village that is determined by the village green. These villages are the result of an agricultural system that was developed by the end of the Middle Ages. In these villages the farms are located at random in the landscape, sometimnes concentrated around a village green, a long, narrow village square with a church and trees. The fields are located around the village. There are many villages of this type in the central and eastern regions of the Netherlands. A splendid example is Orvelte in the province of Drenthe. More than half of the about thirty farmhouses there are protected as monuments. In Orvelte it is easy to think back to how it was at the beginning of the nineteenth century. Even the street lighting and the streets have been restored in style. Unlike the types of village described before, the *regional village* is not built around a church or square, but displays a long, narrow ribbon development, mostly along a road or a canal. A good example of such a village is the Westfrisian Twisk. A common type of village is the *polder village*. These villages have a completely different look. The first major land reclamations were carried out in the seventeenth century and the villages in these areas were mostly founded at a crossroads. A good example is provided by 'De Beemster', reclaimed in 1628. In this polder five villages were founded, with Middenbeemster as main village. This typical polder village is actually situated at a crossroads. This village has a fine church and in the neighbourhood there are many authen-

war vor langer Zeit sogar eine Insel in der Zuiderzee, doch durch Eindeichung liegt dieser Ort heute auf dem Festland. Er ist daher auch eher ein *Warftdorf* als ein Küstendorf.

Die ersten Bewohner unseres Landes, die Friesen im hohen Norden, errichteten ihre Dörfer auf künstlich aufgeschütteten Inseln, *Warften* genannt. Typisch für viele Warftdörfer ist der runde Grundriß: Die Kirche steht im Zentrum, und die Häuser sind kreisförmig um sie herum errichtet worden. Auch Hyum in Friesland ist ein typisches Warftdorf mit einer herrlichen, romanischen Kirche in seinem Zentrum.

Neben Küstendörfern gibt es in den Niederlanden auch eine ganze Reihe von Dörfern und Kleinstädten, die an Flüssen liegen. Ein gutes Beispiel für eine Stadt, an einem Fluß gelegen ist, ist Deventer. In diesem, aus dem 7. Jahrhundert stammenden Fischerdorf wurde 768 von Lebuinis eine Kirche errichtet, und seither ist dieses Dorf an der IJssel zu einer mittelgroßen Stadt herangewachsen. Im allgemeinen jedoch liegen die meisten Dörfer in den Niederlanden nicht direkt an einem Fluß, sondern in einiger Entfernung hinter einem Deich. Der Respekt, den man dort vor dem Wasser hat, kommt darin schon ein wenig zum Ausdruck. Daneben gibt es noch die sogenannten *Esch-* und *Angerdörfer*. Diese Dörfer sind aus einem landwirtschaftlichen System heraus entstanden, das sich gegen Ende des Mittelalters entwickelte. Bei diesen Dörfern liegen die Höfe beliebig über die Landschaft verstreut, zuweilen um einen Anger herum gruppiert, einen langgestreckten Dorfplatz mit Kirche und Bäumen. Um das Dorf herum liegen die Äcker. Diese Art von Dörfern findet man vor allem in der Mitte und im Osten der Niederlande. Ein herrliches Beispiel ist das Dorf Orvelte in Drenthe. Etwa die Hälfte der dreißig Bauernhöfe dort steht unter Denkmalschutz. In Orvelte glaubt man sich an den Anfang des 19. Jahrhunderts zurückversetzt. Sogar die Straßenbeleuchtung und die Straßen selbst sind vollkommen stilgerecht restauriert worden. Im Gegensatz zu den oben beschriebenen Dorftypen ist das *Haufendorf* nicht um eine

den we in de Beemster, drooggelegd in 1628. In deze polder werden vijf dorpen gesticht, waarvan Middenbeemster het hoofddorp is. Dit typische polderdorp ligt inderdaad op een kruispunt van wegen. Het dorp heeft een fraaie kerk en in de omgeving liggen vele authentieke stolpboerderijen.
Een groot aantal dorpen is langzaam maar zeker uitgegroeid tot een kleine of middelgrote stad. Steden als Purmerend, Haarlem en Amersfoort waren vroeger kleine dorpen die onder druk van de toenemende bevolking uitgroeiden tot steden. De oude dorpskern heeft vaak nog een authentiek karakter. Daarnaast zijn er op enkele plaatsen in Nederland zogenaamde openluchtmusea, zoals het Zuiderzeemuseum in Enkhuizen en de Zaanse Schans, waar oude gerestaureerde panden zijn samengebracht en waar getracht is de sfeer en ambiance van het dorp van weleer te creëren.

tic 'cheese-cover' farmhouses (a typical dome-shaped gable).
A large number of villages have gradually grown into small or middle sized cities. Towns such as Purmerend, Haarlem and Amersfoort were small villages in former days that have grown into cities under the pressure of an increasing population. In many cases the old village centres have maintained their authentic character. In some places in the Netherlands there are so-called outdoor museums, such as the Zuyder Zee Museum in Enkhuizen and the 'Zaanse Schans' where antique, restored buiildings have been collected and where an attempt has been made to recreate the atmosphere and ambience of a village of olden days has been made.

Kirche oder um einen Platz herum errichtet worden, sondern es besteht aus einer langgestreckten Bebauung, meist an einer Straße oder an einem Kanal entlang. Ein gutes Beispiel dafür ist das westfriesische Twisk. Ein häufig zu findender Dorftyp ist das *Polderdorf*. Diese Dörfer weisen wieder einen völlig anderen Charakter auf. Im 17. Jahrhundert gab es die ersten großen Eindeichungsmaßnahmen, und die Dörfer, die in diesen Gebieten entstanden, wurden meist an Wegkreuzungen errichtet. Ein gutes Beispiel finden wir auf De Beemster, trokkengelegt im Jahre 1628. Auf diesem Polder wurden fünf Dörfer gegründet, unter denen Middenbeemster das Hauptdorf ist. Das typische Polderdorf liegt tatsächlich an der Kreuzung zweier Wege. Das Dorf weist eine hübsche Kirche auf, und in der Umgebung befinden sich zahlreiche ursprüngliche Bauernhöfe und Gärtnereien.
Zahlreiche Dörfer haben sich langsam aber sicher zu kleinen oder mittelgroßen Städten entwickelt. Städte wie Purmerend, Haarlem und Amersfoort waren ehemals kleine Dörfer, die unter dem Druck der wachsenden Bevölkerung zu Städten wurden. Der alte Dorfkern hat oftmals noch den ursprünglichen Charakter. Daneben gibt es an mehreren Orten in den Niederlanden sogenannte Freiluftmuseen, etwa das Zuiderzeemuseum in Enkhuizen und die Zaanse Schans, wo man alte, restaurierte Gebäude wieder aufgebaut hat und bemüht ist, den ursprünglichen Charakter und die Atmosphäre des Dorfes wieder aufleben zu lassen.

pag. 93 *De hervormde kerk uit 1708 gebouwd op een terp in Westhem in de provincie Friesland. Aan de hand van opgravingen is gebleken dat de bewoners van deze provincie vanaf 500 v.C. werden gedwongen door stijging van de zeespiegel vluchtheuvels – terpen genaamd – op te werpen. Aan-*

page 93 *The protestant church from 1708, built on a terp in Westhem in the province of Friesland. Excavations have shown that the inhabitants of this province were forced, by the rising level of the sea, to raise refuge mounds – called terps – already from 500 B.C. The Frisians are assumed to*

Seite 93 *Die Reformierte Kirche aus dem Jahre 1708, errichtet auf einer Warft in Westheim in der Provinz Friesland. Durch Ausgrabungen hat man herausgefunden, daß die Bewohner dieser Provinz ab 500 v. Chr. durch Ansteigen des Meeresspiegels gezwungen waren, Fluchthügel – Warf-*

genomen wordt dat de Friezen afstammelingen zijn van deze vroegere terpbewoners. In verband met de vruchtbaarheid van de terpaarde zijn aan het eind van de vorige en het begin van deze eeuw vele terpen afgegraven voor gebruik in de landbouw.

pag. 94 *Romaans kerkje uit de 12e eeuw te Hyum in Friesland.*

pag. 95 *Monumentaal en rijk versierd orgel in de St. Bavokerk te Haarlem. Het beroemde orgel is gebouwd door Chr. Müller in 1738 en jaarlijks wordt er een orgelconcours georganiseerd dat internationale faam heeft verworven en waaraan organisten uit de hele wereld meedoen. Op tienjarige leeftijd heeft ook Mozart het toetsenbord van dit orgel bespeeld.*

pag. 96 en 97
Nadat in de Lage Landen de kunst van het vervaardigen van baksteen verloren was gegaan na de Romeinse Tijd, maakte men zich deze techniek in de 12e eeuw weer eigen. Baksteenarchitectuur wordt vooral daar aangetroffen waar weinig natuursteen voorkomt. In Nederland staan de meeste baksteenfabrieken langs de grote rivieren; de grondstof (rivierklei) ligt bij wijze van spreken voor de deur.

pag. 98 *In de 17e eeuw lieten de rijke Amsterdamse kooplieden fraaie herenhuizen en boerenhofsteden bouwen in onder andere Middenbeemster, nadat de drie meter diepe Beem-*

be the descendants of these former terp-inhabitants. Because the soil of the terps is very fertile many of them were leveled for agricultural use at the end of the past and the beginning of this century.

page 94 *12th-century Romanesque church in Hyam in Friesland.*

page 95 *Monumental, richly decorated, organ of the St. Bavochurch in Haarlem. The famous organ was built by Chr. Müller, in 1738, and each year an organ contest is organized that has acquired international fame and in which organ players from all over the world are participating. At the age of ten also Mozart played the manual of this organ.*

page 96 and 97
When after the Roman Era the art of making brick had vanished in the Low Countries, this technique was mastered again in the 12th century. Brick architecture is especially found in those places where little natural stone is available. In the Netherlands most brickworks are located along the major rivers; there you can scoop up the raw material in your backyard, so to speak.

page 98 *In the 17th century the wealthy Amsterdam merchants had fine mansions and manors built in e.g. the 'Middenbeemster', after the three metre deep Beemster had been*

ten genannt – aufzuwerfen. Es wird angenommen, daß die Friesen Nachfahren dieser früheren Warftbewohner sind. Im Zusammenhang mit der Fruchtbarkeit der Warfterde sind gegen Ende des vorigen und zu Beginn unseres Jahrhunderts zahlreiche Warften abgetragen worden, weil man die Erde in der Landwirtschaft verwenden konnte.

Seite 94 *Romanische Kirche aus dem 12. Jahrhundert in Hyum, Friesland.*

Seite 95 *Monumentale und reich verzierte Orgel in der St. Bavokirche in Haarlem. Die berühmte Orgel wurde 1738 von Chr. Müller geschaffen, und alljährlich findet ein Orgelwettbewerb statt, der inzwischen internationalen Ruf genießt und an dem sich Organisten aus aller Welt beteiligen.*
Als Zehnjähriger hat auch Mozart an dieser Orgel gespielt.

Seite 96 und 97
Nachdem die römische Kunst der Backsteinherstellung in den Niederlanden in Vergessenheit geriet, machte man sich diese Technik im 12. Jahrhundert wieder zueigen. Backsteinarchitektur findet man vor allem dort, wo es kaum Naturstein gibt. In den Niederlanden gibt es die meisten Backsteinhersteller an den großen Flüssen; der Rohstoff liegt sozusagen gleich vor der Haustür.

Seite 98 *Im 17. Jahrhundert ließen die wohlhabenden Amsterdamer Kaufleute herrliche Herrenhäuser und Bauerndörfer unter anderem in Middenbeemster anlegen, nachdem die*

ster was drooggelegd met 26 molens door molenmaker en ingenieur Jan Adriaenszoon Leeghwater.

pag. 99 Elke dinsdagochtend is er veemarkt in het centrum van Purmerend.
Goede melkkoeien moeten gemiddeld tussen de twee- en drieduizen gulden opbrengen met uitschieters naar zesduizend gulden of meer voor een koe van heel goede huize.

pag. 100 Het vroegere eiland Marken is sinds 1959 door een dijk van 1960 meter verbonden met het vasteland. Doordat de voormalige eilandbewoners eeuwenlang een zeer geïsoleerd bestaan hebben geleid, is er veel bewaard gebleven van de karakteristieke houten huizenbouw en hun bijzondere klederdracht.

pag. 101 Het dorpje Twisk in Noord-Holland.

pag. 102 Limburg is de meest katholieke provincie in Nederland. Kruisbeelden vindt men er dan ook in overvloed, geplaatst op kruispunten van wegen en tegen gevels.

pag. 103 Katwijk aan Zee in Zuid-Holland.

pag. 104 en 105
Knotwilgen zijn zeer karakteristiek voor het Hollandse landschap. De bijzondere vorm is het resultaat van het jaarlijks knotten van schietwilgen waardoor jonge takken op een gezwollen kop

reclaimed, with 26 mills, by mill builder and engineer Jan Adriaenszoon Leeghwater.

page 99 Every Tuesday morning there is a cattle market in the centre of Purmerend. Good milch cows must yield on an average between two and three thousand guilders, with peaks of 6 thousand guilders or more for a cow of very good birth.

page 100 Since 1959 the former island of Marken has been connected with the mainland by a 1960-metre-long dike. Because the islanders have led very isolated lives for many centuries much has been preserved of the characteristics wooden houses and the special local costumes.

page 101 The village of Twisk in Noord-Holland.

page 102 Limburg is the provence with most Roman Catholics in the Netherlands. So there is an abundance of crucifixes at crossroads and against façades.

page 103 'Katwijk aan Zee' in Zuid-Holland.

page 104 and 105
Pollard willows are very characteristic of the Dutch landscape. The special shape is the result of the annual polling of white willows, creating young branches on a swollen pollard. In the past

drei Meter tiefe Beemster mit Hilfe von 26 Mühlen vom Mühlenkonstrukteur und Ingenieur Jan Adriaenszoon Leeghwater trockengelegt worden war.

Seite 99 Jeden Dienstagabend findet im Zentrum von Purmerend ein Viehmarkt statt. Gute Milchkühe müssen im Durchschnitt zwischen zwei- und dreitausend Gulden einbringen, wobei es auch Ausnahmen gibt, wenn etwa sechstausend Gulden oder noch mehr für eine Kuh aus sehr gutem Hause gezahlt werden.

Seite 100 Die frühere Insel Marken ist seit 1959 durch einen Deich mit einer Länge von 1960 Metern mit dem Festland verbunden. Weil die ehemaligen Inselbewohner jahrhundertelang ein sehr abgeschiedenes Dasein führten, hat sich dort noch vieles aus der alten Zeit erhalten, etwa die typischen Holzhäuser und die besonderen Trachten.

Seite 101 Das kleine Dorf Twisk in Nordholland.

Seite 102 Limburg ist die katholischste Provinz der Niederlande. Kreuzigungsdarstellungen findet man daher auch im Überfluß, meist errichtet an Kreuzungen von Wegen und vor Giebeln.

Seite 103 Katwijk aan Zee in Südholland.

Seite 104 und 105
Kopfweiden sind typisch für die niederländische Landschaft. Die besondere Form ist das Ergebnis des jährlichen Schneidens der Weidentriebe, wodurch die neuen Zweige auf einer Verdickung wach-

ontstaan. Deze takken werden in het verleden gebruikt als bindmateriaal en voor afrasteringen, maar nu dat niet meer nodig is worden de wilgen nog jaarlijks geknot, mede met hulp van vrijwilligers, om de specifieke vorm niet verloren te laten gaan.

pag. 106 en 107 Nederlanders zijn verwoede fietsers en de fiets is dan ook niet weg te denken uit het straatbeeld en het landschap. Met circa 9 miljoen fietsen op de 14.5 miljoen inwoners heeft Nederland de grootste fietsdichtheid ter wereld.

pag. 108 en 109 Silhouet van het uit de 14e eeuw daterende havenstadje Veere in de provincie Zeeland. Uit het rijke verleden vindt men nog de Schotse huizen die herinneren aan de wolhandel met Schotland in de 16e en 17e eeuw.

pag. 110 Zierikzee in Zeeland had al in 1236 stadsrechten verkregen en de Zeeuwse handel had zich uitgebreid tot het Oostzeegebied, Groot-Brittannië en het Westelijke Middellandse-Zeegebied. De 14e-eeuwse Zuidhavenpoort is een van de drie nog resterende poorten van de vestingwerken.

pag. 111 De 16e-eeuwse havenpoort de 'Dromedaris' te Enkhuizen in Noord-Holland.

pag. 112 Het historische karakter van het stadje Goederede op het Zuidhollandse eiland Goe-

these branches were used as tying material and for fences, but now they are no longer used the willows are still polled each year, partly with the assistance of volunteers in order to preserve the specific shape.

page 106 and 107 The Dutch are enthusiastic cyclists and one cannot imagine the street scene and the landscape without bicycles. With about 9 million bicycles on 14.5 million inhabitants the Netherlands has the largest bicycle-density in the world.

page 108 and 109 Skyline of Veere port in the province of Zeeland, dating back to the 14th century. From the rich past the Scottish houses are reminders of the wool trade with Scotland in the 16th and 17th centuries.

page 110 Zierikzee in Zeeland had already been granted a town charter in 1236 and the Zeeland trade had expanded to the Baltic region, Great Britain and the Western area of the Mediterranean. The 14th century 'Zuidhaven'-gate is one of the three remaining gates in the ramparts.

page 111 The 16th century harbour-gate, the 'Dromedaris' in Enkhuizen in Noord-Holland.

page 112 The historical character of the town of Goedereede on the Zuid-Holland island of

sen. Diese Zweige wurden in früheren Zeiten als Verbindungsmaterial und für Matten gebraucht, doch obwohl das heute nicht mehr nötig ist, werden die Weiden dennoch jährlich geschnitten, und zwar unter anderem von Freiwilligen, um die besondere Form dieser Bäume zu erhalten.

Seite 106 und 107 Niederländer sind begeisterte Radfahrer, und das Fahrrad ist daher aus dem Straßenbild und der Landschaft nicht mehr wegzudenken. Mit ca. 9 Millionen Fahrrädern bei 14,5 Millionen Niederländern weist dieses Land die höchste Fahrraddichte der Welt auf.

Seite 108 und 109 Silhouette der im 14. Jahrhundert gegründeten Hafenstadt Veere in der Provinz Seeland. Die ruhmreiche Vergangenheit ist immer noch in den Schottenhäusern präsent, welche an den Wollhandel mit Schottland im 16. und 17. Jahrhundert erinnern.

Seite 110 Zierikzee in Seeland erhielt bereits 1236 die Stadtrechte, und der seeländische Handel hatte sich bis in den Ostseeraum, nach Großbritannien und das westliche Mittelmeergebiet ausgedehnt. Das Zuidhavenpoort aus dem 14. Jahrhundert ist eines der drei noch erhaltenen Tore der Festungsanlage.

Seite 111 Das Hafentor "Drommedaris" aus dem 16. Jahrhundert in Enkhuizen in Nordholland.

Seite 112 Der historische Charakter des Städtchens Goederede auf der südholländischen

ree-Overflakkee is goed bewaard gebleven. Van de kerk rest slechts de imposante toren die gebouwd is tussen 1466 en 1512. De toren heeft ook de funktie vervuld van lichtbaken. Tijdens de watersnoodramp in februari 1953 kwam het eiland geheel onder water te staan.

pag. 114 *Deventer is waarschijnlijk gesticht in de 8e eeuw onder het bestuur van de Frankische keizer Karel de Grote. De stad is een bisschopsresidentie geweest in de 10e eeuw en was gedurende de middeleeuwen een belangrijk centrum voor het geestelijk leven. De van oorsprong 11e-eeuwse basiliek is in de 15e eeuw verbouwd tot een gotische hallenkerk.*

pag. 115 *De omtrek van de oude stadskern van Amersfoort, gevormd door de Singel en de Muurhuizen, is zeldzaam ongeschonden gebleven. In de middeleeuwen had de stad een dubbele versterkingsgordel. Door demping, in de 15e eeuw, van de gracht tussen de beide stadsmuren ontstond een ruimte om woon- en pakhuizen tegen de buitenmuur te bouwen: de 'Muurhuizen' genaamd.*

pag. 116 *Rijke zandstenen Lodewijk XVI-gevels van 18e-eeuwse koopmanshuizen in Enkhuizen, Noord-Holland.*

Goeree-Overflakkee has been well preserved. Of the church remains only the impressive tower, built between 1466 and 1512. The tower has also served as beacon light.
During the February 1953 flood the island was completely inundated.

page 114 *Deventer was probably founded in the 8th century under the rule of the Frankish emperor Charlemagne. In the 10th century the town was an episcopal see and during the Middle Ages a leading centre of religious life. The originally 11th century basilica was converted in the 15th century to a Gothic hall church.*

page 115 *The outline of the old Amersfoort town centre, defined by the 'Singel' and the 'Muurhuizen' (Wall-houses) is remarkably well preserved. In the Middle Ages the town had a double fortification belt. When in the 15th century the moat between the two ramparts was filled in, space was created to build houses and warehouses against the outer wall. They were called 'Wall-houses'.*

page 116 *Rich sandstone Louis XVI façades of 18th century merchant's mansions in Enkhuizen, Noord-Holland.*

Insel Goeree-Overflakkee ist gut erhalten geblieben. Von der Kirche ist nur noch der imposante Turm zu sehen, der zwischen 1466 und 1512 erbaut wurde. Der Turm diente zugleich auch als Leuchtturm. Bei der Hochwasserkatastrophe im Februar 1953 verschwand die Insel vollständig im Wasser.

Seite 114 *Deventer wurde wahrscheinlich im 8. Jahrhundert unter der Herrschaft des Frankenkaisers Karls des Großen gegründet. Die Stadt ist im 10. Jahrhundert Bischofsitz gewesen und war im Mittelalter ein wichtiges Zentrum des geistlichen Lebens. Die aus dem 11. Jahrhundert stammende Basilika wurde im 15. Jahrhundert zu einer gotischen Hallenkirche umgebaut.*

Seite 115 *Die Umrisse des alten Stadtkerns von Amersfoort, gebildet durch Singel und die Muurhuizen, sind unverändert geblieben, was sehr selten zu finden ist. Im Mittelalter hatte die Stadt einen doppelten Befestigungsgürtel. Durch Zuschütten der Gracht auf dem Stück zwischen diesen beiden Stadtmauern im 15. Jahrhundert entstand Platz für Wohn- und Lagerhäuser, die an die Außenmauer gebaut waren: Man nannte sie daher "Muurhuizen" (Mauerhäuser).*

Seite 116 *Üppig verzierte sandsteinerne Giebel im Stile Ludwig XVI. an den Kaufmannshäusern aus dem 18. Jahrhundert in Enkhuizen, Nordholland.*

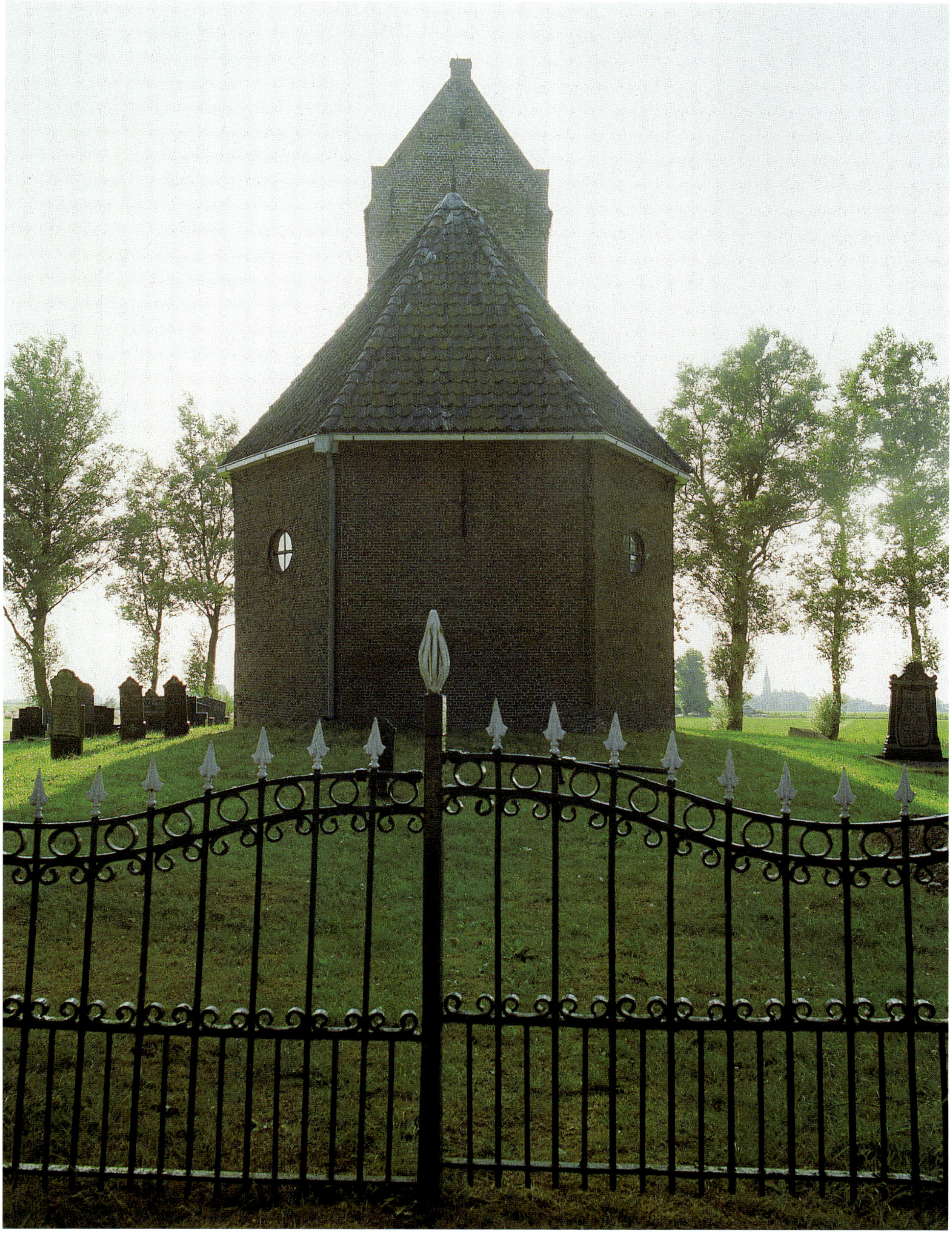

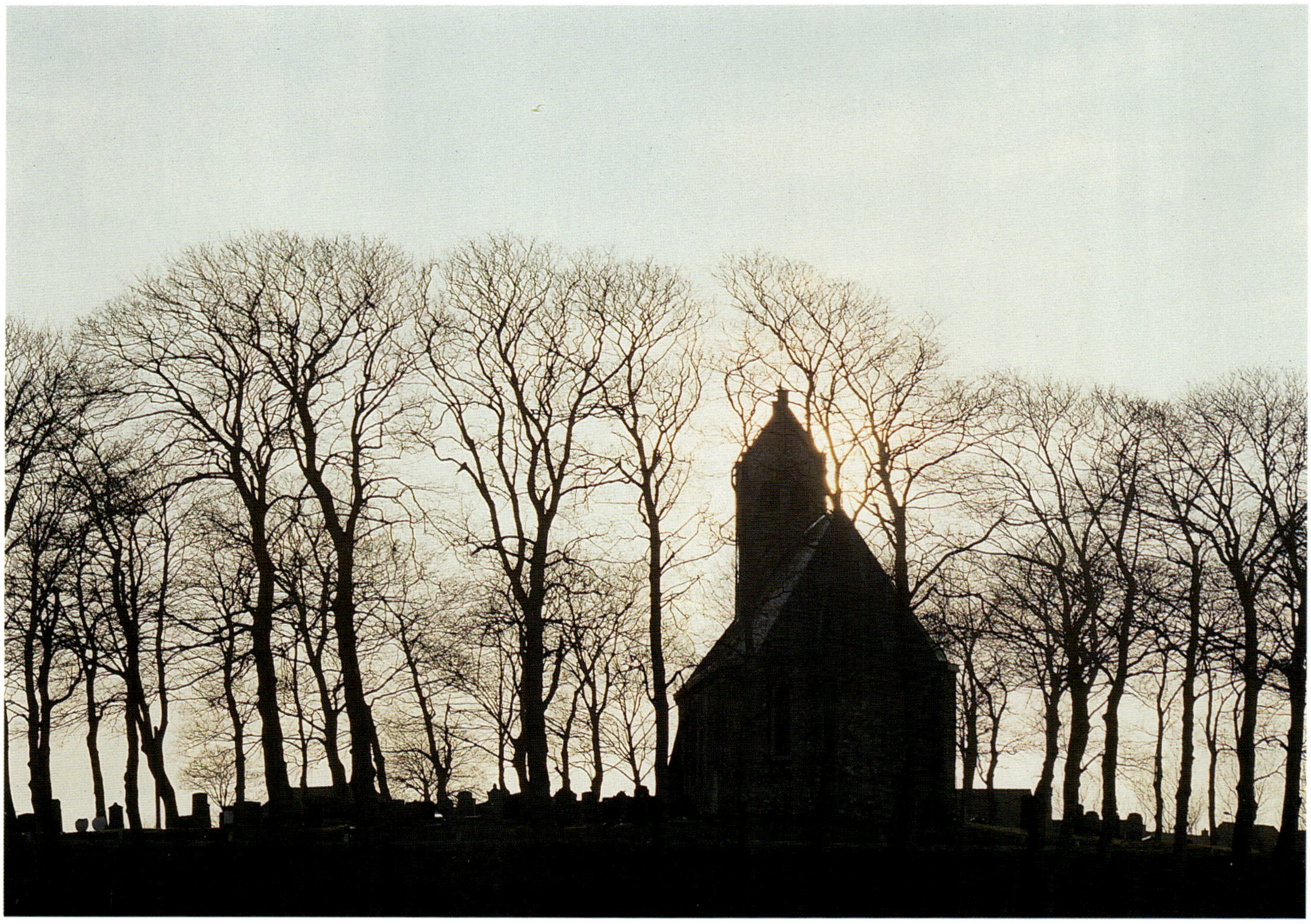

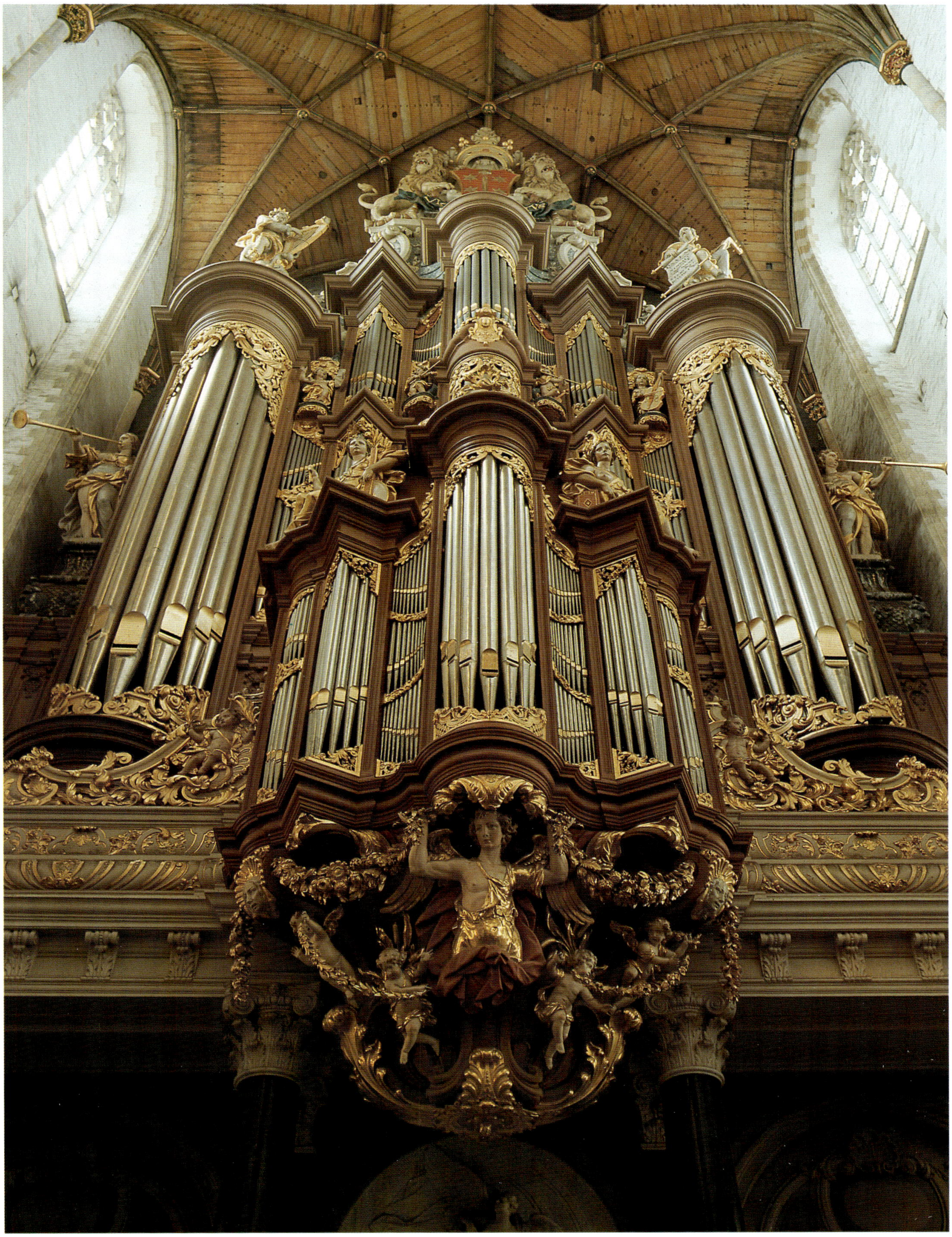

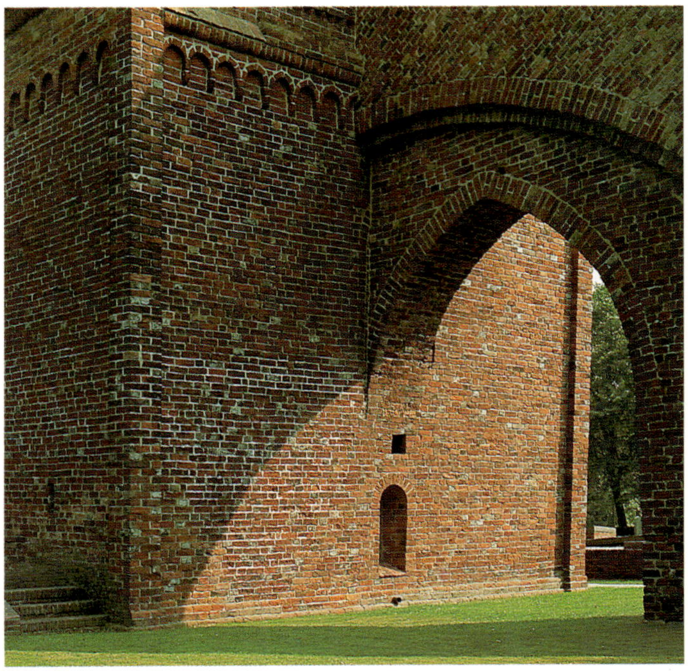

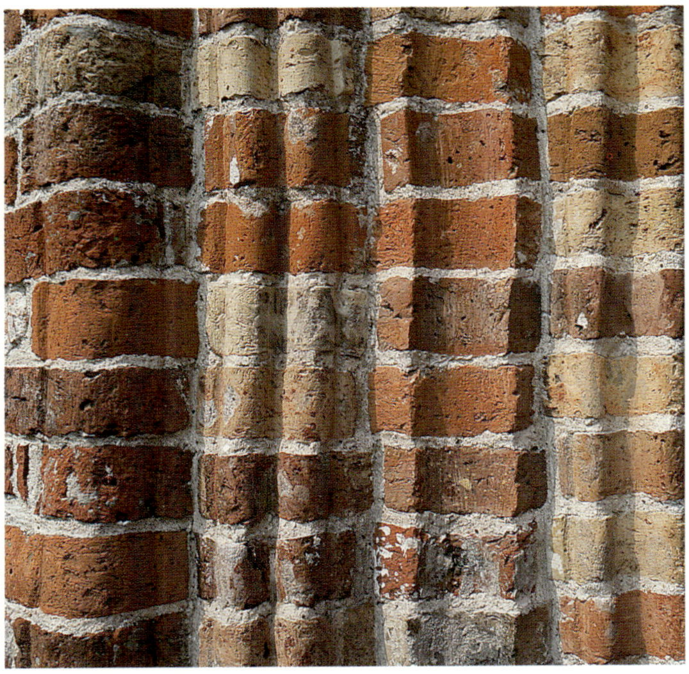

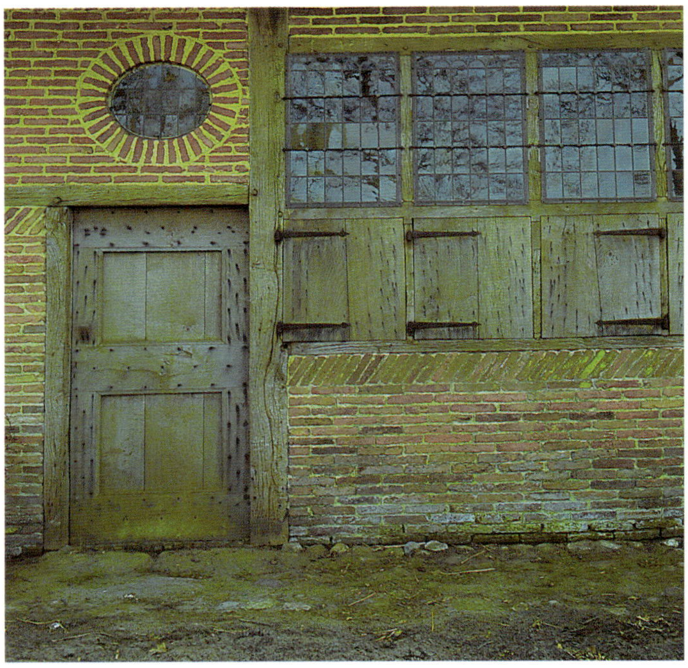

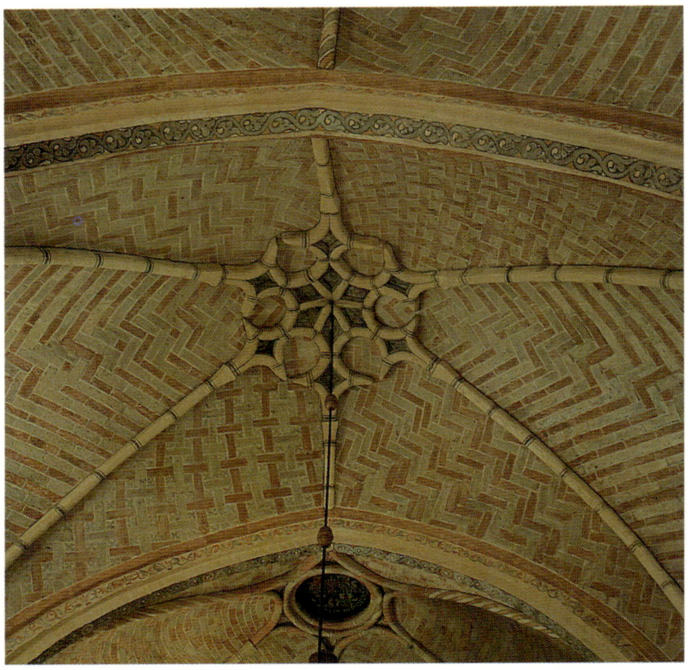

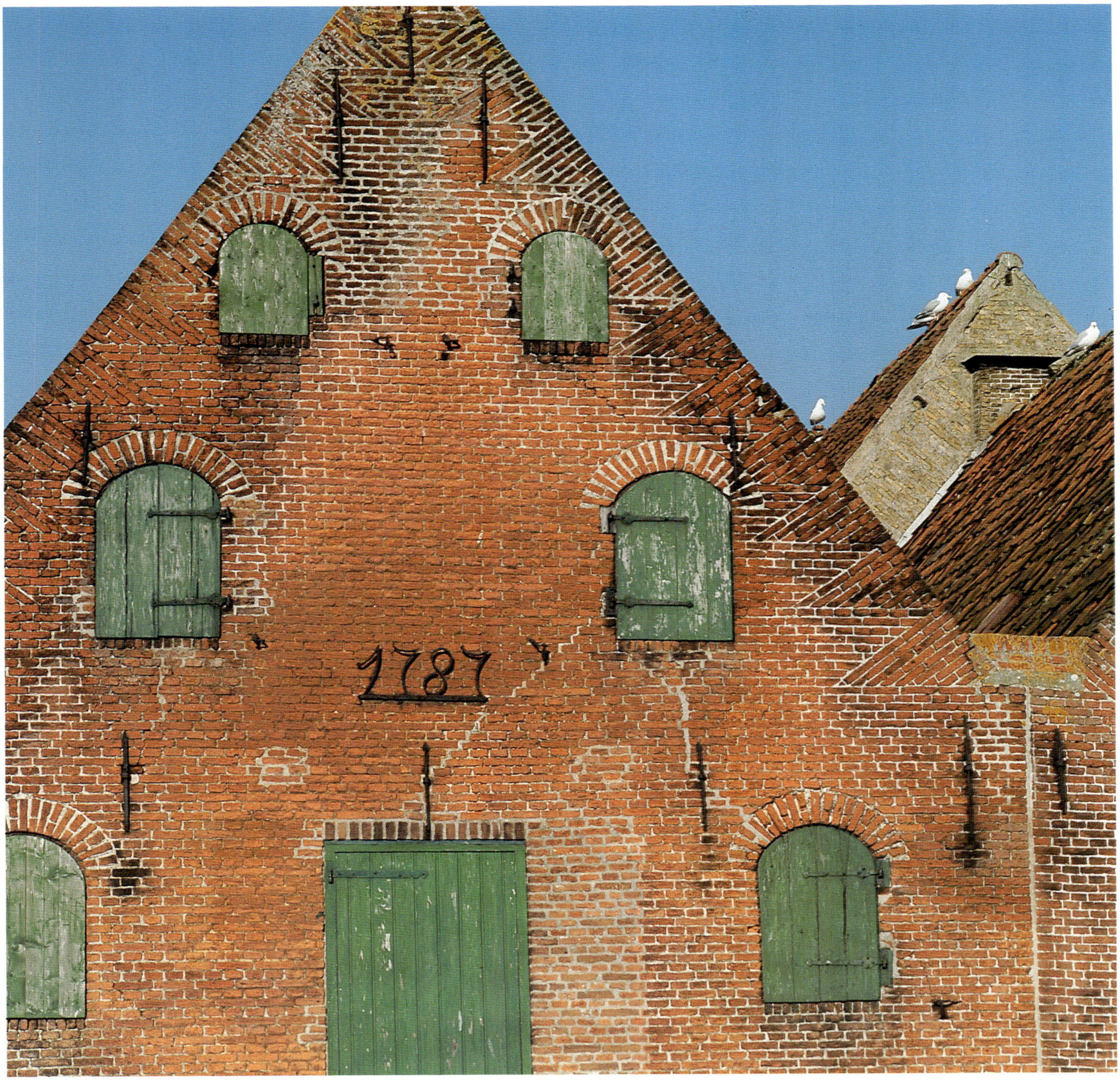
1787

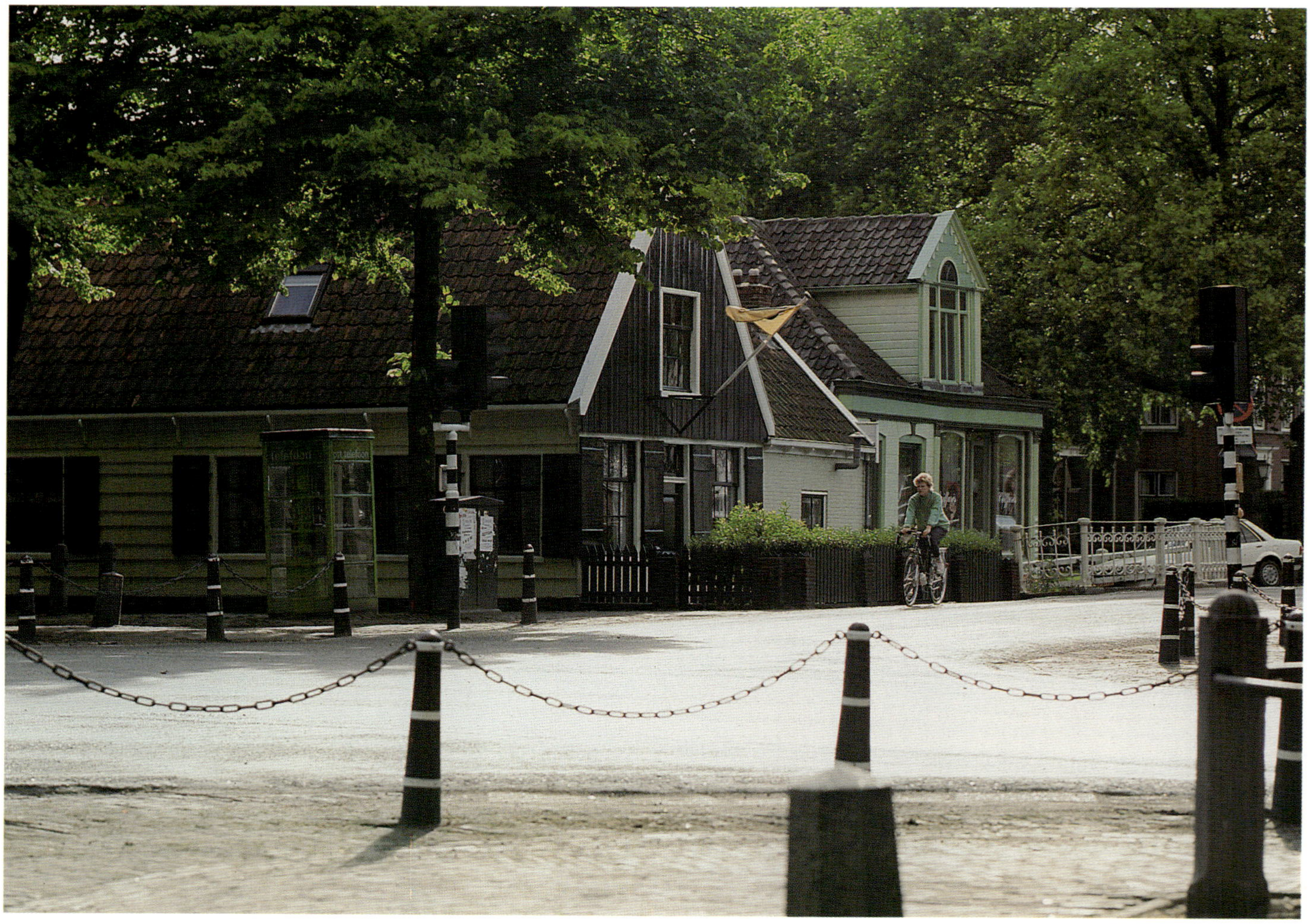

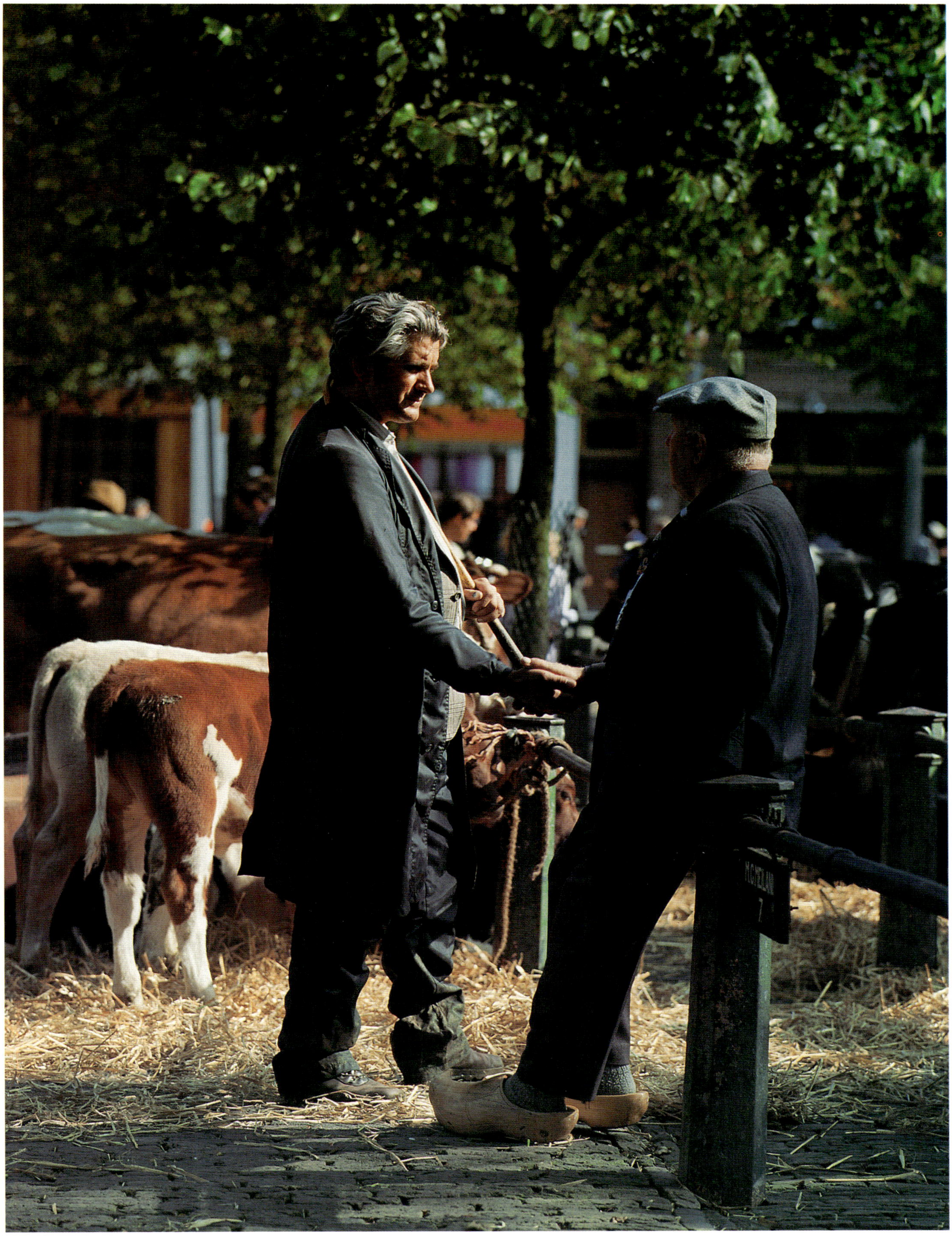

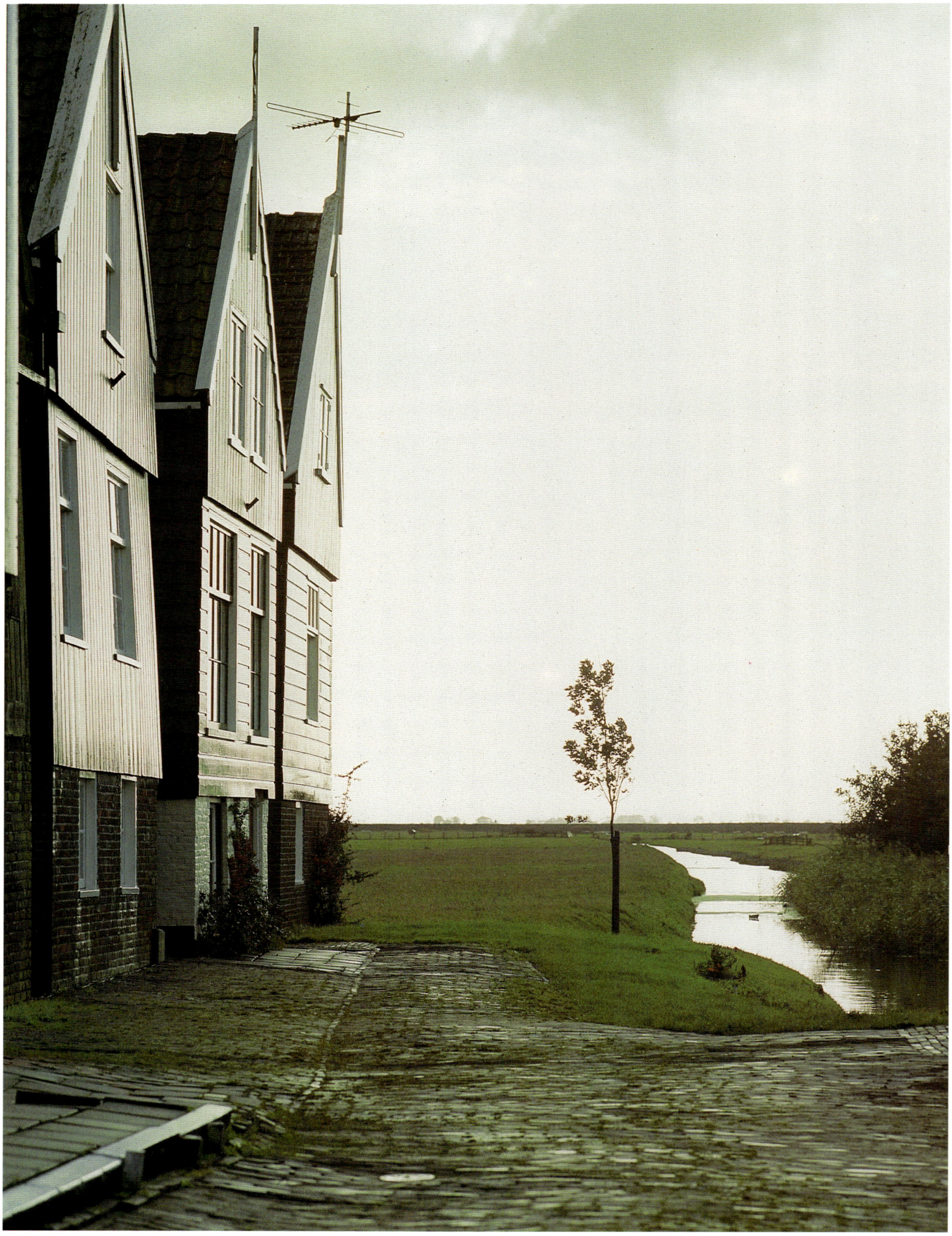

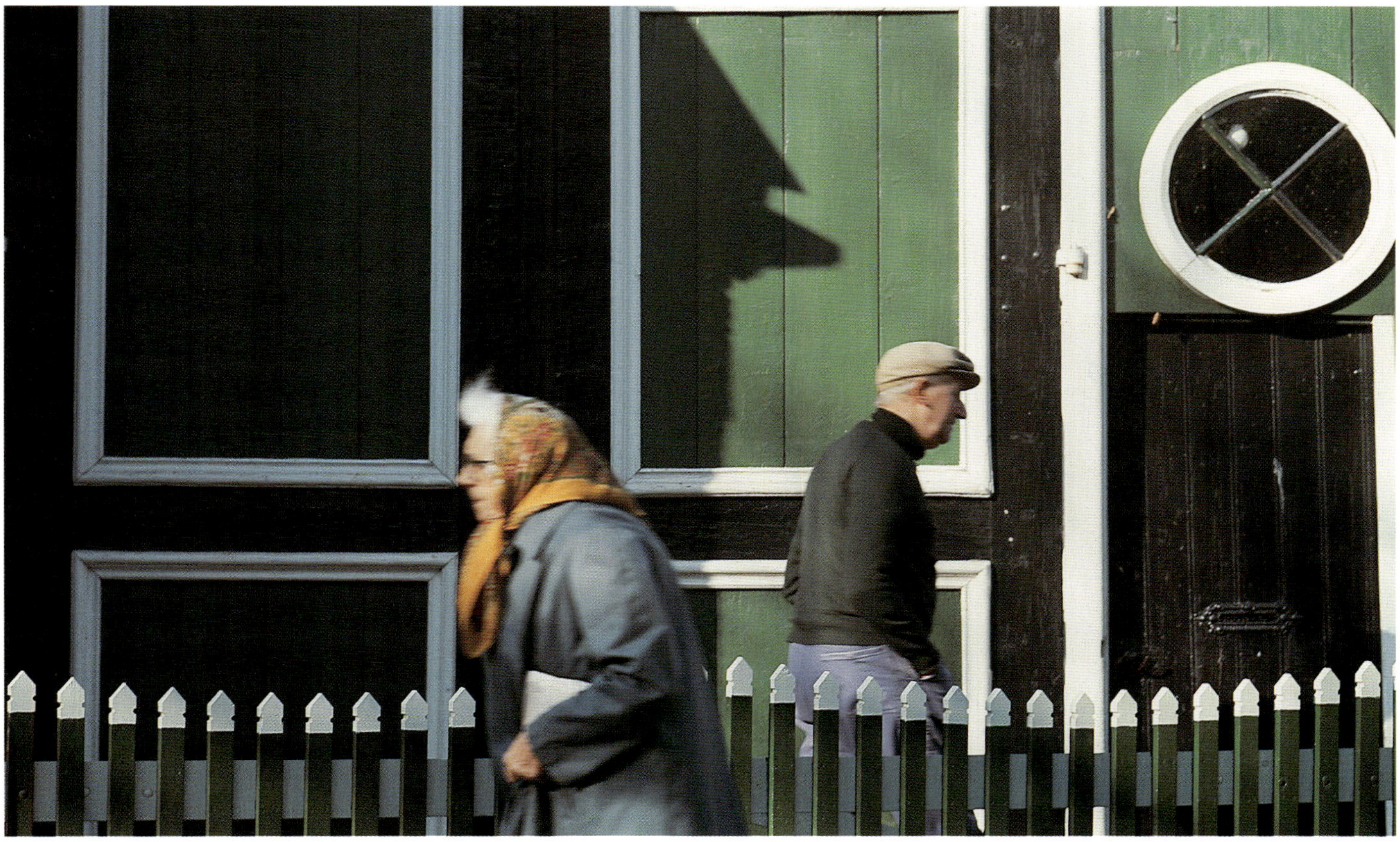

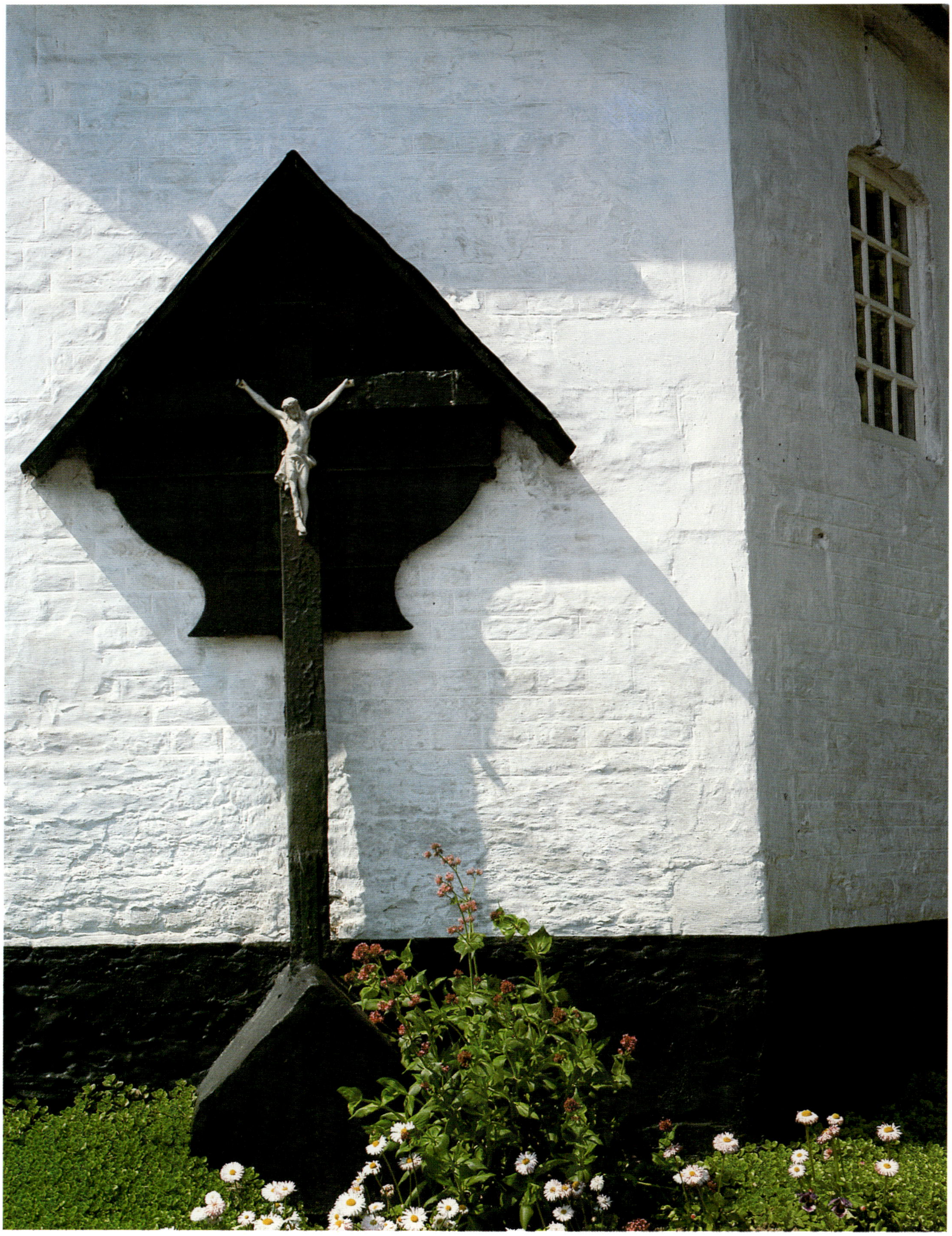

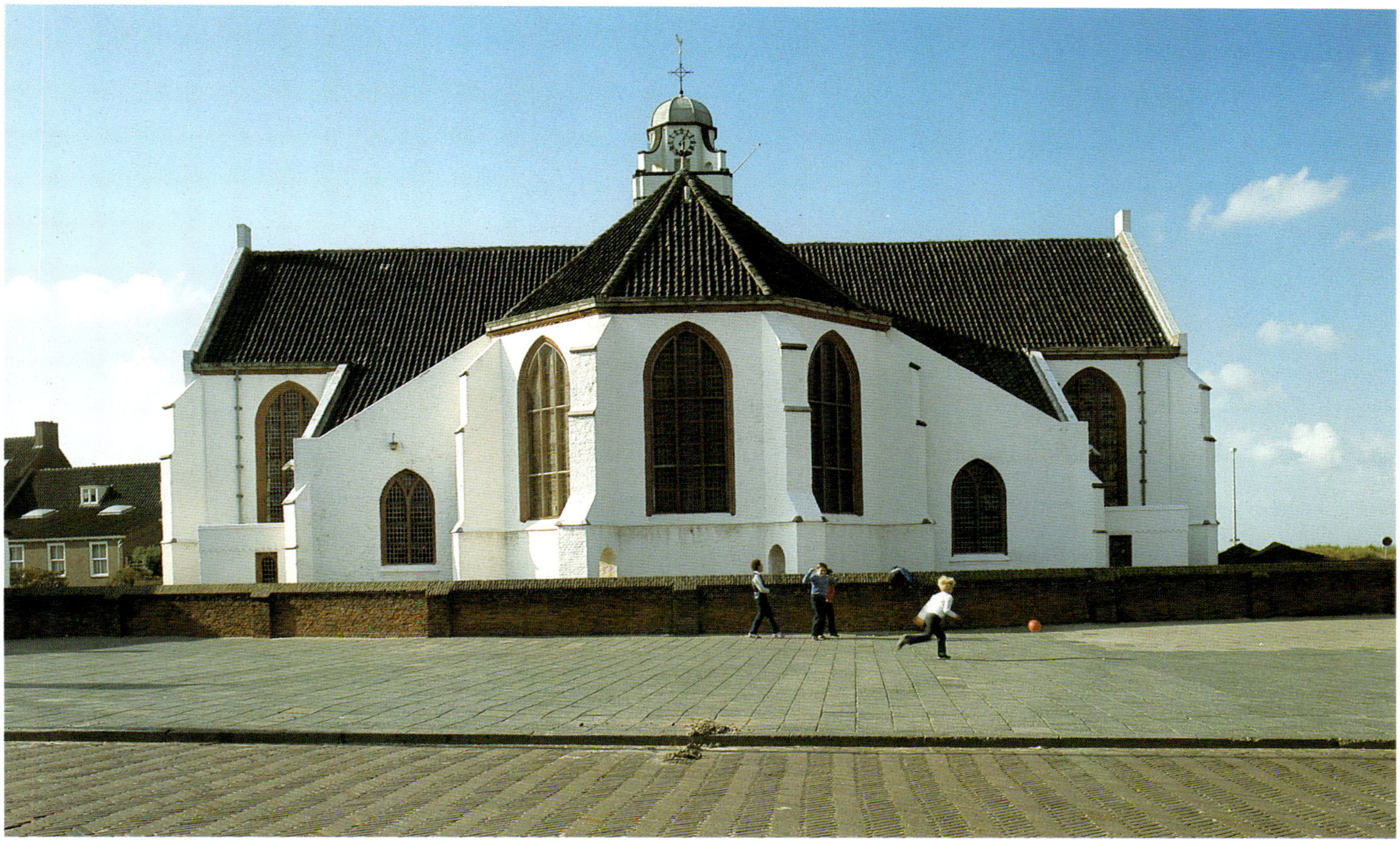

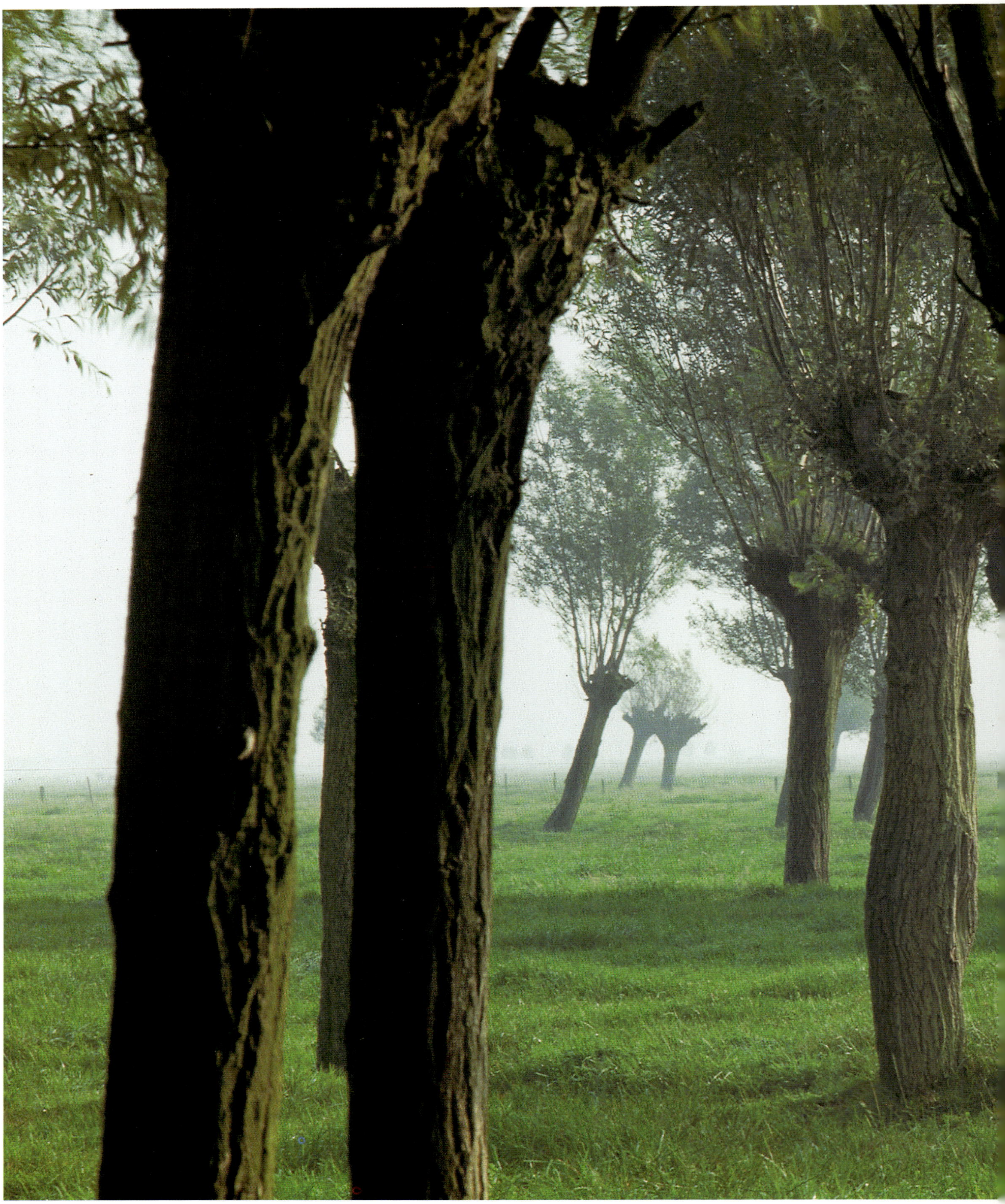

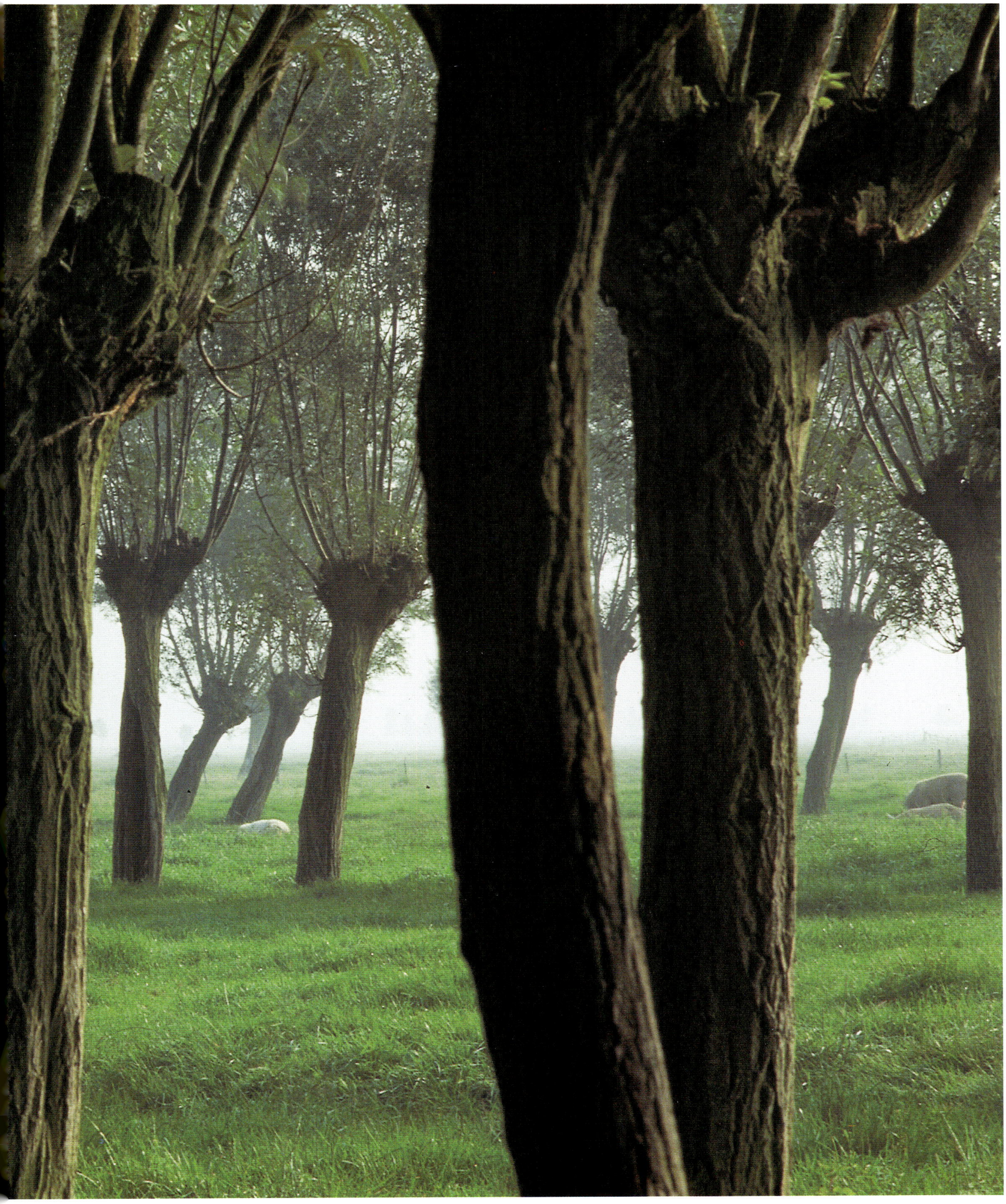

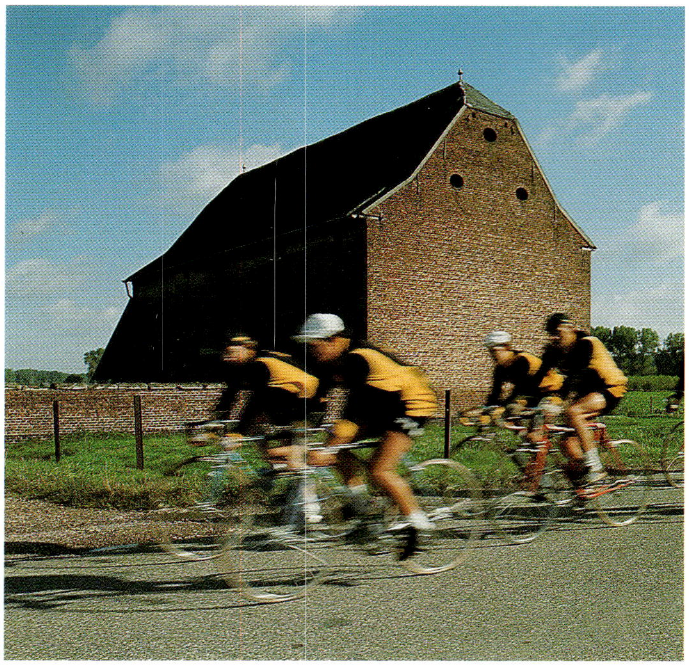
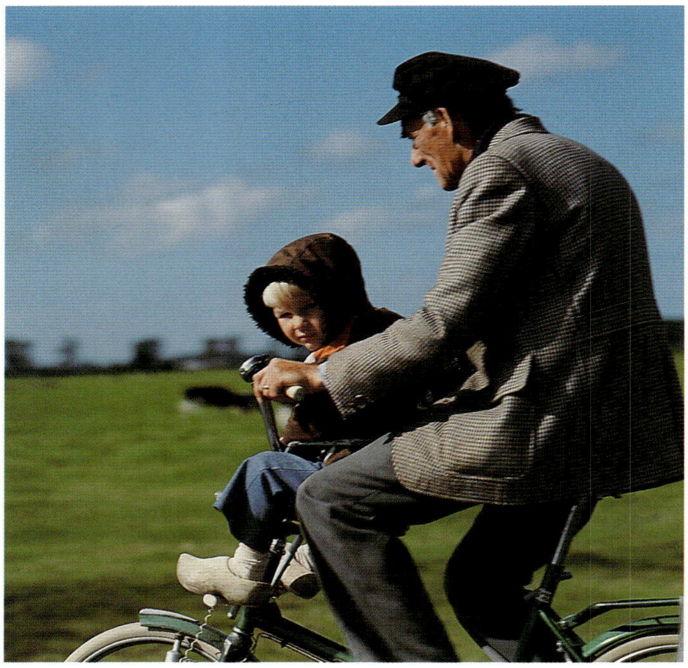
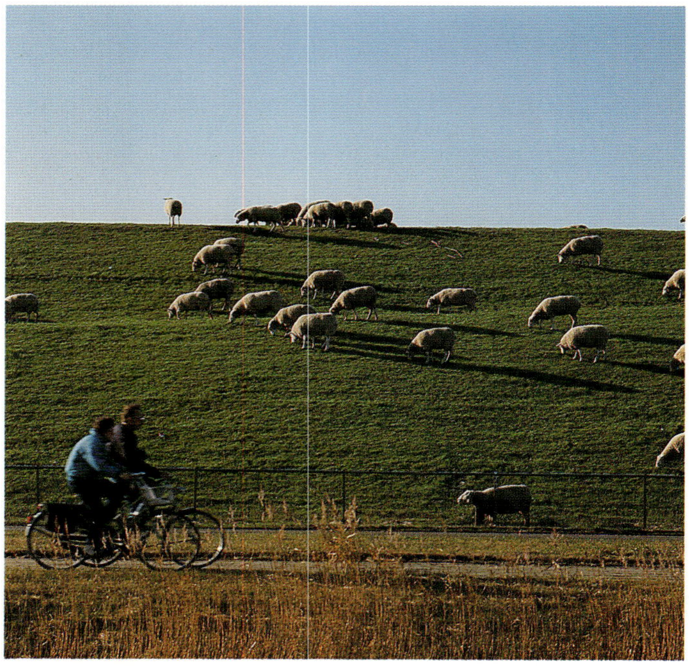
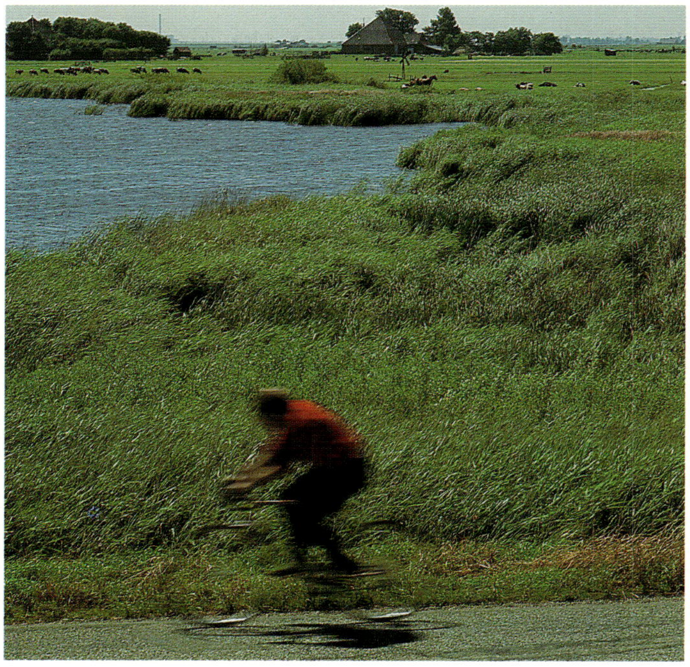

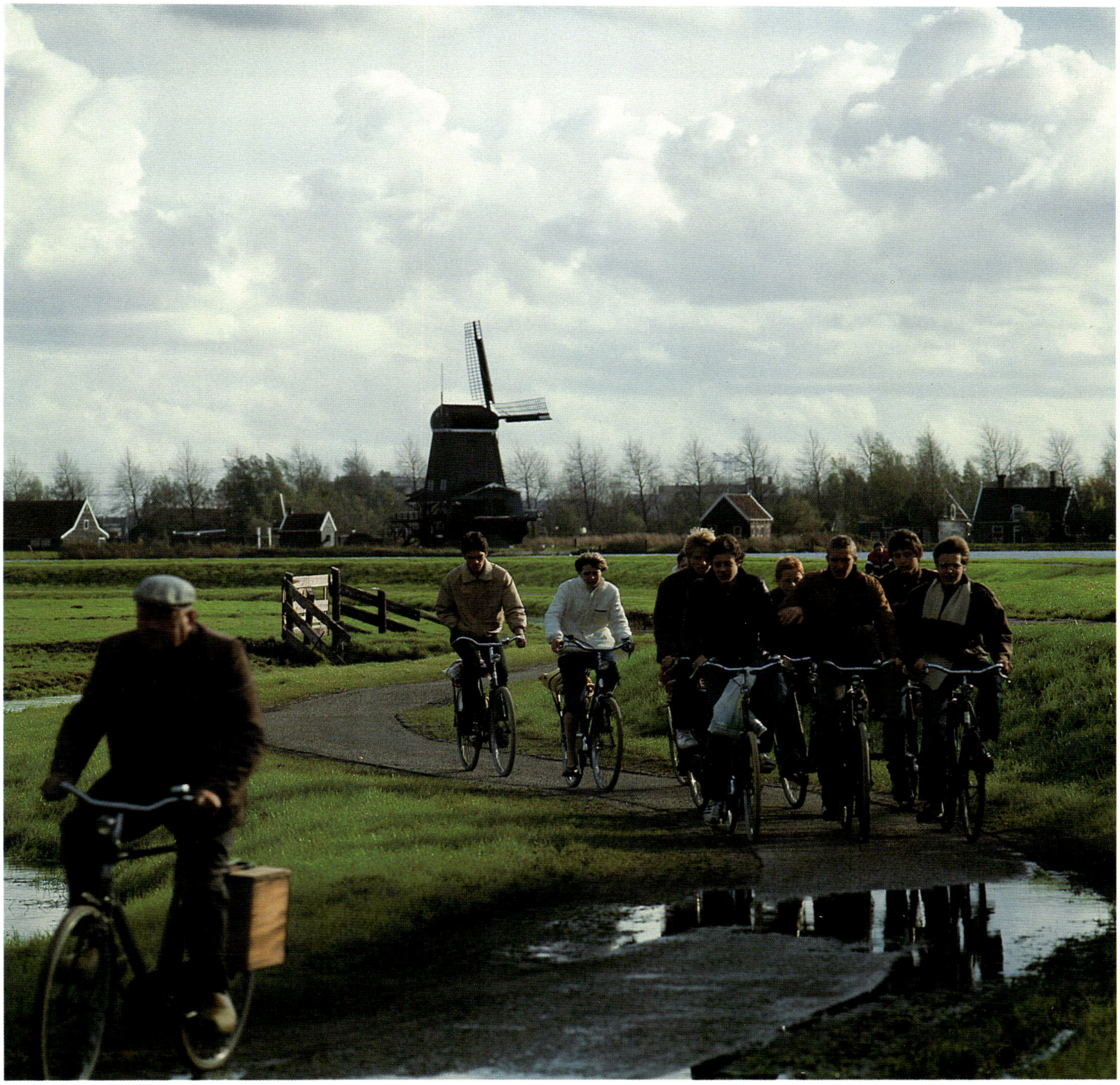

109

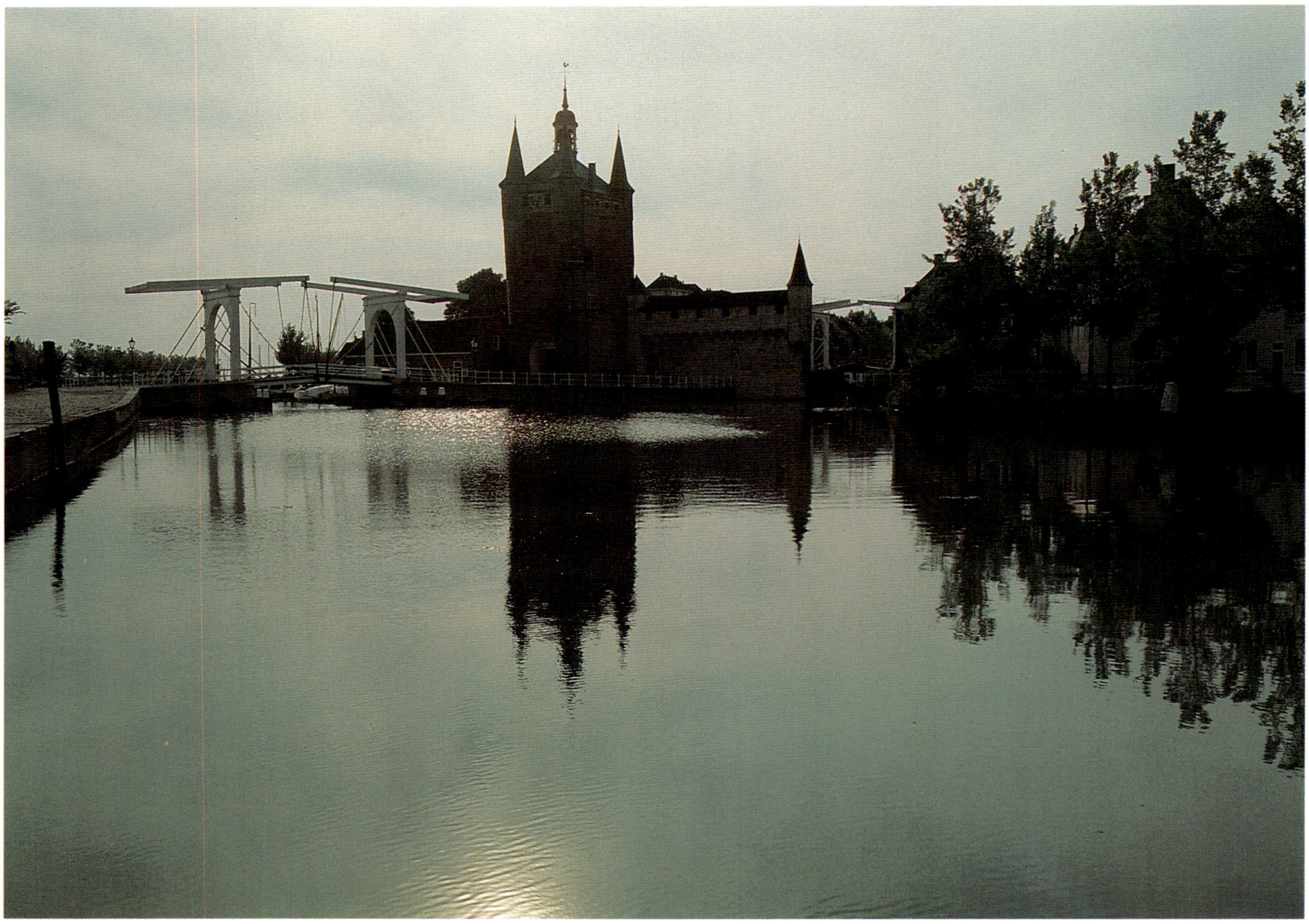

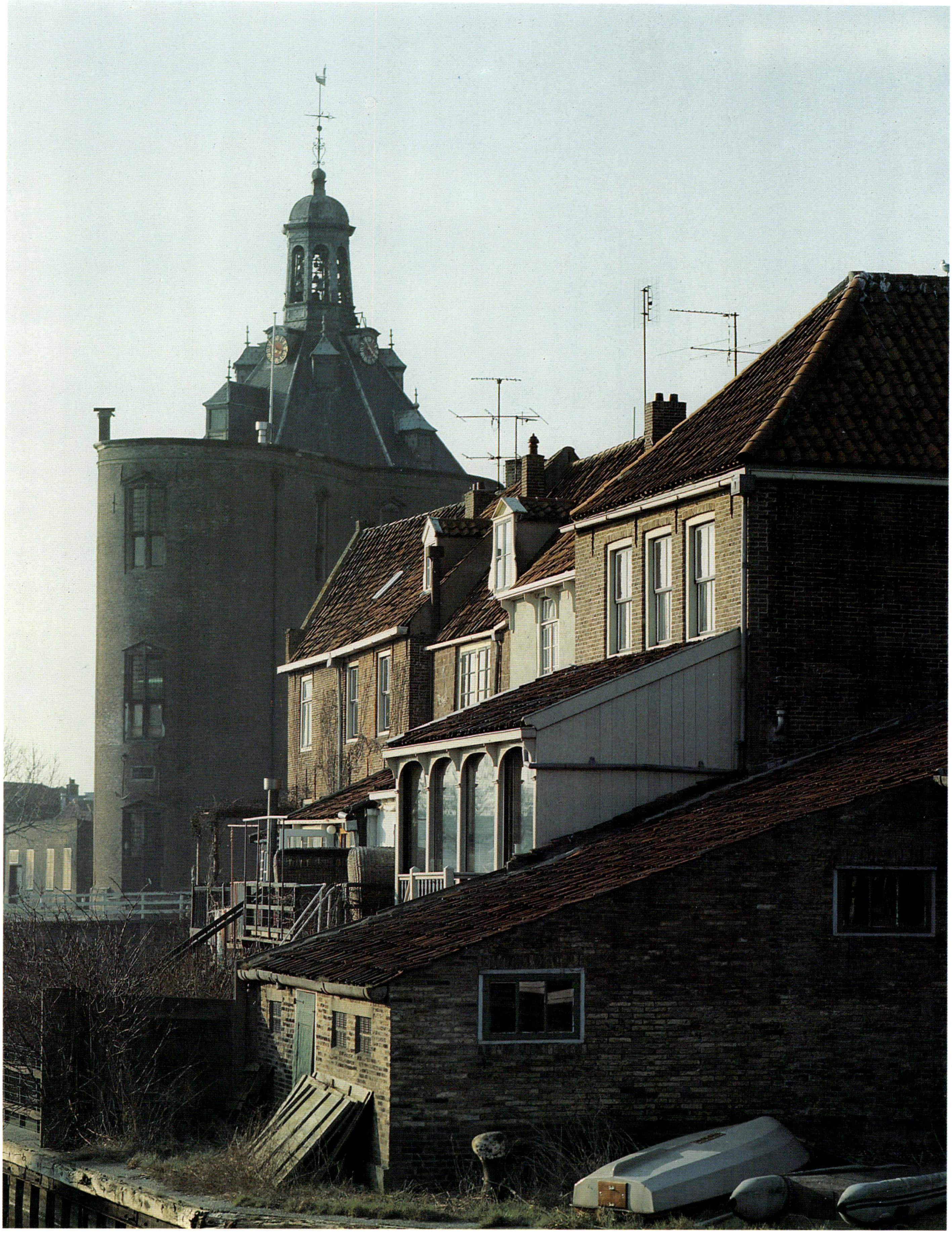

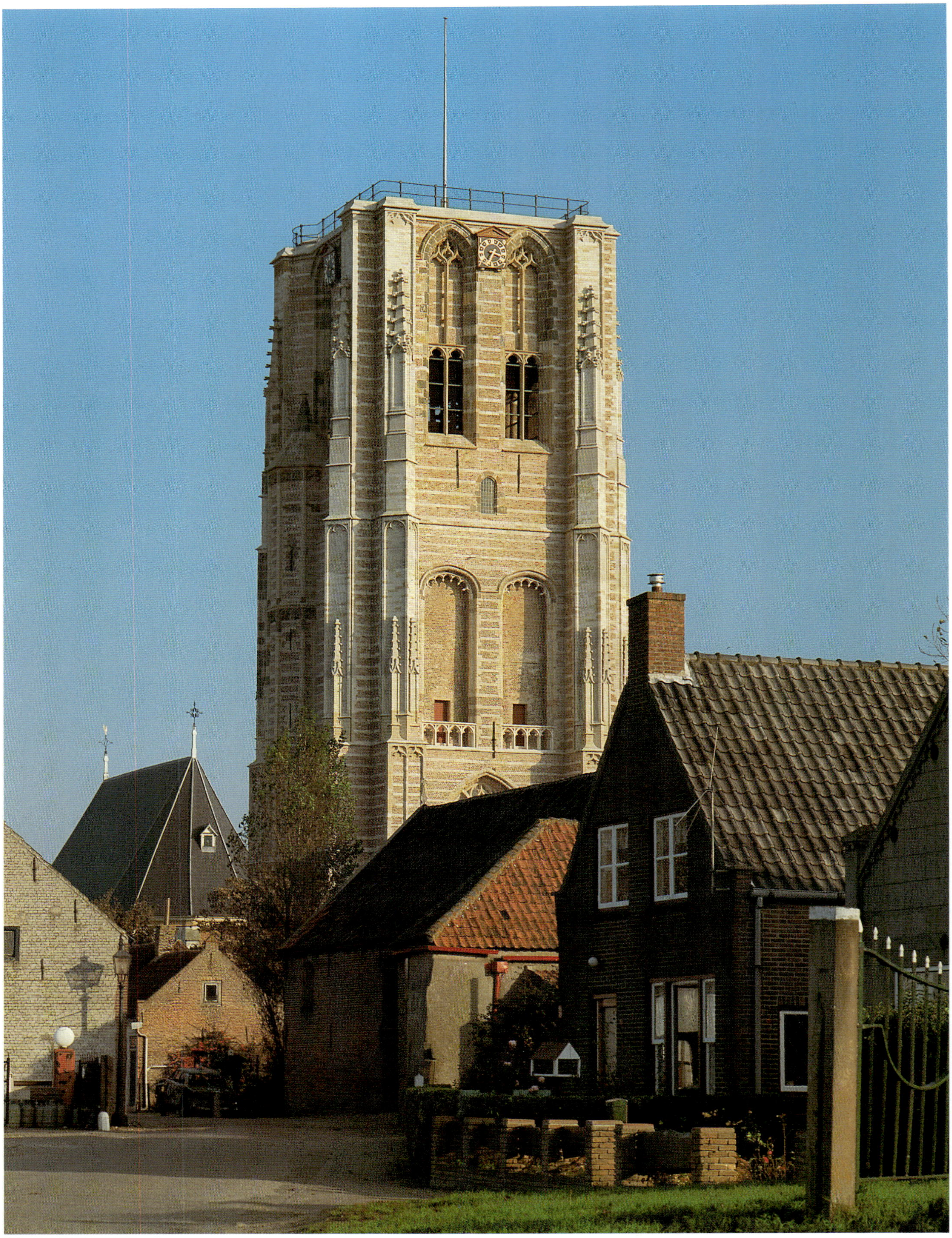

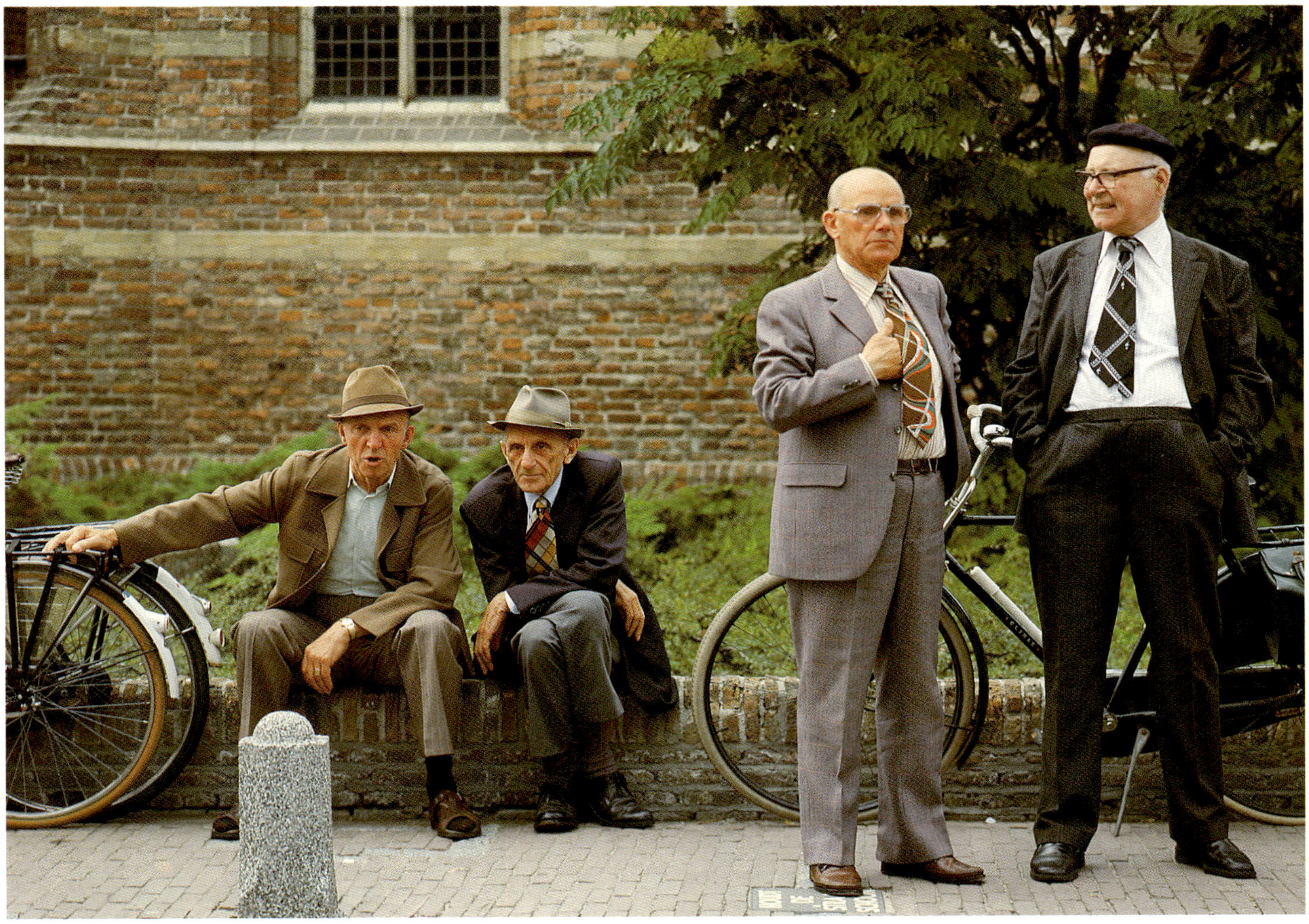

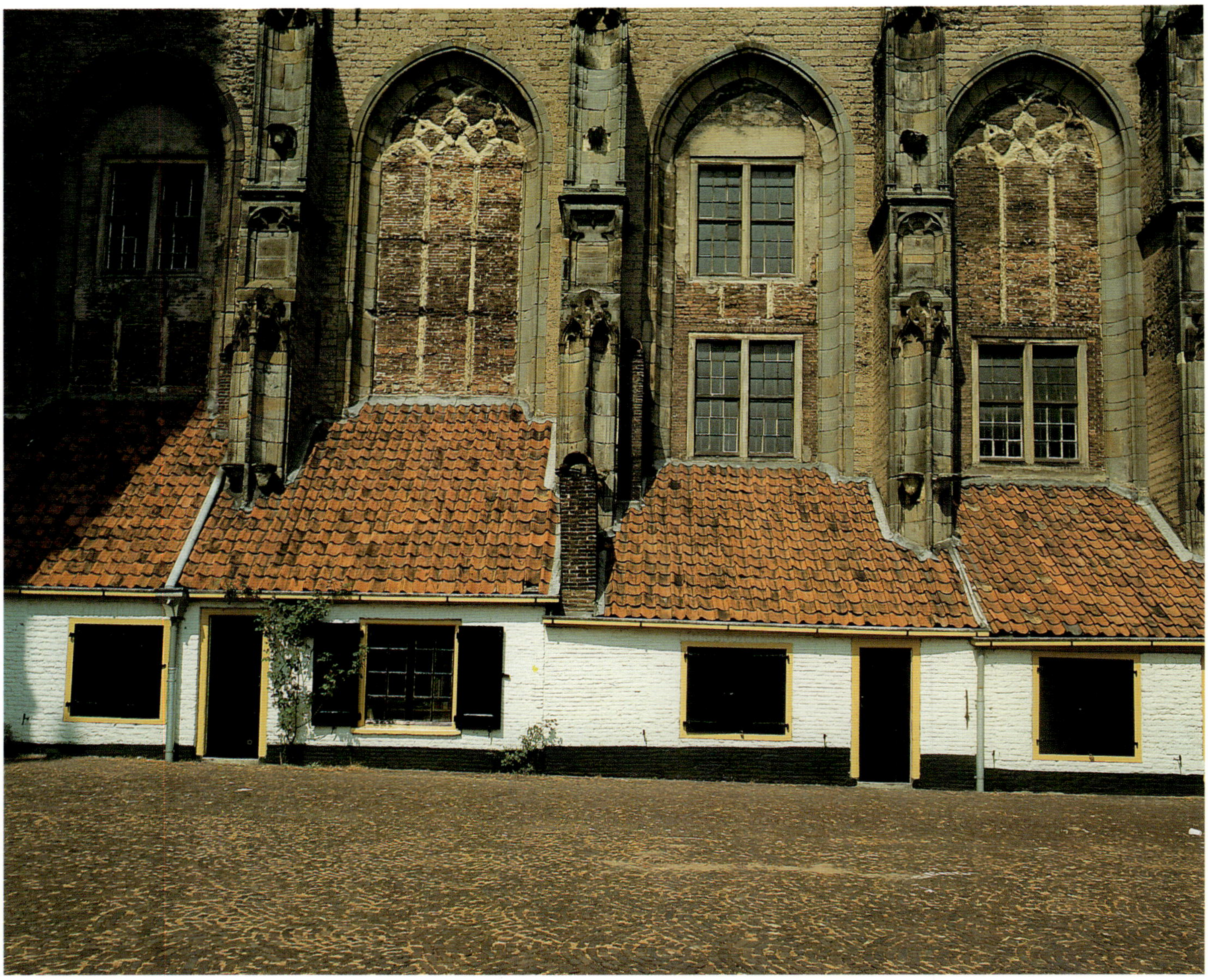

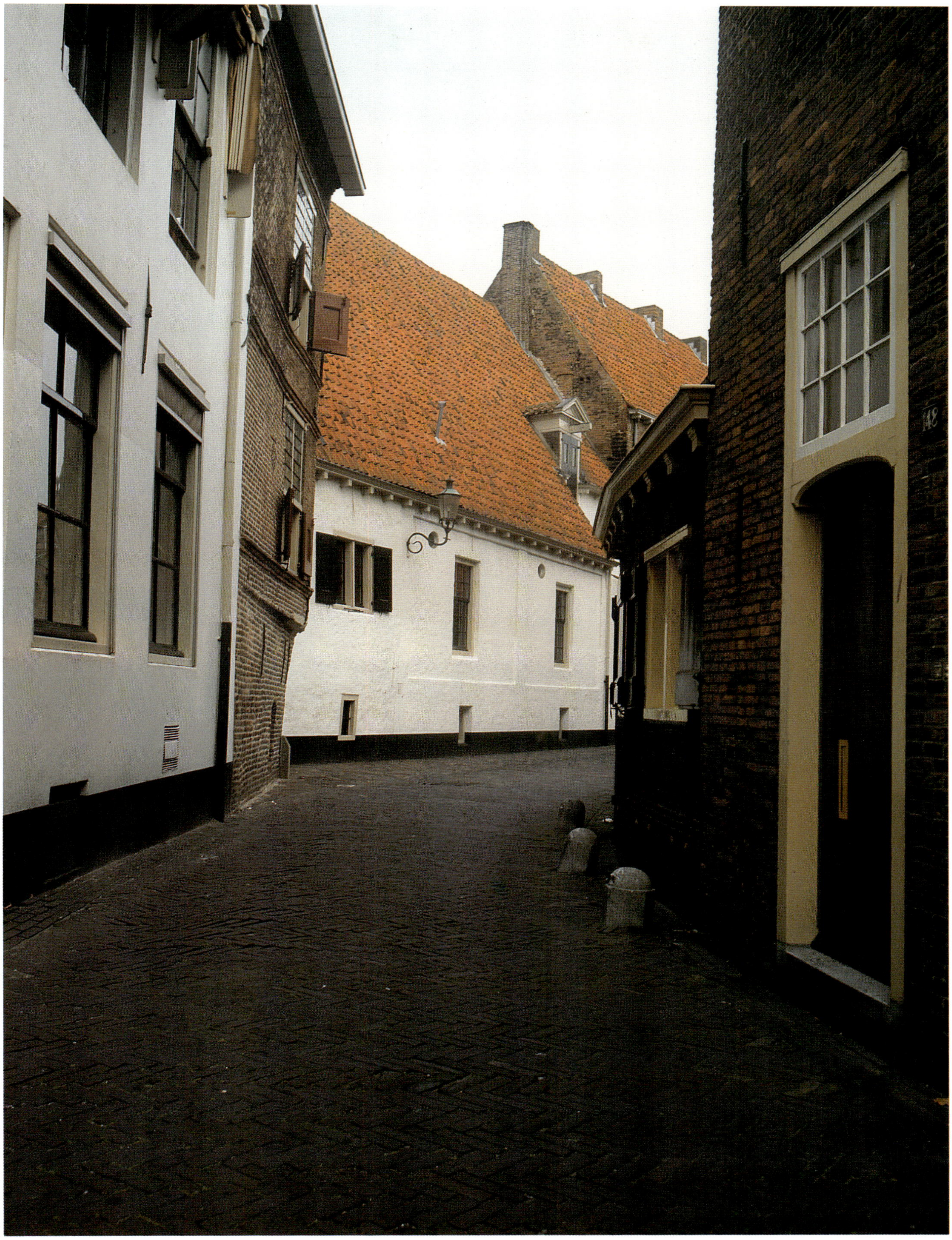

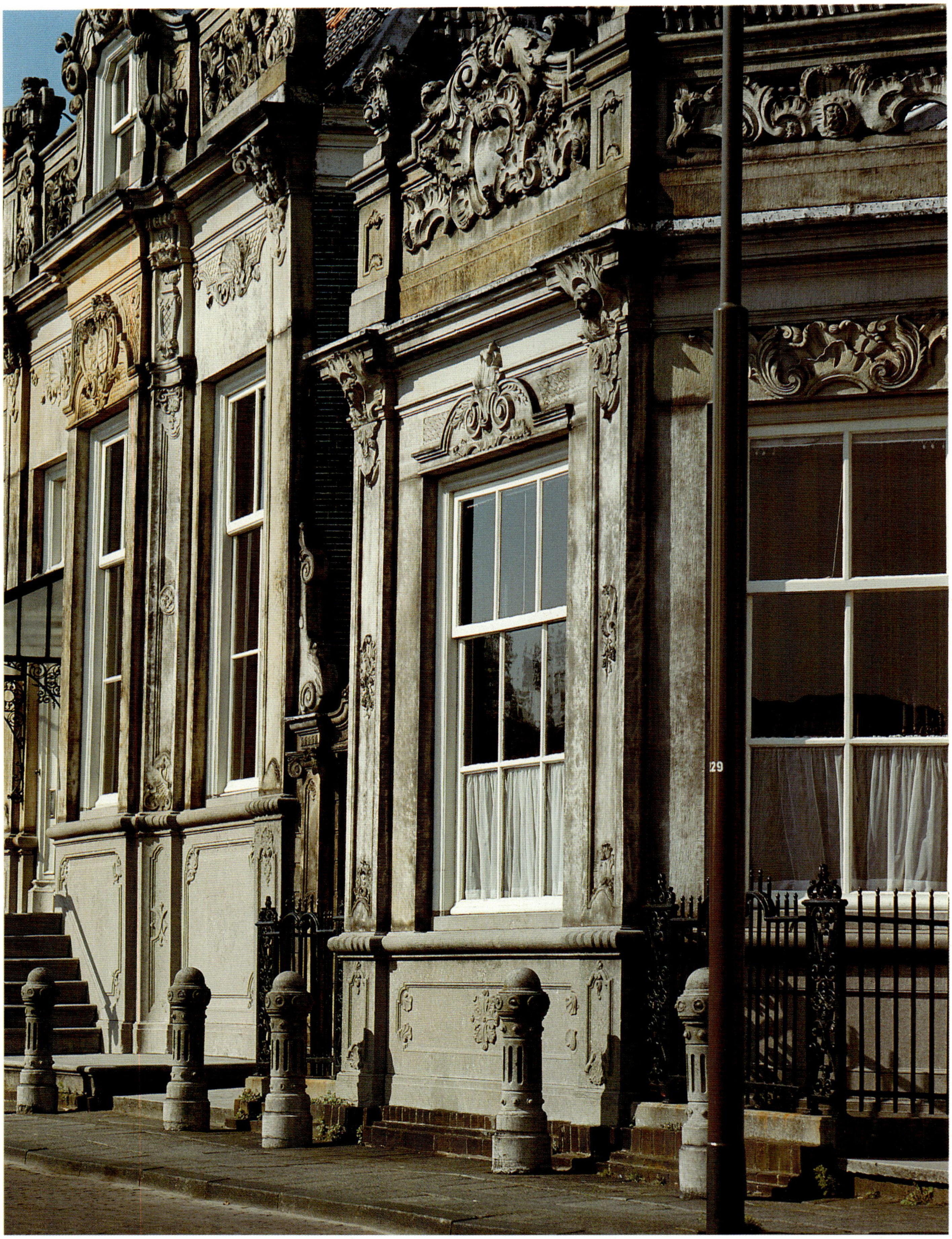
29

Grote rivieren, kastelen en bos

Ongeveer een zesde deel van Nederland bestaat uit water. De verhouding tussen land en water verschilt per streek. Verreweg het grootste wateroppervlak wordt in beslag genomen door het IJsselmeer. Daarnaast telt Nederland talrijke door de mens aangelegde kanalen en verder ontelbare meertjes, plassen, beekjes en stroompjes.

De grote rivieren die het land rijk is, de Rijn, Maas en Schelde, hebben een belangrijke rol gespeeld in de ontwikkeling van het land. In het verleden vormden zij de enige manier om goederen en personen snel te vervoeren. Zo zakten de Romeinen ruim twintig eeuwen geleden de Rijn af om uiteindelijk in Nederland te belanden. Zij maakten van de Rijn de noordgrens van hun imposante rijk en bouwden aan de oevers een groot aantal vestingen die uitgroeiden tot belangrijke handelssteden. Niet alleen vanuit historisch oogpunt is de Rijn verreweg de belangrijkste rivier, want ook heden ten dage vormt deze rivier nog altijd een belangrijke verbinding met de overige Europese landen.

Dankzij de ligging van Nederland aan de Noordzee en de goede waterwegverbinding met het achterland is het Nederlandse aandeel in de doorvoerhandel binnen de Europese Economische Gemeenschap bijzonder groot. De Rijn ontspringt in het St.-Gotthardgebergte in Zwitserland en is vanaf Basel bevaarbaar. De rivier komt bij Lobith Nederland binnen en splitst zich dan al snel in Waal en Rijn, om vanaf Wijk bij Duurstede Lek te heten. Hier vinden we ook de ruïne van een van de ruim 300 historische kastelen en buitenplaatsen die Nederland nog rijk is: kasteel Duurstede. Op deze plaats aan de Lek lag vroeger de belangrijke handelsplaats Dorestad. In 863 werd het stadje door de Noormannen verwoest, maar het bloeide in de vijftiende eeuw weer helemaal op. Kasteel Duurstede vond zijn oorsprong in de tweede helft van de dertiende

Major rivers, castles and woods

About a sixth of the Netherlands is covered by water. The proportion between land and water differs with the regions. By far the largest stretch of water is the IJselmeer. The Netherlands also has numerous man-made canals and also an innumerable number of lakes, ponds, rivulets and brooks.

The country's major rivers are the rivers Rhine, Meuse and Scheldt. These have played essential parts in the development of the country. In the past they were the only fast mode of transport for goods and people. Over twenty centuries ago the Romans drifted down the River Rhine and finally ended up in the Netherlands. They used the Rhine as the northern border of their impressive empire and built a large number of fortifications along its banks, which developed into important trading towns. Not only from a historical point of view the River Rhine is by far the most important river, for the river is still an important connection with other European countries.

Thanks to the location of the Netherlands at the North Sea and the excellent inland waterway connections with the hinterland the Dutch share in the transit trade within the European Economic Community is extremely large. The River Rhine rises in the St. Gotthard range in Switzerland and is navigable from Basle. The river enters the Netherlands at Lobith and soon forks into the rivers Waal and Rhine, and is called the Lek from Wijk bij Duurstede. Here are also the ruins of one of the over 300 historical castles and country estates still left in the Netherlands: Duurstede Castle. At this place on the river Lek the important trading town of Dorestad was formerly located. In 863 the Normans destroyed the town, but it flourished again in the fifteenth century. Duurstede Castle was founded in the second half of the thirteenth century and gradually expanded into a real castle consis-

Große Flüsse, Schlösser und Wald

Fast ein Sechstel der Niederlande besteht aus Wasser. Das Verhältnis zwischen Land und Wasser ist von Gegend zu Gegend unterschiedlich. Die bei weitem größte Wasserfläche ist das IJsselmeer. Daneben gibt es in den Niederlanden zahlreiche vom Menschen geschaffene Kanäle und darüber hinaus unzählige Seen, Bäche und kleine Flußläufe sowie andere Gewässer.

Die großen Flüsse, die es im Lande gibt, sind Rhein, Maas und Schelde. Sie haben bei der Entwicklung des Landes eine wichtige Rolle gespielt. In der Vergangenheit waren sie die einzige Möglichkeit, Waren und Menschen rasch zu transportieren. So zogen die Römer vor rund 20 Jahrhunderten allmählich den Rhein abwärts, um schließlich in die Niederlande zu gelangen. Sie machten den Rhein zur Nordgrenze ihres imposanten Reiches und errichten an seinen Ufern zahlreiche Festungen, die schließlich zu wichtigen Handelsstädten wurden. Nicht nur aus historischer Sicht ist der Rhein der bei weitem wichtigste Fluß; auch heute noch stellt dieser Fluß eine wichtige Verbindung zu den übrigen europäischen Staaten dar.

Dank der Lage der Niederlande an der Nordsee und der guten Verbindungen über die Wasserstraßen ins Hinterland ist der niederländische Anteil am Transithandel innerhalb der Europäischen Gemeinschaft besonders groß. Der Rhein entspringt im St.-Gotthard-Massiv in der Schweiz und ist ab Basel schiffbar. Er überquert bei Lobith die niederländische Grenze und teilt sich dann schon bald in Waal und Rhein, um ab Wijk bei Duurstede Lek zu heißen. Hier finden wir auch die Ruine eines der rund 300 historischen Schlösser und Landsitze, die es in den Niederlanden noch gibt: Schloß Duurstede. An dieser Stelle am Lek befand sich früher die bedeutende Handelsniederlassung Dorestad. 863 wurde das Städtchen von den Normannen zerstört, doch im 15.

eeuw en werd langzaam uitgebouwd tot een heus kasteel bestaande uit een vierkante donjon en een Bourgondische ronde toren omringd door een slotgracht. In de zeventiende eeuw raakte het echter in verval. Diverse restauraties hebben een deel van dit eens zo indrukwekkende kasteel in oude glorie hersteld. In de directe nabijheid van kasteel Duurstede bevinden zich nog veel meer overblijfselen uit een roemrijk verleden. Zo ligt in Zeist het gelijknamige, prachtig gerestaureerde slot, dat gebouwd is tussen 1677 en 1686 door Willem van Nassau-Odijk.

Ook op andere plaatsen staan in Nederland nog resten van middeleeuwse burchten met hoge torens en kantelen, omringd door brede slotgrachten en prachtige parken en bossen. Het Muiderslot te Muiden is een schitterend voorbeeld van een goed bewaard gebleven middeleeuws kasteel. Dit kasteel dat aan de monding van de Vecht ligt, bezit alle kenmerken van een dergelijk kasteel, waarvan de strategische ligging, de slotgracht en de versterkte vestingmuren het meest in het oog lopen.

Het bouwen van dergelijke versterkte burchten kwam aan het begin van de middeleeuwen in zwang. De noodzaak om zich achter versterkte wallen te verschansen nam in die periode namelijk sterk toe, want gedurende de middeleeuwen is er geen sprake meer van één groot rijk, maar van een gebied bestaande uit een groep zelfstandige graafschappen en hertogdommen en het bisdom Utrecht. Om zich tegen invallen te verdedigen van onder andere de Noormannen, werden er meer en meer kastelen gebouwd. Ook de onderlinge strijd tussen de diverse graven en hertogen speelde een belangrijke rol bij de realisatie van kastelen.

Nederland heeft ooit eens tussen de twee- en drieduizend kastelen gekend, nu zijn er daar nog circa driehonderd van over, variërend van ruïne tot schitterend gerestaureerd. Er zijn in Nederland enkele typen middeleeuwse kastelen ontstaan. De meest eenvoudige vorm is de zogenaamde *woontoren*, bestaande uit een meestal vierkante of

ting of a square donjon and a Burgundian round tower surrounded by a moat. However, in the seventeenth century it became dilapidated. Various renovations have restored part of this once so impressive castle to its previous splendour. There are many more relics of a glorious past in the immediate vicinity of Duurstede Castle. In Zeist there is a castle with the same name, splendidly restored, originally built by William van Nassau Odijk between 1677 and 1686.

In other places in the Netherlands there still are remnants of medieval strongholds with high towers and crenellations, surrounded by wide moats and beautiful parks and woods. The 'Muiderslot' of Muiden is a splendid example of a well-preserved medieval castle. This castle, situated at the mouth of the river Vecht, has all the characteristics of such a castle, with as most striking features the strategic location, the castle moat and the fortified ramparts.

The construction of such fortified strongholds came into fashion at the beginning of the Middle Ages. The necessity to entrench behind ramparts increased in that period, because during the Middle Ages there was no unified realm, but merely an area made up of a group of independent countries and duchies and the Utrecht bishopric. More and more castles were built as protection against invasions of a.o. the Norsemen. Quarrels among the various counts and dukes also played an important role in the growing number of castles.

There was a time when the Netherlands had between two and three thousand strongholds. Now there are some three hundred left, ranging from mere ruins to splendidly restored buildings. Several types of medieval castle were created in the Netherlands. The most simple design was the so-called *living tower*, a square or round tower with walls of one to two metres thick. This building was generally located on an island surrounded by a moat. Depending on the height such a stronghold consisted inside of three to four levels with one large space in each floor. A rather frugal sort of accommodation. An improvement was the so-called

Jahrhundert gelangte es wieder zu neuer Blüte. Schloß Duurstede geht auf die zweite Hälfte des 13. Jahrhunderts zurück und wurde allmählich zu einem Schloß ausgebaut, das aus einem rechteckigen Bergfried und einem burgundischen Rundturm bestand, umgeben von einem Graben. Im 17. Jahrhundert allerdings ging es mit diesem Ort bergab. Verschiedene Restaurationsarbeiten haben einen Teil des einst so gewaltigen Schlosses in altem Glanz wiederhergestellt. In direkter Nähe zu Schloß Duurstede finden wir noch zahlreiche weitere Relikte ruhmreicher Vergangenheit. So befindet sich in Zeist das gleichnamige, prächtig restaurierte Schloß, das zwischen 1677 und 1686 von Wilhelm von Nassau-Odijk errichtet wurde.

Auch an anderen Orten in den Niederlanden gibt es noch die Ruinen mittelalterlicher Burgen mit hohen Türmen und Schlösser, umgeben von breiten Wassergräben sowie herrlichen Parks und Wäldern. Das Muiderschloß in Muiden ist ein gutes Beispiel für ein ausgezeichnet erhaltenes mittelalterliches Schloß. Es liegt an der Mündung der Vecht und weist alle Merkmale eines Schlosses auf; am auffälligsten sind seine strategische Lage, sein Schloßgraben und die verstärkten Festungsmauern.

Die Errichtung solcher verstärkter Burgen wurde zu Beginn des Mittelalters immer beliebter. Die Notwendigkeit, sich hinter befestigten Mauern verschanzen zu können, nahm in jener Zeit stark zu, denn im Mittelalter kann von einem einheitlichen, großen Reich keine Rede sein, sondern es gab ein Gebiet, das aus vielen selbständigen Grafschaften und Herzogtümern sowie dem Bistum Utrecht bestand.

Um sich vor den Überfällen – etwa der Normannen – zu schützen, wurden immer weitere Burgen errichtet. Auch die Kriege zwischen den einzelnen Grafen und Herzögen spielten bei der Errichtung von Burgen eine Rolle.

In den Niederlanden hat es einst rund zwei- bis dreitausend Burgen gegeben, davon sind heute noch etwa 300 übriggeblieben, wobei man sowohl Ruinen als auch ausgezeichnet restaurierte Bauwerke findet. Hier haben

ronde toren met muren van één tot twee meter dik. Dit bouwwerk is veelal gelegen op een door een gracht omgeven eilandje. Van binnen bestond zo'n vesting, afhankelijk van de hoogte, uit drie tot vijf verdiepingen met op elke etage één grote ruimte. Al met al een sobere huisvesting. Al veel beter zijn de zogenaamde ronde *waterburchten*. Dit type kasteel bestaat uit een enkele muur met een weergang en kantelen, een poort en een al dan niet tegen de muur gebouwde donjon. Een gracht rondom de vesting completeerde het geheel. Aangezien dit type kasteel moeilijk te verdedigen was, koos men al snel voor een robuustere bouwwijze. Het resultaat was het *vierkante kasteel* met torens op de hoeken en één of meer poorten in de rechte muren. Op het vierkante of rechthoekige binnenterrein werden de woongebouwen en dergelijke gebouwd. Een goed voorbeeld van een dergelijk kasteel is het al eerder genoemde Muiderslot. Behalve deze herkenbare kasteeltypen is er ook nog een aantal kastelen met een onregelmatige bouwvorm. Het bouwen van een kasteel nam enige tijd in beslag en halverwege wilde men nog wel eens de plannen wijzigen, hetgeen geresulteerd heeft in een aantal onregelmatige bouwvormen. Ook latere verbouwingen en uitbreidingen kunnen de oorzaak zijn van een afwijkend kasteeltype.

Naast de kastelen op het platteland mogen de *buitenplaatsen* van de vroegere plattelandsadel niet onvermeld blijven. Zo zijn in de eerder genoemde Vechtstreek in het verleden vele fraaie, soms versterkte buitenhuizen gebouwd. De vele buitenplaatsen die Nederland rijk is stammen vooral uit de zeventiende eeuw. In deze Gouden Eeuw was Holland bijzonder welvarend en vele welgestelde kooplieden lieten prachtige buitenverblijven bouwen in een veelal bosrijke omgeving. Nederland bezat in die tijd nog een grote hoeveelheid bossen. Momenteel is dat veel minder. In de laag gelegen moerassen staan veel elzen en knotwilgen en op de hogere zandgronden komen veel eiken, beuken en berken voor. Een groot deel van de bossen is tegenwoordig eigendom van de

round *water stronghold*. This type of castle consist of a single wall with a covered gallery and crenellations, a gate and a donjon, built against the wall or standing free. A moat around the stronghold completed the construction. Because it was difficult to defend this type of castle a more robust construction followed. The result was the *square castle* with towers at the corners and one or more gates in the straight walls. In the square or rectangular court the housing accommodations and household were built. A good example of such a castle is the 'Muiderslot', already mentioned. Apart from these distinguishable types of castle there are also a number of castles with irregular designs. It took quite a while to build a castle and halfway there could be changes in the plans, which resulted in a number of irregular designs. Later renovations and extensions were also the cause of a deviating type of castle.

In addition to the castles in the countryside the *country estates* of the former landed gentry also deserve to be mentioned. The formerly mentioned Vecht-region is a very attractive, woody area, where in the past many beautiful, sometimes fortified country estates were built. The many country estates abounding in the Netherlands mostly date back to the seventeenth century. In this Golden Age Holland was very prosperous and many wealthy merchants had splendid country estates built in a woody region. In those days there still were many woods in the Netherlands. That number has considerably decreased. In the low marshes we find manu alders and pollard willows and on the higher sandy grounds many oaks, beeches and birches. A major part of the woods is now owned by the State and is managed by the State Forestry Service. Most of the woods have cycle tracks, foothpaths and picnic places.

sich einige Arten mittelalterlicher Burgtypen entwickelt. Die einfachste Form ist der sogenannte *Wohnturm*, bestehend aus einem meist rechteckigen oder runden Turm, umgeben von Mauern, die etwa zwei Meter dick sind. Diese Art von Bauwerk findet man vor allem auf einer von einem Graben umgebenen Insel. In ihrem Inneren bestand eine solche Festung je nach Höhe aus drei bis fünf Stockwerken, wobei es in jedem Stockwerk einen einzigen, großen Raum gab. Alles in allem eine eher finstere Art zu wohnen. Viel angenehmer war es schon in den sogenannten runden *Wasserburgen*. Dieser Burgtyp besteht aus einer einzigen Mauer mit Wehrgang und Schießscharten, einem Tor und vielleicht auch noch einem an die Mauer angebauten Bergfried. Ein Graben um die Festung herum bildet schließlich den Abschluß. Da dieser Burgentyp schwer zu verteidigen war, entschied man sich schon bald für eine robustere Bauweise. Das Ergebnis war die *rechteckige Burg* mit Türmen an den Ecken sowie einem oder mehreren Toren in den geraden Mauern. Auf dem rechteckigen oder quadratischen Innenhof wurden die Wohngebäude und ähnliches errichtet. Ein gutes Beispiel für eine solche Burg ist das bereits oben genannte Muiderschloß. Neben diesen klassifizierbaren Burgtypen gibt es noch zahlreiche Burgen mit unregelmäßiger Bauform. Die Errichtung einer Burg beanspruchte einige Zeit, und gelegentlich änderte man während des Baus seine Pläne, so daß dies zu einer Reihe unregelmäßiger Bauformen führte. Auch spätere Umbauten und Erweiterungsarbeiten können Gründe für einen abweichenden Burgtyp sein.

Neben den Burgen auf dem Land dürfen die *Landsitze* des früheren Landadels nicht unerwähnt bleiben. Die oben bereits genannte Region an der Vecht ist eine solche waldreiche Gegend, wo man in der Vergangenheit viele schöne, zuweilen befestigte Landsitze errichtete. Die vielen Landsitze, die es in den Niederlanden gibt, stammen vor allem aus dem 17. Jahrhundert. In diesem Goldenen Jahrhundert waren die Niederlande besonders wohlhabend, und viele betuchte Kaufleute ließen sich prächtige

Staat en wordt beheerd door Staatsbosbeheer. Deze bossen zijn meestal voorzien van fietspaden, wandelpaden en picknickplaatsen.

Landsitze in einer meist waldreichen Gegend errichten. In den Niederlanden gab es zu jener Zeit noch sehr viele Wälder; heute dagegen sind es schon beträchtlich weniger. In den tiefgelegenen Sümpfen gibt es zahlreiche Erlen und Kopfweiden, und auf den höhergelegenen Sandböden findet man Eichen, Buchen und Birken. Ein großer Teil der Wälder ist heute in staatlichem Besitz und wird von der staatlichen Forstverwaltung beaufsichtigt. In diesen Wäldern gibt es meist Fahradwege, Wanderwege und Picknickplätze.

pag. 125 *Het oude vestingstadje Schoonhoven, gelegen aan de Lek, verwierf haar roem door de zilversmeden die zich hier vestigden. Ook heden is het nog steeds het centrum van de zilversmeedkunst in Nederland.*

page 125 *The old fortified town of Schoonhoven, located on the River Lek acquired fame because of the silversmiths that settled there. It still is the centre of silversmiths' art in the Netherlands.*

Seite 125 *Die alte Festungsstadt Schoonhoven am Lek erlangte ihren Ruhm durch die Silberschmiede, die sich hier ansiedelten. Auch heute noch ist diese Stadt Zentrum der Silberschmiedekunst in den Niederlanden.*

pag. 126 *Een zogeheten 'wiel' langs de rivier de Waal. Een 'wiel' is een diepe plas die na een dijkbreuk is ontstaan of overgebleven is na een overstroming.*

page 126 *A so-called 'wiel' (pool) along the River Waal. A 'wiel' is a deep pool created when a dike burst or left after a flood.*

Seite 126 *Ein sogenannter "Wiel" am Fluß Waal. Ein "Wiel" ist ein tiefer See, der nach einem Deichbruch entstand oder von einer Überschwemmung zurückgeblieben ist.*

pag. 127 *De uiterwaarden, het gebied tussen het zomerbed van de rivier en de winterdijk, is door het buiten haar oevers treden van de rivier nog een van de weinige gebieden waar de Nederlander moet wijken voor de natuur. Een min of meer natuurlijk stuk land heeft dat tot gevolg. Mooie voorbeelden vindt men onder andere langs de IJssel tussen de dorpjes Wijhe en Olst.*

page 127 *The forelands, the area between the river's summerbed and the winter-dike is, when the river overflows its banks, one of the few areas where the Dutch must yield to nature. The result is a more or less natural piece of land. There are some good examples along the River IJsel between the villages of Wijhe and Olst.*

Seite 127 *Das Vorland, das Land zwischen dem "Sommerbett" des Flusses und dem Winterdeich, ist durch die Überschwemmungen des Flusses noch eines der wenigen Gebiete, wo die Niederländer vor der Natur zurückweichen müssen. Ein mehr oder weniger natürlich gebliebenes Stück Land ist die Folge. Schöne Beispiele findet man unter anderem entlang der IJssel zwischen den Dörfern Wijhe und Olst.*

pag. 128 Kerktoren van Tienen aan de Lek.	**page 128** 'Tienen aan de Lek' churchtower.	**Seite 128** Kirchturm von Tienen am Lek.
pag. 129 De inpoldering en het stelsel van dijken en polders vereiste een ingewikkelde organisatie met het oog op onderhoud e.d.. Bij acuut gevaar voor dijkdoorbraak was iedereen verplicht onmiddellijk hulp te bieden en gold het motto: "Wie niet meedijkt in nood, verbeurt zijn erf". Vanaf de 13e eeuw ontstonden de eerste goed georganiseerde waterschappen, heemraadschappen en hoogheemraadschappen. Deze organisaties funktioneren weliswaar in moderne vorm ook nu nog. De eerste zorg van het polderbestuur bestaat uit het normale onderhoud van dijken, wegen en watergangen waartoe elk half jaar een inspektietocht langs alle waterwegen wordt gemaakt. Daarbij kunnen boetes worden opgelegd aan eigenaren die het onderhoud verwaarlozen.	**page 129** The reclamations and the dike and polder systems required a complicated organization with regard to maintenance and such. When there was imminent danger of a dike breach everybody was obliged to help immediately, following the slogan: "He, who doesn't help to save the dike in an emergency situation, forfeits his estate." In the 13th century the first well-organized waterboards, polder boards and central polder boards were set up. These organizations are still functioning, be it in a modern set-up. The first care of the polder boards is the normal maintenance of dikes, roads and watercourses. Every six months inspection tours are made and all waterways checked. Fines can be imposed on the proprietors who neglect maintenance work.	**Seite 129** Die Eindeichung und das Deichsystem sowie die Polder machten eine komplizierte Organisation hinsichtlich der Wartung und anderer Arbeiten erforderlich. Bei akuter Gefahr eines Deichbruchs war jeder verpflichtet, sofort zu helfen, und es galt das Motto: "Wer in der Not am Deich nicht mitarbeitet, verliert seinen Hof". Seit dem 13. Jahrhundert entstanden die ersten gut organisierten Hilfseinrichtungen (waterschappen, heemraadschappen und hoogheemraadschappen). Diese Einrichtungen funktionieren auch heute noch, wenn auch in moderner Form. Die erste Aufgabe der Polderverwaltung besteht in der normalen Wartung der Deiche, Straßen und Wasserläufe, und zu diesem Zweck werden alle sechs Monate Inspektionsgänge entlang aller Wasserstraßen unternommen, wobei Eigentümer mit einer Buße belegt werden können, die ihre Aufgaben vernachlässigen.
pag. 130 boven: De Waal bij Nijmegen tijdens hoog water **onder:** Deze gierpont is in het midden van de rivier verankerd. Door middel van kabels en de stroming van het rivierwater wordt de pont naar de overzijde gedrukt.	**page 130 above:** The River Waal at Nijmegen at high tide. **below:** This cable ferry is anchored mid-river. The ferry is pushed to the other bank by means of cables and the riverwater current.	**Seite 130 oben:** Waalhochwasser bei Nimwegen. **unten:** Diese Kettenfähre ist in der Mitte des Flusses verankert. Durch Kabel und die Strömung des Flusses wird die Fähre über das Wasser gedrückt.
pag. 131 boven: Dit type binnenvaartschip heeft een geringe diepgang zodat ze zelfs zwaar geladen, ook zeer geschikt is voor ondiepe wateren.	**page 131 above:** This type of inland vessel has a limited draught so that she is very suited for shallow waters, even when heavily loaded.	**Seite 131 oben:** Diese Art des Flußschiffs hat einen geringen Tiefgang, so daß das Fahrzeug auch bei schwerer Ladung für flache Gewässer sehr geeignet ist.

onder: *Twee bruggen over het Amsterdam-Rijnkanaal bij Schalkwijk.*	**below:** *Two bridges across the Amsterdam-Rhine canal near Schalkwijk.*	**unten:** *Zwei Brücken über den Amsterdam-Rheinkanal bei Schalkwijk.*
pag. 132 en 133 *De Lek bij Ameide. Door de eeuwen heen, zoals ook in de Nederlandse schilderkunst te zien is, is men onder de indruk geraakt van de imposante Nederlandse wolkenluchten.*	**page 132 and 133** *The River Lek at Ameide. Dutch paintings show that through the ages people have been impressed by the imposing Dutch cloudy skies.*	**Seite 132 und 133** *Der Lek bei Ameide. Zu allen Jahrhunderten – man kann das auch in der niederländischen Malerei wiederfinden – war man vom imposanten Wolkenhimmel beeindruckt.*
pag. 134 boven: *Een groot deel van de Nederlanders, ongeveer 60%, woont beneden de zeespiegel en bestaat dus bij de gratie van een goed dijkbeheer.*	**page 134 above:** *A major part of the Dutch, about 60 per cent, live below sea-level and depend on a good dike control.*	**Seite 134 oben:** *Viele Niederländer – ca. 60% – leben unter dem Meeresspiegel und verdanken ihr Land einer guten Deichpflege.*
onder: *Op de achtergrond de Clauscentrale bij Maasbracht in Limburg.*	**below:** *In the background the 'Claus' powerplant near Maasbracht in Limburg.*	**unten:** *Im Hintergrund das Claus-Kraftwerk bij Maasbracht in Limburg.*
pag. 135 *Eén van de vele sluisjes die Nederland telt. Deze ligt in de Waal bij Dalem, Gelderland.*	**page 135** *One of the many sluices of the Netherlands. This one is situated in the River Waal near Dalem in Gelderland.*	**Seite 135** *Eine der vielen kleinen Schleusen, die es in den Niederlanden gibt. Diese hier befindet sich im Waal bei Dalem, Gelderland.*
pag. 136 *Achter de dijken zocht de Nederlander zijn bescherming en bouwde er zijn huis. Dijkhuizen worden nu bedreigd door de Deltawet, die voorschrijft dat ook de rivierdijken tot deltahoogte moeten worden opgehoogd als extra bescherming tegen calamiteiten. Er zijn ernstige bedenkingen tegen deze plannen gerezen vanuit zowel wetenschappelijk als milieutechnisch oogpunt alsook van diegenen die de typische Nederlandse dijkbebouwing willen bewaren, zoals hier in Streefkerk aan de Lek.*	**page 136** *The Dutchman sought protection behind the dikes and built his house there. The 'Delta Act' contains a threat to these dike-houses through the provision that also the river-dikes must be raised to 'deltalevel', as extra protection against calamities. Serious objections have been raised against these plans, both from a scientific and an environmental point of view, and by those who want to preserve those typically Dutch dike-buildings, like here, in Streefkerk aan de Lek.*	**Seite 136** *Hinter den Deichen sucht der Niederländer Schutz und baut sich sein Haus. Deichhäuser werden heute vom Deltagesetz bedroht, das vorschreibt, daß auch die Flußdeiche bis auf Deltahöhe gebracht werden müssen – zum Schutz vor Katastrophen. Es gibt ernsthafte Einwände gegen diese Pläne, und zwar sowohl aus wissenschaftlicher als auch aus umweltschützerischer Sicht. Nicht zuletzt sind auch diejenigen dagegen, die die typisch niederländische Deichbauweise erhalten wollen, wie hier in Streefkerk am Lek.*

pag. 137 *Knotwilgenlandschap bij Langerak in Zuid-Holland.*	**page 137** *Landscape with pollard willows near Langerak in Zuid-Holland.*	**Seite 137** *Weidenlandschaft bei Langerak in Südholland.*
pag. 138 *De Rijn is een bijzonder druk bevaren waterweg en is niet alleen voor Rotterdam van levensbelang, maar ook als belangrijkste zoetwaterleverancier voor Nederland. De vele vuillozingen van de industrieën langs haar oever zijn echter zeer onrustbarend. De bijnaam 'riool van Europa' spreekt dan ook boekdelen.*	**page 138** *The River Rhine is a bustling inland waterway and is of vital importance to Rotterdam. For the river as major fresh water supply for the Netherlands the many dumpings of waste by the industries along its banks are very alarming. The nickname 'sewer of Europe' speaks volumes.*	**Seite 138** *Der Rhein ist ein besonders vielbefahrener Fluß, und nicht nur für Rotterdam ist er lebenswichtig, sondern als wichtigstes Süßwasserreservoir für die ganzen Niederlande, und die Schmutzeinleitungen der Industrie an seinen Ufern sind sehr beunruhigend. Der Beiname "Abwasserkanal Europas" spricht da ? —— ? Bände.*
pag. 139 *Een 'wiel' langs de Maas in de buurt van Lith, 'soldatenwiel' geheten.*	**page 139** *A 'wiel' (pool) along the Meuse River near Lith, called 'Soldatenwiel' (Soldiers' pool).*	**Seite 139** *Ein "Wiel" an der Maas in der Nähe von Lith. Man nennt es hier "Soldatenwiel".*
pag. 140 *Lekdijk.*	**page 140** *Dike along the River Lek.*	**Seite 140** *Lekdeich.*
pag. 141 *De vierkante donjon van het slot van Wijk bij Duurstede stamt uit de 13e eeuw en de ronde toren uit de 15e eeuw. Wijk bij Duurstede was al een grensvesting in de tijd van de Romeinen.*	**page 141** *The square donjon of the castle of Wijk bij Duurstede dates from the 13th century and the round tower from the 15th century. Wijk bij Duurstede was already a border settlement in the days of the Romans.*	**Seite 141** *Der rechteckige Bergfried des Schlosses von Wijk bei Duurstede stammt aus dem 13. Jahrhundert, und der runde Turm geht auf das 15. Jahrhundert zurück. Wijk bei Duurstede war bereits in der Römerzeit eine Grenzbefestigungsanlage.*
pag. 142 en 143 *De beuk is een typische boom van onze gematigde streken.*	**page 142 and 143** *The beech is a typical tree of our temperate regions.*	**Seite 142 und 143** *Die Buche ist ein typischer Baum unserer gemäßigten Breiten.*
pag. 144 boven: *Het trapportaal van het 17e-eeuwse slot Zeist te Zeist is versierd met fresco's van de hand van de architekt en interieurontwerper Daniël Marot. Deze Daniël Marot was als hugenoot uit Frankrijk gevlucht en werkte in Nederland aan het hof van stadhouder Willem III waar hij de Lodewijk XIV-stijl introduceerde. Hij heeft onder andere ook de Koninklijke Bibliotheek in Den Haag ontworpen.*	**page 144 above:** *The stairwell of the 17th-century Zeist Castle in Zeist is decorated with frescoes by architect and interior designer Daniël Marot. This Daniël Marot was a Huguenot refugee from France and he worked in the Netherlands at the court of Stadtholder William III, where he introduced the Louis XIV-style. One of the buildings he designed was the Royal Library in The Hague.*	**Seite 144 oben:** *Das Treppenportal von Schloß Zeist aus dem 17. Jahrhundert ist mit Fresken des Architekten und Innenarchitekten Daniël Marot dekoriert. Dieser Daniël Marot war als Hugenotte aus Frankreich geflohen und arbeitete in den Niederlanden am Hof von Statthalter Wilhelm III., wo er den Stil Ludwig XIV. einführte. Er hat unter anderem auch die Königliche Bibliothek in Den Haag entworfen.*

onder:
Een buitenhuis in Loenen aan de Vecht.

pag. 145 *Huize 'Rupelmonde' te Nieuwersluis is een van de vele prachtige buitenhuizen langs de Vecht die gebouwd zijn door de Amsterdamse patriciërs in de 17e en 18e eeuw.*

pag. 146 *De Veluwe is één van de vroegst bewoonde gebieden van Nederland. Het is nu een ruim 2.000 km² groot natuurgebied.*

pag. 147 *Het Kootwijkse Zand is een van de zandverstuivingen op de Veluwe die zijn ontstaan door onoordeelkundig grondgebruik. De vliegdennen in dit gebied zijn spontaan uitgezaaide grove dennen.*

pag. 148 *Beukenbos bij Hoog Buurlo.*

below:
A country estate in Loenen aan de Vecht.

page 145 *'Rupelmonde' residence in Nieuwersluis is one of the many splendid country estates along the River Vecht, built by Amsterdam patricians in the 17th and 18th centuries.*

page 146 *The Veluwe is one of the earliest inhabited areas of the Netherlands. It is now a nature reserve covering over 2,000 sq. kms.*

page 147 *The 'Kootwijkse Zand' is one of the sand drifts on the Veluwe created by improper land use. The fir trees in this area are spontaneously sown Scots pines.*

page 148 *Beech wood near Hoog Buurlo.*

unten:
Ein Landsitz in Loenen an der Vecht.

Seite 145 *Haus "Rupelmonde" in Nieuwesluis ist einer der vielen prachtvollen Landsitze an der Vecht, die sich Amsterdamer Patrizier im 17. und 18. Jahrhundert errichten ließen.*

Seite 146 *Die Veluwe ist eine der am längsten besiedelten Regionen in den Niederlanden. Heute befindet sich hier ein rund 2000 km² großes Naturschutzgebiet.*

Seite 147 *Der Kootwijkse Zand ist eine der Sanddünen der Veluwe, die durch durch verfehlte Bodennutzung entstanden sind. Die Flugtannen in diesem Gebiet sind durch spontane Aussaht gewachsene Föhren.*

Seite 148 *Buchenwald bei Hoog Buurlo.*

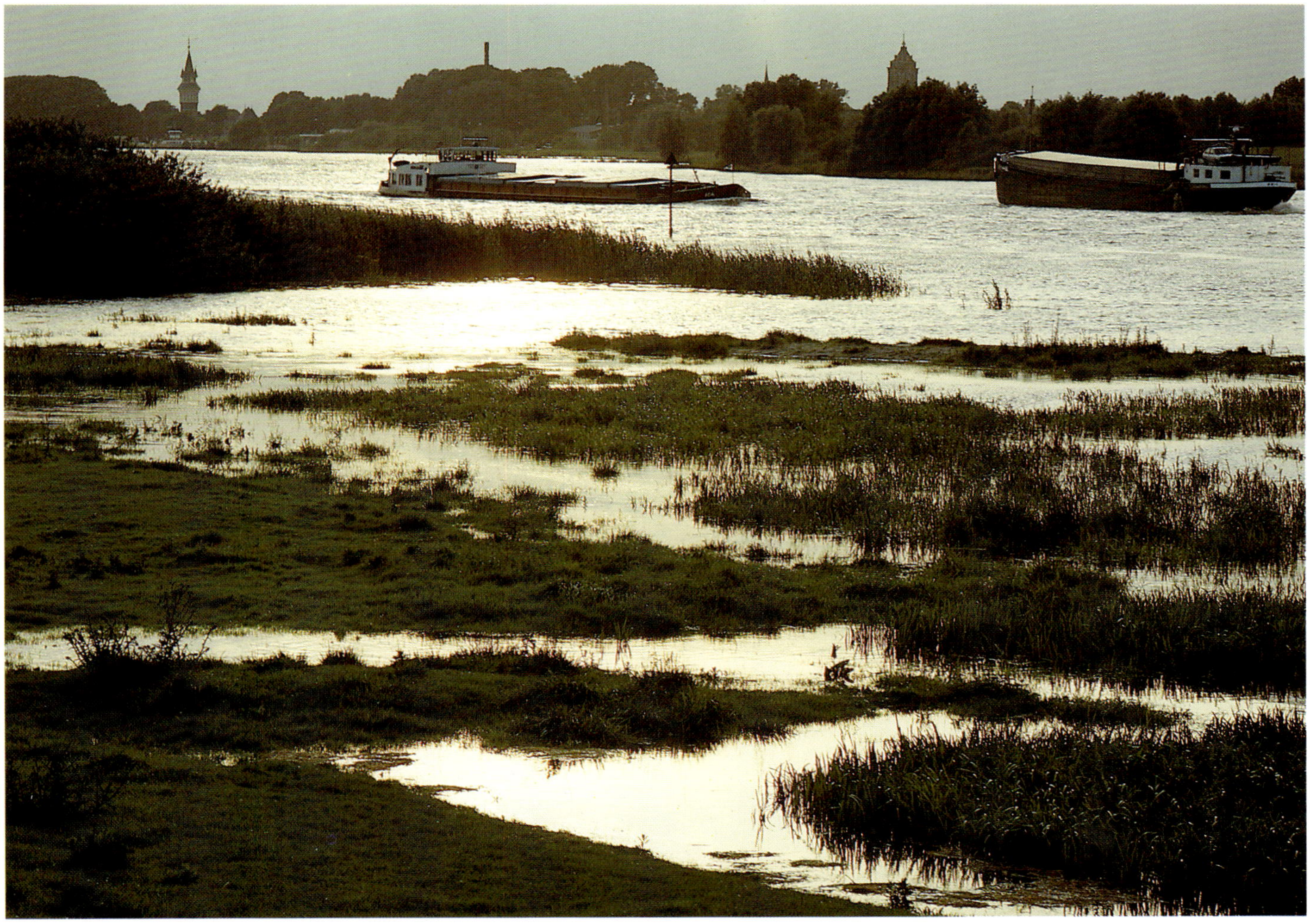

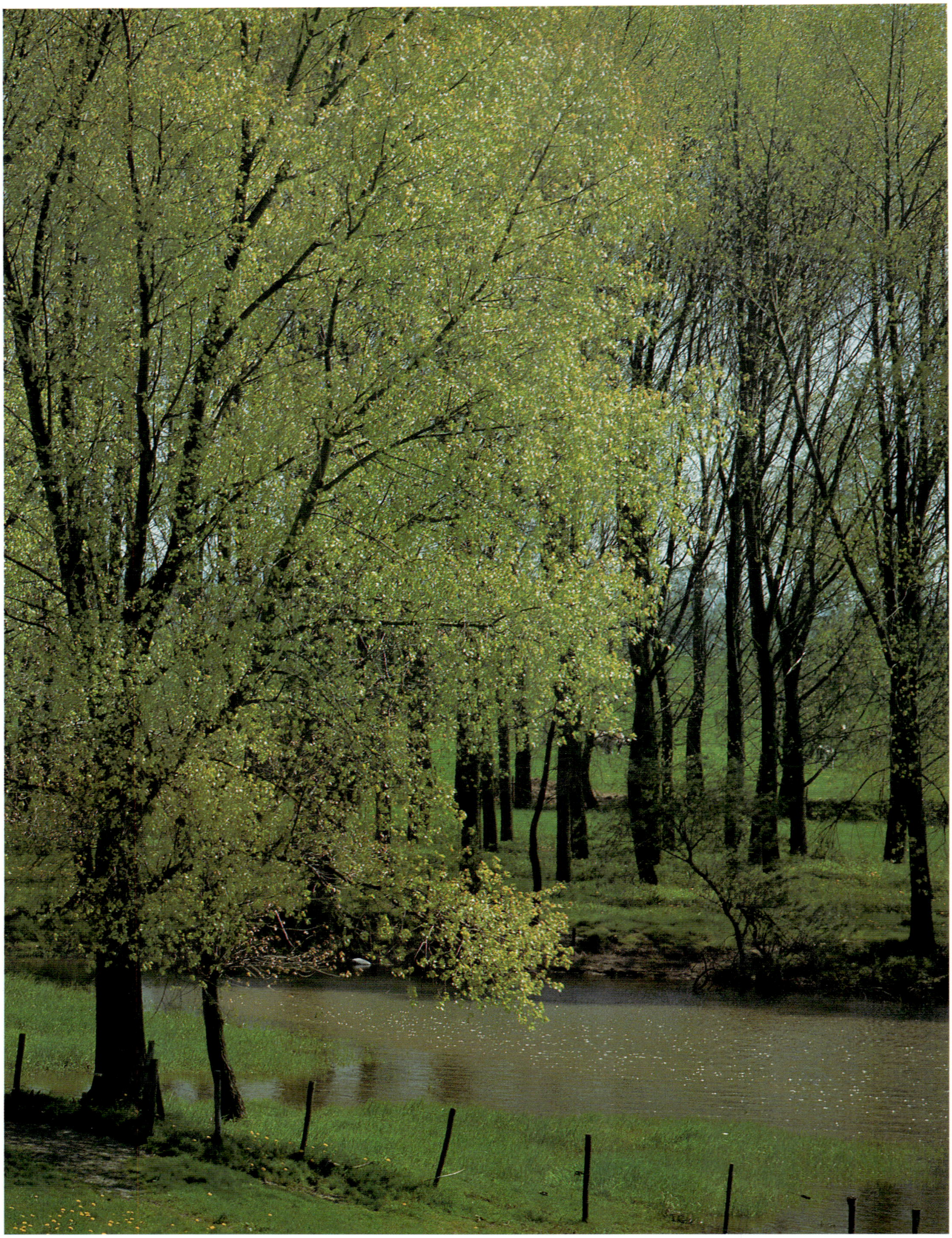

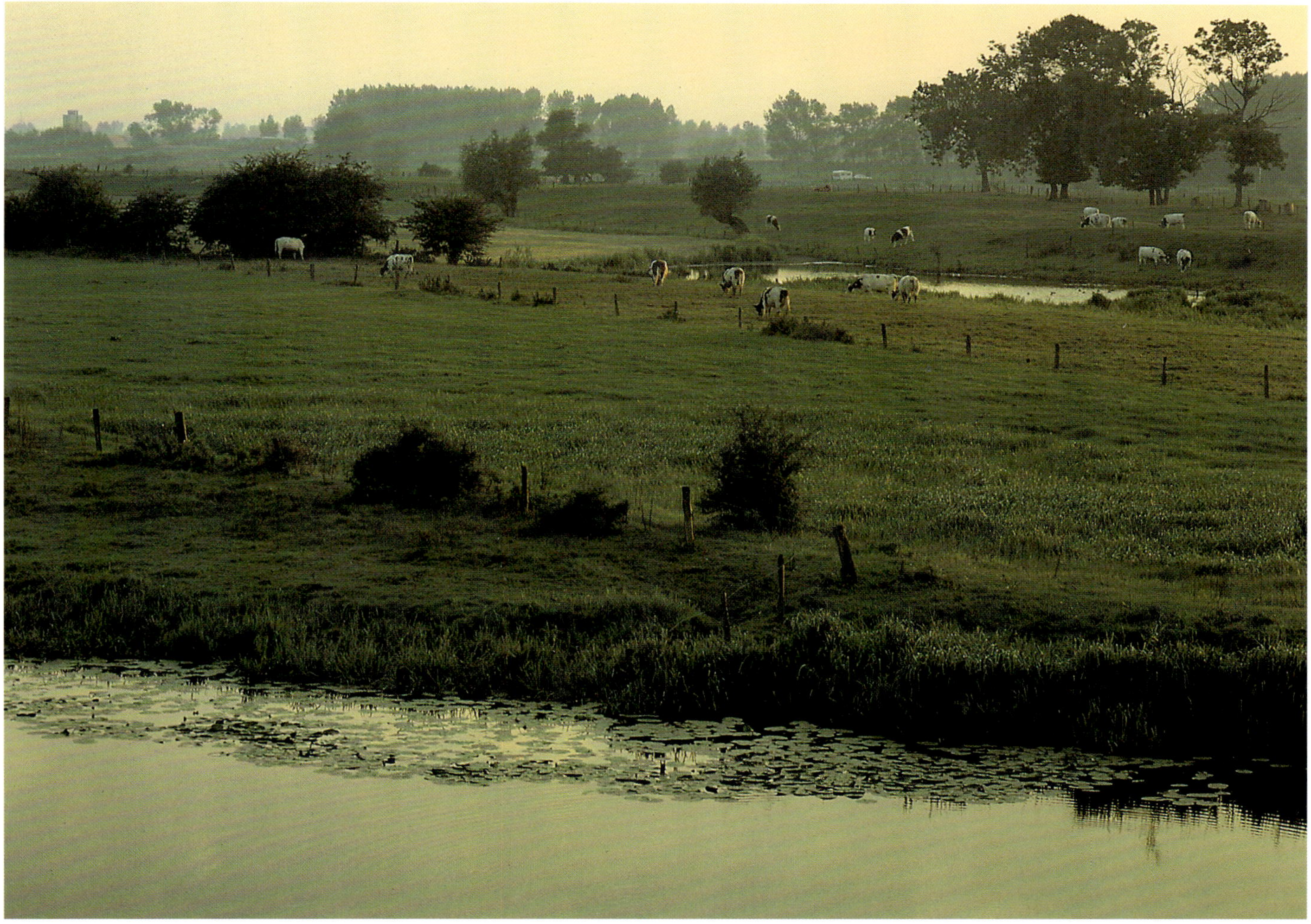

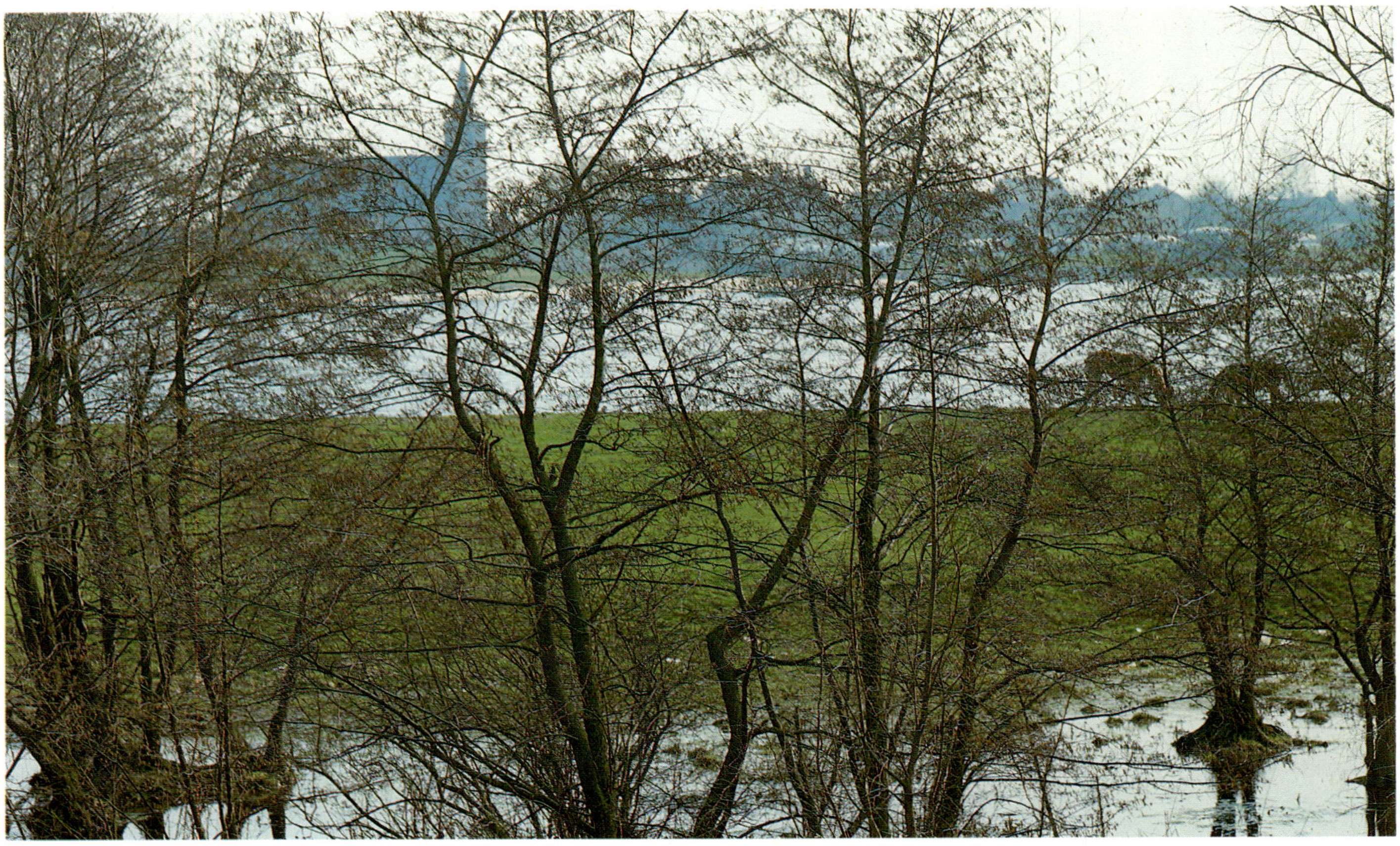

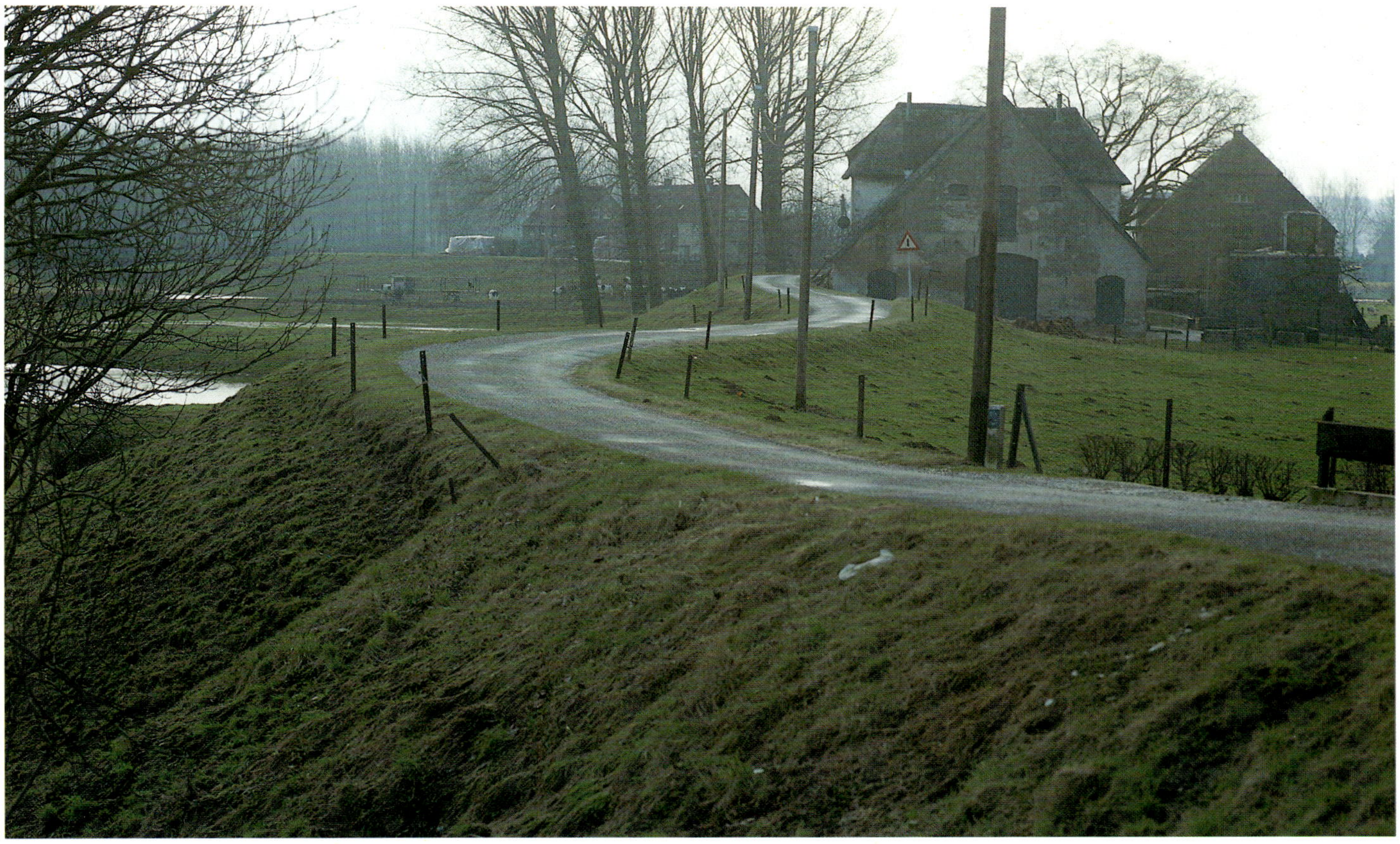

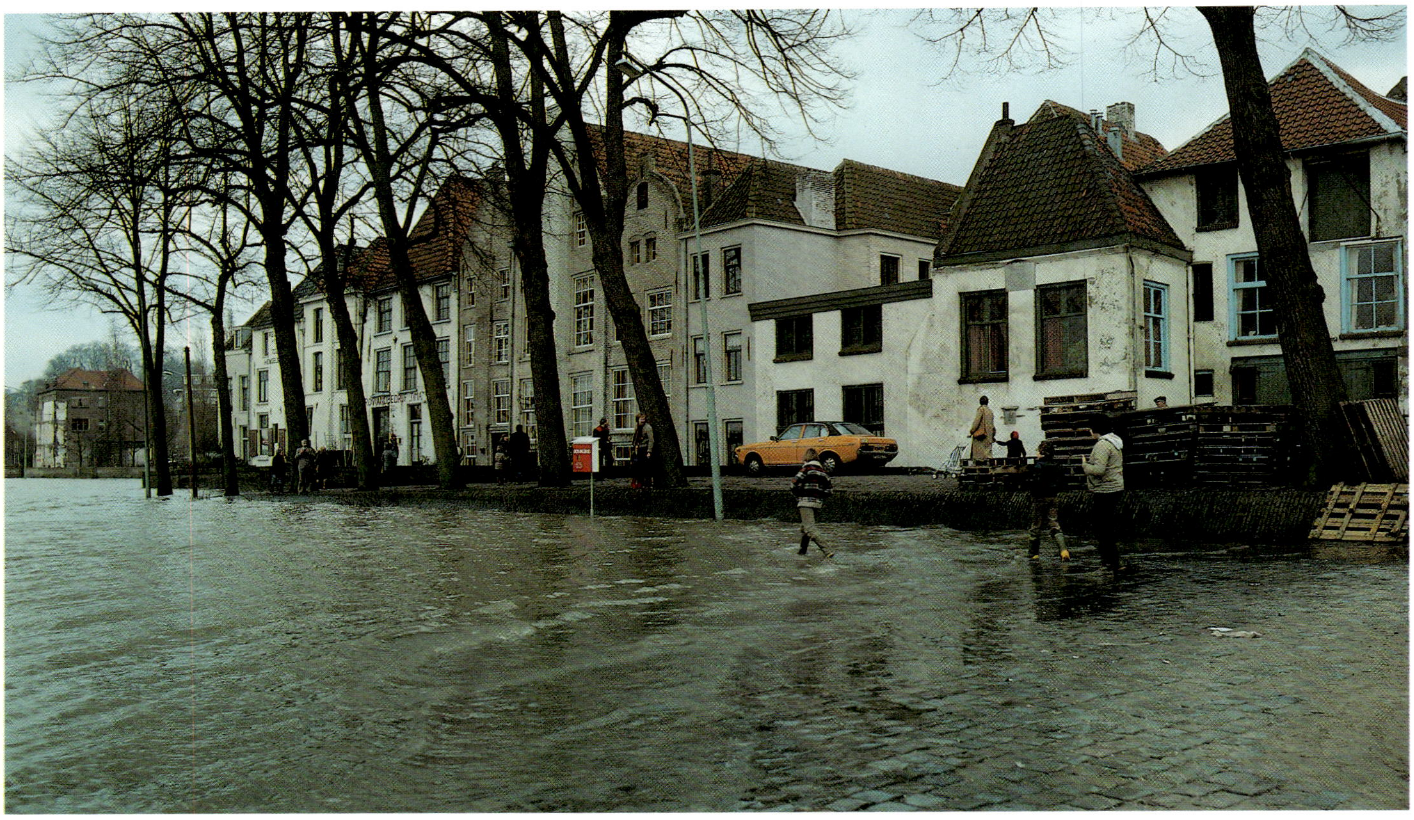

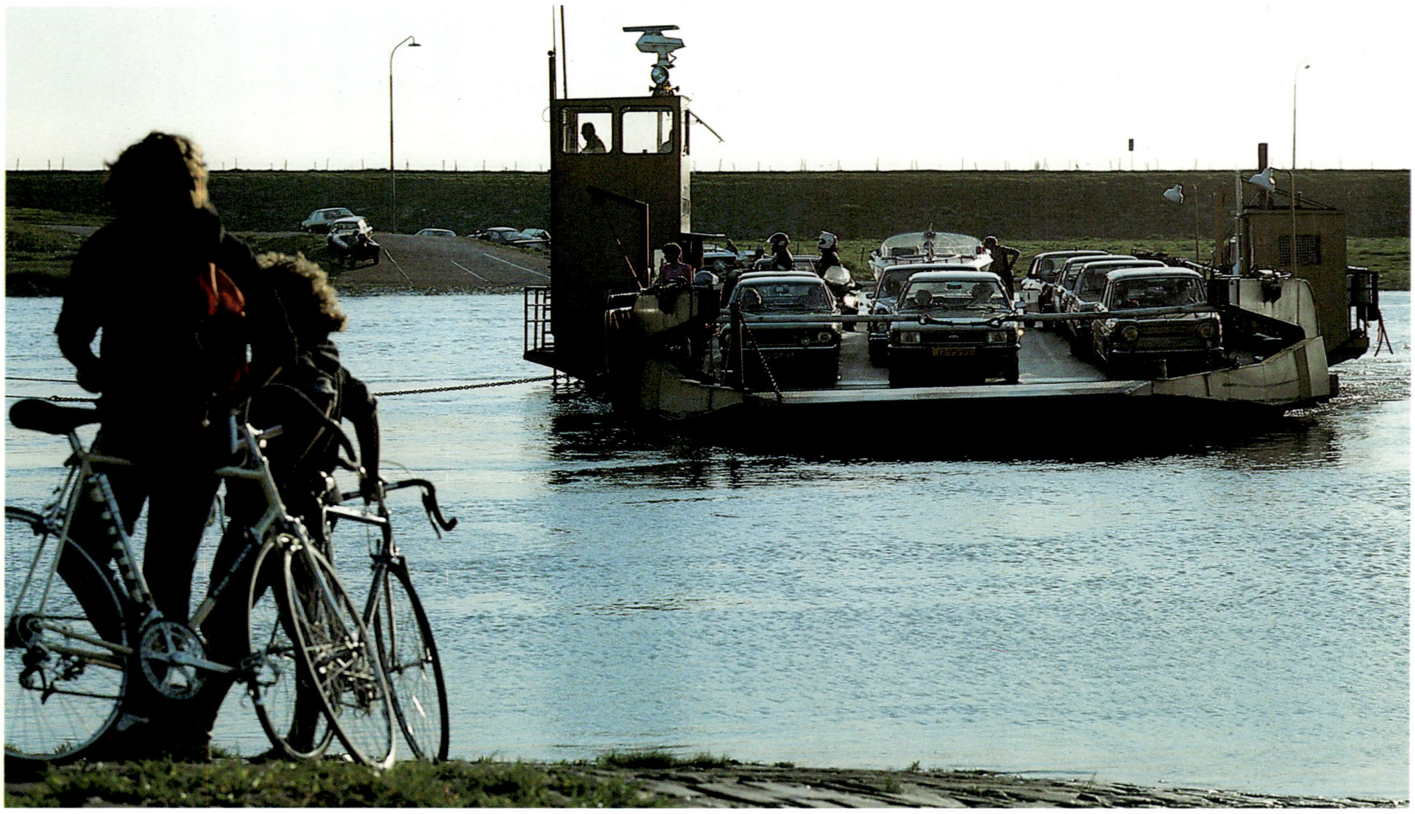

131

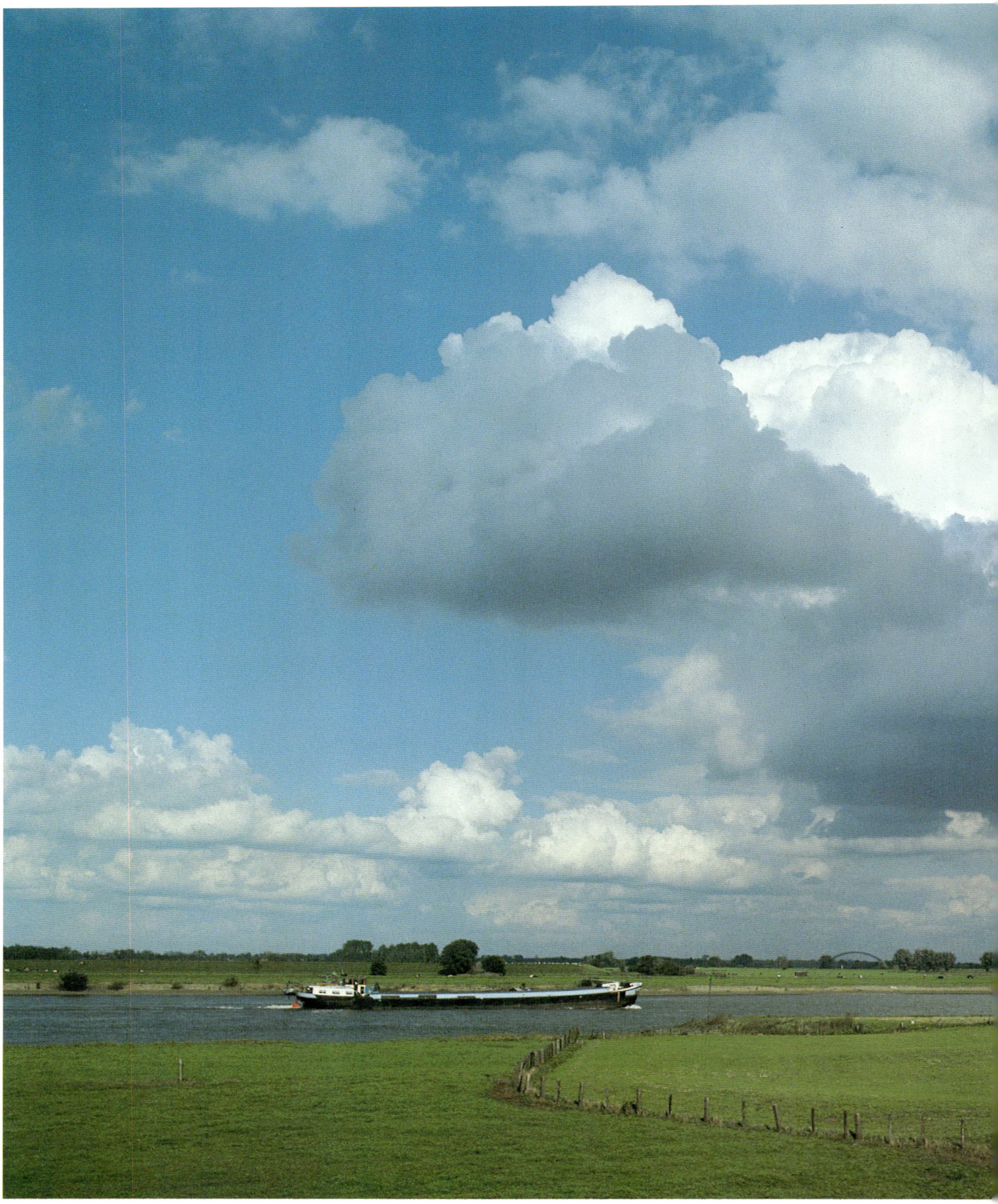

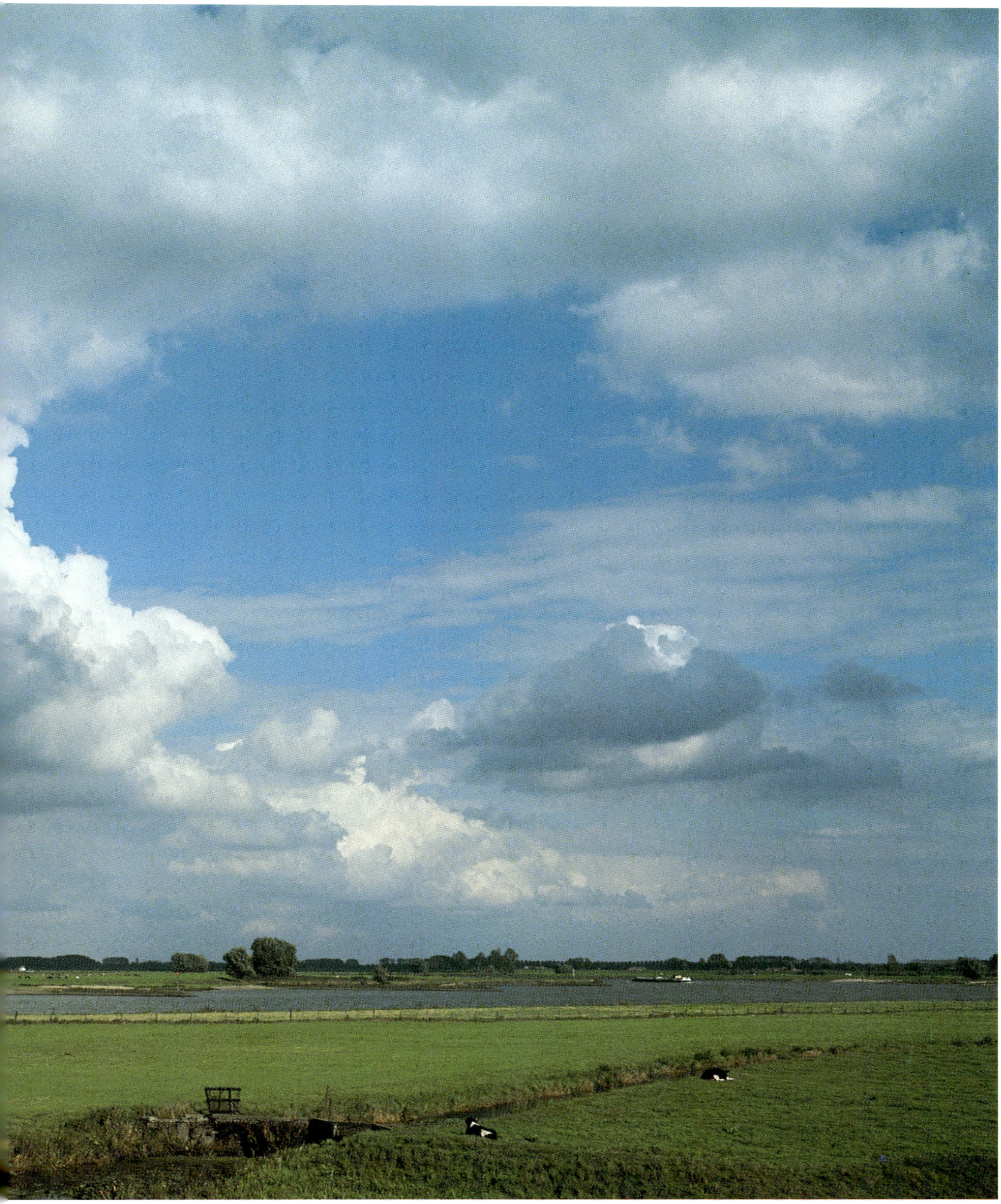

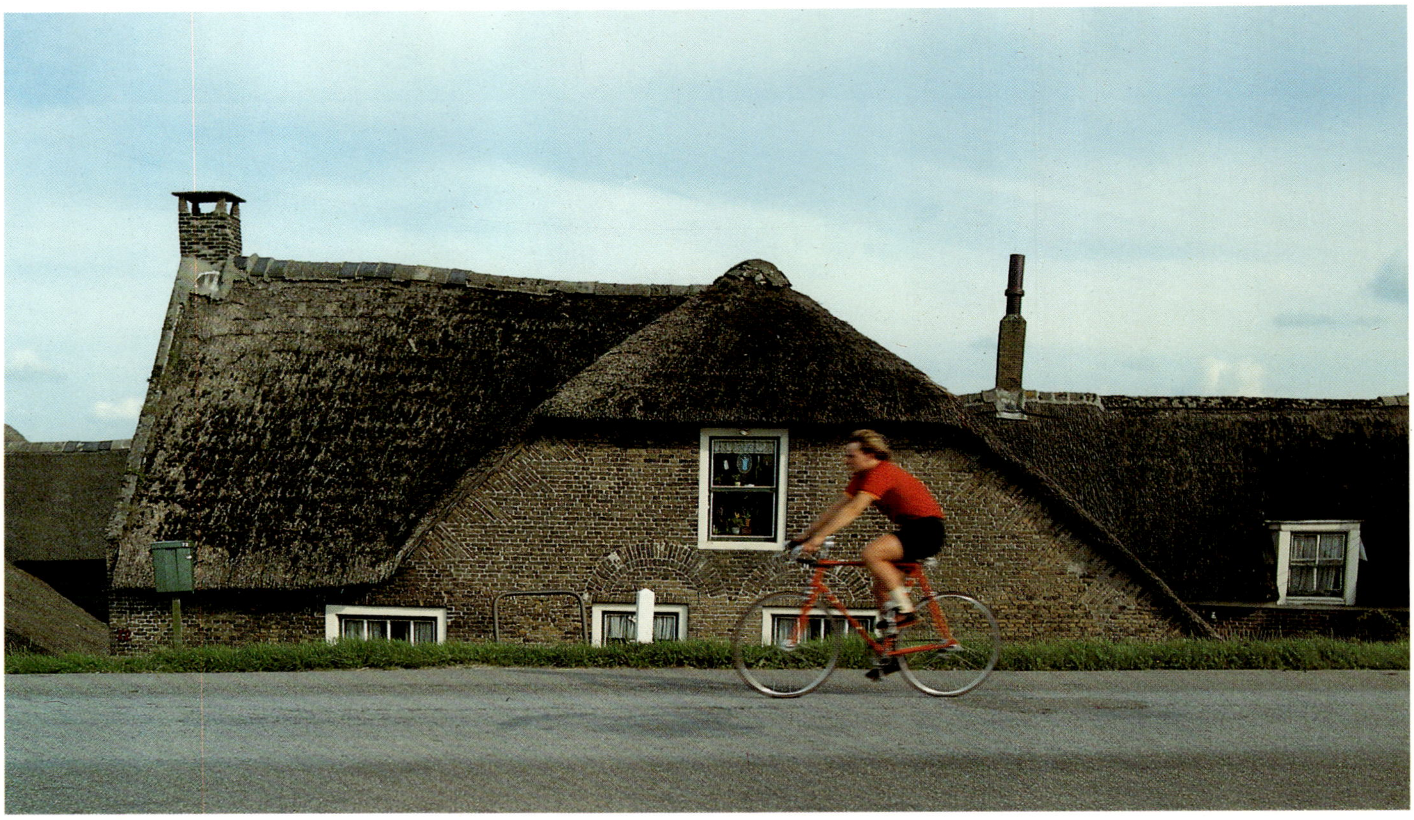

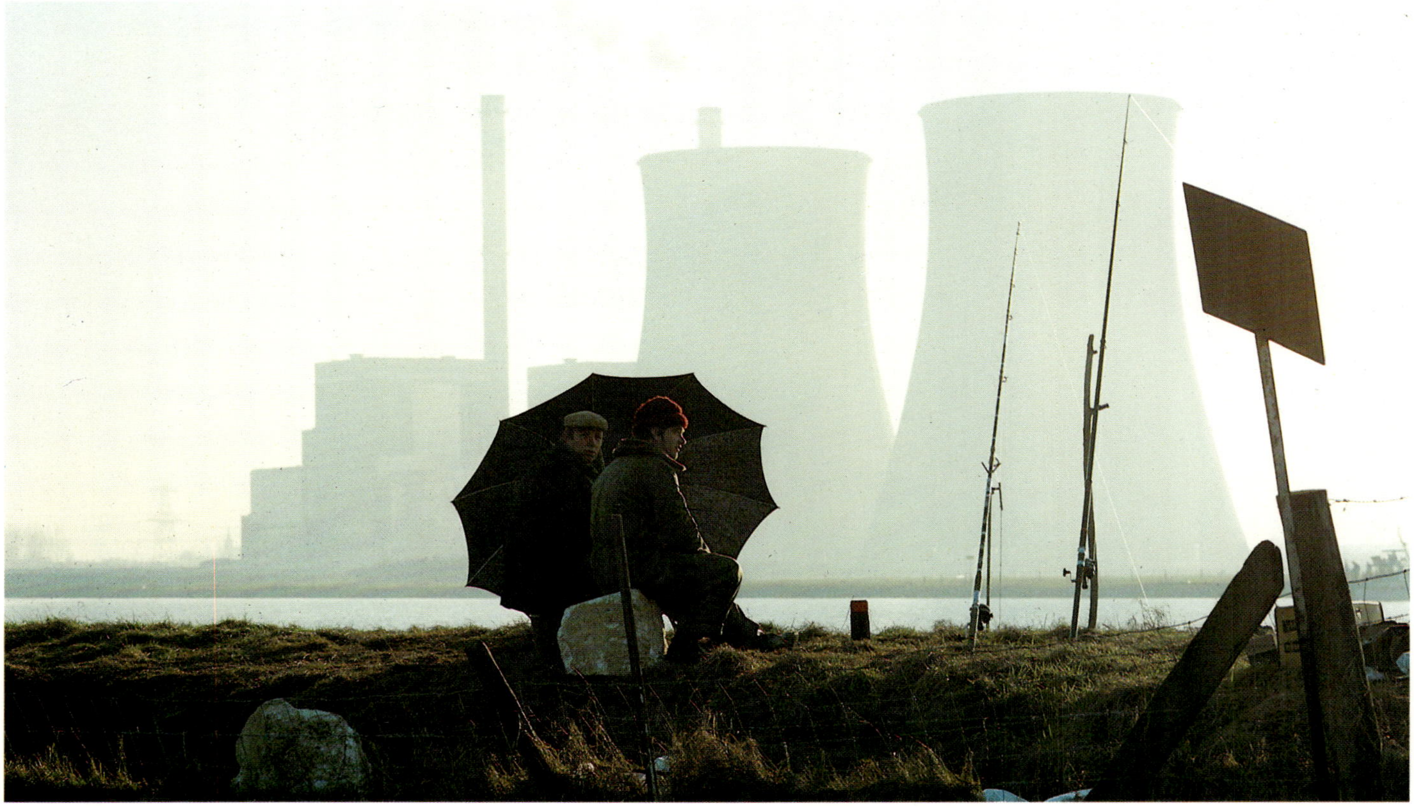

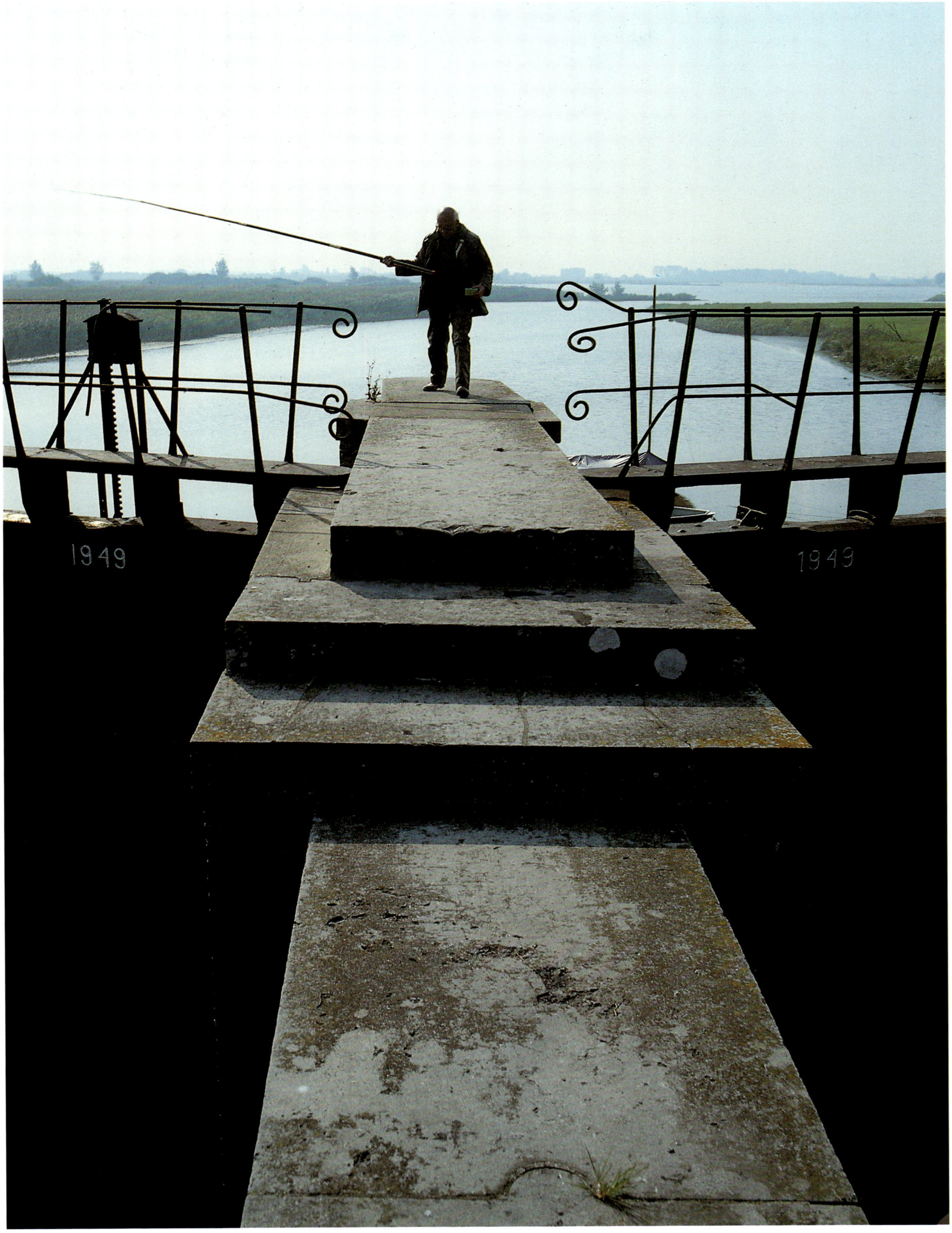
1949
1949

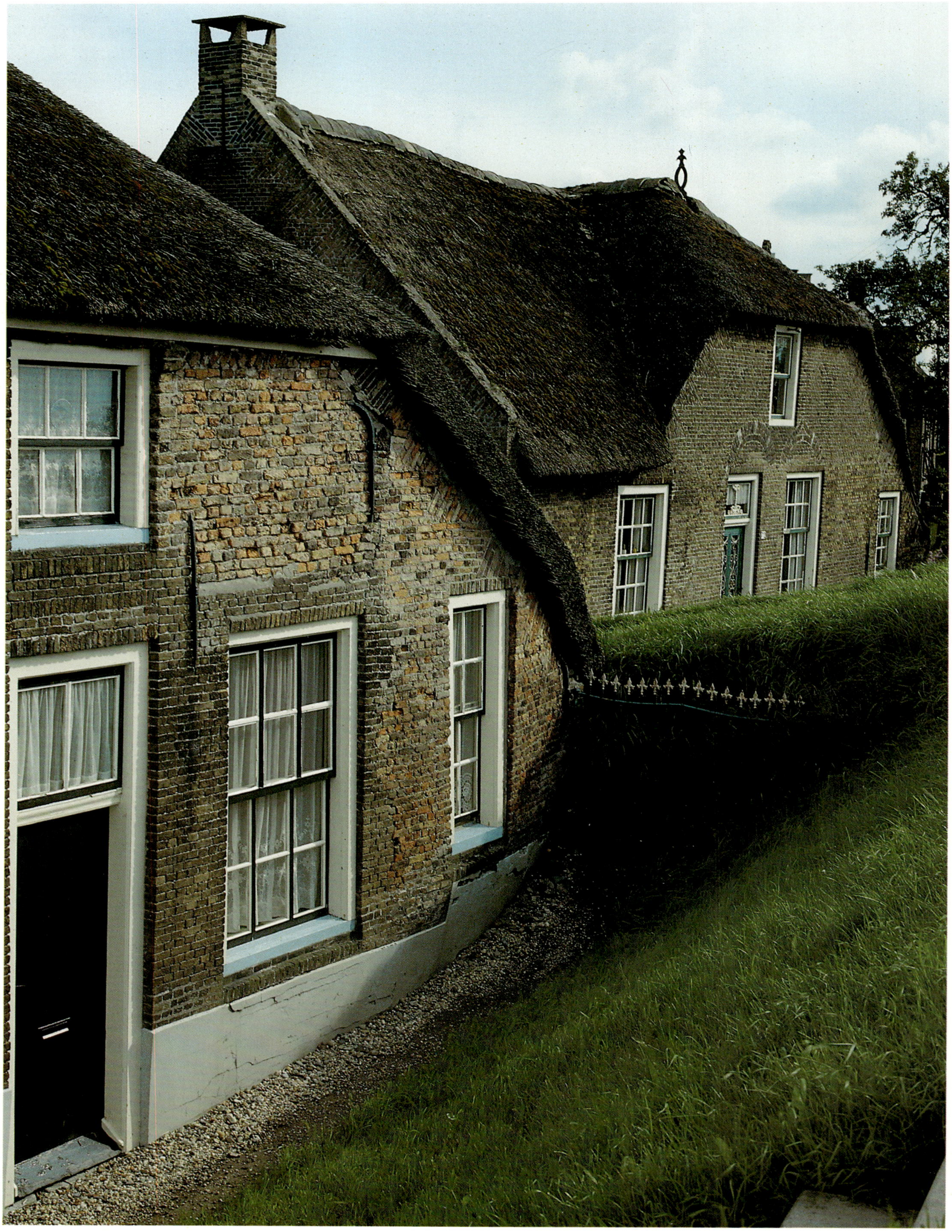

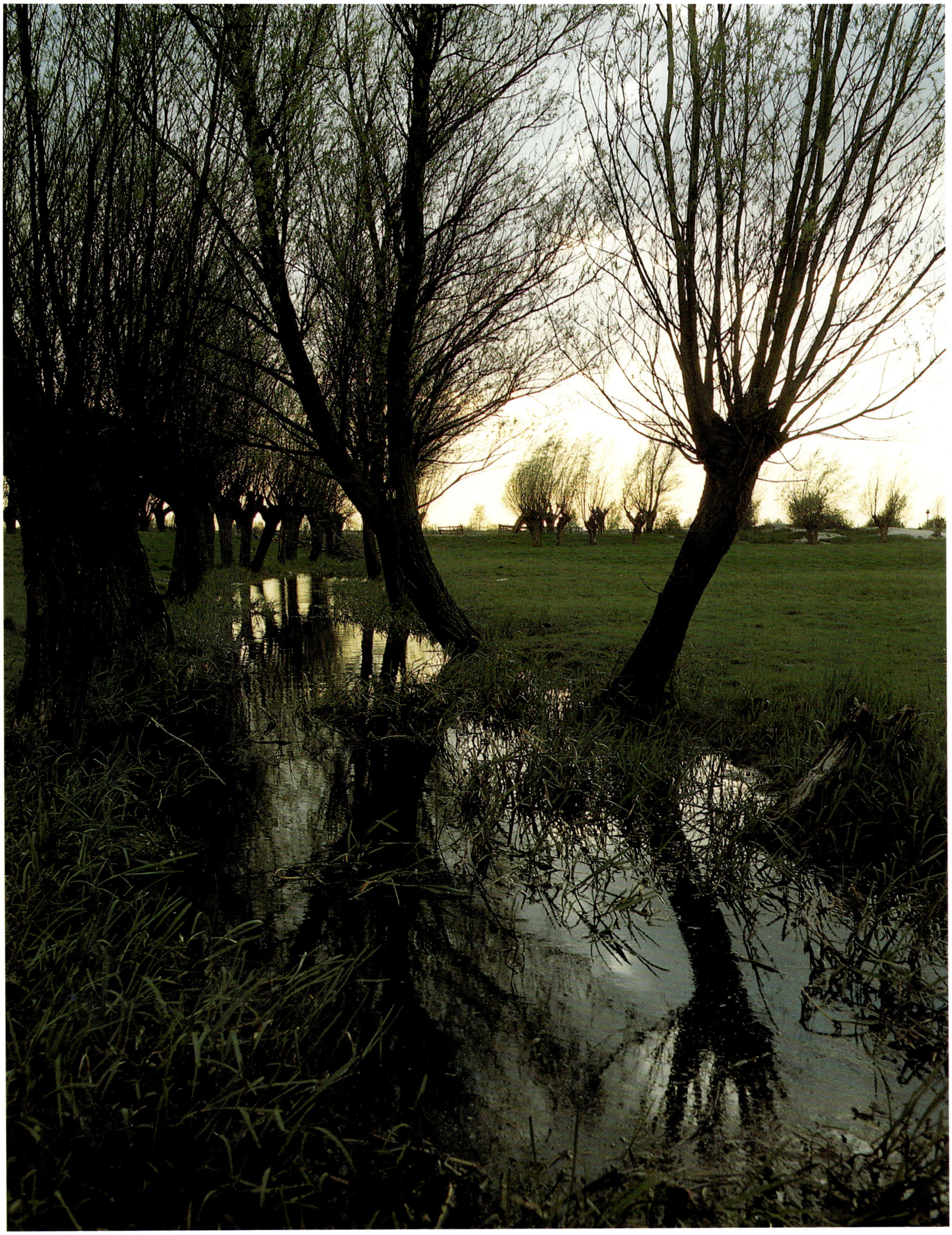

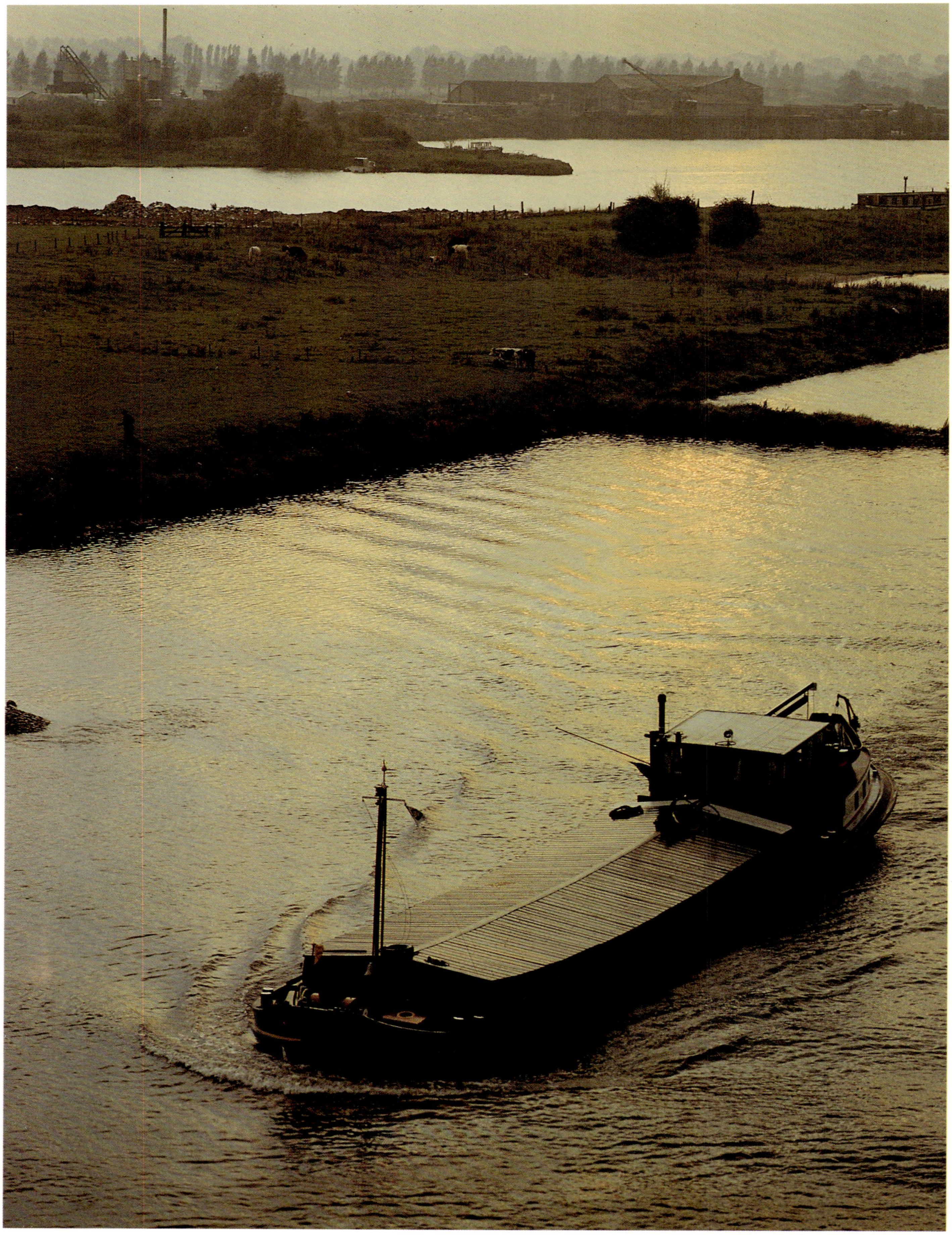

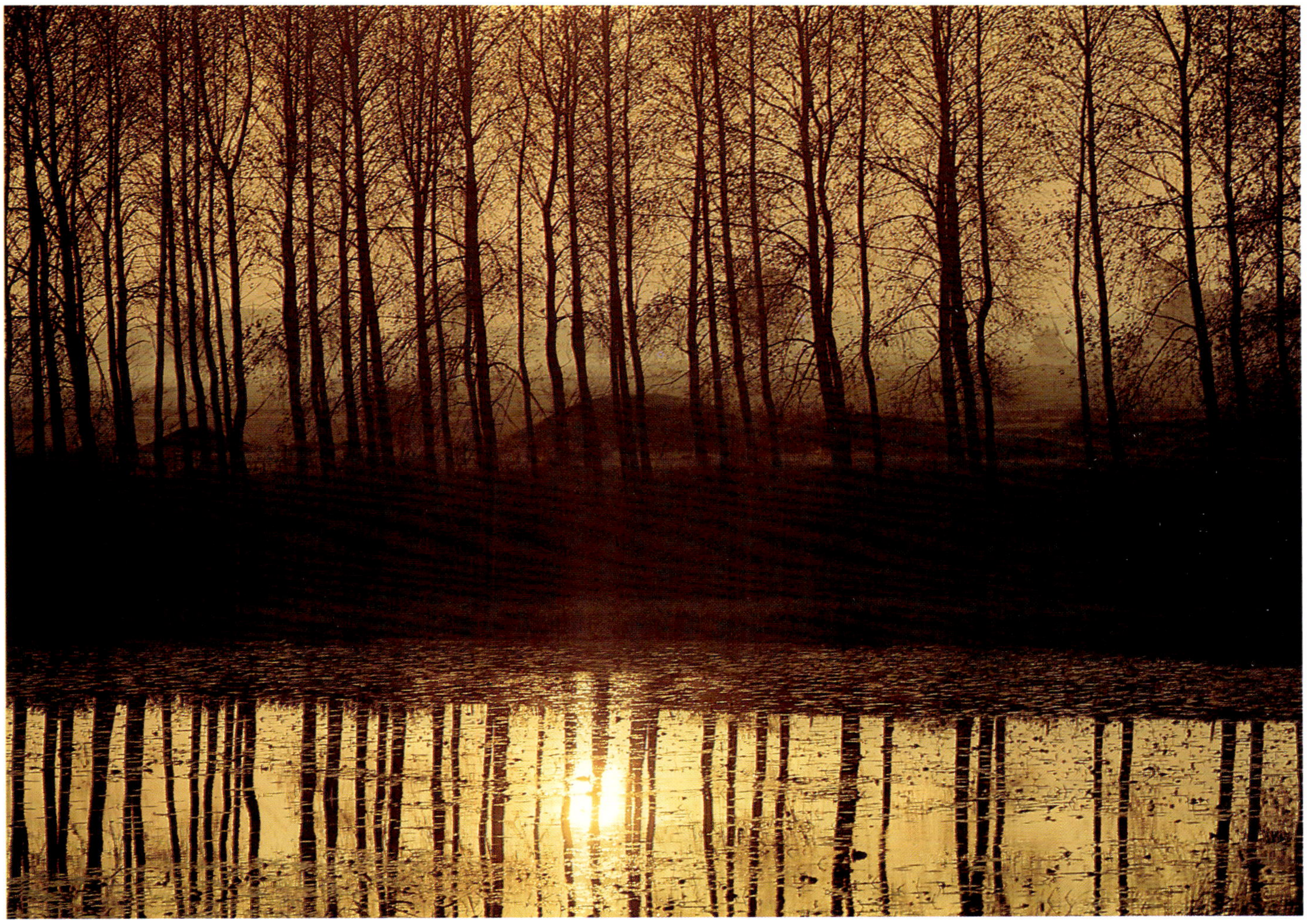

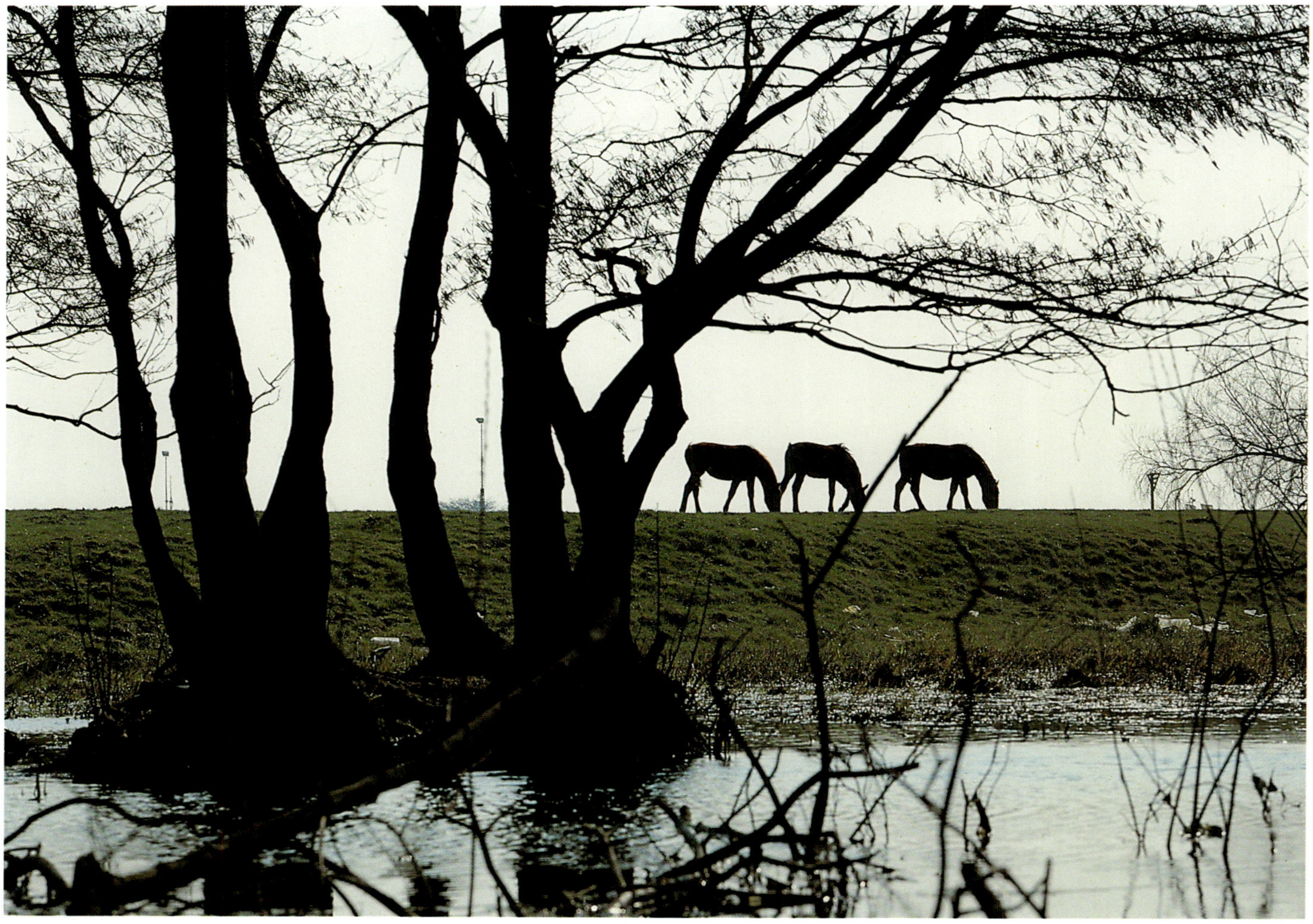

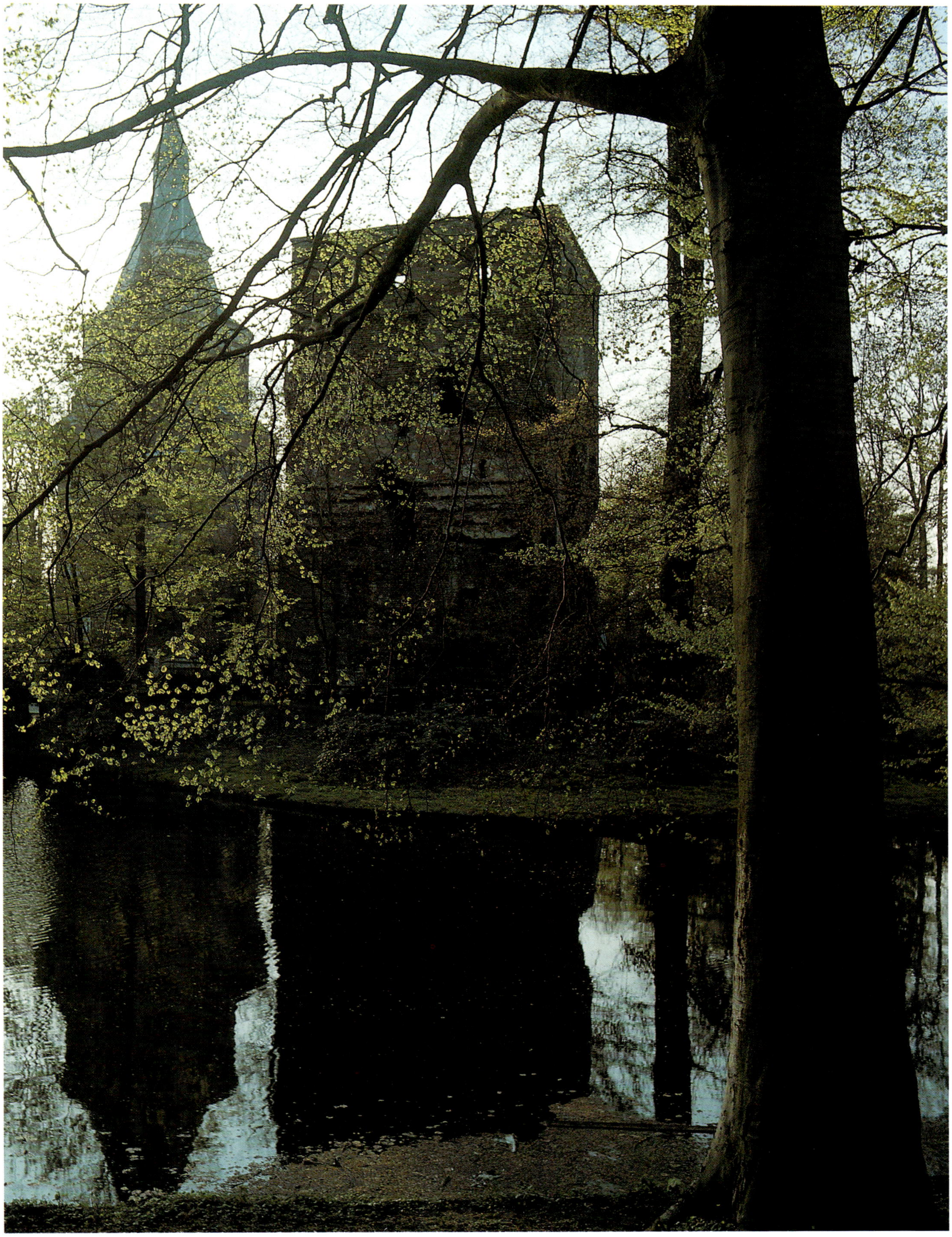

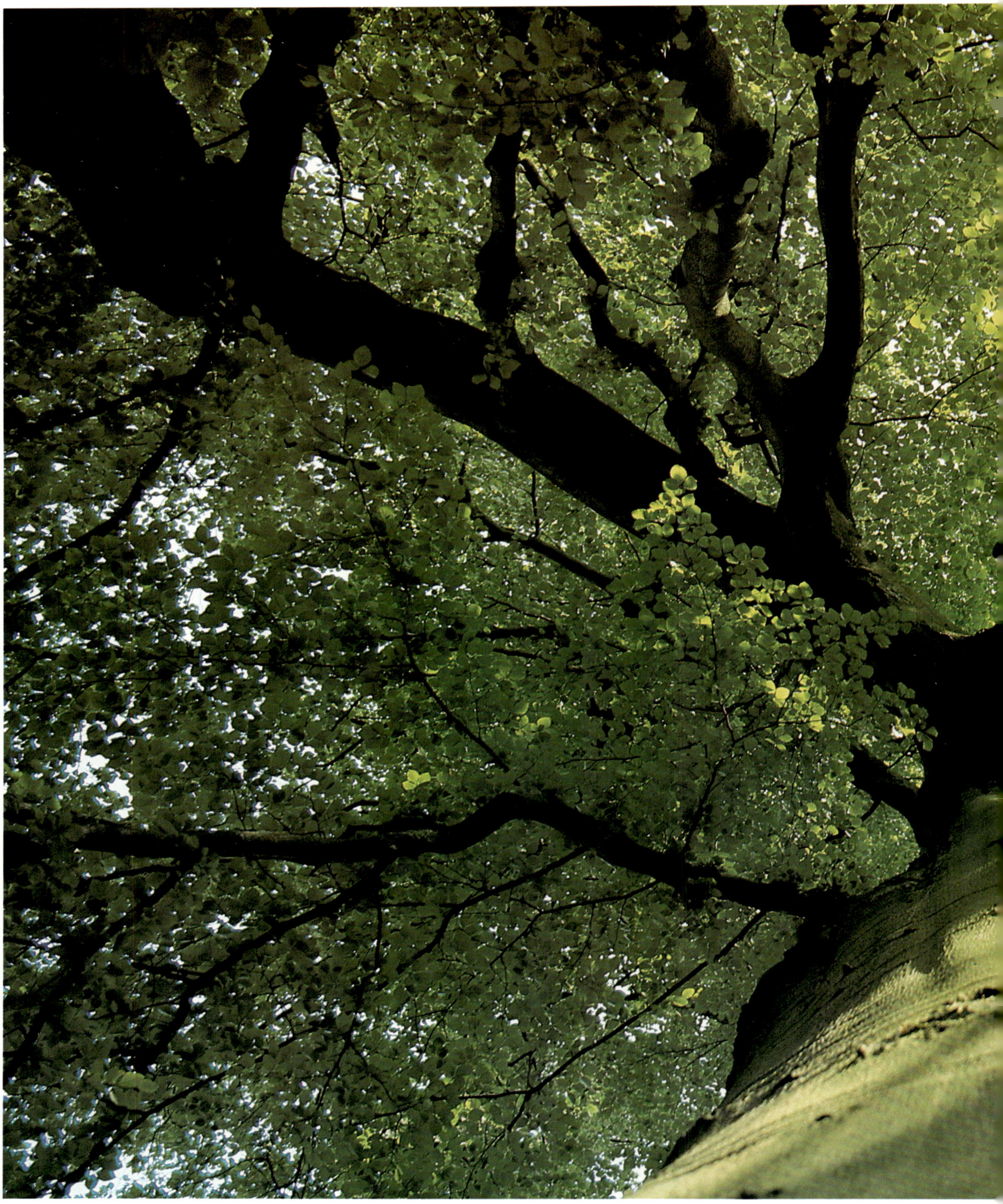

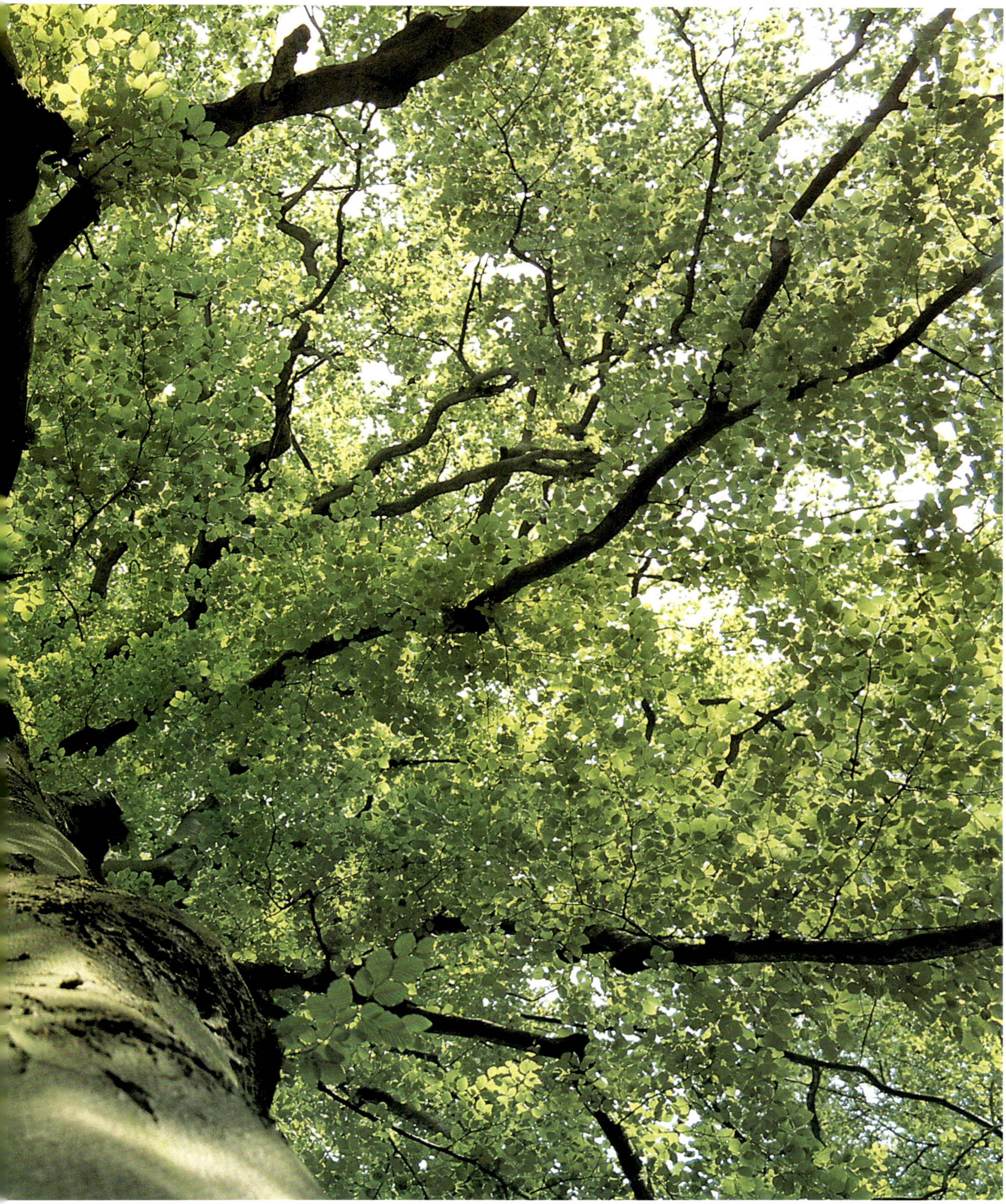

144

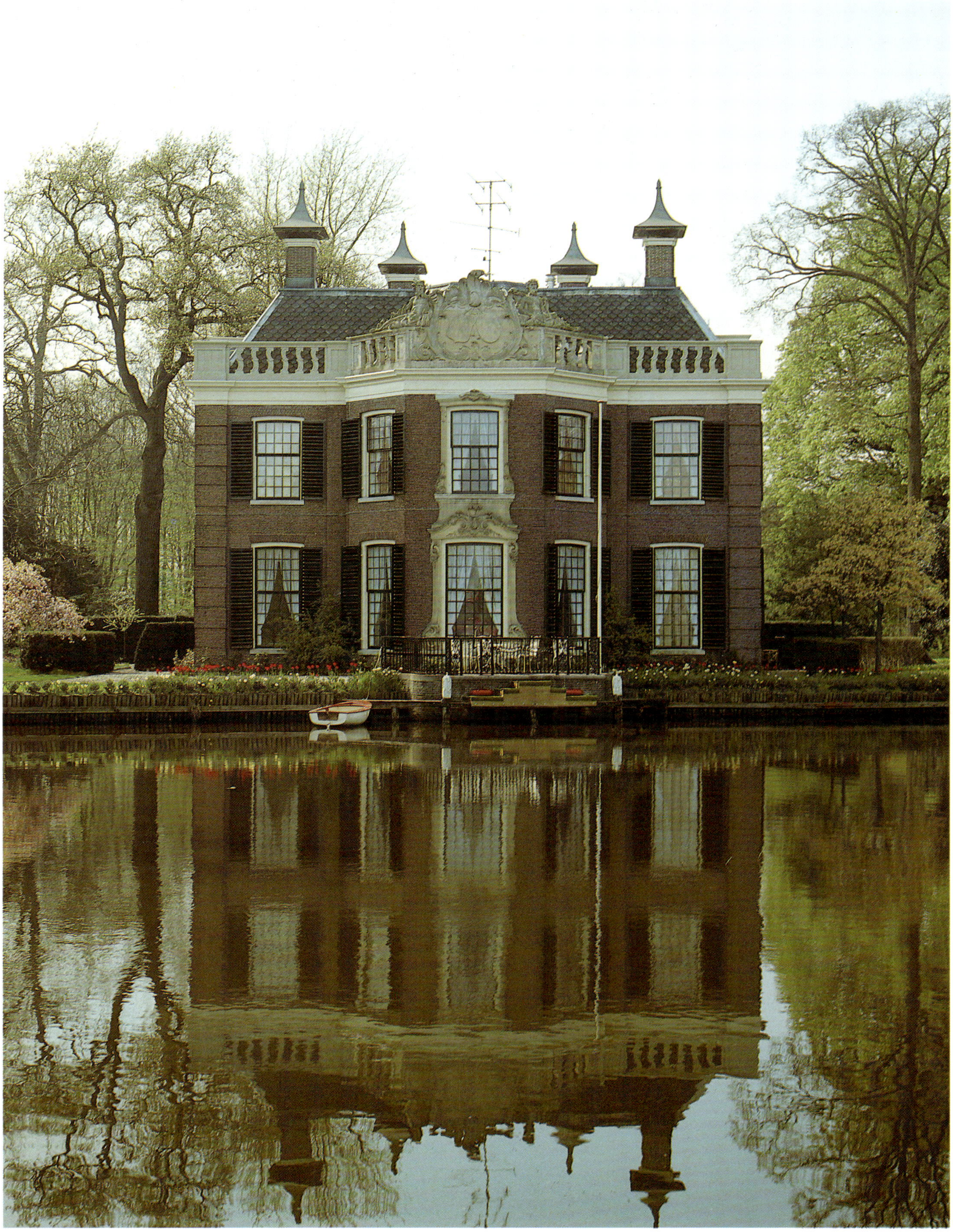

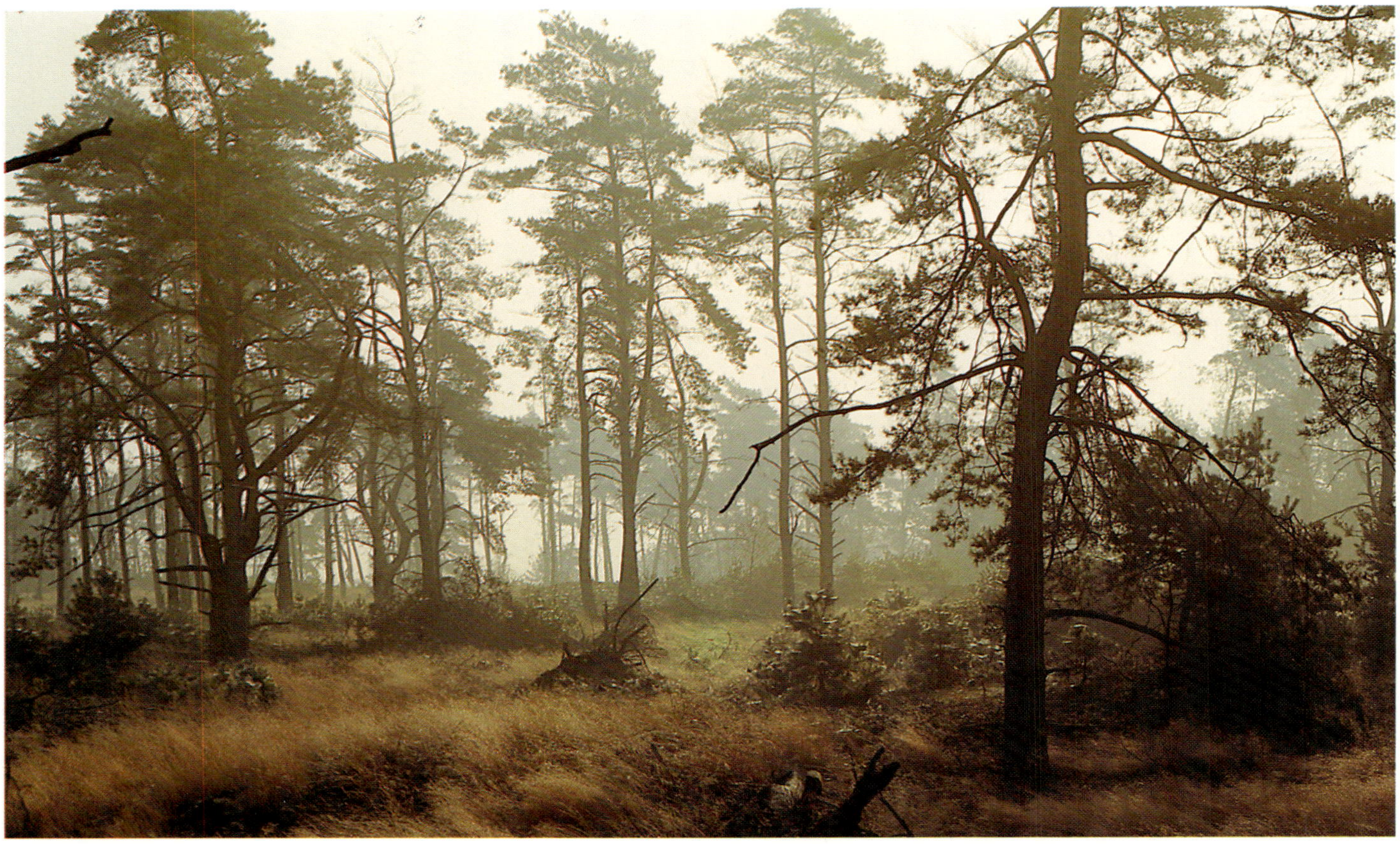

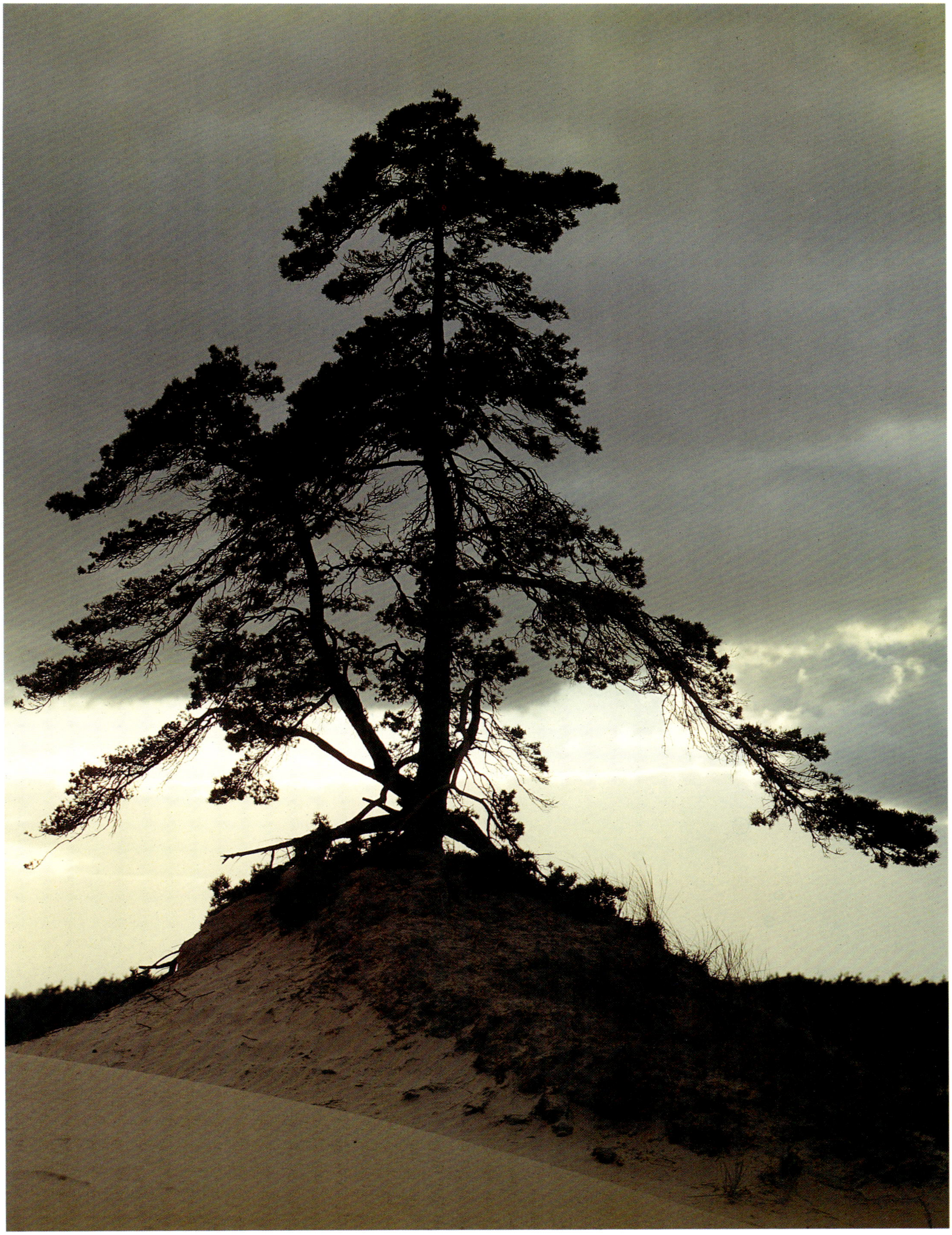

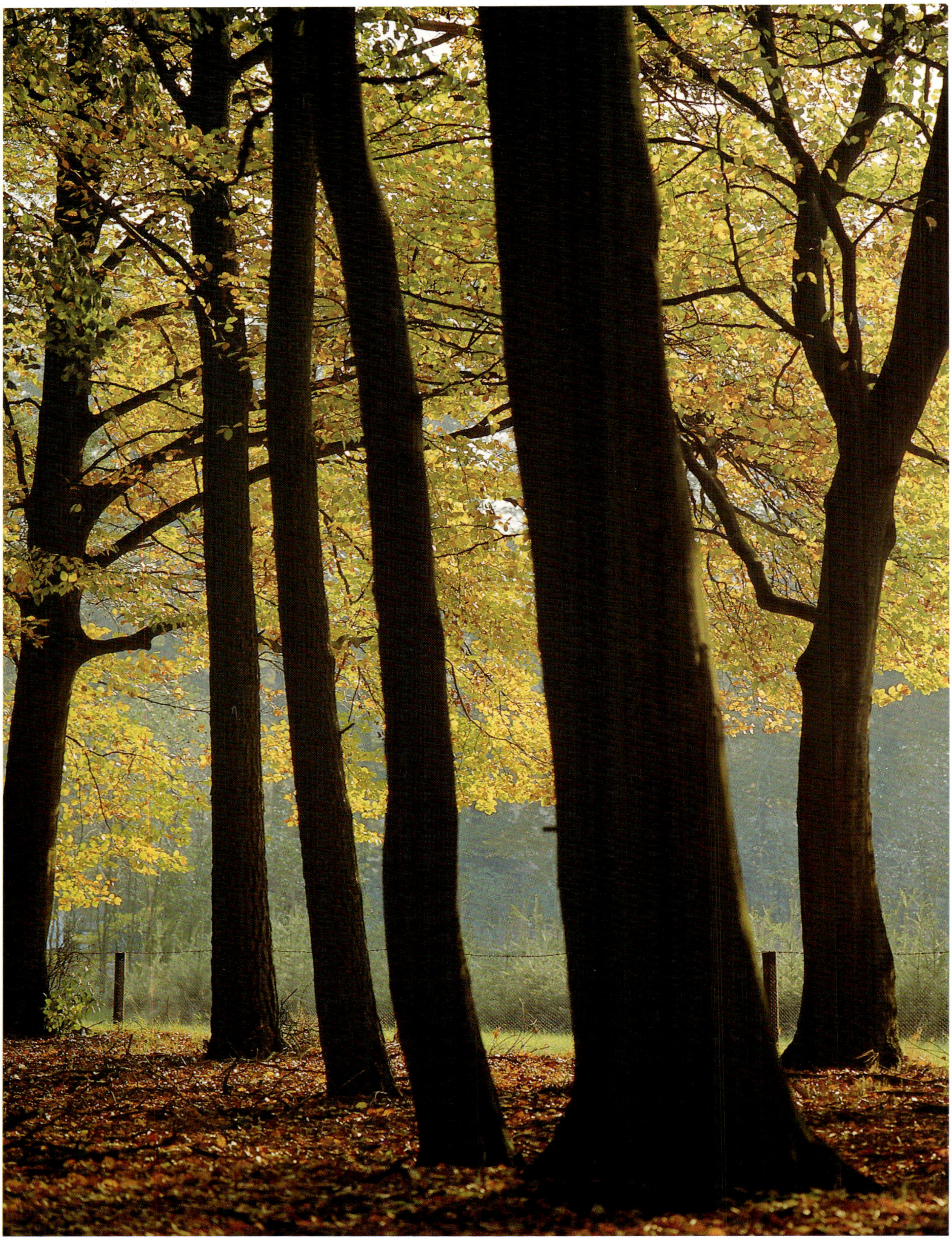

Grote steden en industrie   Big cities and industry   Großstädte und Industrie

Nederland telt zeventien steden met elk meer dan honderdduizend inwoners. Meer dan een kwart van de totale bevolking woont in deze steden. Verreweg de belangrijkste zijn Amsterdam, Den Haag, Utrecht en Rotterdam. Deze vier steden samen vormen de begrenzing van de Randstad Holland, het dichtbevolkte westen van Nederland. Ondanks deze samenhang verschillen de steden onderling sterk en hebben zij elk hun eigen karakter.

De hoofdstad Amsterdam is een levendige stad en geeft op cultureel gebied de toon aan; 's-Gravenhage, ook wel Den Haag genoemd, is de residentie. Hier woont de koninklijke familie en zetelen parlement en regering. Het is het politieke en diplomatieke centrum van het land. Den Haag met zijn vele promenades, parken, pleinen en brede aristocratische lanen is een stad met een ongekende allure. Het statige, lommerrijke Lange Voorhout is de mooiste van de Haagse 'avenues'. Hier staan fraaie patriciërshuizen en aan het eind ervan staat het paleis waar vroeger koningin Emma heeft gewoond. Vlakbij bevindt zich het Buitenhof, dat vroeger behoorde bij de voormalige burcht van de graven van Holland. Via de Stadhouderspoort betreedt men het Binnenhof met als blikvanger de Ridderzaal. Hier arriveert elk jaar op de derde dinsdag in september de gouden koets met de koningin die de troonrede aan de Staten-Generaal voorleest. De hofvijver naast het in gotische stijl gebouwde Binnenhof is in de zomermaanden 's avonds verlicht, hetgeen een schitterend gezicht is. Het ernaast gelegen geheel gerestaureerde en in 1644 in classicistische stijl opgetrokken Mauritshuis bevat een schitterende schilderijencollectie met meesters uit de veertiende tot de zeventiende eeuw, zoals Rembrandt, Vermeer, Steen, Hals, Van Goyen en Rubens.

Den Haag is ook de thuisplaats van het Internationale Gerechtshof, dat onderge-

The Netherlands has seventeen cities with over one hundred thousand inhabitants each. By far the most important are Amsterdam, The Hague, Utrecht and Rotterdam. These four cities together form the limits of the 'Randstad Holland', the urban agglomeration Holland, the densely populated western part of the Netherlands. In spite of that connection the cities vary strongly among themselves and each has its own character.

The capital, Amsterdam, is a lively city and is trendsetter in the field of culture, 's Gravenhage, or The Hague, is the royal residence. The Royal family lives in The Hague which is also the seat of parliament and government. It is the political and diplomatic centre of the country. The Hague, with its many promenades, parks, squares and wide aristocratic avenues is a city of unrivalled style. The dignified, umbrageous Lange Voorhout is one of the most splendid avenues of The Hague. It is lined by splendid mansions and at the end, the palace where Queen Emma used to live. Nearby is the 'Buitenhof', formerly part of the citadel of the Counts of Holland. One should enter the 'Binnenhof' via the 'Stadtholder' Gate with as eyecatcher the 'Ridderzaal' (the Knights' Hall). Here each year on the third Tuesday of September the golden coach stops, carrying the Queen, who will read out the Queen's Speech to the States General. During the summer months the court pond alongside the Gothic style 'Binnenhof' is illuminated in the evening, which provides a magnificent view. The adjacent 'Mauritshuis', built in 1644 in classical style, accommodates a beautiful collection of paintings by masters from the fourteenth to the seventeenth century, such as Rembrandt, Vermeer, Steen, Hals, Van Goyen and Rubens. The Hague is also the home of the International Court of Justice, accommodated in the 'Vredespaleis' (Peace Palace), opened in 1913. This building, inspired by Flemish ar-

In den Niederlanden gibt es 17 Städte mit jeweils mehr als 100.000 Einwohnern. Mehr als ein Viertel der Gesamtbevölkerung lebt in diesen Städten. Die bei weitem wichtigsten sind Amsterdam, Den Haag, Utrecht und Rotterdam. Diese vier Städte stellen zusammen die Grenze der Randstad Holland dar, des dichtbesiedelten Westens der Niederlande. Trotz der Tatsache, daß diese Städte eng miteinander verbunden sind, ist der jeweilige Charakter unterschiedlich. Die Hauptstadt Amsterdam ist eine lebendige Stadt und gibt im kulturellen Bereich den Ton an; 's-Gravenhage, auch Den Haag genannt, ist Regierungssitz. Hier lebt die königliche Familie, und Parlament sowie Regierung haben hier ihren Sitz. Den Haag ist das politische und diplomatische Zentrum des Landes. Mit ihren vielen Promenaden, Parks, Plätzen und breiten, aristokratisch anmutenden Alleen ist Den Haag eine Stadt ganz besonderen Formats. Die majestätische, schattige Lange Voorhout ist die schönste der Den Haager Alleen. Hier stehen herrliche Patrizierhäuser, und an ihrem Ende befindet sich der Palast, in dem früher Königin Emma lebte. Ganz in der Nähe erstreckt sich der Buitenhof, der früher zur ehemaligen Burg der Grafen von Holland gehörte. Über das Stadhouderspoort (Statthaltertor) gelangt man in den Binnenhof, in dem der Rittersaal als Blickfänger dient. Hier trifft jedes Jahr am dritten Dienstag des September die goldene Kutsche mit der Königin ein, welche die Thronrede vor den Generalstaaten hält. Der Hofweiher neben den in gotischem Stil errichteten Binnenhof wird in den Sommermonaten abends beleuchtet, was ein herrlicher Anblick ist. Das danebengelegene, restaurierte und 1644 in klassizistischem Stil errichtete Mauritshuis beherbergt wunderschöne Gemäldesammlungen mit Meistern des 14. bis 17. Jahrhunderts, etwa Rembrandt, Vermeer, Steen, Hals, Van Goyen und Rubens.

bracht is in het in 1913 geopende Vredespaleis. Dit op de Vlaamse architectuur geïnspireerde gebouw kwam tot stand op initiatief van tsaar Nicolaas II, die aan het einde van de vorige eeuw in het Haagse Huis ten Bosch al een eerste Vredesconferentie had georganiseerd. De Franse architect Cordonnier ontwierp het gebouw.

De stad Utrecht, gelegen aan de oevers van de Oude Rijn, dateert uit het begin van onze jaartelling en heeft zich door de eeuwen heen gemanifesteerd als het centrum van het katholieke kerkelijke leven. De naam is ontstaan uit de Romeinse benaming Trajectum ad Rhenum, hetgeen overgang over de Rijn betekent. Deze Romeinse benaming werd later gewijzigd in Ultrajectum en daarna in Trecht om uiteindelijk te veranderen in Utrecht. Dankzij haar centrale ligging is Utrecht uitgegroeid tot een belangrijk handelscentrum, dat een oude stadskern met smalle grachten en vele bruggen verbindt met moderne wijken bestaande uit woningen en kantoorgebouwen. Een dominante plaats in het stadsbeeld wordt ingenomen door de Domtoren. Deze alleenstaande toren was vroeger verbonden met de Domkerk door middel van een middenschip. De in gotische stijl gebouwde Domtoren werd tussen 1321 en 1382 gebouwd en is met zijn 112 meter de hoogste Nederlandse kerktoren. De Domtoren bestaat uit drie verdiepingen, waarvan de eerste twee vierkant zijn en de bovenste met fraaie gotische balkons versierde etage achthoekig. Het uitzicht is ronduit schitterend. Op het plein tussen de Domtoren en de Domkerk, toepasselijk Domplein genoemd, kan men in het plaveisel de plattegrond van het verwoeste middenschip zien. Eens stond hier een imposante kathedraal, maar een storm in 1674 verwoestte het middenstuk.

Rotterdam is van een kleine nederzetting op de oevers aan de monding van het riviertje de Rotte (dat op deze plaats uitmondt in de Maas) uitgegroeid tot 's werelds grootste haven. In het jaar 1340 kreeg het plaatsje stadsrechten en in 1350 werd er een kanaal naar Delft en Leiden gegraven, hetgeen de basis vormde voor de ontwikkeling van Rotterdam als haven. Aan het einde van de mid-

chitecture was built on the initiative of Czar Nicholas II, who had already organized a first Peace Conference in The Hague, in 'Huis ten Bosch' at the end of the last century. The French architect Cordonnier designed the building.

The city of Utrecht, situated on the banks of the 'old' River Rhine, dates from the beginning of the first century and through the ages has manifested itself as the centre of Roman Catholic religious life. The name derives from the Roman name Trajectum ad Rhenum, which means ford in the River Rhine. This Roman name was changed later to Ultrajectum, then to Trecht and finally became Utrecht. Thanks to its central location Utrecht developed into an important trading centre, with an old city centre with narrow canals and many bridges which are connected with modern areas consisting of houses and office blocks. The 'Domtoren', the tower of the cathedral, dominates the city skyline. In former days this detached church-tower was connected with the cathedral by means of an overhead arch. The Gothic 'Domtoren' was built between 1321 and 1382 and, with its 112 metres is the tallest Dutch church-tower. The 'Domtoren' has three floors, the first two are square and the top floor is octagonal, with splendid Gothic balconies. The view is absolutely magnificent.

On the square between 'Domtoren' and cathedral, called 'Domplein' the outline of the destroyed nave can be discerned in the pavement. An imposing cathedral stood there once, but a storm destroyed the nave in 1674.

Rotterdam has grown from a modest settlement at the banks of the river Rhine, where the small River Rotte empties into that river and into the world's largest port. The town was granted a town charter in 1340 and in 1350 a canal was dug to Delft and Leiden, which contributed to the further growth of Rotterdam as a port. By the end of the Middle Ages commercial traffic had increased and at the beginning of the seventeenth century the port was expanded. Between 1866 and 1872 an eighteen-kilometre-long canal was dug, the New Waterway, to improve the

Den Haag ist auch Sitz des Internationalen Gerichtshofs, der im 1913 eröffneten Vredespaleis (Friedenspalast) tagt. Dieses auf flämischer Architektur basierende Gebäude wurde auf Initiative von Zar Nikolaus II. errichtet, der gegen Ende des vorigen Jahrhunderts im Den Haager Huis ten Bosch bereits eine erste Friedenskonferenz organisiert hatte. Der französische Architekt Cordonnier plante das Gebäude.

Die Stadt Utrecht, an den Ufern des Oude Rijn (Alter Rhein) gelegen, hat eine Geschichte, die bis zum Beginn unserer Zeitrechnung zurückreicht und konnte sich im Lauf der Jahrhunderte als Zentrum des katholischen Lebens etablieren. Der Name der Stadt geht auf die römische Bezeichnung "Trajectum ad Rhenum" zurück, was so viel wie "Übergang über den Rhein" bedeutet. Dieser römische Name wurde später zu "Ultrajectum", dann zu "Trecht" und schließlich zu "Utrecht". Dank der zentralen Lage entwickelte sich Utrecht zu einem wichtigen Handelszentrum, das einen alten Stadtkern mit schmalen Grachten und zahlreichen Brücken mit modernen Vierteln, bestehend aus Wohnhäusern und Bürogebäuden, verbindet. Auffallendes Element im Stadtbild ist der Domturm. Dieser alleinstehende Turm war früher mit der Domkirche durch eine Bogenbrücke verbunden. Der im gotischen Stil errichtete Domturm wurde zwischen 1321 und 1382 erbaut und ist mit 112 m der höchste niederländische Kirchturm. Der Domturm besteht aus drei Stockwerken, deren erste beiden quadratisch sind, und dessen oberstes von achteckiger Form und mit schönen gotischen Balkonen versehen ist. Der Blick vom Turm ist herrlich.

Auf dem Platz zwischen Domturm und Domkirche, sinnvollerweise Domplatz genannt, kann man im Straßenpflaster den Grundriß des zerstörten Mittelschiffes erkennen. Einst stand hier eine imposante Kathedrale, doch ein Sturm verwüstete 1674 das Mittelschiff.

Rotterdam entwickelte sich von einer kleinen Ansiedlung an den Ufern der Mündung des Flüßchens Rotte (das an dieser Stelle in die Maas mündet) zum weltgrößten Hafen.

deleeuwen nam het handelsverkeer toe en aan het begin van de zeventiende eeuw werd de haven vergroot. Tussen 1866 en 1872 werd er een achtien kilometer lang kanaal gegraven, de Nieuwe Waterweg, om de verbinding met de zee te verbeteren. Vanaf dat moment heeft Rotterdam, dat qua inwonertal de tweede stad van Nederland is, steeds meer aan belangrijkheid gewonnen. Er werden diverse binnenhavens, zoals de Entrepothaven, Spoorweghaven, Rijnhaven, Maashaven, Waalhaven en Merwehaven aangelegd en zelfs de kleine haven van Delft, Delfshaven, werd ingelijfd. Rotterdam heeft erg geleden onder het oorlogsgeweld in van de Tweede Wereldoorlog en er is maar weinig over van de oude stad. Direct na de oorlog is men voortvarend aan de wederopbouw begonnen en het resultaat is een moderne, vooral zakelijke stad. Het merendeel van de bevolking woont in woonwijken buiten de stad. Op de plaats van de oude stad verrees een modern zakencentrum en ook de haven werd hersteld en verder uitgebreid, hetgeen heeft geresulteerd in de Europoort. Rotterdam neemt in de economie van Nederland een belangrijke plaats in. Van de beroepsbevolking in Nederland, circa 5½ miljoen inwoners, is tweederde deel werkzaam in de dienstverlenende sector, ruim een kwart in de nijverheid en het overige deel in de landbouw en visserij. Dankzij de gunstige ligging aan de Noordzee en aan de mondingen van de rivieren Rijn en Maas, heeft Nederland een belangrijke plaats veroverd in het internationale vervoer. De totstandkoming van de Europese Economische Gemeenschap (EEG) in 1958 is van grote invloed geweest op het Nederlandse aandeel in de doorvoerhandel. Het is dan ook niet verwonderlijk dat de Nederlandse havens een vooraanstaande positie innemen in het internationale goederenvervoer. Rotterdam als 'Europoort' is de grootste haven ter wereld en de helft van het internationale vervoer over water binnen de EEG wordt verzorgd door Nederlandse vervoerders, veel hiervan vindt plaats over de Rijn. Ook het goederen wegvervoer is sterk ontwikkeld: ruim één derde van het wegvervoer binnen de EEG geschiedt door

connection with the sea. From this moment on Rotterdam, the second largest city in the Netherlands, became more and more important. Various harbourbasins were dug, such as the 'Entrepothaven', 'Spoorweghaven', 'Rijnhaven', 'Maashaven', 'Waalhaven' and 'Merwehaven' and the small port of Delft, Delfshaven, was even incorporated into Rotterdam. Rotterdam has suffered during the Second World War and little is left of the old city. Immediately after the war reconstruction of port and city were tackled with vigour and the result is a modern, very commercial city. A majority of the inhabitants live in suburbs outside the city. Where the old city centre was destroyed, a new, modern business centre has been created. The port was restored and expanded, which resulted in vast harbour and industrial areas such as Botlek, Europoort and Maasvlakte. Rotterdam plays a leading role in the economy of the Netherlands.

Of the working population of the Netherlands, about 5½ million people, two thirds, are working in the service-rendering sector, over a quarter in industry and the remaining part in agriculture and fishing. Thanks to its favourable location on the North Sea and the estuaries of the Rhine and Meuse, the Netherlands have acquired a leading position in international transport. The creation of the European Economic Community (EEC) in 1958 has had great influence on the Dutch share in the transit trade. It is no wonder that the Dutch ports play a leading role in international cargo transport. Rotterdam-'Europoort' is the world's leading port and more than half of inter-EEC inland waterway transport is carried out by Dutch forwarders, mainly via the River Rhine. Goods traffic by road is also highly developed: more than one third of inter-EEC road transport is carried out by Dutch hauliers. The national airline KLM (Koninklijke Luchtvaart Maatschappij = Royal Dutch Airlines) holds an important place in air transport of cargo and passengers. Agriculture and cattle breeding on the contrary contribute less and less to the national income. However, thanks to ad-

Im Jahre 1340 erhielt der Flecken das Stadtrecht, und 1350 wurde zwischen Delft und Leiden ein Kanal angelegt, der schließlich die Grundlage zur Entwicklung von Rotterdam als Hafenstadt bildete. Gegen Ende des Mittelalters nahm der Handelsverkehr zu, und zu Beginn des 17. Jahrhunderts wurde der Hafen erweitert. Zwischen 1866 und 1872 wurde ein 18 km langer Kanal gegraben, der Nieuwe Waterweg, um die Verbindung zum Meer zu verbessern. Von da an hat Rotterdam, das hinsichtlich der Zahl seiner Einwohner die zweitgrößte Stadt der Niederlande ist, an Bedeutung immer weiter zugenommen. Es wurden verschiedene Binnenhäfen, etwa der Entrepothafen, der Eisenbahnhafen, der Rheinhafen, der Maashafen, der Waalhafen und der Merwehafen angelegt, und sogar der kleine Delfter Hafen, Delfshafen, wurde einverleibt. Rotterdam hatte in Kriegszeiten viel zu erdulden, und im Zweiten Weltkrieg blieb von der Altstadt nur wenig übrig. Gleich nach dem Krieg hat man mit dem Wiederaufbau begonnen, und das Ergebnis ist eine moderne, vor allem auf das Geschäftsleben zugeschnittene Stadt. Der größte Teil der Bevölkerung lebt in Wohnvierteln außerhalb der Stadt. An der Stelle des alten Stadtkerns entstand ein modernes Geschäftszentrum, und auch der Hafen wurde wieder aufgebaut und erweitert, was dann schließlich zum heutigen Europoort führte. Rotterdam spielt in wirtschaftlicher Hinsicht in den Niederlanden eine wichtige Rolle.

Von der erwerbstätigen Bevölkerung in den Niederlanden, ca. 5,5 Millionen Menschen, sind zwei Drittel im Dienstleistungsbereich, rund ein Viertel im Handwerk und die übrigen in der Landwirtschaft und in der Fischerei beschäftigt. Dank der günstigen Lage an der Nordsee sowie an den Mündungen der Flüsse Rhein und Maas konnten sich die Niederlande einen bedeutenden Platz innerhalb des internationalen Warentransports sichern. Die Gründung der Europäischen Gemeinschaft (EG) 1958 hat großen Einfluß auf den niederländischen Anteil am Transithandel gehabt. Es ist daher auch nicht weiter verwunderlich, daß die nie-

Nederlandse vrachtvervoerders. De nationale luchtvaartmaatschappij KLM (Koninklijke Luchtvaart Maatschappij) neemt een belangrijke plaats in bij het vervoer door de lucht van goederen en personen.

Landbouw en veeteelt daarentegen dragen in steeds mindere mate bij tot het nationaal inkomen. De landbouw staat in Nederland dankzij geavanceerde technieken echter op een hoog niveau met als resultaat dat de opbrengst per hectare tot de hoogste van de wereld behoort. Circa twee derde van de cultuurgronden in Nederland is evenwel in gebruik als grasland voor veeteeltdoeleinden. Produkten als kaas en boter zijn wereldberoemd. Daarnaast neemt ook de tuinbouw een belangrijke plaats in. De Betuwe is het centrum van de fruitteelt en bloemen worden op de zogenaamde geestgronden achter de duinen en in de polders gekweekt. Snijbloemen worden in de omgeving van Aalsmeer in kassen gekweekt. Daarnaast vindt in het Westland ook groenteteelt in kassen plaats.

Naast de landbouw is ook de visserij, vroeger eveneens een belangrijk onderdeel van de economie van het land, in betekenis afgenomen. De meeste vissoorten zijn door overbevissing in het verleden nu onderhevig aan vangstbeperkingen.

De ontwikkeling van de industrie heeft na de Tweede Wereldoorlog een grote vlucht genomen. De exploitatie van delfstoffen als aardolie en aardgas is van invloed geweest op de ontwikkeling van de petrochemie. Handel is echter verreweg de grootste bron van inkomsten. Na een periode van neergang is de Nederlandse positie als exportland weer sterk verbeterd. De internationale concurrentiepositie van Nederland is momenteel bijzonder gunstig te noemen.

vanced techniques, agriculture has achieved a high level in the Netherlands so that the yield per acre is one of the highest in the world. About two thirds of cultivated land in the Netherlands is used for meadows for cattle breeding. Products such as cheese and butter are world-famous. Horticulture also holds an important place. The 'Betuwe' is the centre of fruit growing and flowers are cultivated on the sandy soil between dunes and polders. Cut flowers are cultivated in greenhouses in the neighbourhood of Aalsmeer. In the 'Westland' area vegetables and fruit are cultivated in greenhouses.

Not only agriculture has become less important for the country's economy: fishing, that used to be an important cornerstone for the economy, has also decreased. Most kinds of fish can only be caught in limited quantities, due to overfishing in the past.

After the Second World War industry expanded enormously. The processing of minerals such as crude oil and natural gas has been important for the development of the petrochemical industry. However, trade is by far the largest source of income. After a period of decline the position of the Netherlands as an exporting country has strongly improved. At the moment the competitive position of the Netherlands may be called exceptionally favourable.

derländischen Häfen eine wichtige Position innerhalb des internationalen Warenverkehrs einnehmen. Rotterdam als "Europoort" ist der größte Hafen der Welt, und die Hälfte des internationalen Transports auf dem Wasserweg innerhalb der EG wird von niederländischen Unternehmen wahrgenommen, wobei ein erheblicher Teil auf dem Wasserweg Rhein transportiert wird. Auch der Güterverkehr auf der Straße wurde immer weiter entwickelt: Rund ein Drittel des Straßenverkehrs innerhalb der EG wird von niederländischen Spediteuren abgewickelt. Die niederländische Luftverkehrsgesellschaft KLM (Koninklijke Luchtvaart Maatschappij) spielt beim Transport von Gütern und Personen auf dem Luftweg eine bedeutende Rolle. Landwirtschaft und Viehzucht dagegen haben am Nationaleinkommen einen stetig sinkenden Anteil. Die Landwirtschaft hat in den Niederlanden dank fortschrittlicher Techniken jedoch hohes Niveau, was dazu führt, daß der Ertrag pro Hektar zu den höchsten in der Welt gehört. Etwa zwei Drittel der kultivierten Böden in den Niederlanden sind als Grasland für die Viehzucht in Gebrauch. Daneben nimmt auch der Gartenbau einen wichtigen Platz ein. De Betuwe ist Zentrum des Obstanbaus, und Blumen werden auf den sogenannten Geestböden hinter den Dünen und auf den Poldern angepflanzt. Schnittblumen findet man in der Umgebung von Aalsmeer, wo sie in Treibhäusern gezüchtet werden. Daneben gibt es in der Umgebung von Westland Gemüseanbau, der ebenfalls in Treibhäusern erfolgt.

Nicht nur die Landwirtschaft, sondern auch die Fischerei – früher gleichfalls ein bedeutender Bestandteil der Wirtschaft des Landes – hat an Bedeutung verloren. Die meisten Fischarten unterliegen heute infolge der Überfischung in der Vergangenheit Fangbeschränkungen.

Die Entwicklung der Industrie hat nach dem Zweiten Weltkrieg große Fortschritte gemacht. Nach einer Zeit des Niedergangs konnten die Niederländer ihre Posititon als Exportland wieder erheblich verbessern. Die internationale Konkurrenzlage der Niederlande kann im Augenblick als außerordentlich günstig bezeichnet werden.

pag. 157 *Statige paleizen en voorname woonhuizen uit de 17e en 18e eeuw staan langs het brede Lange Voorhout in Den Haag.*

pag. 158 en 159
Graaf Floris IV kocht in 1229 de Hof van Vrouwe Meilendis welke waarschijnlijk de kern vormde van het latere grafelijk paleis.
Deze paleisgebouwen vormen nog immer het hart van het Binnenhof. De oorspronkelijke ommuring is geheel verdwenen en heeft plaats gemaakt voor de vele gebouwen die er door de eeuwen heen zijn bijgekomen om de stadhouders en regeringscolleges te huisvesten. Van de grachten is slechts de 'Hofvijver' bewaard gebleven. Het Binnenhof fungeert nog immer als regeringscentrum.

pag. 161 *De Brabantse Gotiek is een 14e-eeuwse noordelijke variant op de gotiek die in 1145 in Noord-Frankrijk ontstaan is. Het hoogtepunt is wel bereikt met de St. Janskathedraal waaraan van de 14e tot de 16e eeuw gebouwd is.*

pag. 162 *Het grafmonument, gemaakt van albast en marmer ter nagedachtenis aan Engelbert II van Nassau en zijn vrouw Cimburga van Baden, bevindt zich in de Onze Lieve Vrouwekerk te Breda. Het dateert uit de jaren 1526 - 1538 en werd door een onbekende kunstenaar in opdracht van Hendrik III van Nassau opgericht.*

pag. 163 *Ook de O.L.Vrouwekerk in Breda is een schitterend voor-*

page 157 *Stately palaces and dignified mansions from the 17th and 18th centuries line the wide Lange Voorhout in The Hague.*

page 158 and 159
In 1229 Count Floris V bought the Court of Dame Meilendis, which probably was the centre of the later count's palace. These palace buildings still are the centre of the Binnenhof. The original walls have completely disappeared and have made place for the many buildings that have been added through the ages to accomodate the stadholders and government institutions. Of the moats only the 'Hofvijver' has been preserved. The Binnenhof still is the centre of government.

page 161 *Brabant Gothic is a 14th-century northern version of the Gothic that was created in France in 1145. Its highlight is St. John's Cathedral, constructed between the 14th and 16th centuries.*

page 162 *The monument, made of alabaster and marble, in memory of Englebert II of Nassau and his wife Cimburga of Baden, is situated in Our Lady's Church in Breda. It dates from the years 1526 - 1538 and was made by an unknown artist, commissioned by Henry III of Nassau.*

page 163 *Our Lady's Church in Breda is also a magnificent exam-*

Seite 157 *Prächtige Paläste und vornehme Wohnhäuser aus dem 17. und 18. Jahrhundert stehen an der der breiten Lange Voorhout in Den Haag.*

Seite 158 und 159
Graf Floris IV. erwarb 1229 den Hof von Frau Meilendis, der vermutlich den Kern des späteren gräflichen Palastes darstellte. Diese Palastgebäude sind immer noch das Herz des Binnenhofs. Die ursprüngliche Ummauerung ist völlig verschwunden und den vielen Gebäuden gewichen, die im Laufe der Jahrhunderte dazugekommen sind, um die Statthalter und Regierungsabteilungen aufzunehmen. Von den Grachten ist nur der "Hofvijver" erhalten. Der Binnenhof ist auch heute noch das Regierungszentrum.

Seite 161 *Die brabanter Gotik ist eine nördliche Variante der Gotik des 14. Jahrhunderts, die 1145 in Nordfrankreich entstand. Der Höhepunkt ist mit der St. Jans-Kathedrale erreicht, die zwischen dem 14. und 16. Jahrhundert errichtet wurde.*

Seite 162 *Das Grabmonument, hergestellt aus Alabaster und Marmor, zur Erinnerung an Engelbert II. von Nassau und seine Gattin Cimburga von Baden. Es befindet sich in der Liebfrauenkirche in Breda. Es stammt aus den Jahren 1526 bis 1538 und wurde von einem unbekannten Künstler im Auftrag Heinrichs III. von Nassau errichtet.*

Seite 163 *Auch die Liebfrauenkirche in Breda ist ein herrliches*

beeld van een overwelfde kruisbasiliek in de rijke Brabantse gotische stijl. Slanke zuilen dragen het ruime, lichte interieur.

pag. 164 en 165 *De O.L.Vrouwekerk – ook wel de Grote Kerk genoemd – te Breda dateert voor het grootste deel uit de 15e en 16e eeuw. Reeds van verre domineert de kerktoren het stadsbeeld. De stad was van 1403 tot 1567 de residentie van de graven van Nassau.*

pag. 166 *De glasgevel van de Rabobank te Utrecht. Het gebouw is ontworpen door A.J. Fichtinger (1984).*

pag. 167 *De 14e-eeuwse Domkerk te Utrecht. Met tussenpozen is de stad vanaf de 7e eeuw een bisschopszetel geweest.*

pag. 168 *Het moderne stadhuis op de Grote Markt van Zwolle.*

pag. 169 *De gouden koets, waarin de koningin op Prinsjesdag op het Binnenhof arriveert om het parlementaire jaar te openen, werd geschonken door de Amsterdamse burgerij aan koningin Wilhelmina bij haar inhuldiging in 1898.*

pag. 170 *De Willemsbrug over de Nieuwe Maas in Rotterdam. Het is een tuibrug naar het ontwerp van Gemeentewerken Rotterdam. Een tuibrug is een hangbrug met contragewichten.*

pag. 171 *Het in de meidagen van 1940 door bombardementen praktisch geheel verwoeste stads-*

ple of a vaulted cruciform basilica in the rich Brabant Gothic style. Slimline pillars support the spacious, bright interior.

page 164 and 165 *Our Lady's Church – also called the Great Church – in Breda dates for the major part from the 15th and 16th centuries. The church tower dominates the city skyline already at a distance. From 1403 until 1567 the city was the residence of the counts of Nassau.*

page 166 *The glass façade of the Rabobank in Utrecht. The building was designed by A.J. Fichtinger (1984).*

page 167 *The 14th-century cathedral in Utrecht. The city has been an episcopal see on and off since the 7th century.*

page 168 *The modern Zwolle townhall on the 'Grote Markt'.*

page 169 *When Queen Wilhelmina was crowned in 1898 the Amsterdam citizens presented her the golden coach, in which the Queen arrives on the Binnenhof on the day of the Queen's speech, inaugurating the new parliamentary year.*

page 170 *The Willemsbrug (William's bridge) across the New Meuse River in Rotterdam. It is a cable bridge, designed by the Rotterdam Public Works Department. A cable bridge is a suspension bridge with counterweights.*

page 171 *Rotterdam's old city centre, practically completely destroyed by an air raid in May,*

Beispiel einer Gewölbe-Kreuzbasilika im üppigen Stil der Brabanter Gotik. Schlanke Säulen tragen das großzügige, helle Innere.

Seite 164 und 165 *Die Liebfrauenkirche in Breda – auch Grote Kerk (Große Kirche) genannt – stammt zum größten Teil aus dem 15. und 16. Jahrhundert. Bereits von weitem dominiert der Kirchturm das Stadtbild. Die Stadt war von 1403 bis 1567 Residenz der Grafen von Nassau.*

Seite 166 *Der Glasgiebel der Rabobank in Utrecht. Das Gebäude wurde von A.J. Fichtinger geplant (1984).*

Seite 167 *Die Domkirche in Utrecht stammt aus dem 14. Jahrhundert. Mit Unterbrechungen ist die Stadt seit dem 7. Jahrhundert Bischofsitz gewesen.*

Seite 168 *Das moderne Rathaus auf dem Grote Markt in Zwolle.*

Seite 169 *Die goldene Kutsche, mit der die Königin am Prinsjesdag im Binnenhof ankommt, um das parlamentarische Jahr zu eröffnen, wurde vom Amsterdamer Bürgertum Königin Wilhelmina anläßlich ihrer Krönung 1898 zum Geschenk gemacht.*

Seite 170 *Die Willemsbrücke über die Neue Maas in Rotterdam. Es handelt sich hierbei um eine Spannbrücke nach dem Entwurf der Gemeindewerke Rotterdam. Eine Spannbrücke ist eine Hängebrücke mit einem Gegengewicht.*

Seite 171 *Das im Mai 1940 durch Bombardierungen praktisch vollständig zertörte Zen-*

hart van Rotterdam heeft plaats gemaakt voor een modern centrum waar ook ruimte is voor experimentele woningbouw zoals de zogenaamde 'paalwoningen' van de architect Pieter Blom aan de Oude Haven.

pag. 172 *Het Westland, gebied ten zuiden van Den Haag, is een van de belangrijkste centra voor glasteelt in West-Europa. De voornaamste produkten zijn groenten, fruit, bloemen, potplanten en heesters.*

pag. 173 *Een oude druivenkas. Naar het voorbeeld van België begon men in 1880 in het Westland met de glascultuur.*

pag. 174 en 175
De stormvloedkering in de Oosterschelde is het sluitstuk van de Deltawerken en is in 1986 gereed gekomen. Het is een open-caissondam die uitsluitend bij zware storm gesloten wordt zodat de getijdebeweging in het Oosterschelde-gebied behouden blijft. Nog nimmer was een dergelijk waterbouwkundig projekt uitgevoerd en dit staaltje van hoogwaardig technisch kunnen heeft internationale roem verworven. Direkte aanleiding tot de werken was de rampzalige overstroming van februari 1953 in Zeeland.

pag. 176 *Gorinchem aan de Waal.*

pag. 177 *De binnenvaart heeft lange tijd de belangrijkste plaats ingenomen in het transportverkeer maar is weggeconcurreerd door het wegvervoer.*

1940, has made place for a modern centre where experimental architecture was given a chance, e.g. the so-called 'paalwoningen' (cube-shaped houses on concrete pillars) by architect Pieter Blom on the 'Oude Haven' (Old Harbour).

page 172 *The Westland, an area south of The Hague, is one of the major centres for cultivation under glass in Western Europe. The most important products are vegetables, fruit, flowers, potted plants and shrubs.*

page 173 *An old grape-house. Cultivation under glass was started in the Westland in 1880, following the example of Belgium.*

page 174 and 175
The flood barrier in the Eastern Scheldt is the final piece of the Delta Works and was completed in 1986. It is an open caisson-dam that is closed only when there is a heavy gale so that the tidal movement of the Eastern Scheldt-area is maintained. There has never been executed a hydraulical engineering project of such scope and this sample of high level technical ability has acquired international fame. The direct reason for the works was the disastrous flood in Zeeland of February, 1953.

page 176 *Gorinchem on the Waal River.*

page 177 *Inland shipping has long been leading in transport, but could not cope with road traffic. However, these last few years transport by water*

trum Rotterdams ist einem modernen Zentrum gewichen, in dem auch experimenteller Wohnungsbau – etwa die sogenannten "Pfahlwohnungen" des Architekten Pieter Blom am Alten Hafen - seinen Platz hat.

Seite 172 *Das Westland, ein Gebiet südlich Den Haags, ist eines der wichtigsten Zentren des Treibhausanbaus in Westeuropa. Die wichtigsten Produkte sind Gemüse, Obst, Blumen, Topfpflanzen und Hecken.*

Seite 173 *Ein altes Traubenhaus. Nach belgischem Vorbild begann man 1880 in Westland mit der Treibhauskultur.*

Seite 174 und 175
Der Sturmflutschutz in der Oosterschelde ist der Abschlußteil der Deltawerke und wurde 1986 vollendet. Es handelt sich um einen besonderen Damm, der nur bei schweren Stürmen geschlossen wird, so daß die Gezeitenströme im Oosterscheldegebiet erhalten bleiben. Noch nie wurde ein solches Wasserbauprojekt durchgeführt, und dieses Meisterstück hochwertigen technischen Könnens ist international bekannt geworden. Direkter Grund für diese Arbeiten war die Flutkatastrophe im Februar 1953 in Seeland.

Seite 176 *Gorinchem am Waal.*

Seite 177 *Die Binnenschiffahrt ist lange Zeit der wichtigste Zweig des Transportverkehrs gewesen. Doch der Straßenverkehr hat ihm*

De laatste jaren echter neemt het vervoer over water weer toe mede gestimuleerd door het feit dat het goedkoper en aanmerkelijk minder milieuvervuilend is dan vrachtauto's.

pag. 178 *Rotterdam is de grootste haven ter wereld en bereikbaar voor schepen tot 350.000 ton. Er is een 16 kilometer lange vaargeul in zee uitgebaggerd met een diepte van 25 meter om het binnenvaren van dergelijke grote schepen mogelijk te maken.*

pag. 179 *Grote olie-, petrochemische en andere chemische industrieën hebben zich gevestigd in Europoort, uitbreiding van het Rotterdamse havencomplex en onderdeel van het Rijnmondgebied. Dit gebied is daardoor economisch gezien zeer belangrijk voor Nederland en draagt meer bij tot het nationaal inkomen dan de rest van Nederland.*

pag. 180 *Er werd 9 jaar gebouwd (van 1923 tot 1932) aan de Afsluitdijk naar een plan van ingenieur Cornelis Lely. Het was in die tijd de langste zeedijk ter wereld en het werk werd zeer bemoeilijkt door de getijdenstroming.*

is increasing, stimulated by the fact that it is not only cheaper, but less polluting than trucks.

page 178 *Rotterdam is the world's leading port and is accessible for ships up to 350,000 tonnes dwt. A 16-kilometre-long channel has been dredged into the sea with a dept of 25 metres to accomodate such large ships.*

page 179 *Major oil, petrochemical and other chemical industries have settled in Europoort – extension of the Rotterdam port area and part of the Rhine Estuary area. From an economical point of view this area is essential for the Netherlands and contributes more to the national income than the remaining part of the Netherlands.*

page 180 *It took 9 years (from 1923 to 1932) to build the IJselmeer Dam after a plan of engineer Cornelis Lely. In those days it was the longest sea-dike in the world. The tidal movement made the work extremely difficult.*

inzwischen den Rang abgelaufen. In den vergangenen Jahren allerdings nimmt der Transport auf dem Wasserweg wieder zu, was auch auf da es preisgünstiger und weniger umweltbelastend als Lastkraftwagen ist.

Seite 178 *Rotterdam hat den größten Hafen der Welt und kann von Schiffen bis zu 350.000 Tonnen angelaufen werden. Es gibt eine 16 Kilometer lange Fahrrinne mit einer Tiefe von 25 Metern, um solchen Riesen ein Einlaufen in den Hafen zu ermöglichen.*

Seite 179 *Große Öl-, petrochemische und andere chemische Betriebe haben sich im Europoort angesiedelt, einer Erweiterung des Rotterdamer Hafenkomplexes und Teil des Rheinmündungsgebiets. Diese Region ist daher wirtschaftlich gesehen für die Niederlande sehr wichtig und trägt einen größeren Teil zum Nationaleinkommen bei als der Rest der Niederlande.*

Seite 180 *Man baute 9 Jahre lang (von 1923 bis 1932) am Abschlußdeich, die Pläne lieferte Ingenieur Cornelis Lely. Es handelte sich in jener Zeit um den längsten Seedeich der Welt, und die Arbeit wurde durch die Gezeitenströme sehr erschwert.*

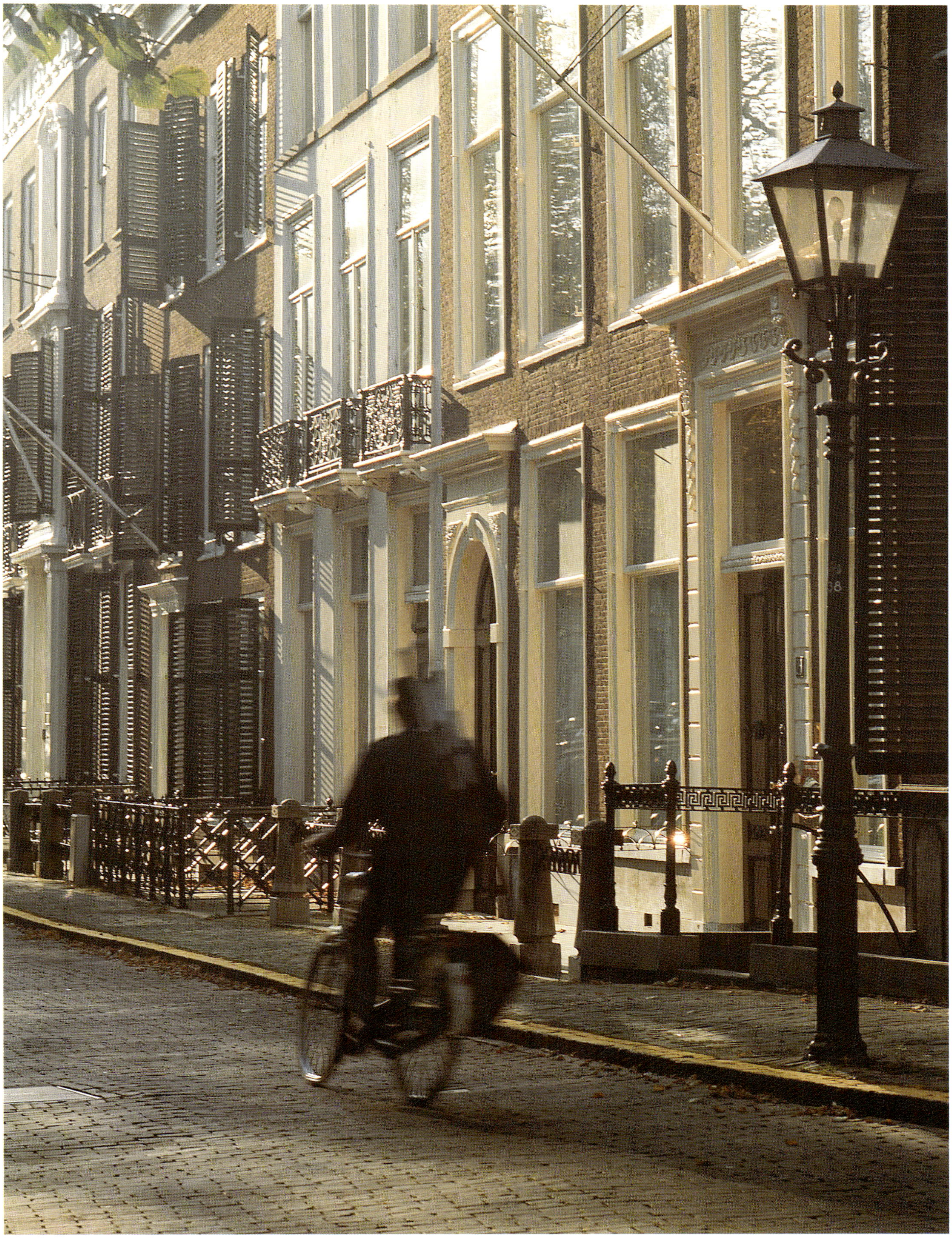

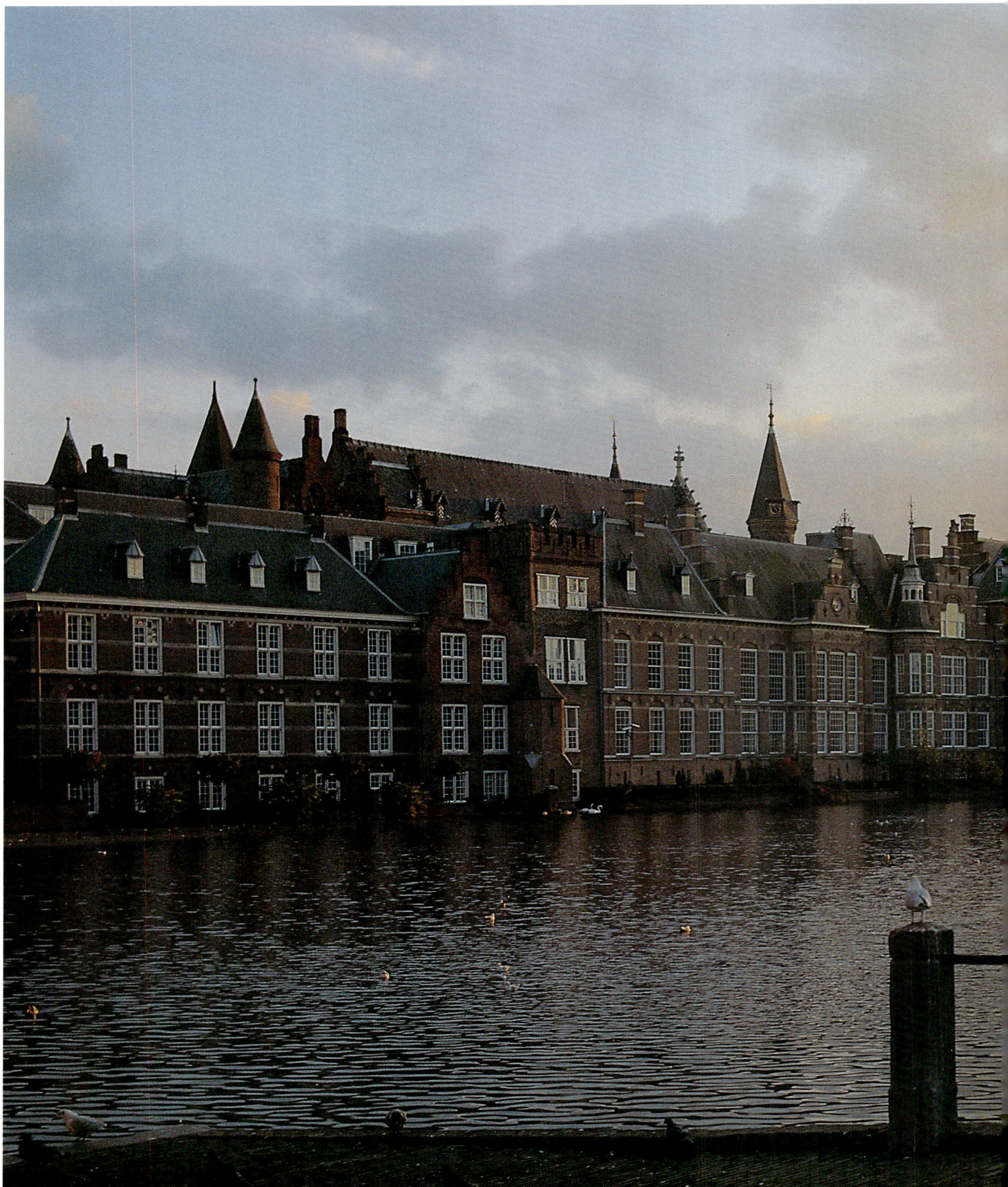

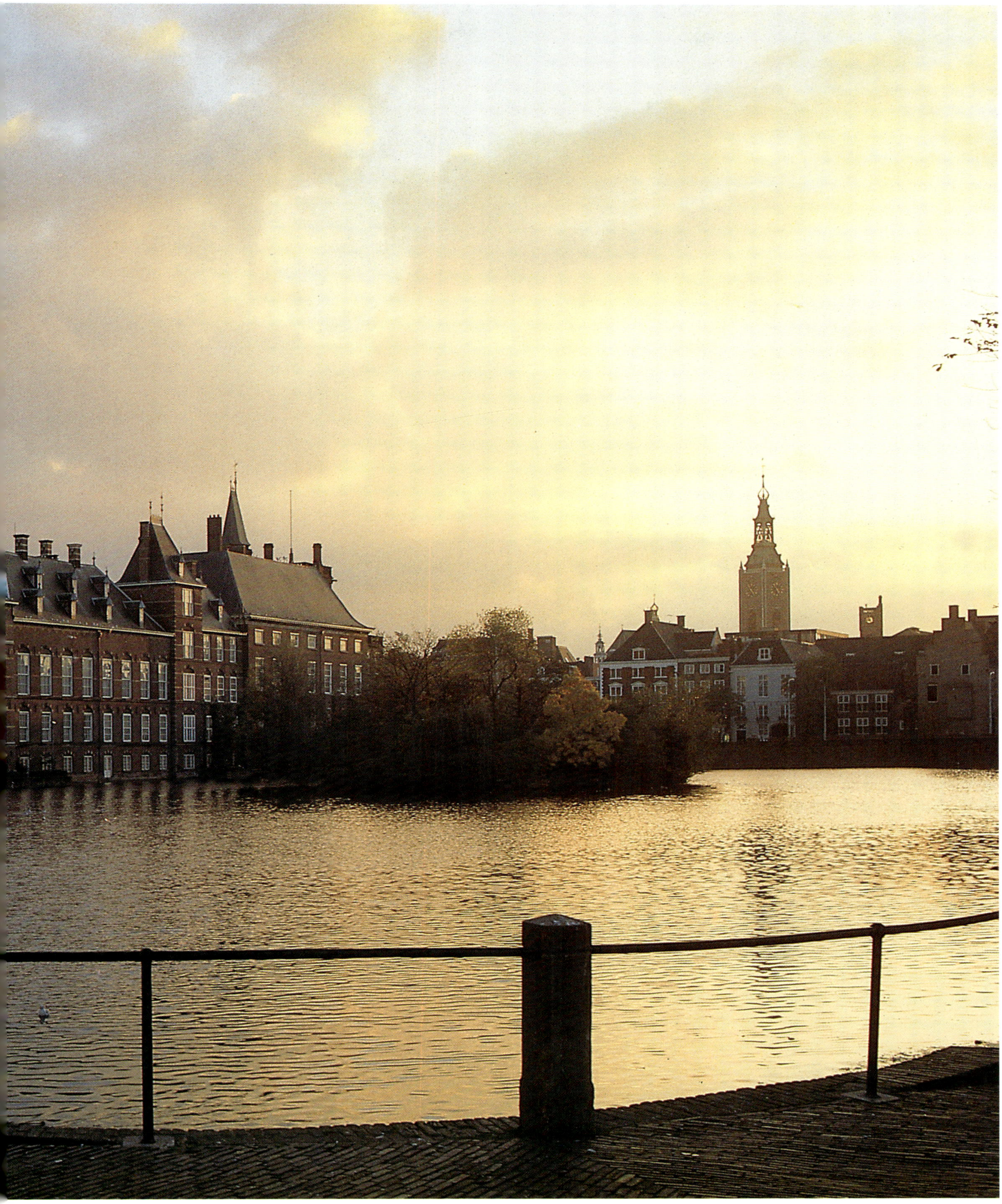

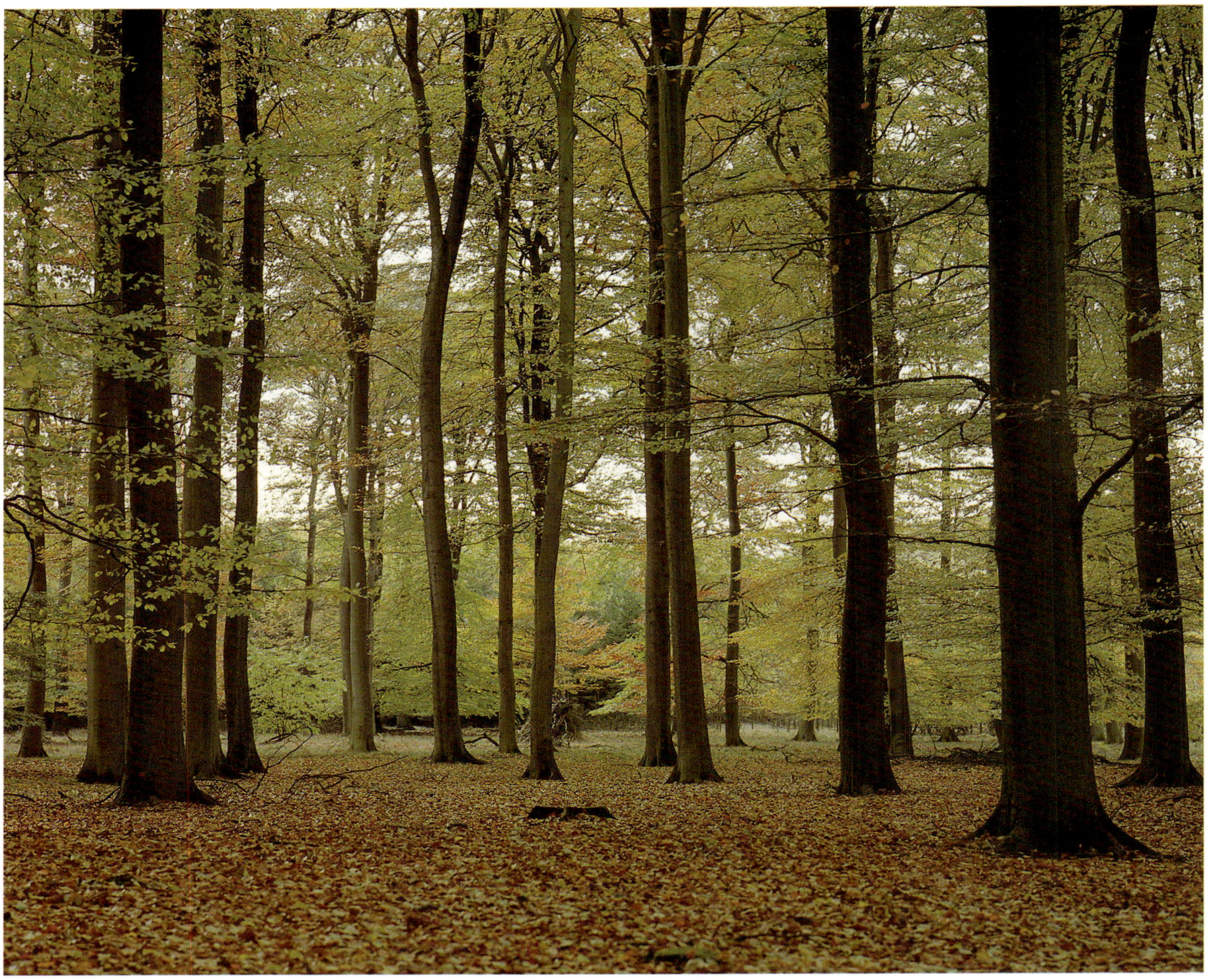

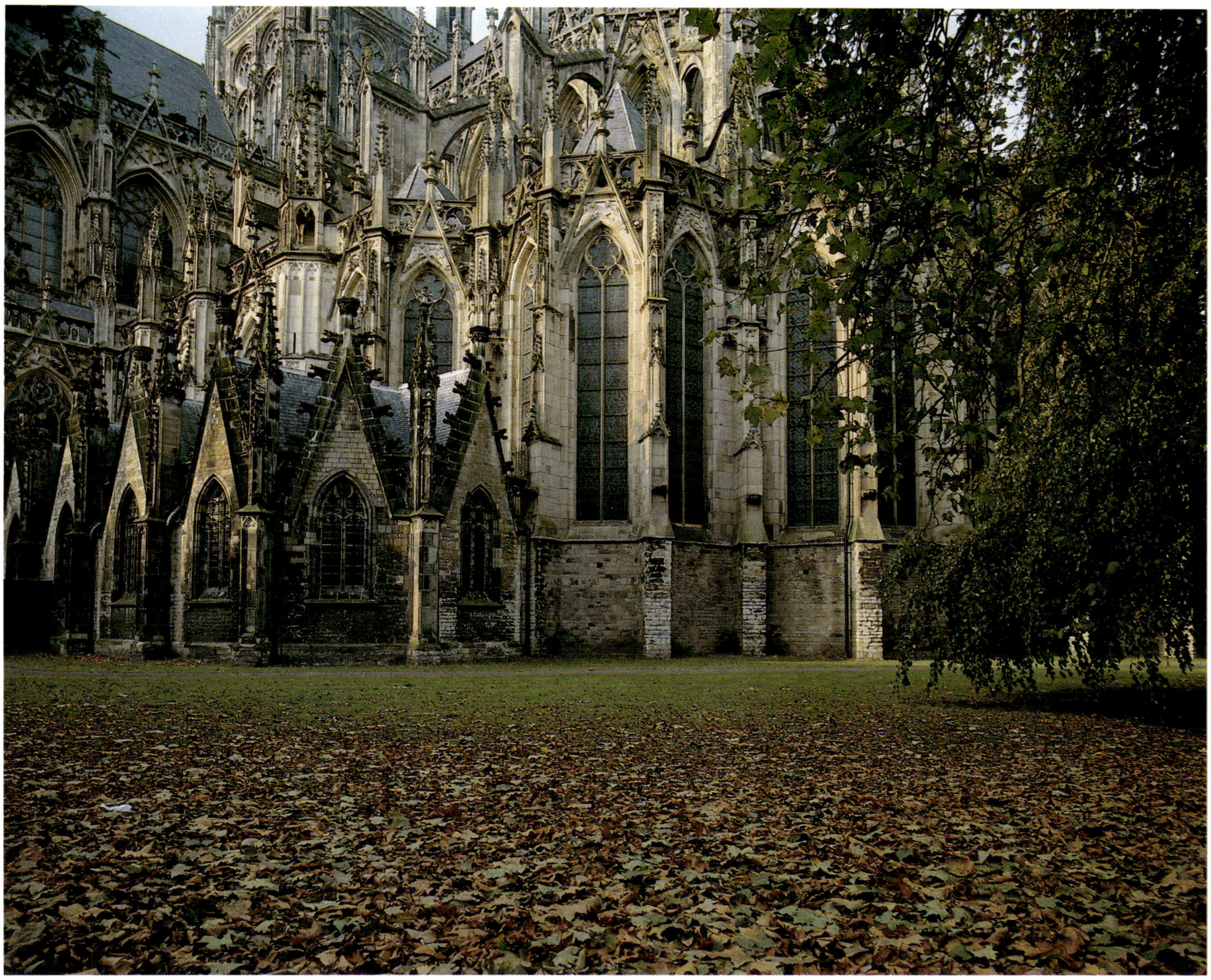

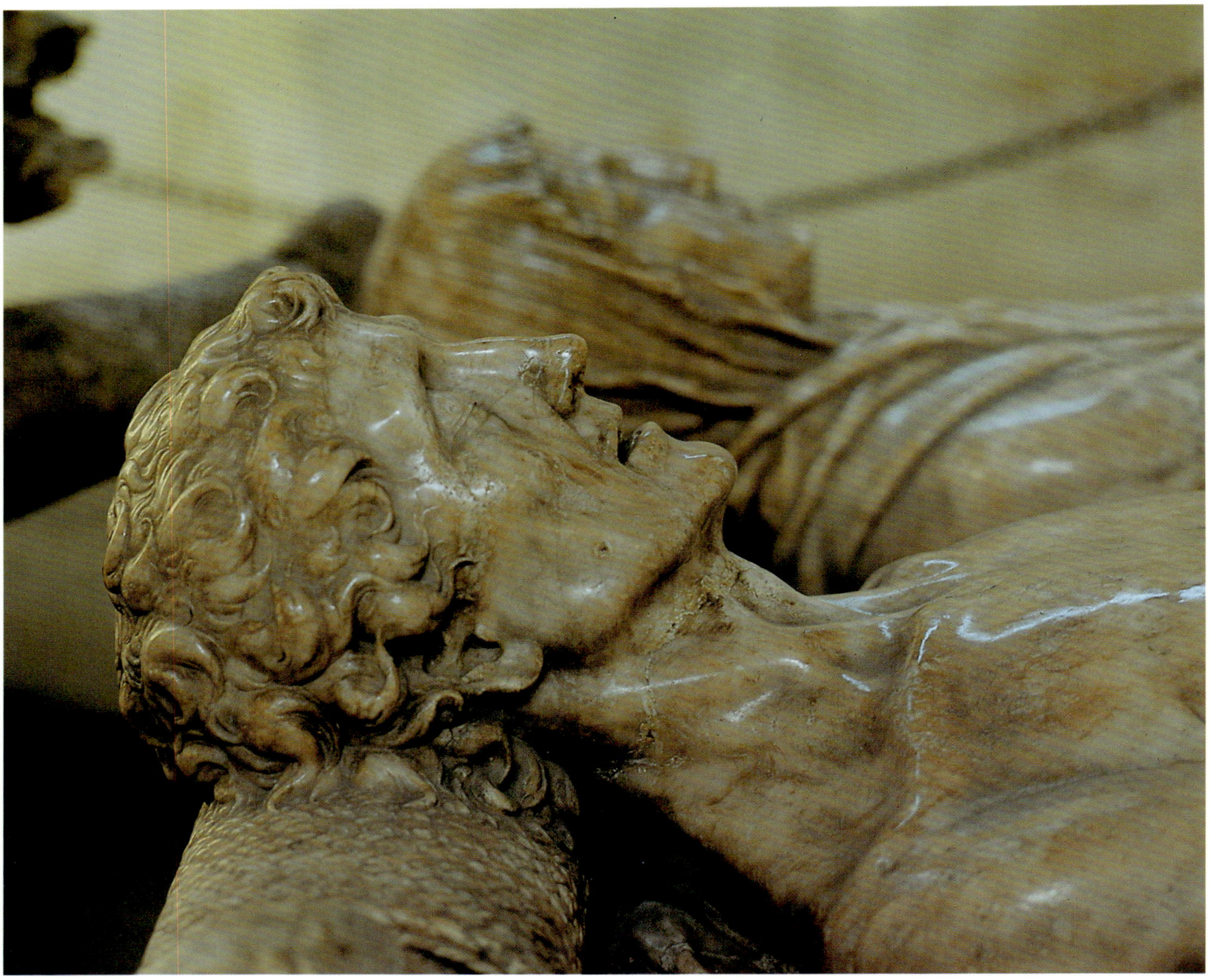

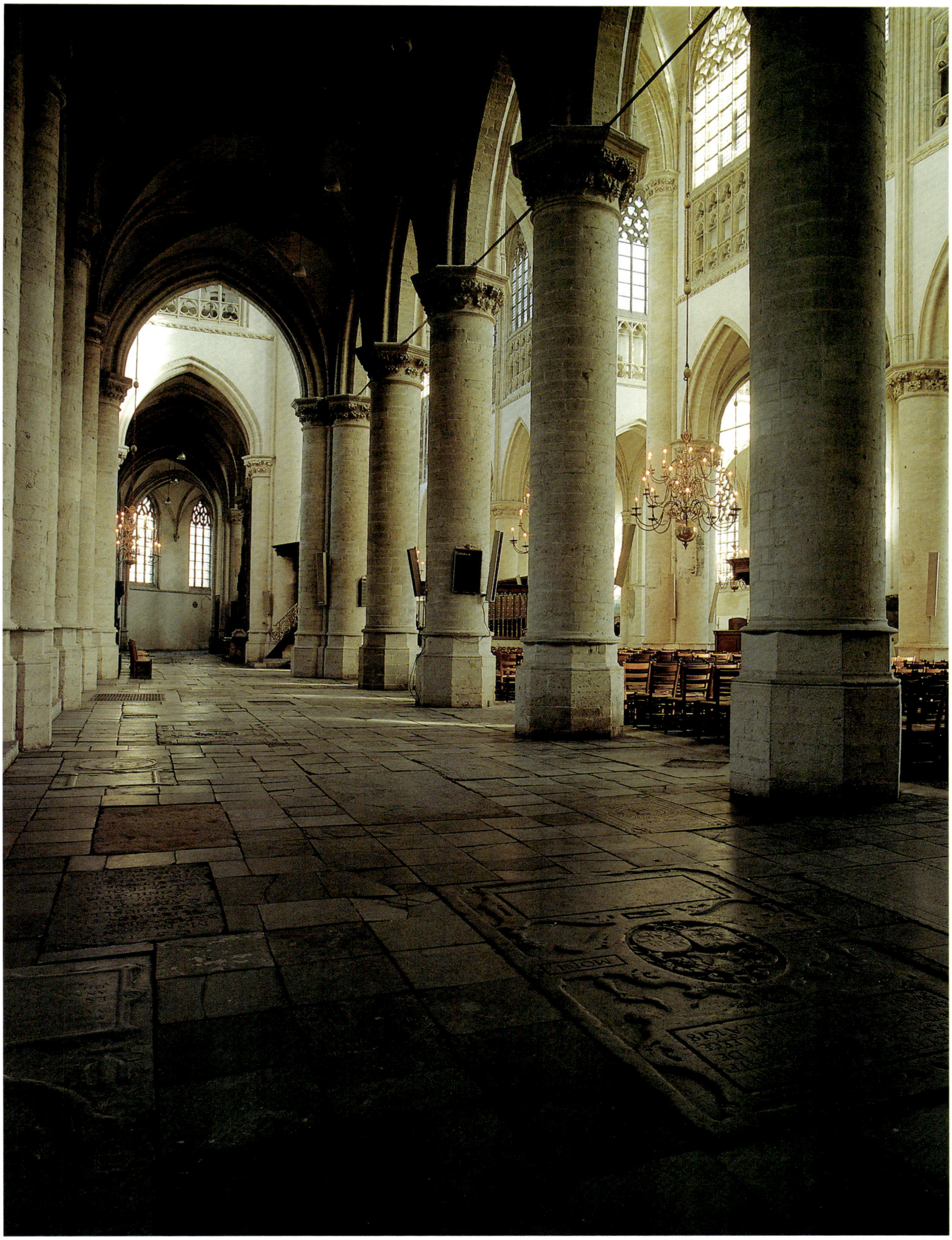

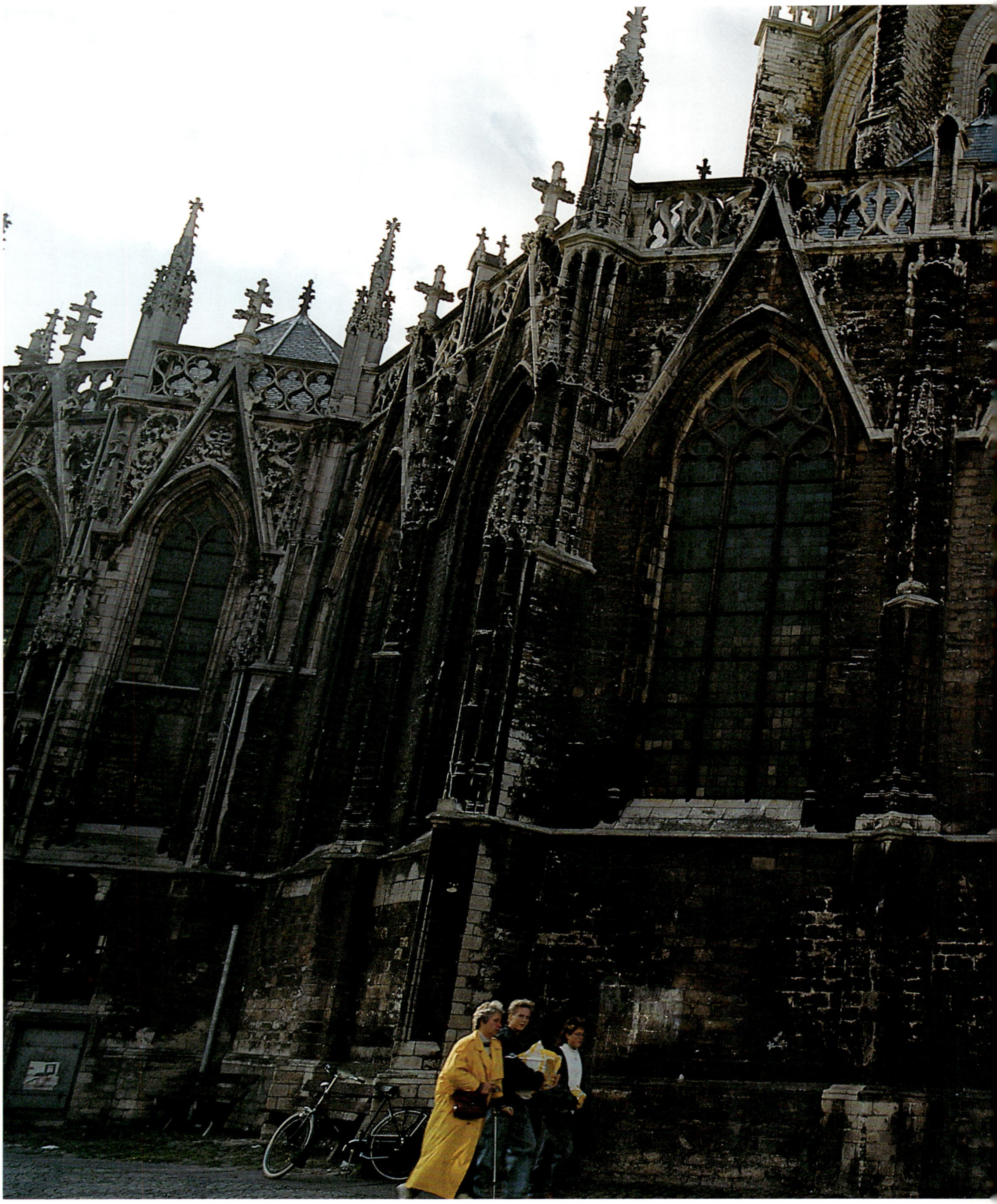

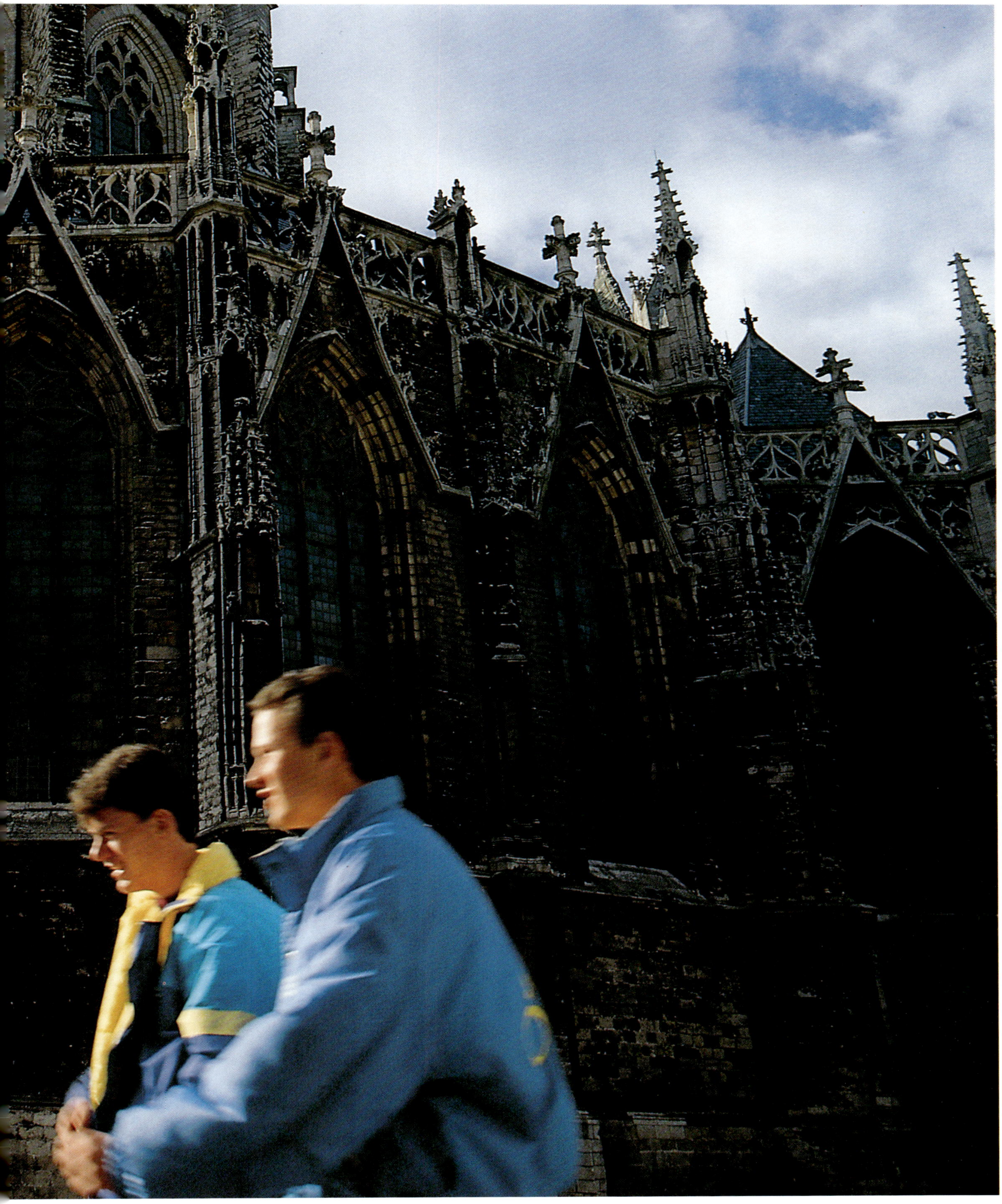

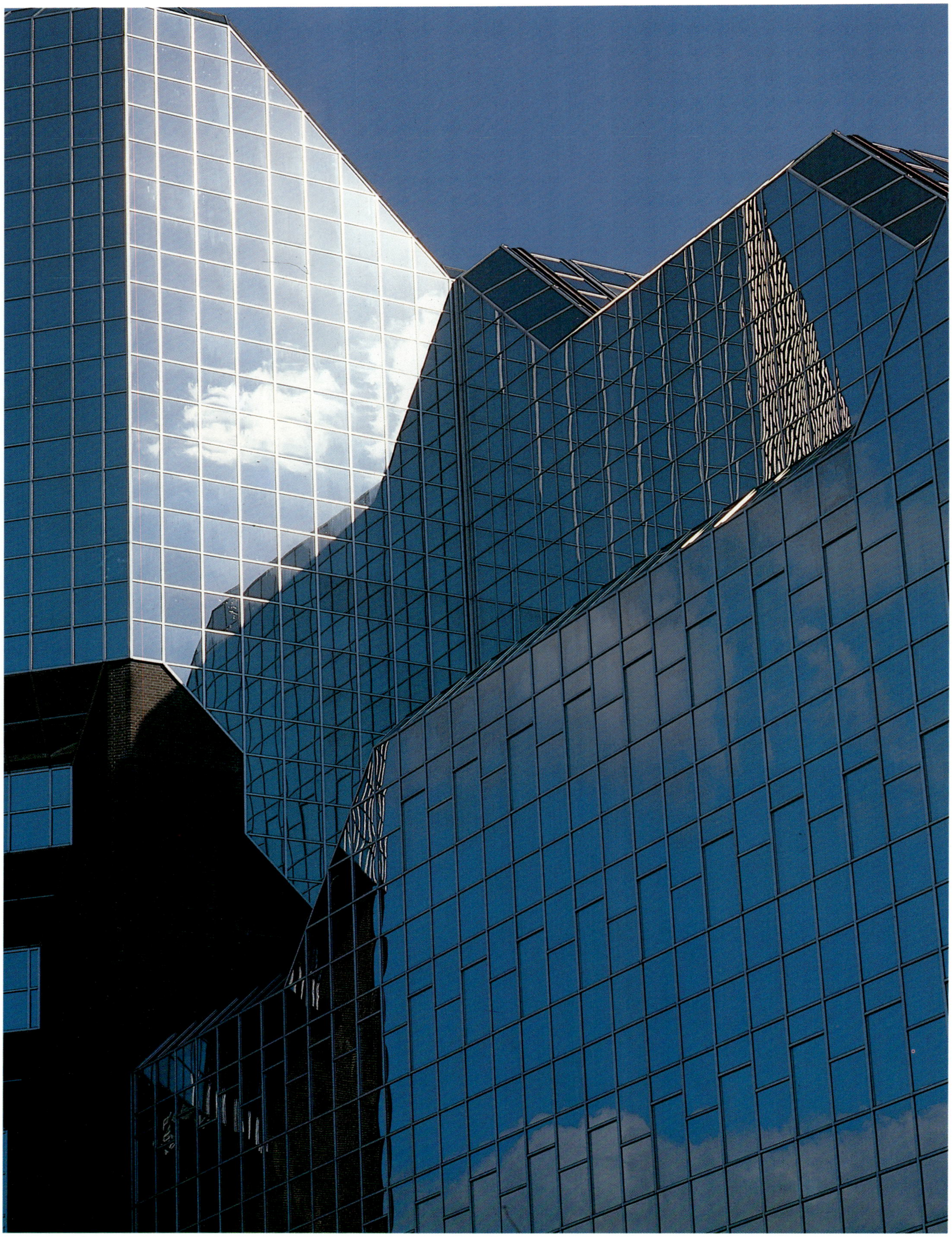

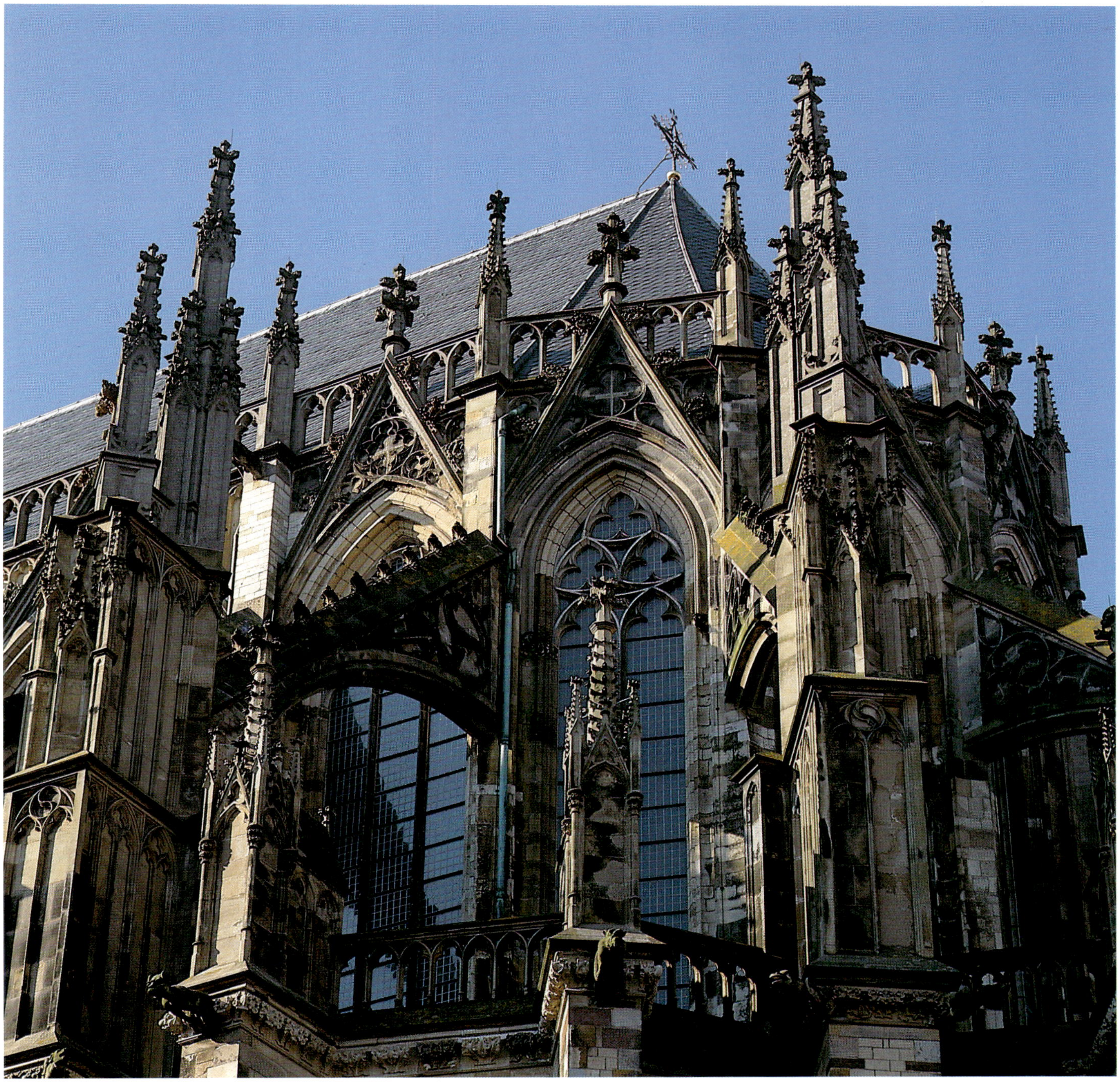

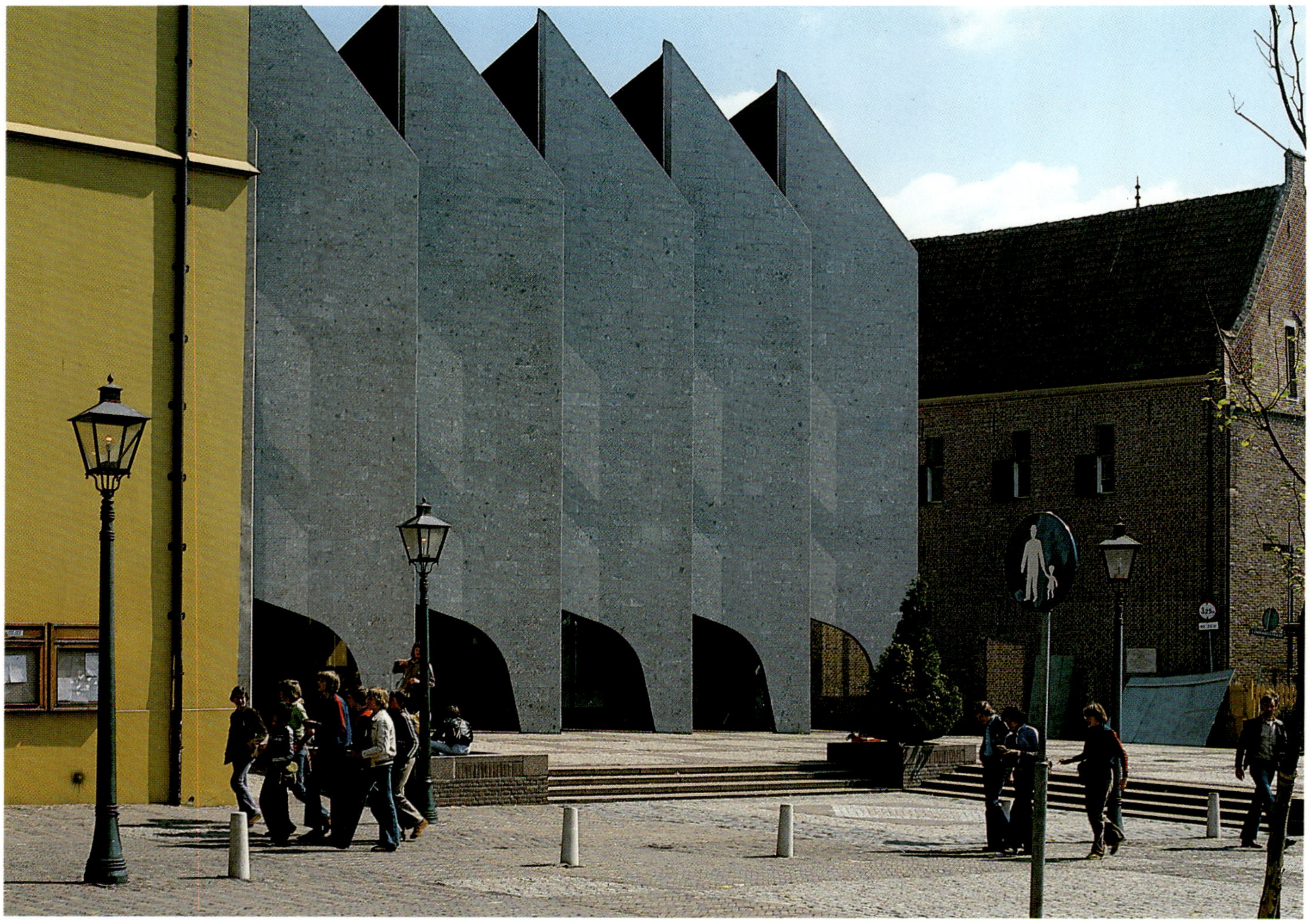

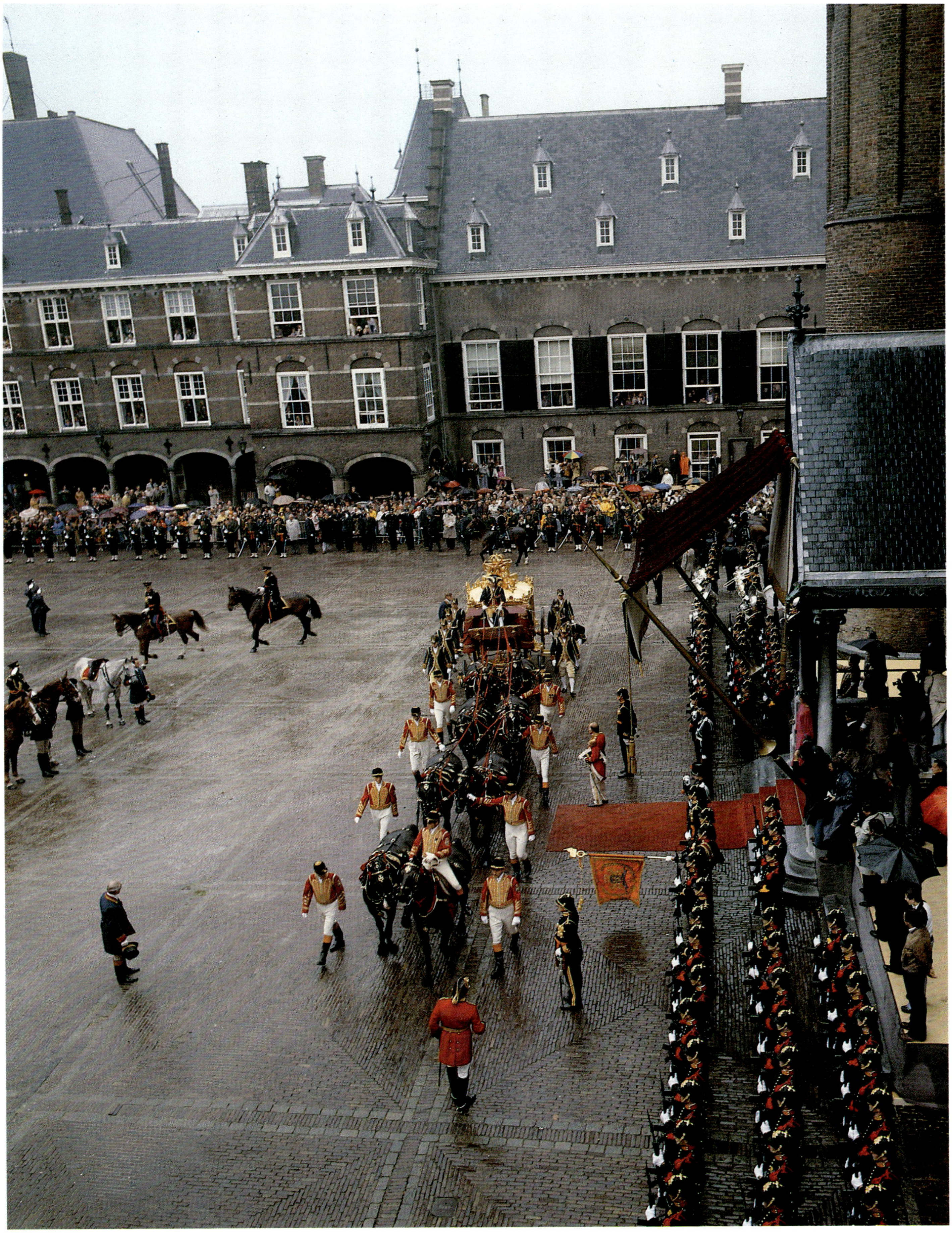

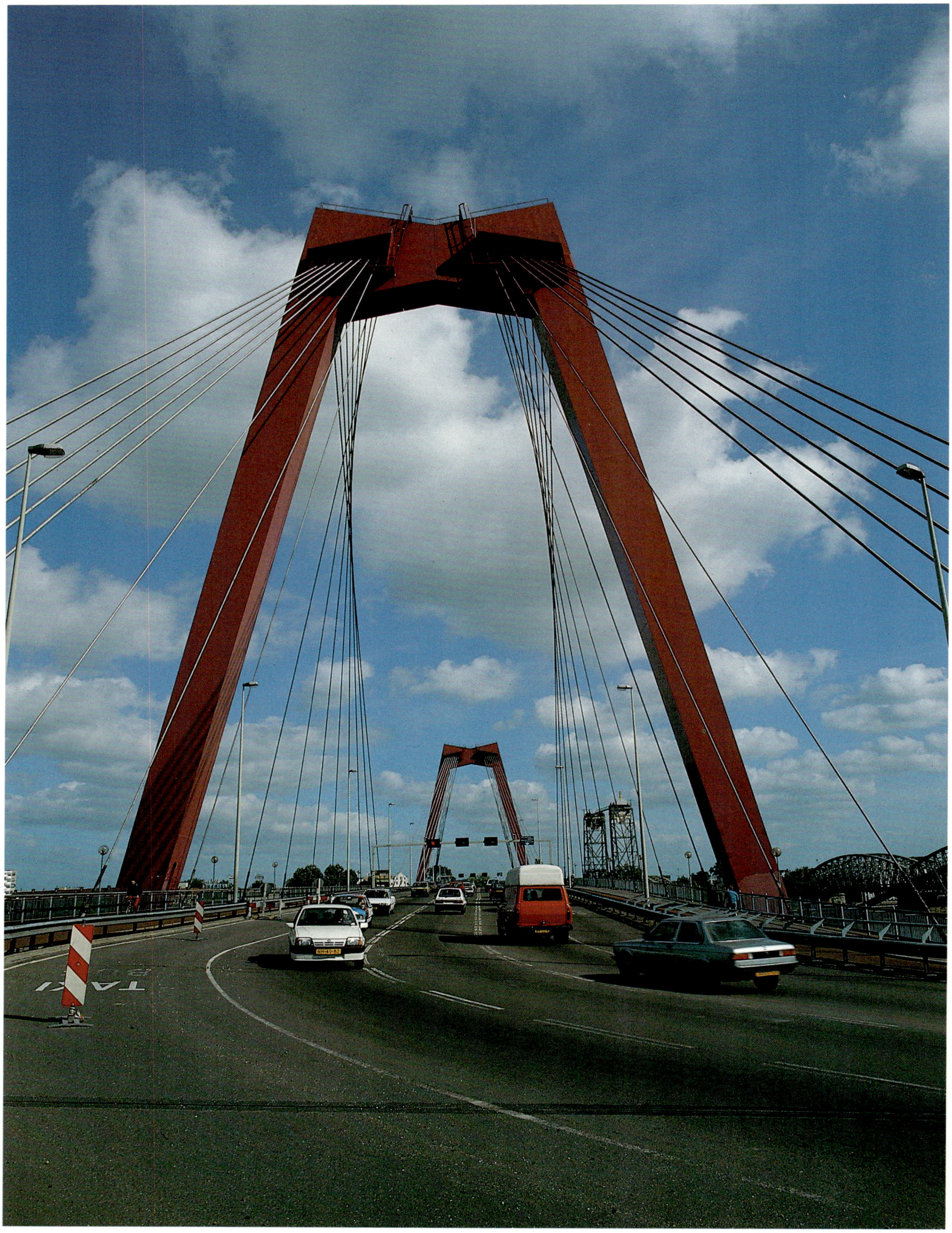
TAXI

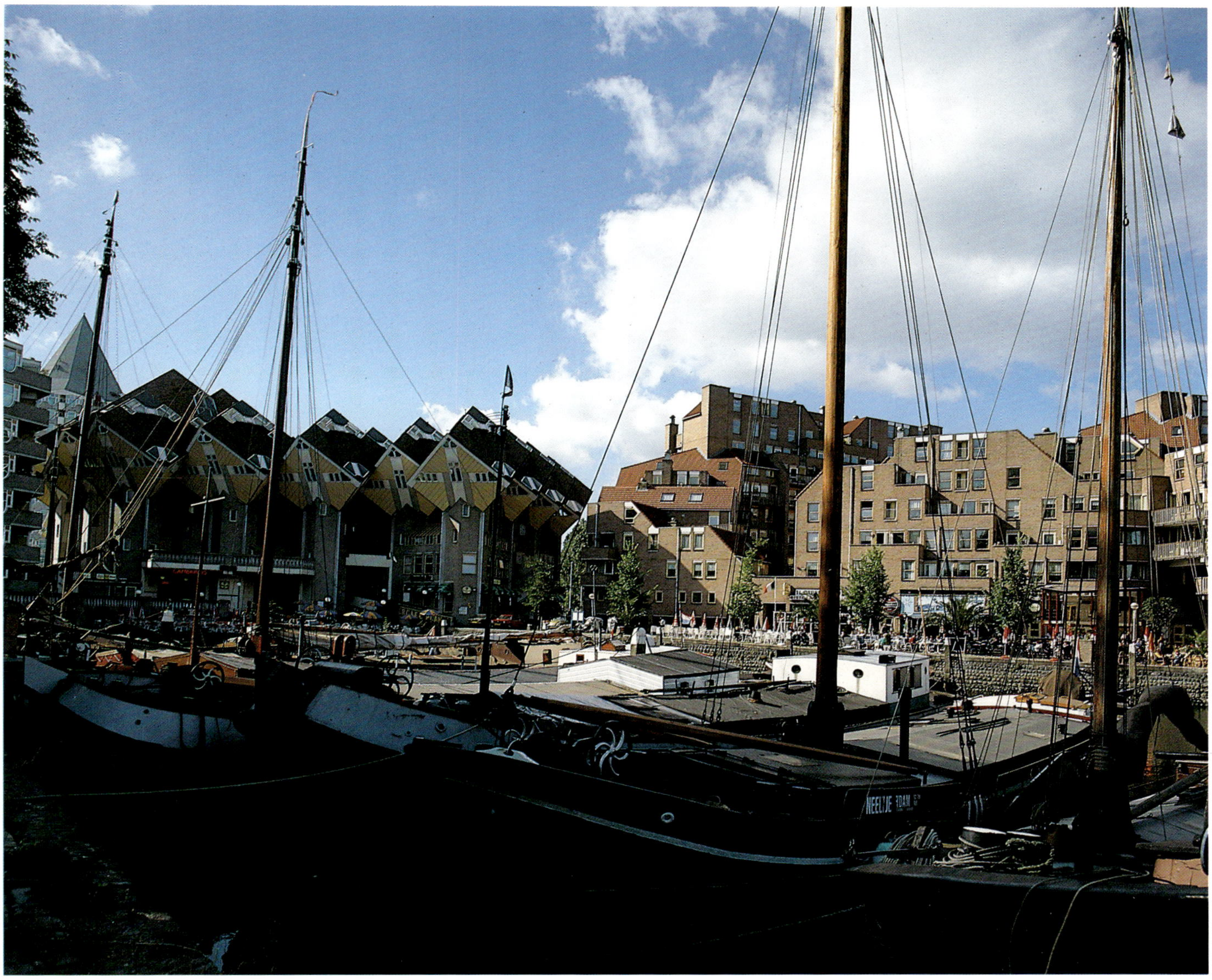

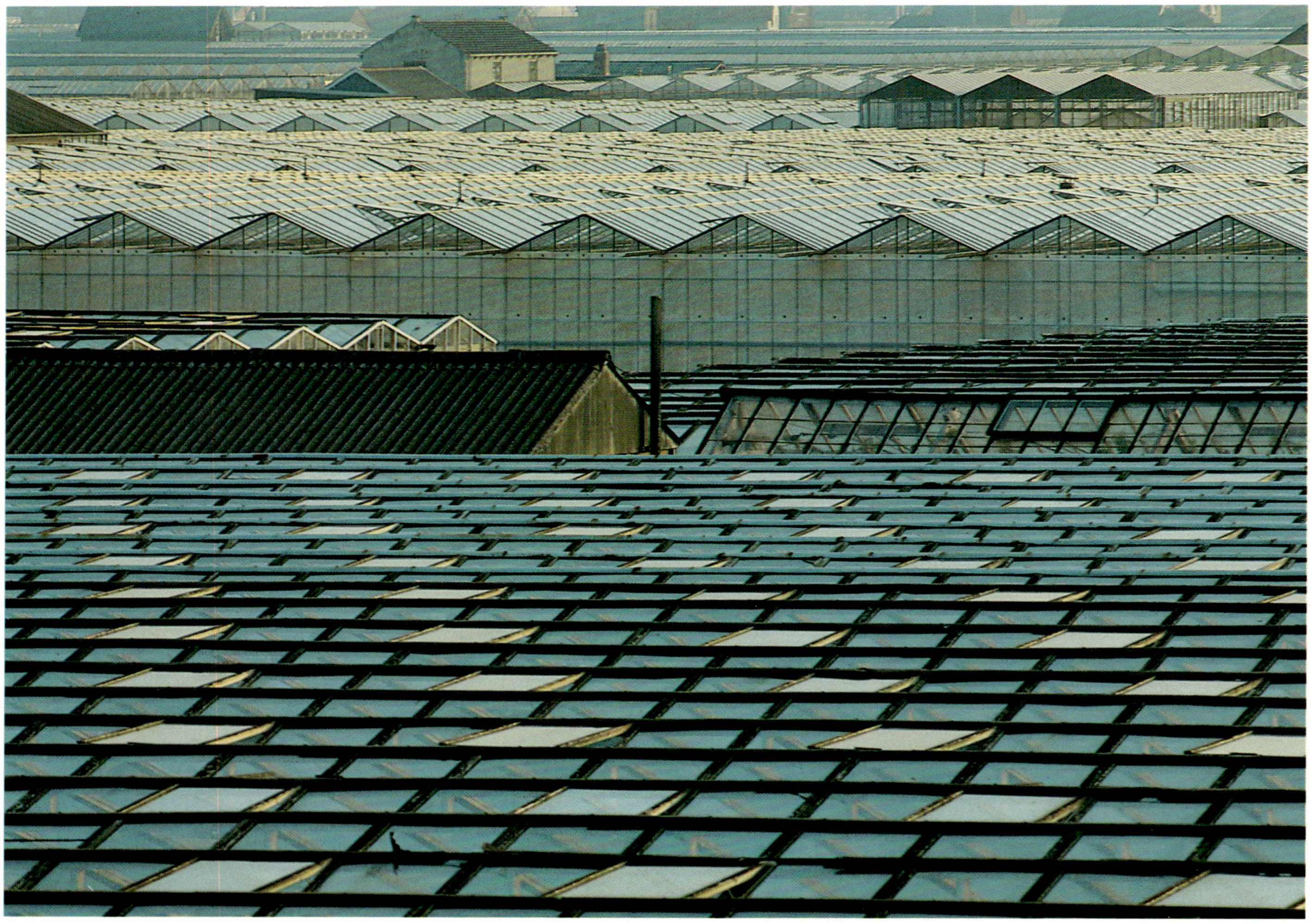

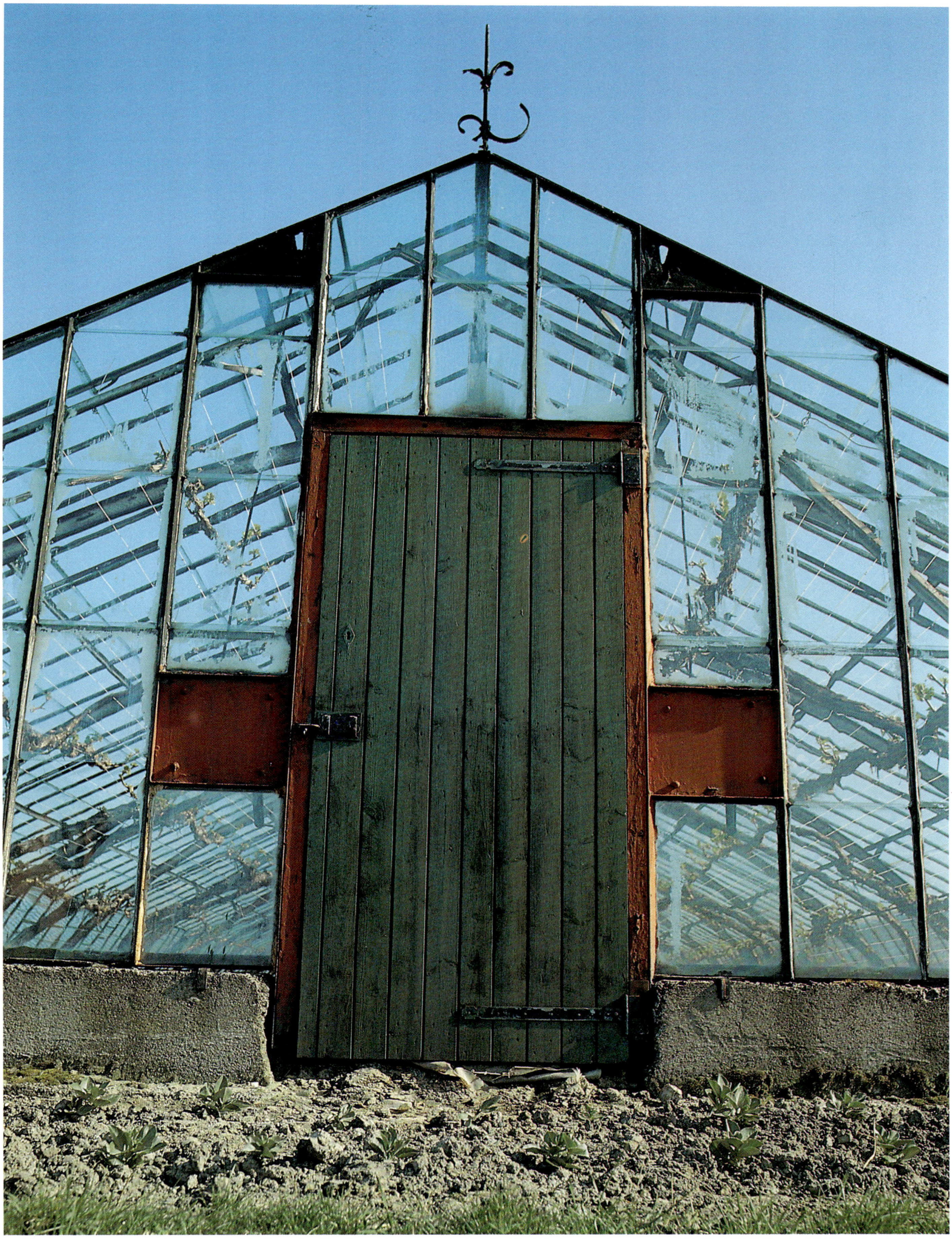

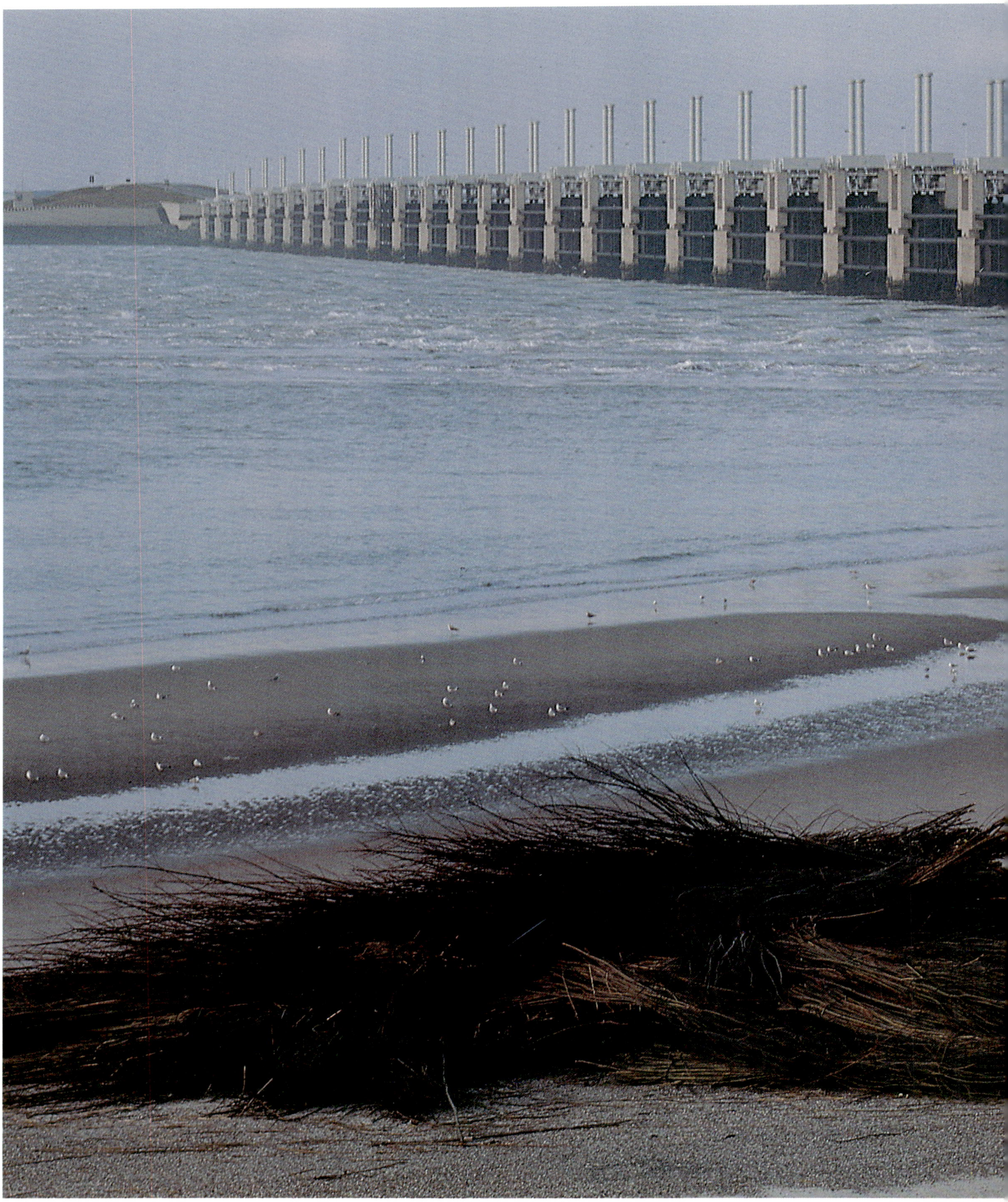

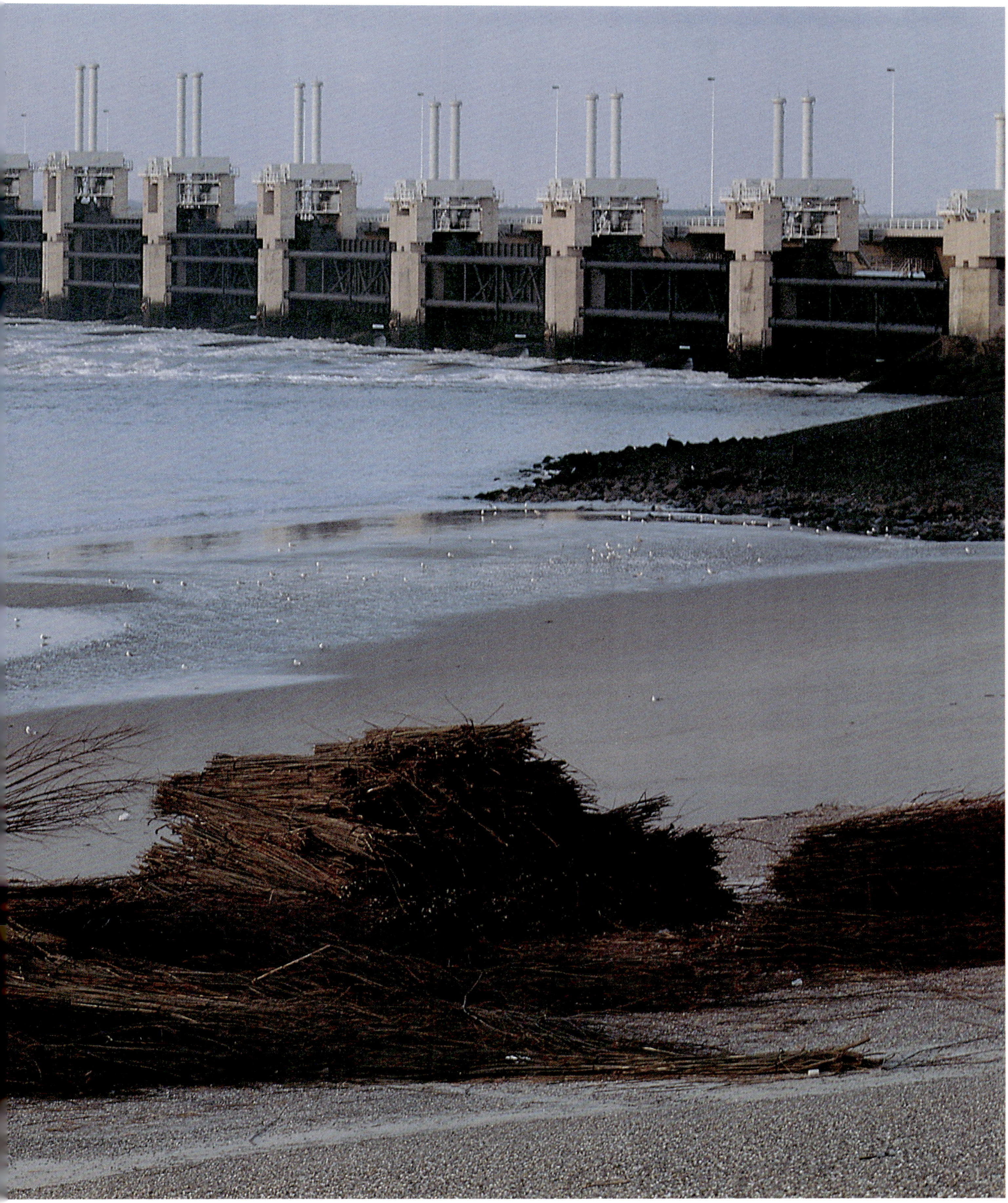

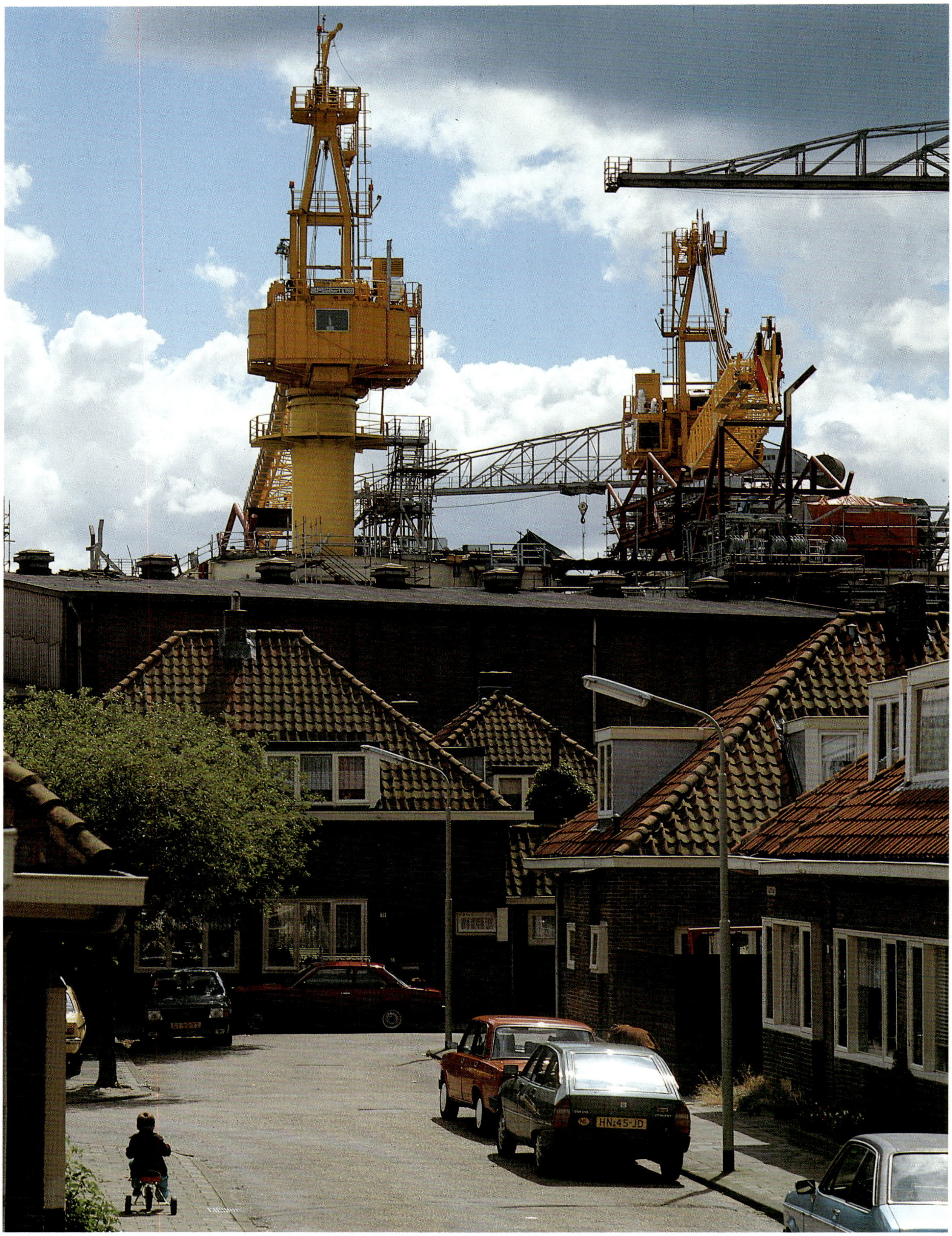

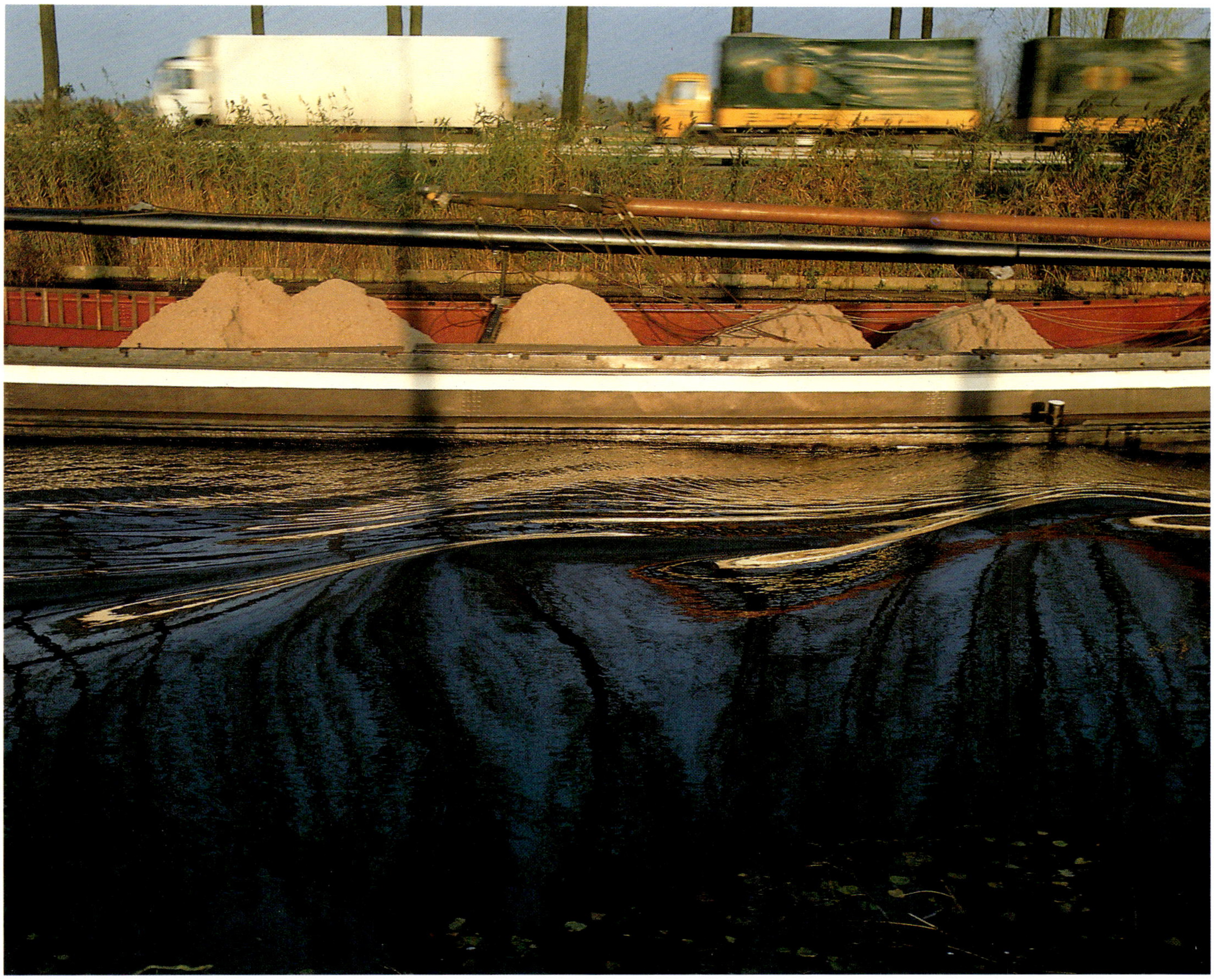

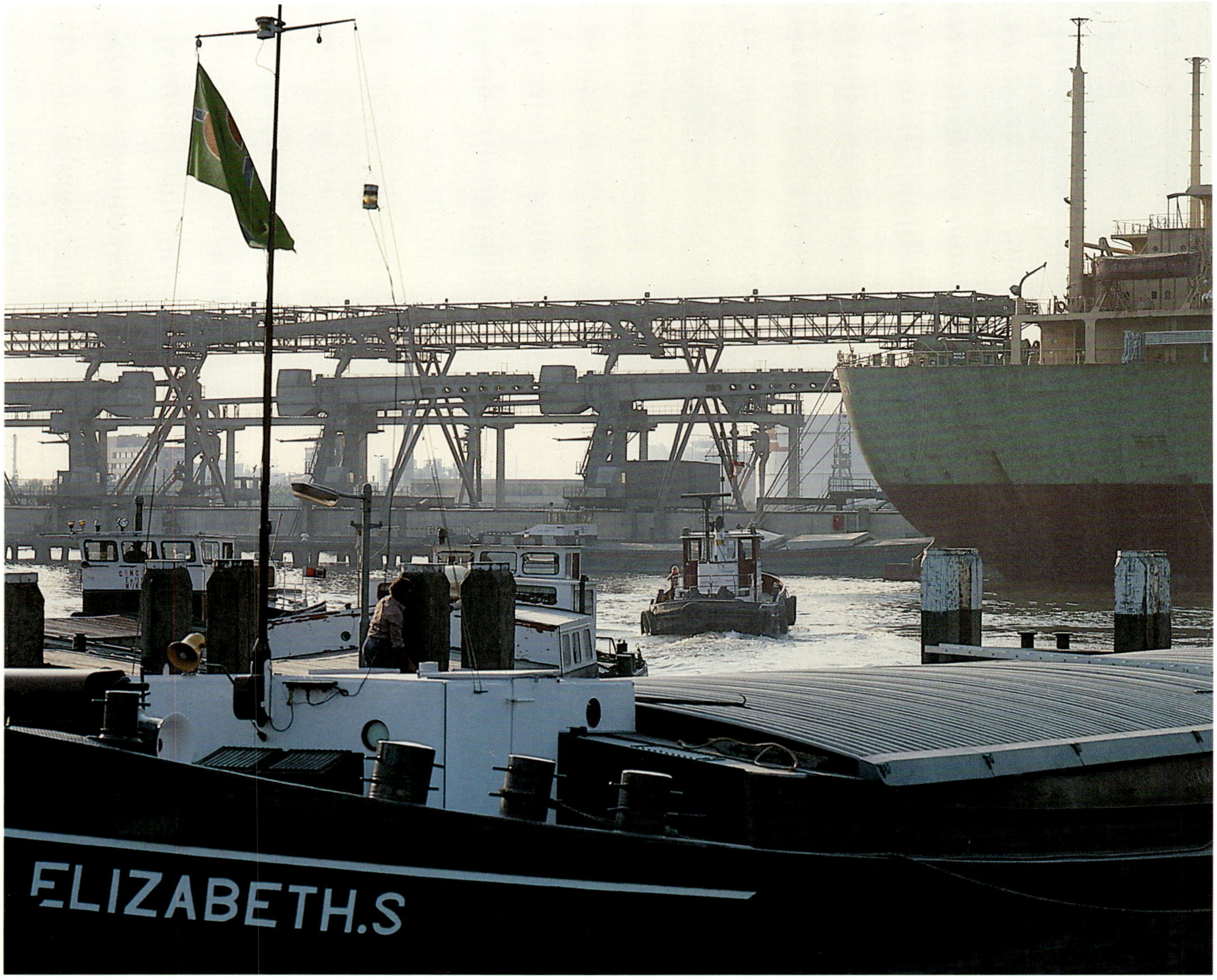
ELIZABETH.S

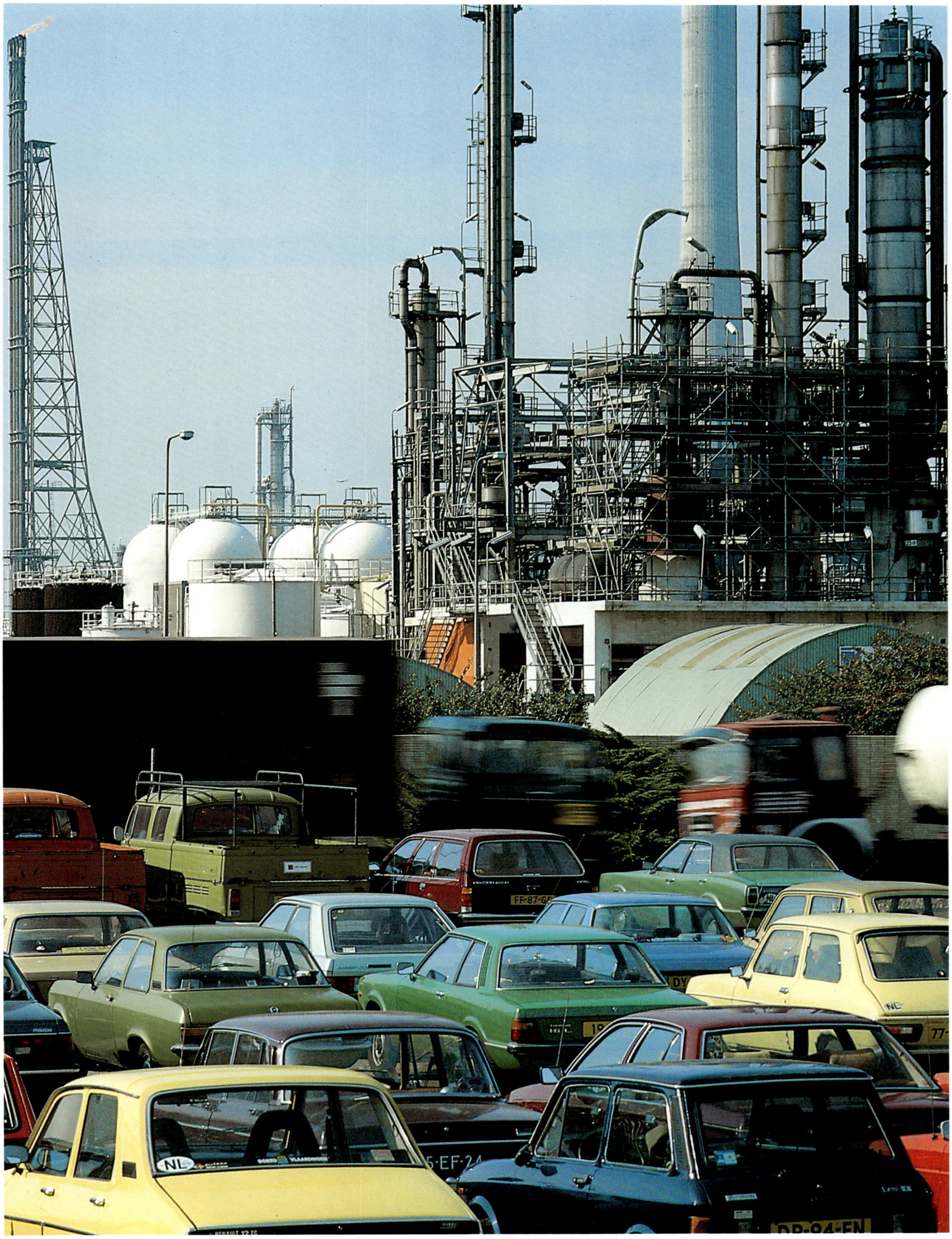
NL

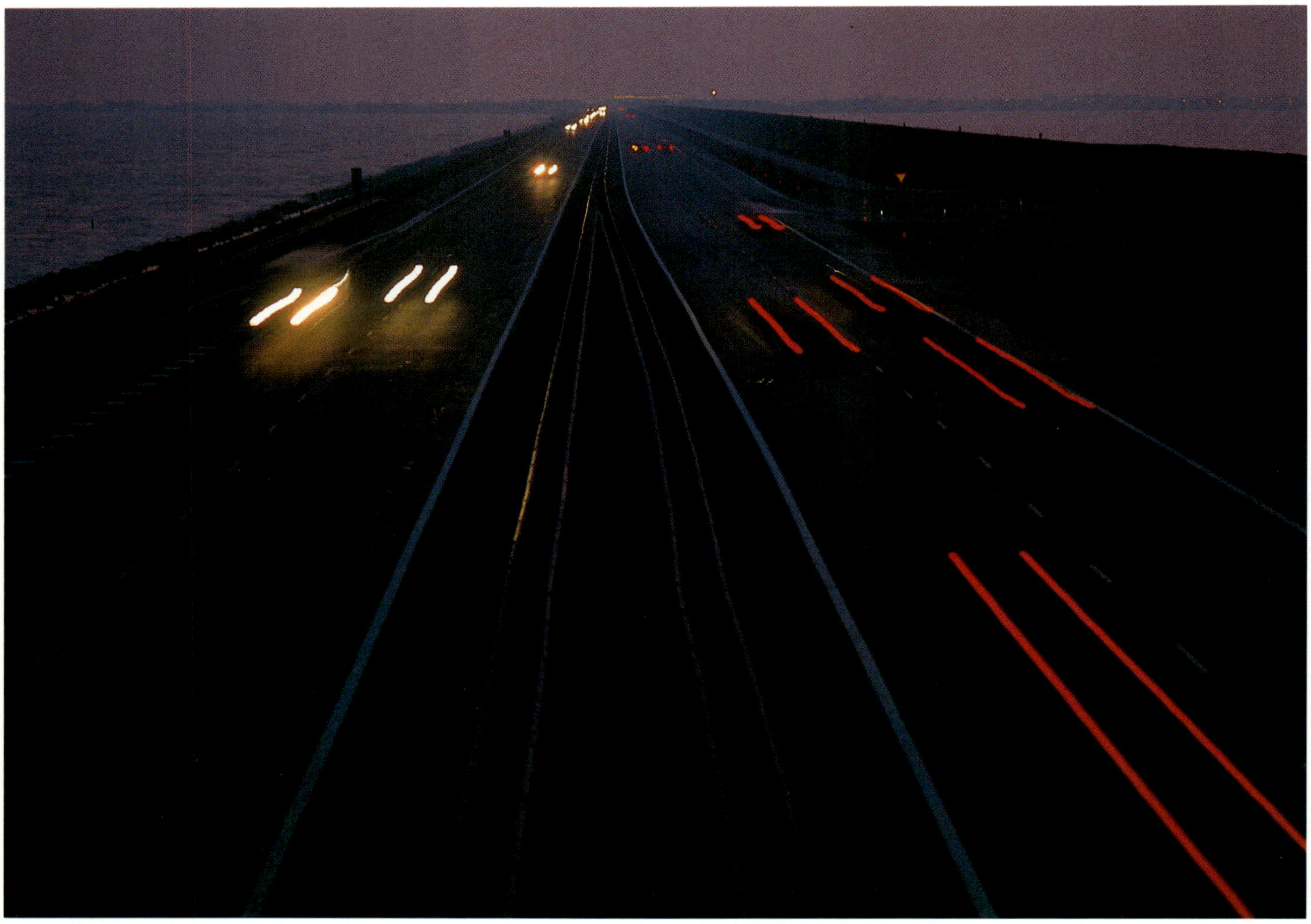

Klederdracht en boerenland

Het aantal streekdrachten in Nederland was in het verleden bijzonder talrijk. Tegenwoordig is nog slechts in een aantal plaatsen sprake van een lokale klederdracht en dan veelal alleen in het zomerseizoen. Het zijn vooral de vrouwen die in menige plaats de klederdracht in ere houden. Volendam en Marken zijn misschien wel de bekendste dorpen, waar (een deel van) de lokale bevolking gekleed gaat volgens eeuwenoude tradities. De mannen dragen hier een lange zwarte broek met zilveren knopen met daarop een gestreepte hes en een kort zwart jasje of trui. Het hoofddeksel is een zwarte pet of ronde muts. Op zon- en feestdagen dragen ze schoenen met een gesp of anders klompen. De traditionele klederdracht van de Volendamse vrouw bestaat uit een zwarte rok met een gestreept schort of een rok van gestreepte stof met daarop een zwart schort. Daarop draagt ze een jakje met een gebloemde kraplap en daar overheen een zwart jasje met korte mouwen. Om de hals draagt ze een bloedkoralen halssnoer met gouden slot. Doordeweeks draagt ze een zwarte puntige muts en op zon- en feestdagen een hoge kanten hul.

De Marker klederdracht verschilt van de Volendamse. De mannen dragen hier een boezeroen en een pofbroek die tot over de knie reikt. De vrouwen dragen een gestreepte onderrok met daar overheen een wijde zwarte rok en een zwart schort. Daarop een jakje met gestreepte mouwen met daar overheen een geborduurd ruglijfje en een soort bolero. Een gebloemde schouderdoek maakt het geheel compleet. Op het hoofd wordt een kleine muts van kant, batist en sits (chintz) gedragen. Ook in andere plaatsen in Nederland wordt, zij het in mindere mate, de lokale klederdracht nog in ere gehouden. Bij voorbeeld in Staphorst en het nabij gelegen Rouveen. In Spakenburg en Bunschoten dragen sommige vrouwen nog altijd de lokale klederdracht en ook in Sche-

National costume and countryside

In the past the number of regional costumes in the Netherlands was quite large. At present there are still local costumes in a few places which are worn mainly in the summer season. Women especially wear local costume in many places. Volendam and Marken may be the best-known places where (part) of the local population dresses in accordance with age-old tradition. There the men wear long, black trousers with silver buttons, a striped blouse and a short black coat or sweater. The headgear is a black cap or a round bonnet. On sundays and public holidays they wear shoes with a clasp or wooden shoes. The traditional costume for Volendam women consists of a black skirt with a striped apron or a skirt of striped cloth with a black apron over it. Above she wears a smock with a flowery shawl and on top of that a black jacket with short sleeves. She has a red coral necklace around her neck with a golden clasp. On weekdays she wears a black peaked bonnet and on Sundays and public holidays a tall lace bonnet.

The Marken costume differs from the Volendam costume. Here the men wear a smock and a trunk-hose reaching to the knee. The women wear a striped half-slip with a wide black skirt on top and a black apron. On top of that an embroidered bodice and a kind of bolero. This is completed by a flowered headscarf. On the head a small cap of lace, batiste and chintz is worn. In other places in the Netherlands the local costume is also still preserved, although to a lesser extent. For example in Staphorst and the nearby Rouveen. In Spakenburg and Bunschoten some women still wear the local costume and also in Scheveningen, Urk and on the Zeeland islands Walcheren and Zuid-Beveland we still find women who observe their regional costumes. Especially on Sundays or for the weekly market people tend to take their local costume from their wardrobes. In quite a few Dutch museums we can

Trachtenkleidung und Bauernland

Die Zahl der verschiedenen Trachten in den Niederlanden war in der Vergangenheit besonders hoch. Heute kann nur noch in einigen Orten von lokaler Trachtenkleidung gesprochen werden, und dann meist nur in der Sommerzeit. Es sind vor allem die Frauen, die mancherorts die Tracht in Ehren halten. Volendam und Marken sind vielleicht die bekanntesten Dörfer, wo ein Teil der örtlichen Bevölkerung den jahrhundertealten Traditionen entsprechend gekleidet ist. Die Männer tragen hier eine lange, schwarze Hose mit Silberknöpfen, darüber eine gestreifte Weste und eine kurze schwarze Jacke. Der Kopf ist mit einem schwarzen Hut oder einer runden Mütze bedeckt. An Sonn- und Feiertagen tragen sie Schuhe mit Schnallen, ansonsten sind es Klompen. Die traditionelle Kleidertracht der Frauen in Volendam besteht aus einem schwarzen Rock mit gestreifter Schürze oder einem Rock aus gestreiftem Stoff, über dem eine schwarze Schürze getragen wird. Darüber trägt sie eine Jacke mit einem geblümten Verschlußband und darüber schließlich eine schwarze Jacke mit kurzen Ärmeln. Um den Hals bindet sie eine Kette aus Blutkoralle mit Goldschließe. Wochentags trägt sie eine schwarze, gepunktete Haube und an Sonn- und Feiertagen eine hohe Kopfbedeckung aus Spitze.

Die Kleidertracht Markens unterscheidet sich von der Voldendams. Die Männer tragen eine Arbeitsweste und eine Puffhose, die bis über die Knie reicht. Bei den Frauen ist es ein gestreifter Unterrock mit einem weiten, schwarzen Rock darüber sowie einer schwarzen Schürze. Darüber schließlich trägt sie eine Jacke mit gestreiften Ärmeln und schließlich ein besticktes Rückenleibchen und eine Art Bolero. Ein geblümtes Schultertuch vervollständigt das Erscheinungsbild. Auf dem Kopf trägt man eine kleine Haube aus Spitze, Batist und Chintz. Auch an anderen Orten in den Nie-

veningen, Urk en op de Zeeuwse eilanden Walcheren en Zuid-Beveland kan men nog vrouwen aantreffen die hun streekdracht in ere houden. Vooral op zondagen of voor de wekelijkse markt en specifieke folkloristische festiviteiten wil men de plaatselijke klederdracht nog wel eens uit de kast tevoorschijn halen.

In een groot aantal musea in Nederland kan men oorspronkelijke klederdrachten alsmede huishoudelijke voorwerpen, gereedschap, speelgoed, landbouwwerktuigen en dergelijke bewonderen. In deze musea wordt ook vaak de inrichting van een authentieke boerenwoning tentoongesteld. Het Nederlands Openluchtmuseum in Arnhem geeft een historisch beeld van het dagelijkse leven in Nederland vanaf 1600 en heeft zelfs circa tachtig originele woonhuizen, boerderijen, molens en bedrijfsgebouwen met authentieke inrichting staan.

Boerderijen hebben altijd een belangrijke plaats ingenomen in het Nederlandse landschap. Elke streek heeft zijn specifiek boerderijtype. Men onderscheidt ruwweg drie basistypes: de Friese Huizen, de Hallehuizen en het Dwarshuis. De Friese Huizen komen niet alleen voor in Friesland, maar ook in Groningen en Noord-Holland en hebben als belangrijkste kenmerk enorme daken. Tot de Friese Huizen behoren de *stolpboerderij*, de *kop-hals-rompboerderij* en de *Oldambster boerderij*. Bij stolpboerderijen bevinden de woon- en bedrijfsruimten zich allemaal onder een hoog uit vier vlakken bestaand dak. De kop-hals-rompboerderij bestaat uit een woonhuis, de kop, dat via een smal gedeelte, de hals, in verbinding staat met de grotere bedrijfsgebouwen (veelal de schuur of koestal), de romp. Bij de Oldambster boerderij liggen alle ruimten onder één dak met een doorlopende nok.

De boerderijtypes die vallen onder de verzamelnaam *Hallehuizen* komen vooral in het oosten en midden van Nederland voor. Kenmerkend voor dit type boerenhoeve is dat de zoldering op twee rijen palen rust, die door dwarsbalken met elkaar verbonden zijn. De belangrijkste types zijn de Drentse boerderij en het T-huis type. De *Drentse boerderij* is langgerekt van vorm met een rie-

admire the original costumes and household utensils, tools, toys, agricultural tools and such. These museums often have the furnishing of an authentic farmhouse on display. The Dutch Outdoor Museum in Arnhem gives a historical picture of daily life in the Netherlands from 1600 and even has about eighty original houses, farmhouses, windmills and industrial buildings with authentic furnishings.

Farmhouses have always had an essential place in the Dutch landscape. Every region has its special type of farmhouse. Generally speaking there are three basic designs: the Frisian houses, the Hall houses and the Transverse house. The Frisian houses not only occur in Friesland, but also in Groningen and Noord Holland, and their most striking feature are the enormous roofs. There are several types of Frisian houses, the *cheese-cover farmhouse*, the *'head-neck-trunk' house* and the *'Oldambster' farmhouse*.

In the cheese-cover farmhouse the living accommodation and the working space are situated together under a high roof with four faces. The 'head-neck-trunk' farmhouse consists of a dwelling, the head, that is connected by a narrow part, the neck, with the farm buildings (mostly a barn or a cowshed), the trunk. In the Oldambster farmhouse all rooms are situated under one roof with a continuous ridge. The types of farmhouse that come under the collective term *'Hall' houses* occur especially in the east and centre of the Netherlands. It is characteristic for this type of farmhouse that the attic rests on two rows of piles, connected by cross beams. The most important types are the Drente farmhouse and the T-house type. The *Drente farmhouse* has an elongated shape with a thatched roof protecting both the living accommodation and the working space. A variant is the *T-house* with its T-shaped floor plan, with the living accommodation as cross of the T. This type is quite common in the province of Gelderland. In the south we find especially the *Transverse-house*-type. The most essential feature of these houses is that they have a long façade, because the rooms are placed next to each

derlanden wird – wenn auch nicht so häufig – die lokale Trachtenkleidung in Ehren gehalten. Etwa in Staphorst und im nahegelegenen Rouveen. In Spakenburg und Bunschoten tragen manche Frauen immer noch die Tracht der Gegend, und auch in Scheveningen, Urk und auf den seeländischen Inseln Walcheren und Südbeveland kann man noch Frauen finden, die Trachtenkleidung tragen. Vor allen Dingen an Sonntagen oder für den Wochenmarkt sowie anläßlich besonderer folkloristischer Veranstaltungen will man die Trachtenkleidung doch noch einmal aus dem Kleiderschrank holen. In vielen Museen in den Niederlanden kann man die ursprünglichen Trachten sowie Gegenstände des Haushalts, Werkzeuge, Spielzeuge, landwirtschaftliche Geräte und ähnliches bewundern. In diesen Museen findet sich dann häufig auch die Einrichtung einer ursprünglichen Bauernwohnung. Das niederländische Freiluftmuseum in Arnheim bietet ein historisches Bild des alltäglichen Lebens in den Niederlanden ab 1600, und es gibt dort etwa 80 Originalwohnhäuser, Bauernhöfe, Mühlen und Werkstätten mit der ursprünglichen Einrichtung.

Bauernhöfe haben in der niederländischen Landschaft immer schon eine wichtige Rolle gespielt. Jede Gegend hat ihren ganz speziellen Typ Bauernhaus. Man unterscheidet grob drei Grundtypen: die friesischen Häuser, die Hallenhäuser und die Querhäuser. Die friesischen Häuser gibt es nicht nur in Friesland, sondern auch in Groningen und Nordholland, und ihr wichtigstes Merkmal sind riesige Dächer. Zu den friesischen Häusern gehören das *Gulfhaus*, der *Kopf-Hals-Rumpf-Bauernhof* und der *Oldambster Bauernhof*. Bei *Gulfhäusern* befinden sich Wohn- und Nutzräume unter einem hohen, aus vier Flächen bestehenden Dach. Der *Kopf-Hals-Rumpf-Bauernhof* besteht aus einem Wohnhaus, dem Kopf, der durch einen schmalen Teil, den Hals, mit den größeren Nutzgebäuden (meist Scheune oder Kuhstall), dem Rumpf, verbunden ist. Beim Oldambster Bauernhof befinden sich alle Räume unter einem einzigen Dach mit durchlaufendem First.

ten dak dat zowel het woonhuis als het bedrijfsgedeelte beschermt. Een variant is het *T-huis* met zijn T-vormige plattegrond waarbij het woonhuis dwars staat. Dit type komt vooral voor in Gelderland. In het zuiden komt vooral het *Dwarshuistype* voor. Deze boerderijen hebben als kenmerk dat ze een lange voorgevel hebben, omdat de vertrekken naast elkaar zijn geplaatst en waarbij het woonhuis dwars op de bedrijfsruimte staat.

Behalve boerderijen zijn ook *molens* onverbrekelijk verbonden met het Nederlandse landschap. Eens telde Nederland meer dan 9000 molens waarvan er circa 900 bewaard gebleven zijn. Het merendeel van deze windmolens staat in het westen van het land. De meeste zijn niet meer in gebruik. Ze zijn echter van groot belang geweest bij het tot stand komen van het Nederlandse polderlandschap. Dankzij deze windmolens konden de polders droog worden gehouden en werd de invloed van de mens op de natuur groter en groter. Het gezegde 'God schiep de wereld, maar Nederland werd door de Nederlanders zelf geschapen' is niet zo maar uit de lucht komen vallen. Er is duidelijk sprake van een eeuwenlange wisselwerking tussen mens en natuur, waarbij de mens nadrukkelijk zijn sporen heeft achtergelaten. Het merendeel van deze sporen verdwijnt weer na verloop van tijd om voor nieuwe plaats te maken. Sommige doorstaan echter de tand des tijds, zoals de Friese terpen en de Drentse hunebedden. Het Nederlandse landschap is dan ook bijzonder gevarieerd en herbergt elementen van verschillende ouderdom.

In het noorden en vooral in het westen vallen de kustlijn met zijn prachtige duinlandschap met daarachter uitgestrekte bloembollenvelden op. Het landschap erachter wordt vooral gekenmerkt door de kaarsrechte sloten die het polderlandschap doorsnijden. Dit deel van Nederland is mede door ingrijpen van de mens ontstaan en het polderlandschap is hier dan ook strak en geordend. Op het oog lijkt het saai en eentonig, maar het heeft toch ook zeker zijn specifieke charmes.

Het midden van Nederland is zachtglooi-

other and the living accommodation is situated across the working space. Apart from farmhouses, the Dutch landscape cannot be imagined without *windmills*. Once there were more than 9000 windmills in the Netherlands, 900 of which have been preserved. Most of these windmills are situated in the western part of the country. Most of them are no longer in use. However, they have been of great importance for the creation of the Dutch polder landscape. Thanks to these windmills the polders could be kept dry and man could get an ever stronger grip on nature. The saying 'God created the world, but the Dutch created Holland' did not appear out of the blue. There is a manifest age-long interaction between man and nature, in which man has left his distinct traces. Most of these traces disappear again to make place in due course for new traces. Some of them, however, withstand the ravages of time, such as the Frisian terps and the Drente megalith tombs. This makes the Dutch landscape varied and it includes elements of many ages.

In the north and especially in the west the coastal line with its splendid dune landscape and the flower bulb fields behind them is striking. The landscape behind is especially characterized by the straight ditches crisscrossing the polder landscape. This part of the Netherlands was created partly by the intervention of man and therefore the polder landscape is rigid and orderly. At first glance it appears dull and monotonous, but it has a certain specific charm.

The central part of the Netherlands is gently rolling. Here the largest nature reserve of the Netherlands is situated; the 'Veluwe'. To the south lies the 'Betuwe'. The river-area in Gelderland, between the rivers Rhine, Meuse and Waal, is a unique part of the Netherlands, with its meandering dikes, meadows and fields with its many blossoming fruit trees in spring. The (Southern) Limburg area deviates from the rest of the Netherlands. This area is part of the foothills of the Ardennes and has more variety in altitude than the remaining part of the country. The countryside is rather hilly.

The most recent expansion of the Nether-

Die Bauernhaustypen, die unter die Bezeichnung *Hallenhäuser* fallen, finden sich vor allem im Osten und im Zentrum der Niederlande.

Typisch für diese Art von Bauernhöfen ist die Tatsache, daß der Speicher auf zwei Pfahlreihen ruht, die durch Querbalken miteinander verbunden sind. Die wichtigsten Typen sind der Drenter Bauernhof und der T-Haus-Typ. Der *Drenter Bauernhof* ist von langgestreckter Form und trägt ein Rietdach, das sowohl Wohnhaus als auch Nutzgebäude bedeckt. Eine Variante ist das *T-Haus* mit T-förmigem Grundriß, wobei das Wohnhaus quer steht. Dieser Typ ist vor allem in Gelderland zu finden. Im Süden gibt es meist den *Querhaustyp*. Diese Bauernhöfe weisen als typisches Merkmal einen langen Vordergiebel auf, da die Räumlichkeiten nebeneinander angeordnet sind, und wobei das Wohnhaus quer zu den Nutzräumen steht.

Neben Bauernhöfen sind auch *Mühlen* ein unverzichtbarer Bestandteil der niederländischen Landschaft. Einst gab es in den Niederlanden mehr als 9000 Mühlen, von denen noch etwa 900 erhalten sind. Der größte Teil dieser Windmühlen steht im Westen des Landes. Die meisten von ihnen sind nicht mehr in Gebrauch. Sie sind jedoch bei der Entstehung der niederländischen Polderlandschaft von großer Bedeutung gewesen. Dank dieser Windmühlen konnten die Polder trocken gehalten werden, und die Einflußmöglichkeiten, die der Mensch auf die Natur hat, nahmen immer mehr zu. Das Sprichwort "Gott schuf die Welt, aber die Niederlande wurden von den Niederländern selbst erschaffen" ist nicht einfach aus der Luft gegriffen. Es ist ganz klar von einer jahrhundertelangen Wechselwirkung zwischen Mensch und Natur die Rede, wobei der Mensch tiefe Spuren hinterlassen hat. Der größte Teil dieser Spuren verschwindet nach einiger Zeit wieder um neuen zu weichen. Manche überstehen den nagenden Zahn der Zeit, etwa die friesischen Warften und die Drenter Hünengräber. Die niederländische Landschaft ist sehr vielfältig und weist Elemente unterschiedlichen Alters auf.

end. Hier bevindt zich het grootste natuurgebied van Nederland: de Veluwe. Iets zuidelijker ligt de Betuwe, in het Gelderse rivierengebied tussen de rivieren Rijn, Maas en Waal, dat met zijn kronkelende dijken, weilanden en akkers in het voorjaar met zijn vele bloeiende fruitbomen een uniek stukje Nederland is. Het landschap van (Zuid-)Limburg wijkt sterk af van de rest van Nederland. Het gebied maakt deel uit van de uitlopers van de Ardennen en is het meest reliëfrijke deel van Nederland. Het platteland heeft hier dan ook een heuvelachtig karakter.

De meest recente aanwinst van Nederland is Flevoland, de twaalfde provincie, veroverd op de voormalige Zuiderzee en het tegenwoordige IJsselmeer. Alles is hier nieuw: de steden, de dorpen, de bossen, de landbouwgronden en zelfs de mensen. De Flevopolder is dan ook het meest recente bewijs dat de Nederlander Nederland heeft gemaakt tot wat het nu is. Een proces dat nog altijd voortduurt...

lands is Flevoland, the twelfth province, taken from the former Zuyder Zee at present the IJselmeer. Everything is new here: the towns, the villages, the woods, the agricultural area and even the people. The Flevo polder is the most recent proof of the fact that the Dutchman has created the Netherlands in its present shape and form. An ever continuing process.

Im Norden und vor allem im Westen fällt die Küstenlinie mit ihrer prächtigen Dünenlandschaft und dahinter den ausgedehnten Blumenfeldern auf. Die Landschaft dahinter schließlich wird durch kerzengerade Gräben geprägt, die die Polderlandschaft durchziehen. Dieser Teil der Niederlande ist unter anderem durch Eingriff des Menschen entstanden, und die Polderlandschaft erscheint daher auch streng geordnet. Zunächst scheint sie öde und eintönig zu sein, aber auch das hat sicher seinen ganz speziellen Charme.

Das Zentrum der Niederlande ist sanft hügelig. Hier befindet sich das größte Naturschutzgebiet der Niederlande: die Veluwe. Etwas südlicher liegt die Betuwe, und zwar im Gelderländer Flußgebiet zwischen den Flüssen Rhein, Maas und Waal, das mit seinen sich dahinschlängelnden Deichen, seinen Wiesen und Äckern mit den vielen im Frühjahr blühenden Obstbäumen ein einmaliges Stück Niederlande ist. Die Landschaft (Süd-)Limburgs sieht ganz anders aus als der Rest der Niederlande. Diese Region ist Teil der Ardennenausläufer und daher die reliefreichste Region der Niederlande. Das Land hat hier hügeligen Charakter.

Die jüngste "Erwerbung" der Niederlande ist Flevoland, die zwölfte Provinz, die der ehemaligen Zuyderzee und dem heutigen IJsselmeer abgerungen wurde. Hier ist einfach alles neu: die Städte, die Dörfer, die Wälder, die landwirtschaftlichen Anbauflächen und sogar die Menschen. Der Flevopolder ist der jüngste Beweis für die Tatsache, daß die Niederländer die Niederlande zu dem gemacht haben, was sie heute sind. Ein Prozeß, der immer noch nicht abgeschlossen ist...

pag. 189 *In enkele min of meer geïsoleerde dorpen en voormalige eilanden in het zuidwesten van Nederland, kan men nog door de eeuwen heen bewaard gebleven klederdrachten tegenkomen die ook in het dagelijks leven nog gedragen worden. Spakenburg aan het IJsselmeer is zo'n voormalig vissersdorp waar nog veel vrouwen de traditie in stand houden.*

pag. 190 *Zeeuws-Vlaanderen toont een duidelijke invloed van de immigratie uit Spanje in vroegere eeuwen. In tegenstelling tot het overige deel van Nederland is zwart haar hier geen uitzondering.*

pag. 191 *Al is het dragen van klompen óók op het platteland geen regel meer, ze zijn er nog.*

pag. 192 *Zuidbevelandse boerendracht zoals deze nog wel op de markt van Goes gezien wordt.*

pag. 193 *In Friesland is de dracht geheel uit het dagelijks leven verdwenen. Alleen bij folkloristische evenementen kan men een idee krijgen hoe het ooit geweest is.*

pag. 194 *De polder Oostelijk Flevoland viel in 1957 droog en is meer dan alleen landbouwgebied. Er is veel plaats gereserveerd voor steden en industrieterreinen en grote gebieden zijn bestemd voor natuur en rekreatie, zoals aan de randmeren tussen Flevoland en het oude land. Bosaanplant neemt 16% in van het oppervlak van de polder.*

page 189 *In some more or less isolated villages and former islands in the southwest of the Netherlands one can still see local costumes, preserved through the ages and still worn daily. Spakenburg on the IJselmeer is such a former fishing village where many women still sustain the tradition.*

page 190 *Zeeuws Vlaanderen (Zealand Flanders) clearly shows the influence of immigration from Spain in bygone centuries. Dark hair is no exception here, contrary to the remaining part of the Netherlands.*

page 191 *Even when wearing wooden shoes, also in the country, is not a general rule, they are still there.*

page 192 *Zuid-Beveland farmer's costume, as seen on the market in Goes.*

page 193 *In Friesland regional costumes have completely disappeared from daily life. Only folkloristic events still give an idea of the past.*

page 194 *The 'Oostelijk Flevoland' polder became dry in 1957 and is more than a mere agricultural area. Much place has been reserved for towns and industrial estates and large areas are destined for nature and recreation, e.g. along the lakes between Flevoland and the old land. Newly planted trees cover 16 per cent of the polder's surface.*

Seite 189 *In einigen mehr oder weniger isoliert liegenden Dörfern und auf ehemaligen Inseln im Südwesten der Niederlande kann man noch die durch die Jahrhunderte erhaltenen Kleidertrachten finden, die auch alltags noch getragen werden. Spakenburg am IJsselmeer ist solch ein ehemaliges Fischerdorf, in dem noch viele Frauen die Tradition hochhalten.*

Seite 190 *Seeländisch-Flandern läßt deutlich die Einwanderung aus Spanien in früheren Zeiten erkennen. Im Gegensatz zum übrigen Teil der Niederlande ist schwarzes Haar hier keine Ausnahme.*

Seite 191 *Auch wenn das Tragen von Klompen auf dem Lande nicht mehr die Regel ist, so kann man sie noch finden.*

Seite 192 *Bauerntracht aus Südbeveland wie diese hier kann man gelegentlich noch auf dem Markt von Goes sehen.*

Seite 193 *In Friesland ist die Tracht völlig aus dem täglichen Leben verschwunden. Nur anläßlich folkloristischer Ereignisse kann man sich noch eine Vorstellung von der Vergangenheit machen.*

Seite 194 *Der Polder Oostelijk Flevoland wurde 1957 trockengelegt und ist mehr als nur landwirtschaftliche Nutzfläche. Viel Platz wurde Städten und Industriegebieten vorbehalten, und weite Bereiche sind für die Natur und Erholung bestimmt, etwa die Randseen zwischen Flevoland und dem alten Land. Wiederaufforstung macht 16 % der Fläche des Polders aus.*

pag. 195 *In Staphorst in de provincie Overijssel wordt de klederdracht nog dagelijks gedragen. Het is het enige dorp in Nederland waar ook de kinderen nog in dracht lopen.*	**page 195** *In Staphorst in the province of Overijsel local costumes are worn every day and it is the only village in the Netherlands where even the children wear local costumes.*	**Seite 195** *In Staphorst in der Provinz Overijssel wird die Kleidertracht auch alltags noch getragen, und es ist das einzige Dorf in den Niederlanden, in dem auch die Kinder noch Trachtenkleidung tragen.*
pag. 196 *Limburg heeft een voor Nederland uniek heuvellandschap waar zelfs de boerderijen 'onhollands' zijn.*	**page 196** *Limburg has a hilly landscape, unique for the Netherlands and even the farms are 'un-Dutch'.*	**Seite 196** *Limburg weist eine für die Niederlande einzigartige Hügellandschaft auf, in der sogar die Bauernhöfe "unniederländisch" aussehen.*
pag. 197 *Limburg.*	**page 197** *Limburg.*	**Seite 197** *Limburg.*
pag. 198 en 199 *Nog is het handwerk niet geheel van het grootschalige agrarische bedrijf verdwenen. Het mede door de landbouwmachines veranderde Nederlandse landschap krijgt nieuwe spannende vormen.*	**page 198 and 199** *Manual work has not completely disappeared from the large-scale agricultural industry. The Dutch landscape, partly changed by the use of farming machinery, gets new, exciting patterns.*	**Seite 198 und 199** *Noch ist das Handwerk auch vom großen landwirtschaftlichen Betrieb nicht völlig verschwunden. Die unter anderem durch die landwirtschaftlichen Maschinen veränderte Landschaft erhält neue, interessante Formen.*
pag. 200 *Het zijn de loonbedrijven die het oogstwerk op zich nemen. De boer is manager geworden.*	**page 200** *Contracting firms do the harvesting. The farmer has become manager.*	**Seite 200** *Es sind die Lohnbetriebe, die die Erntearbeit auf sich nehmen. Der Bauer ist zum Manager geworden.*
pag. 201 boven: *Friesland.* **onder:** *Noord-Holland.*	**page 201 above:** *Friesland.* **below:** *Noord-Holland.*	**Seite 201 oben:** *Friesland.* **unten:** *Nordholland.*
pag. 202 en 203 *De verscheidenheid aan boerderijtypes in Nederland is even rijk als de verschillen in grondsoorten zoals de zeeklei in Groningen, het laagveengebied in 'het groene hart van Holland' en de zandgronden in het hoger gelegen Drenthe.*	**page 202 and 203** *The variety of types of farmhouses in the Netherlands is as rich as the difference in types of soil, such as sea-clay in Groningen, fens in 'the green heart of Holland' and the sandy area of higher altitude in Drenthe.*	**Seite 202 und 203** *Die Unterschiedlichkeit der Bauernhäuser in den Niederlanden ist ebenso groß wie die Verschiedenartigkeit der Böden. Da gibt es den Meerton in Groningen, die Tiefmoorgebiete im "grünen Herzen von Holland" und die Sandböden im höher gelegenen Drenthe.*
pag. 204 *Saksische boerderij in Drenthe.*	**page 204** *Saxon farm in Drenthe.*	**Seite 204** *Sächsischer Bauernhof in Drenthe.*
pag. 205 *De bevolking die leefde in de periode van circa 2700 tot*	**page 205** *The people that lived in the period from abt. 2700 to*	**Seite 205** *Die Bevölkerung, die in der Zeit zwischen etwa 2700*

1800 v.C. bouwde hunebedden die dienden als graf en oost-west gericht staan met twee sluitstenen aan de korte zijden. In Nederland vindt men hunebedden hoofdzakelijk in Drenthe. Ze zijn opgericht van de door het landijs meegevoerde zwerfkeien.

1800 B.C. have built megalithic tombs that served as graves and were erected from east to west with two copestones at the short sides. In the Netherlands these gallery graves are especially located in Drenthe, built from boulders carried by the gliding ice.

und 1800 v. Chr. hier lebte, errichtete Hünengräber, die zur Bestattung Verstorbener dienten und von Ost nach West ausgerichtet sowie mit zwei Abschlußsteinen an den kurzen Seiten versehen waren. In den Niederlanden findet man Hünengräber hauptsächlich in Drenthe. Sie wurden aus den Felsbrocken errichtet, die das Landeis heranführte.

pag. 206 *Appelboomgaard.*

page 206 *Apple orchard.*

Seite 206 *Apfelbaumwiese.*

pag. 207 *Appelschimmel.*

page 207 *Dapple-grey horse.*

Seite 207 *Apfelschimmel.*

pag. 208 *Nederland heeft minder dan 150 droge dagen per jaar maar dié worden dan wel tot de laatste minuut gebruikt in de landbouw.*

page 208 *The Netherlands has less than 150 dry days per year, but in agriculture those are used to the very last minute.*

Seite 208 *Die Niederlande verzeichnen weniger als 150 trockene Tage pro Jahr, doch diese werden dann auch bis zum letzten Tageslicht für die Landwirtschaft genutzt.*

pag. 209 *Ondanks de opmars van kunststof-produkten wordt het rijshout nog veel gebruikt ter vervaardiging van zinkstukken voor de dijk- en waterbouw.*

page 209 *In spite of the advance of synthetic materials osier is still used widely for manufacturing fascine mattresses for dike-building and hydraulical engineering projects.*

Seite 209 *Trotz des Aufkommens der Kunststoffprodukte wird Reisigholz noch vielfach für die abzusenkenden Teile im Deich- und Wasserbau verwendet.*

pag. 210 *De bloemenmarkt op het Lange Voorhout in Den Haag wordt jaarlijks gehouden op de eerste zaterdag na IJsheiligen.*

page 210 *The flower market on the Lange Voorhout in The Hague is held annually on a Saturday in late spring.*

Seite 210 *Der Blumenmarkt auf der Lange Voorhout in Den Haag findet alljährlich am ersten Samstag nach den Eisheiligen statt.*

pag. 211 en 212
De tulp werd aan het eind van de 16e eeuw uit Turkije naar Nederland gebracht waar zij zich al snel thuis voelde. Een bloeiende handel volgde in dit bijzondere bolgewas en, gestimuleerd door de grote belangstelling, werden alras door kruising nieuwe variëteiten gekweekt. Er ontstond een jacht naar deze nieuwe vormen die dan ook het object werden van speculaties. Dit leidde zelfs tot de 'tulpomania' tussen 1634 en

page 211 and 212
At the end of the 16th century the tulip came from Turkey to the Netherlands, where it soon felt at home. A flourishing trade in this special bulbous plant followed and, stimulated by the great interest, soon new varieties were cultivated by cross-fertilization. This entailed a hunt for new varieties, which became the subject of speculations. This even led to the 'tulpomania', between 1634 and 1637, involving

Seite 211 und 212
Die Tulpe wurde gegen Ende des 16. Jahrhunderts aus der Türkei in den Niederlanden eingeführt, wo sie sich schon bald heimisch fühlte. Ein reger Handel mit dieser besonderen Zwiebelblume war die Folge. Getrieben von dem großen Interesse wurden schon bald durch Kreuzen neue Arten gezüchtet. Es entwickelte sich eine Jagd nach neuen Formen, die dann auch gleich Objekt von Spekula-

1637 waarbij fabelachtige bedragen werden betaald en vermogens op het spel gezet om een zeldzame tulpebol in handen te krijgen. Door ingrijpen van de regering werd een halt toegeroepen aan deze 'bollenrazernij' waarbij velen bankroet gingen door het plotseling kelderen van de prijzen.

payment of incredible sums. Fortunes were staked to acquire a rare tulip bulb. The government intervened and put an end to this 'bulb mania' that caused many bankruptcies, when prices suddenly plummeted.

tionen wurden. Das führte sogar zwischen 1634 und 1637 zu einer "Tulpomania", wobei man Unsummen für eine seltene Blumenzwiebel ausgab. Durch Eingreifen der Regierung wurde dieses Treiben schließlich beendet. Viele Spekulanten verloren durch den Preisverfall bei den Blumenzwiebeln allerdings ihr gesamtes Vermögen.

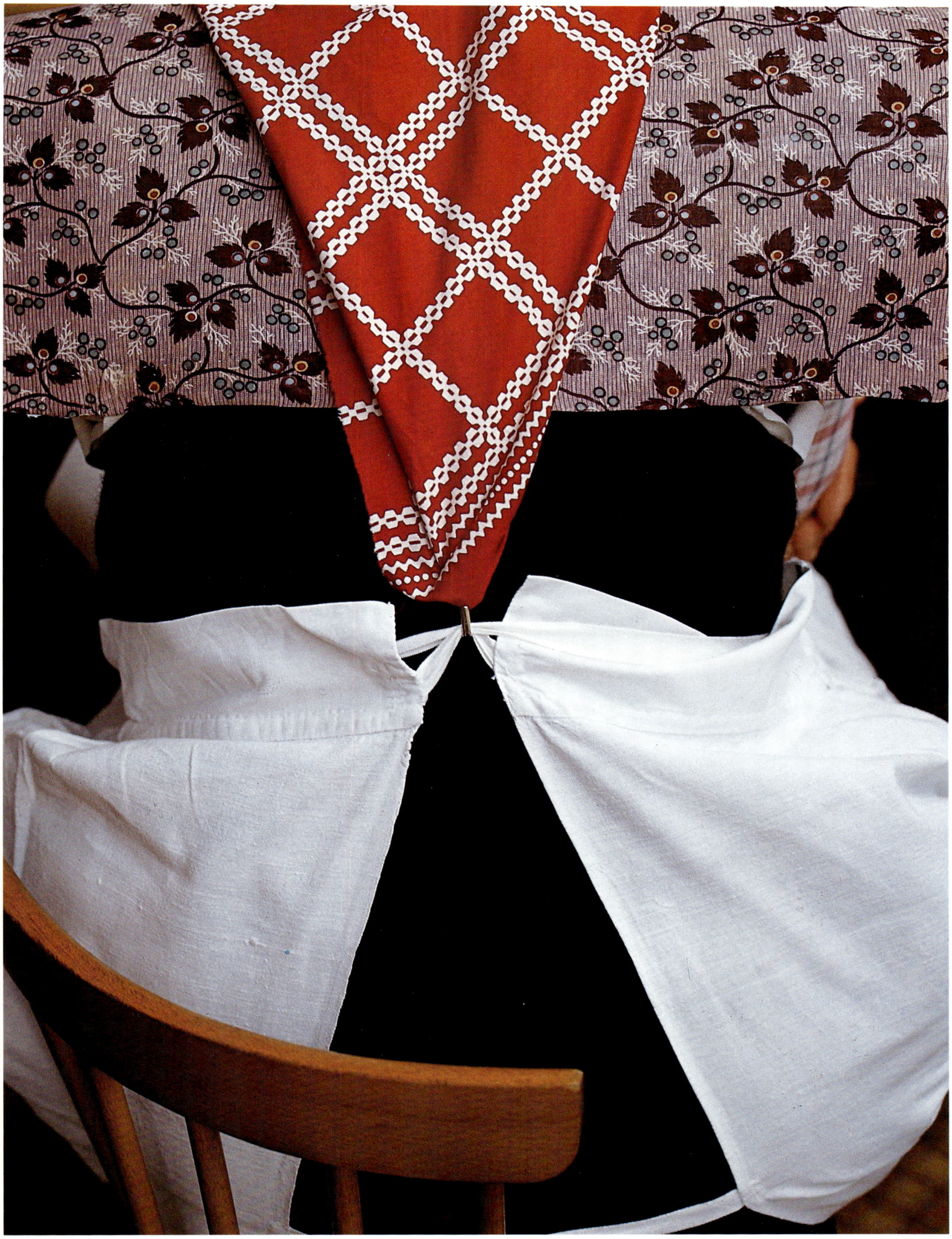

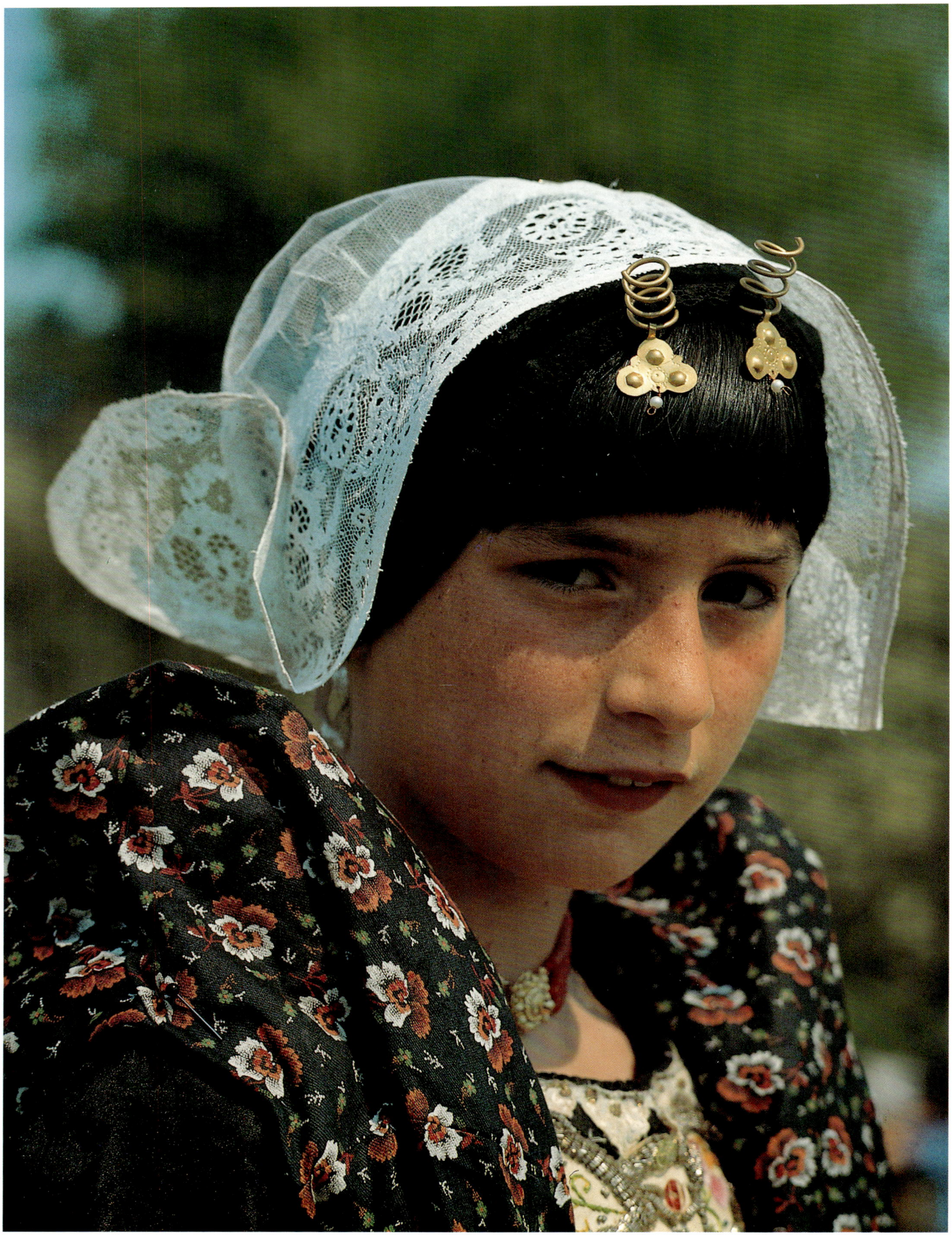

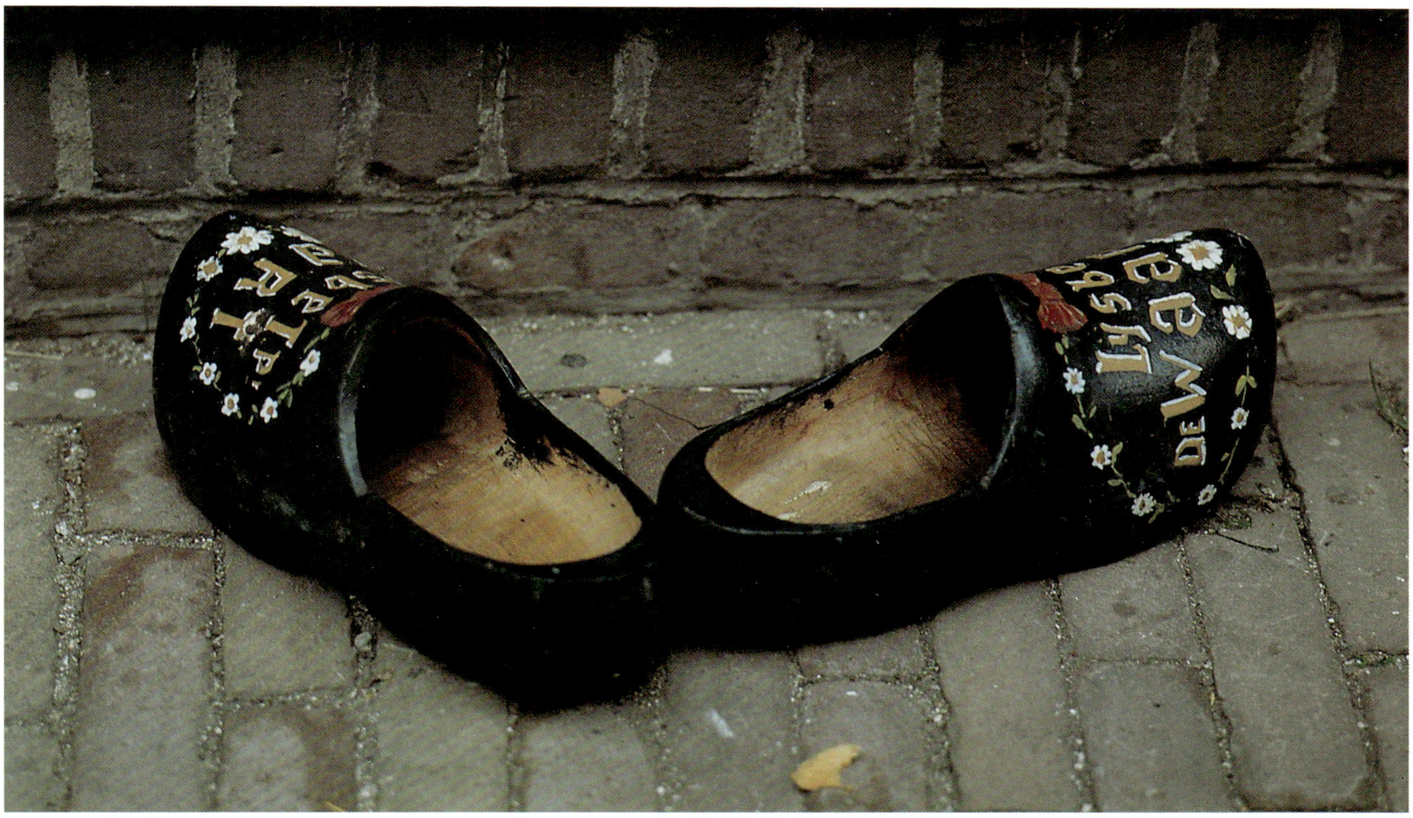

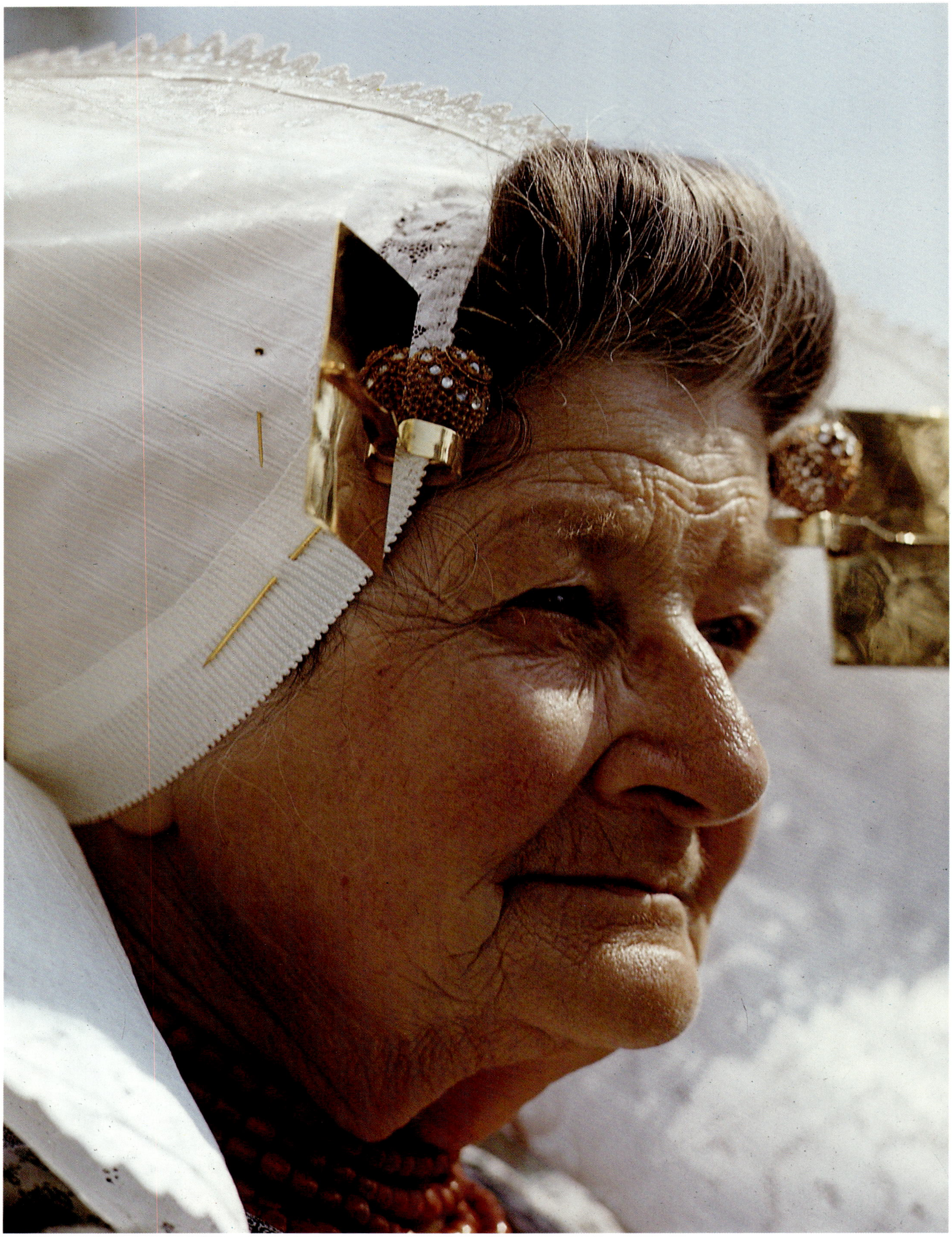

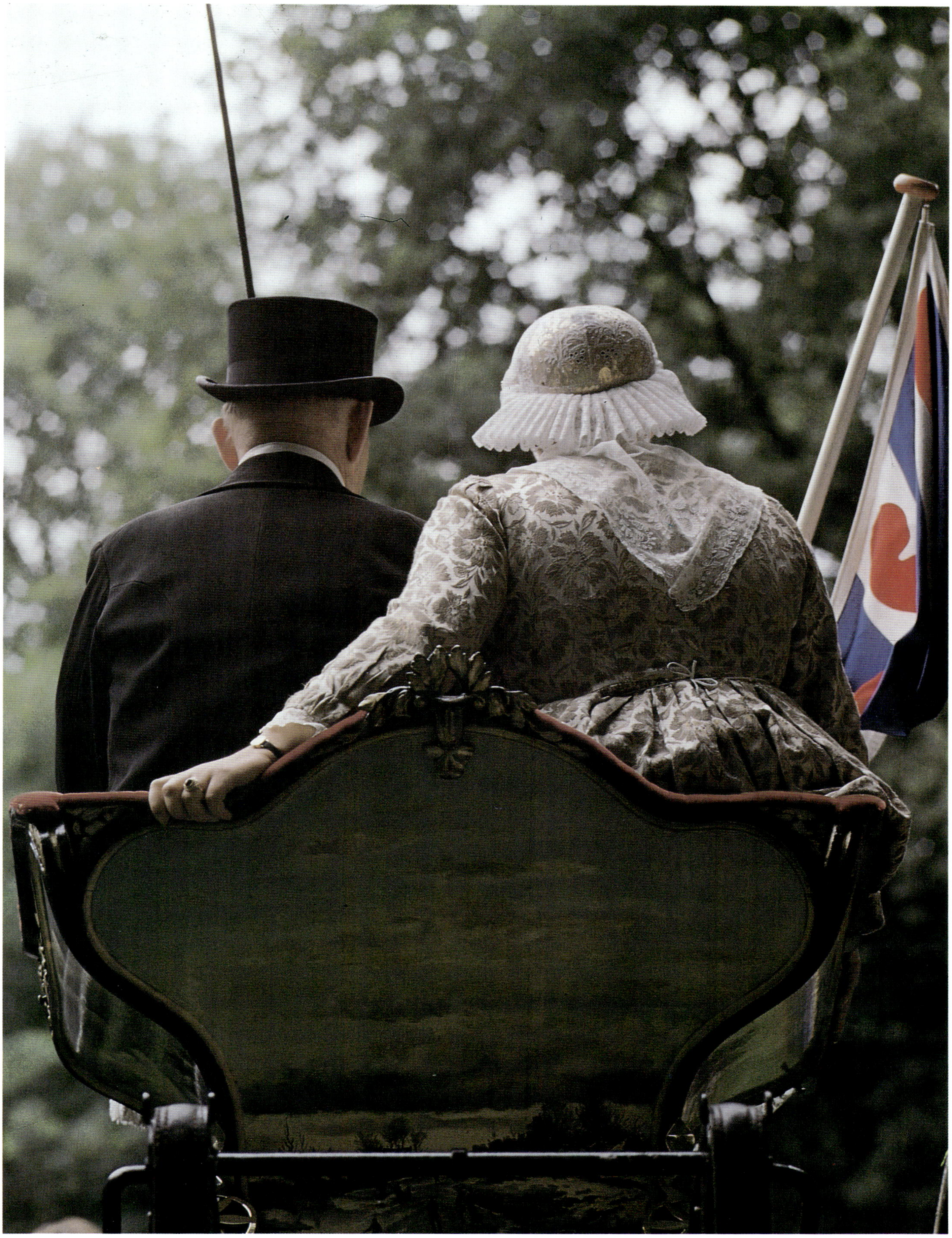

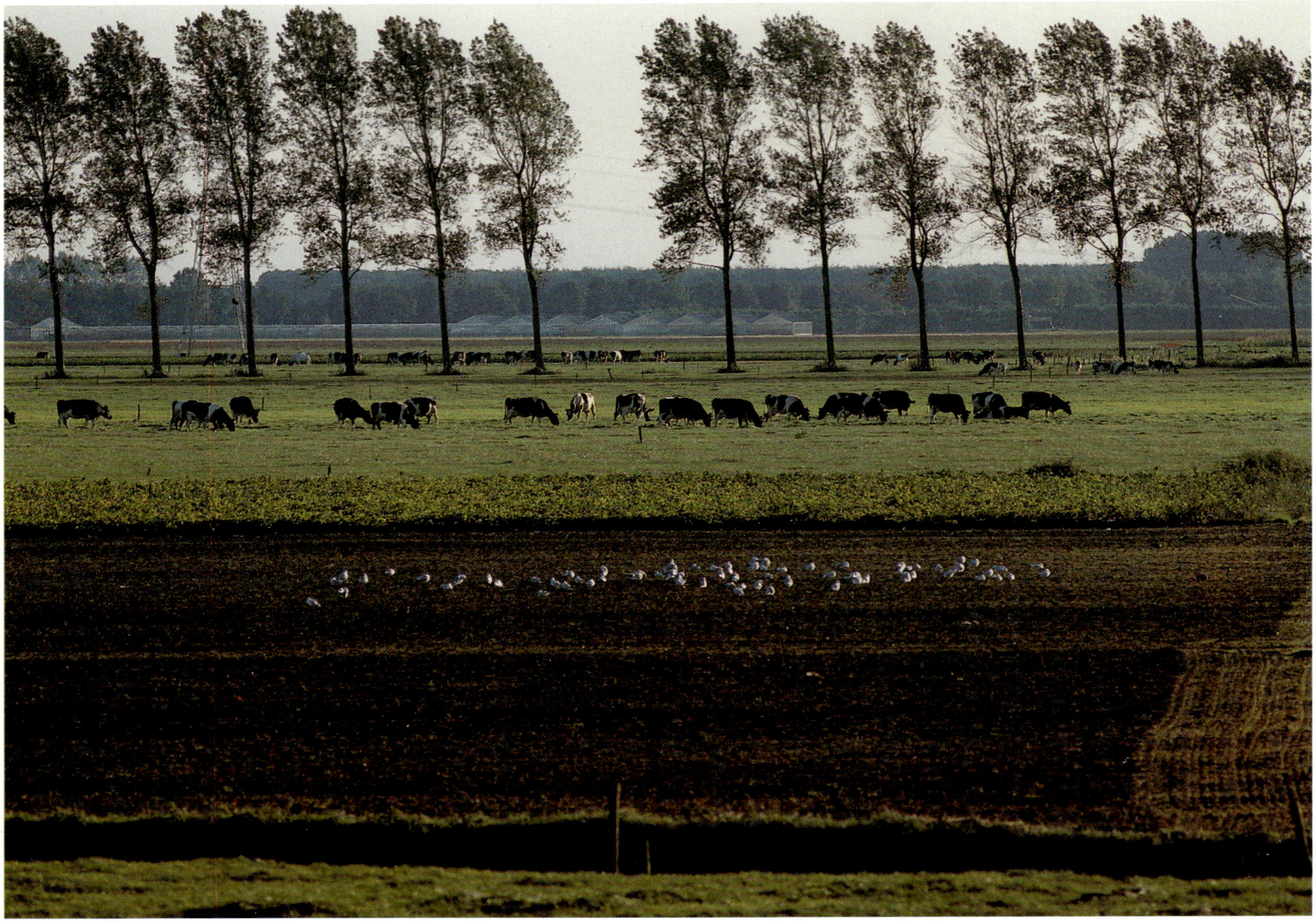

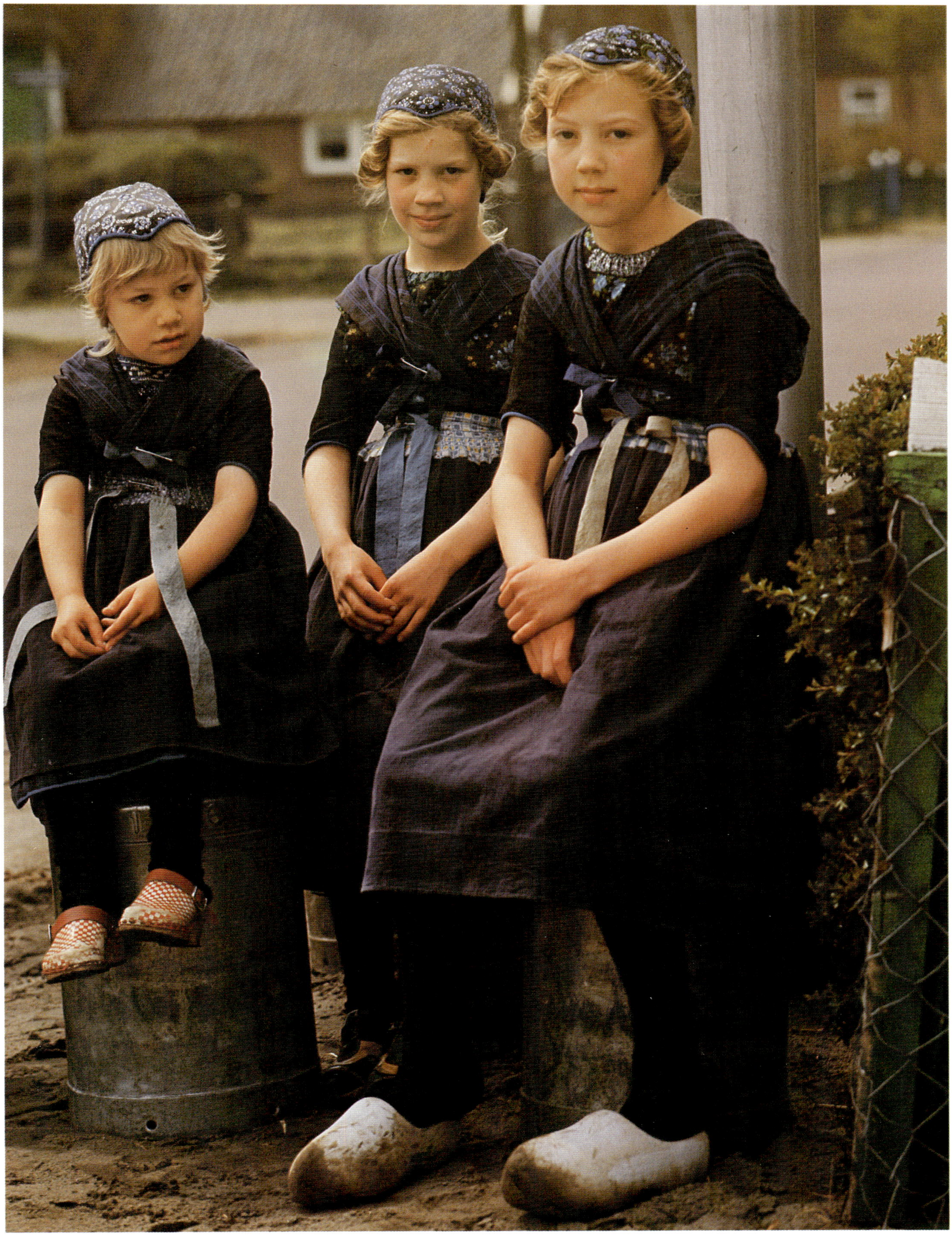

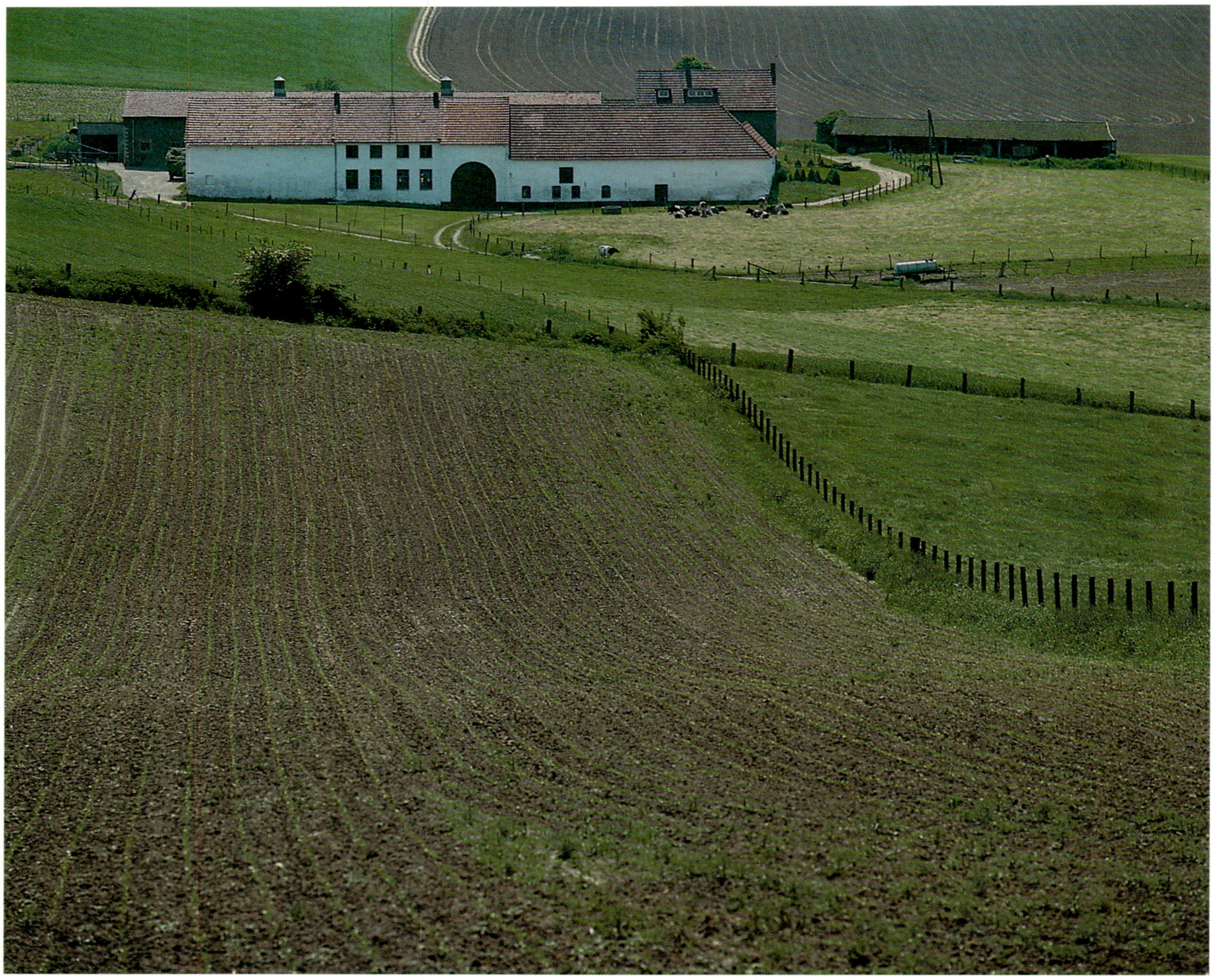

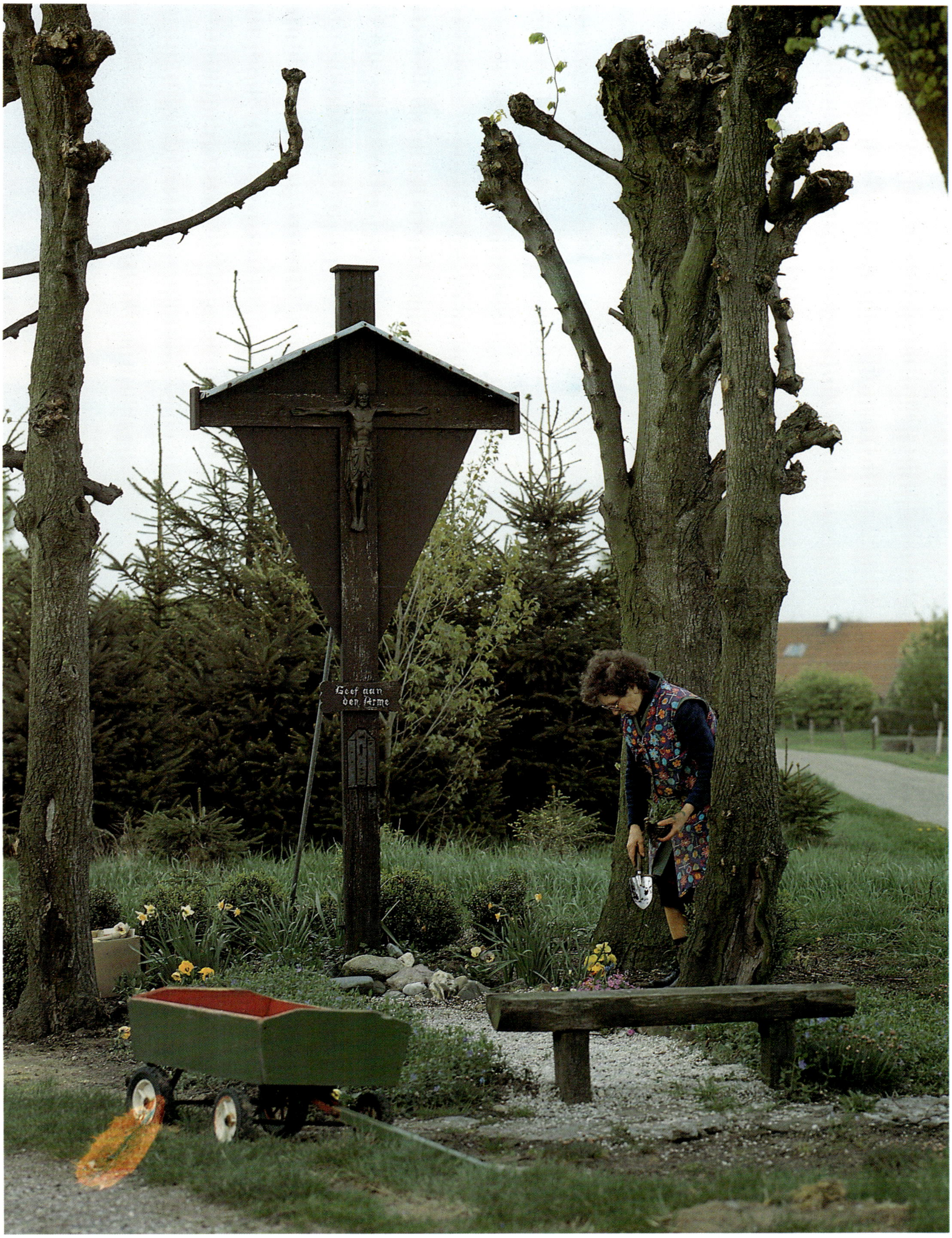
Geef aan den Arme

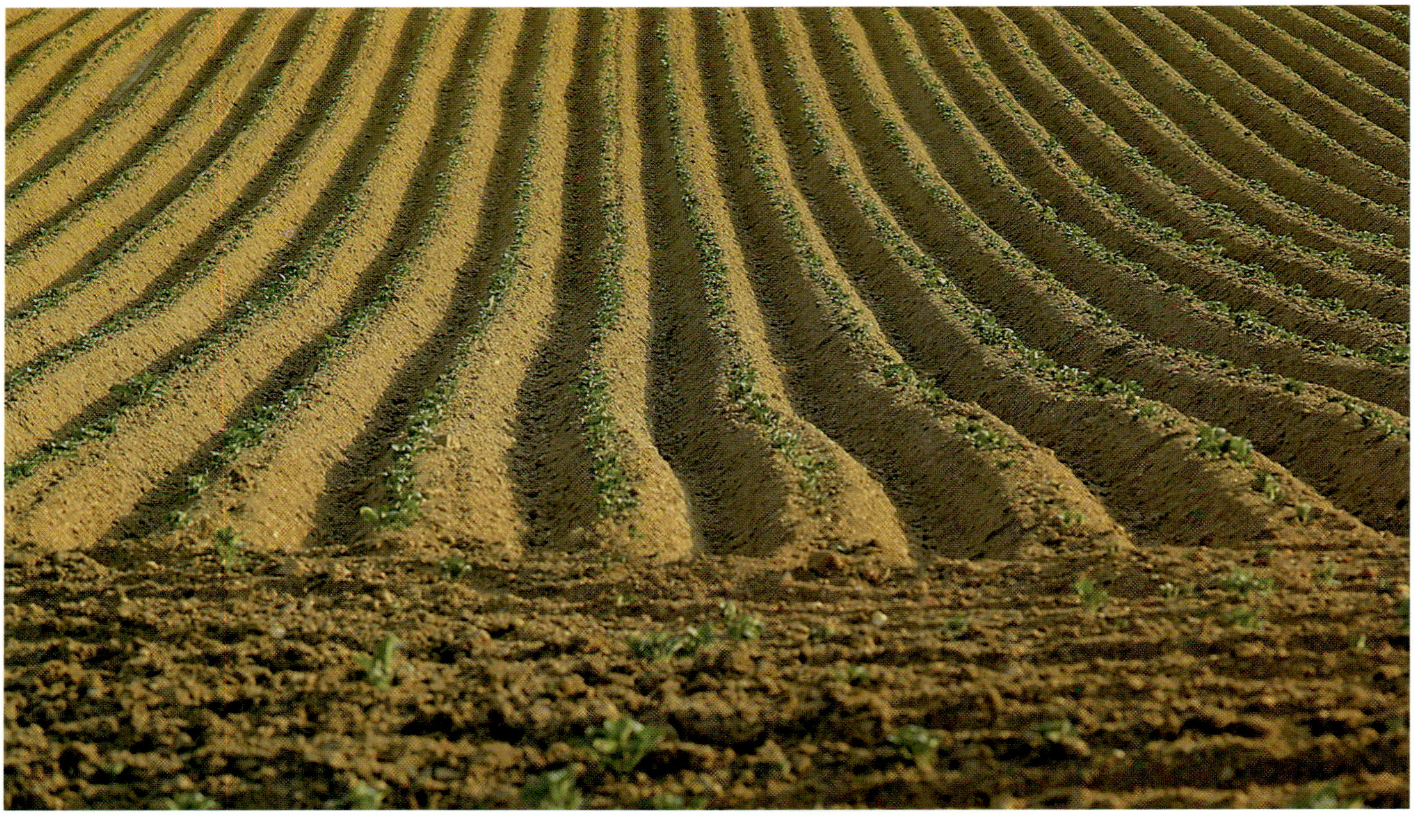

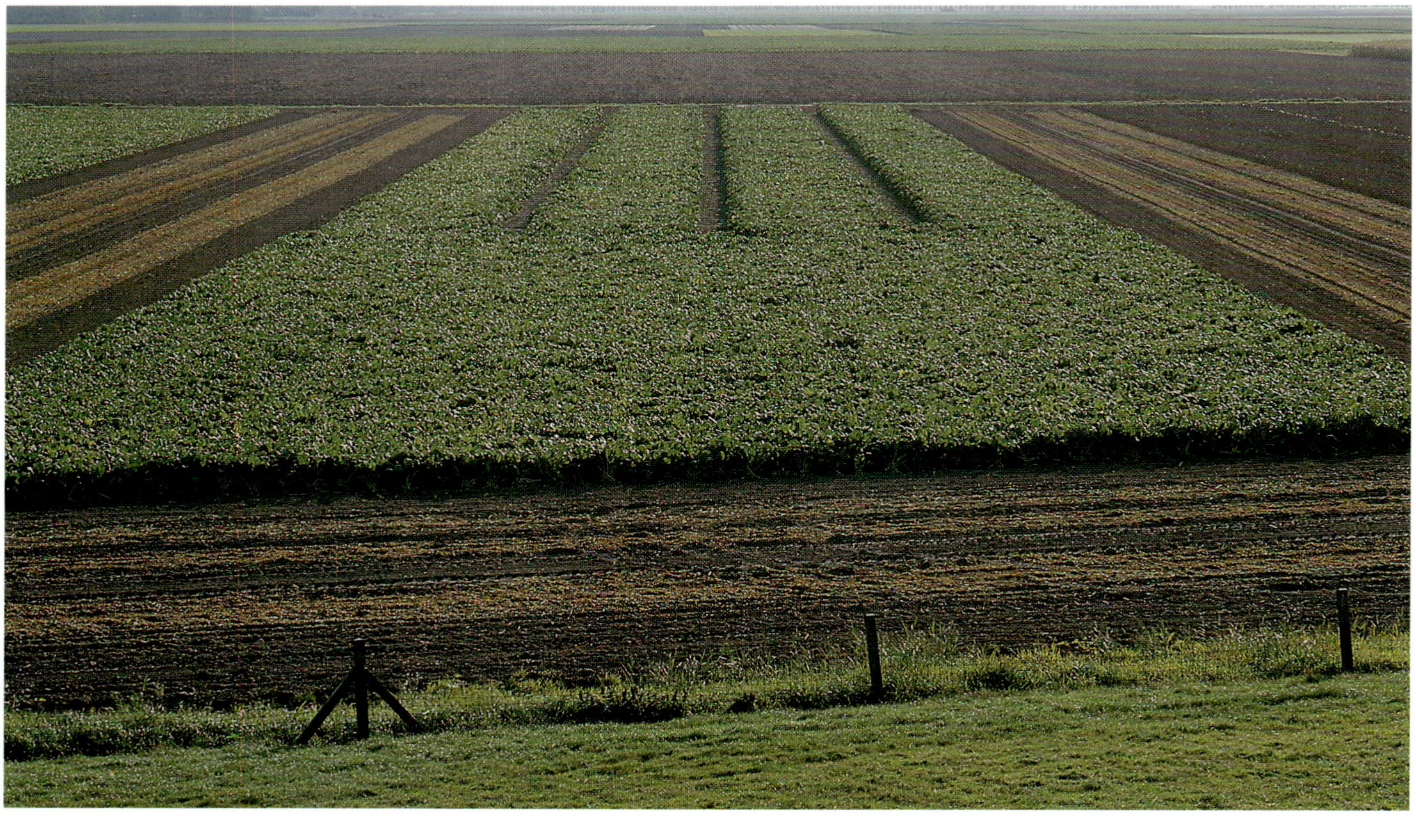

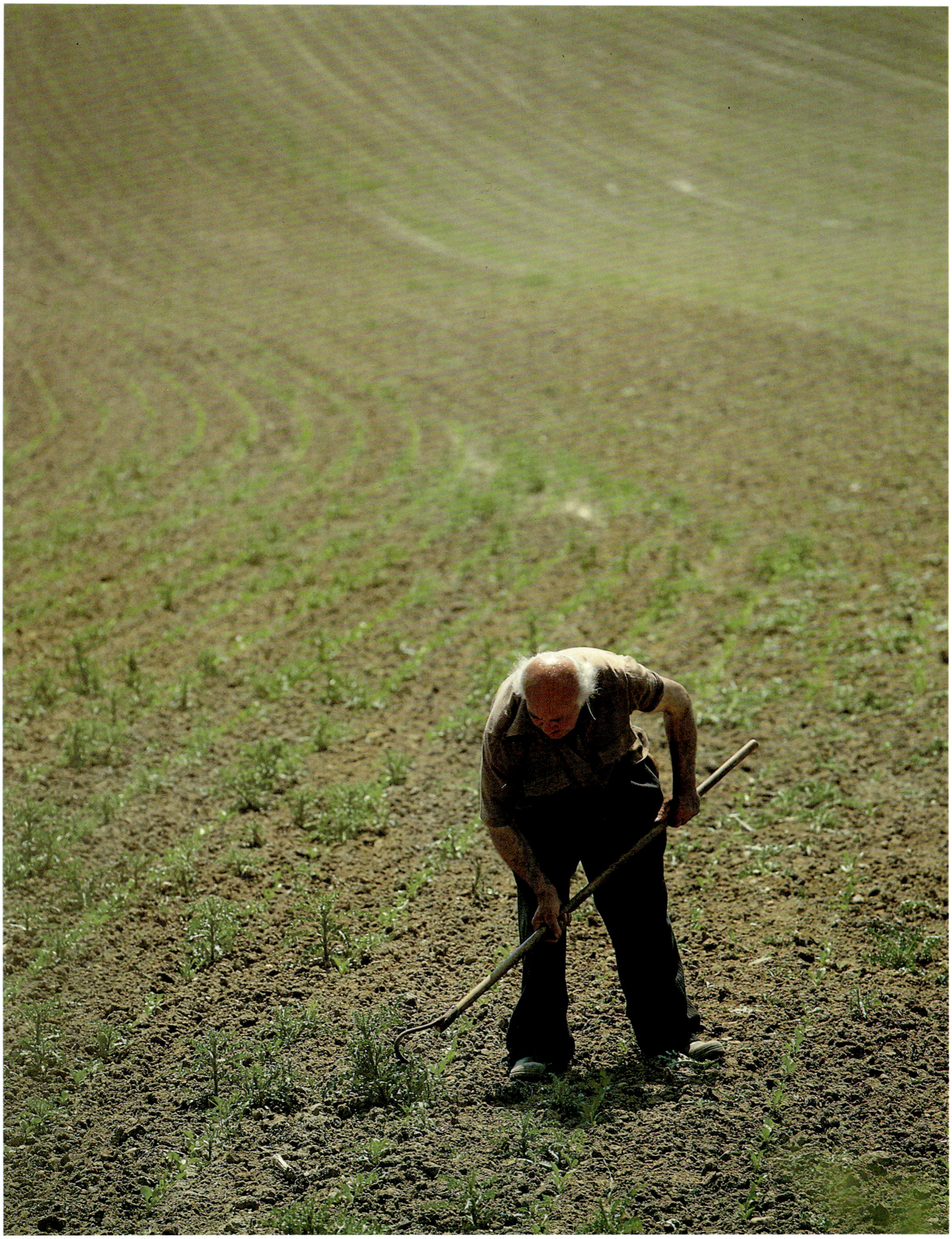

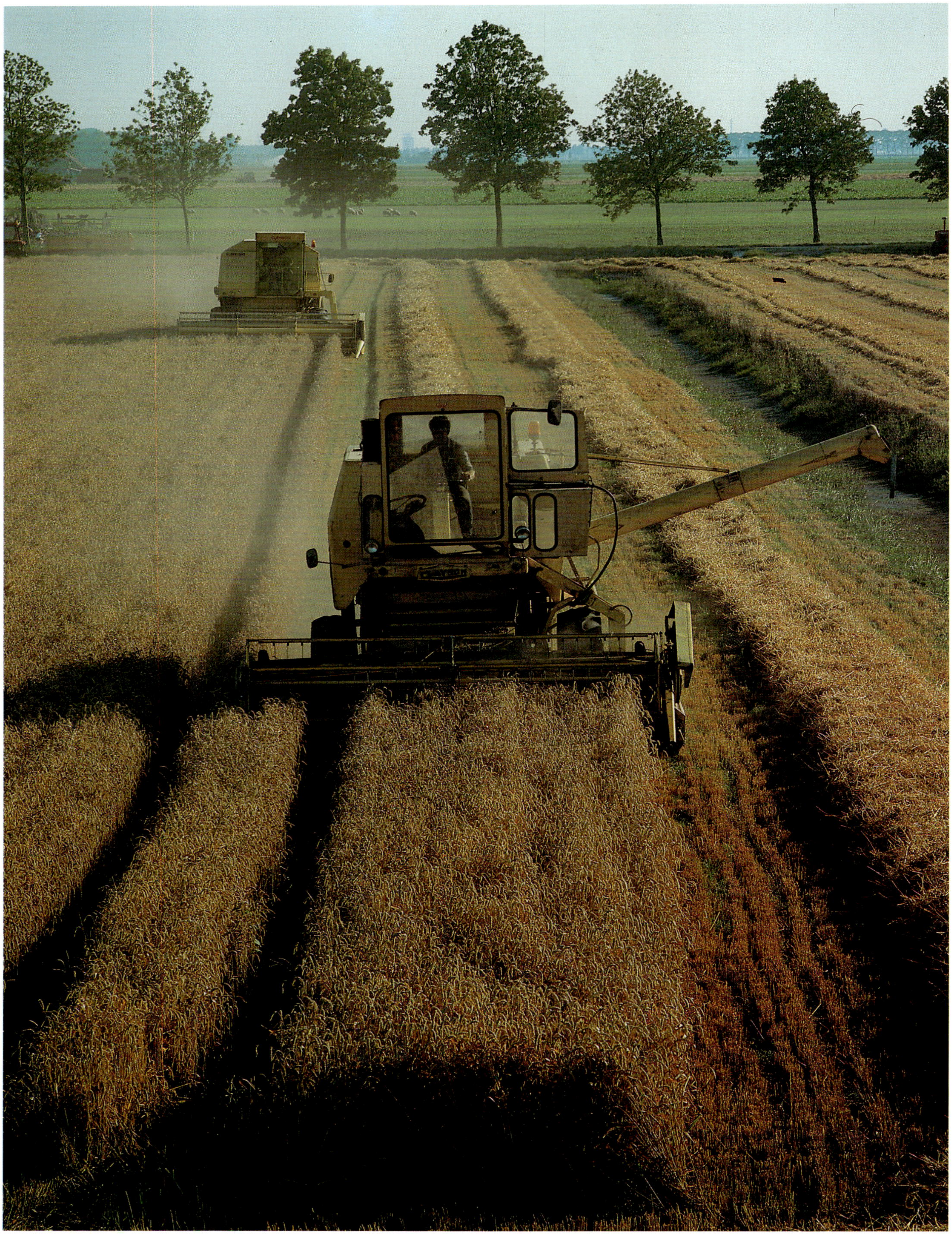

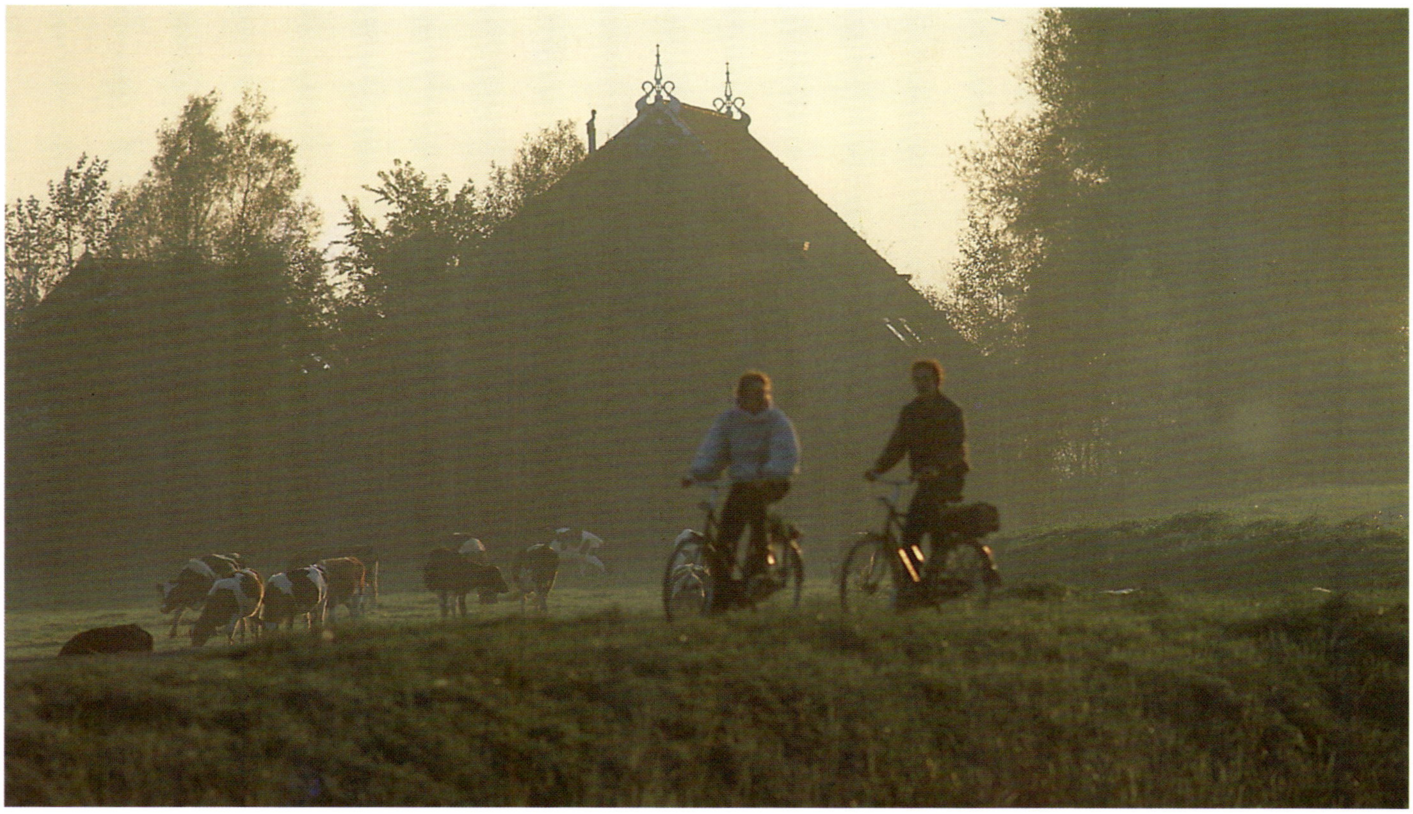

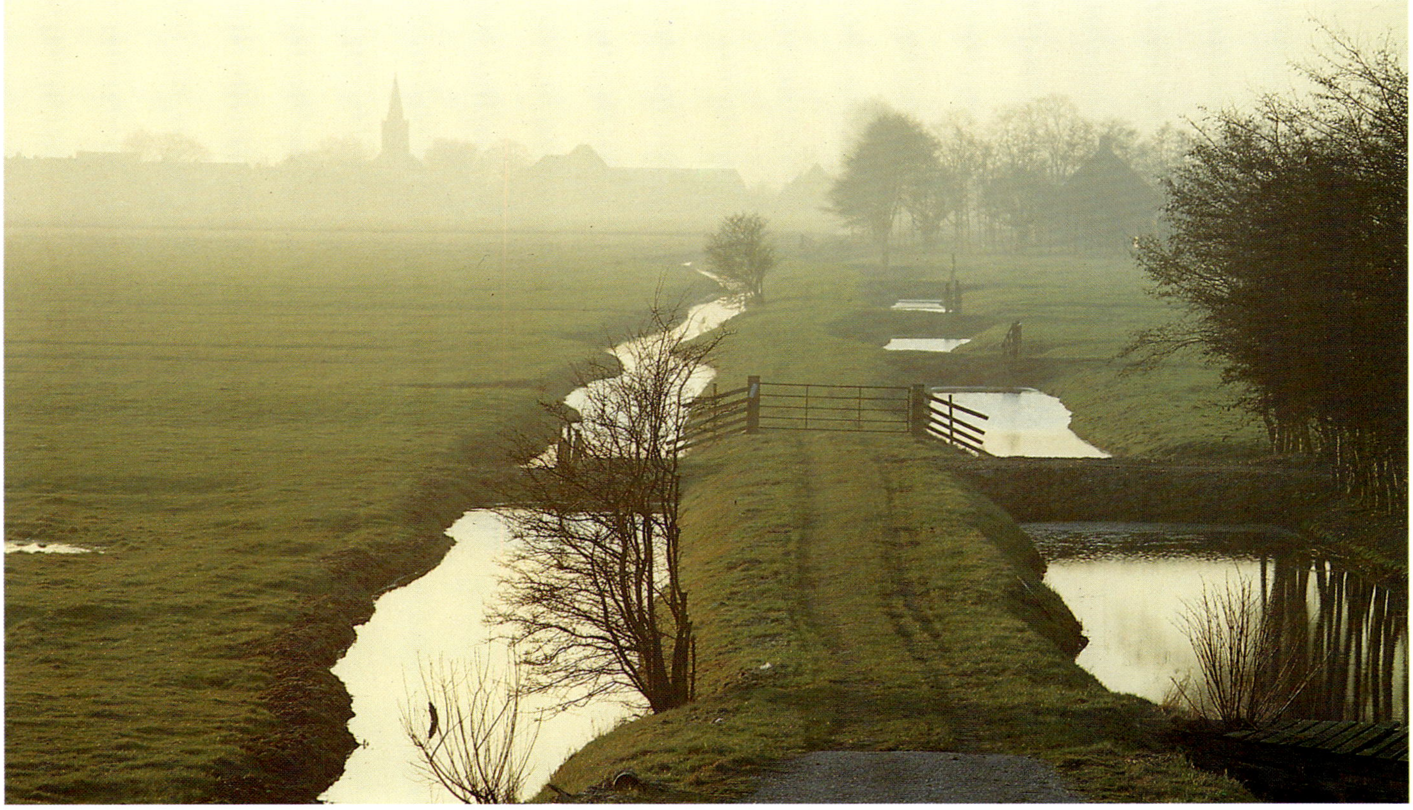

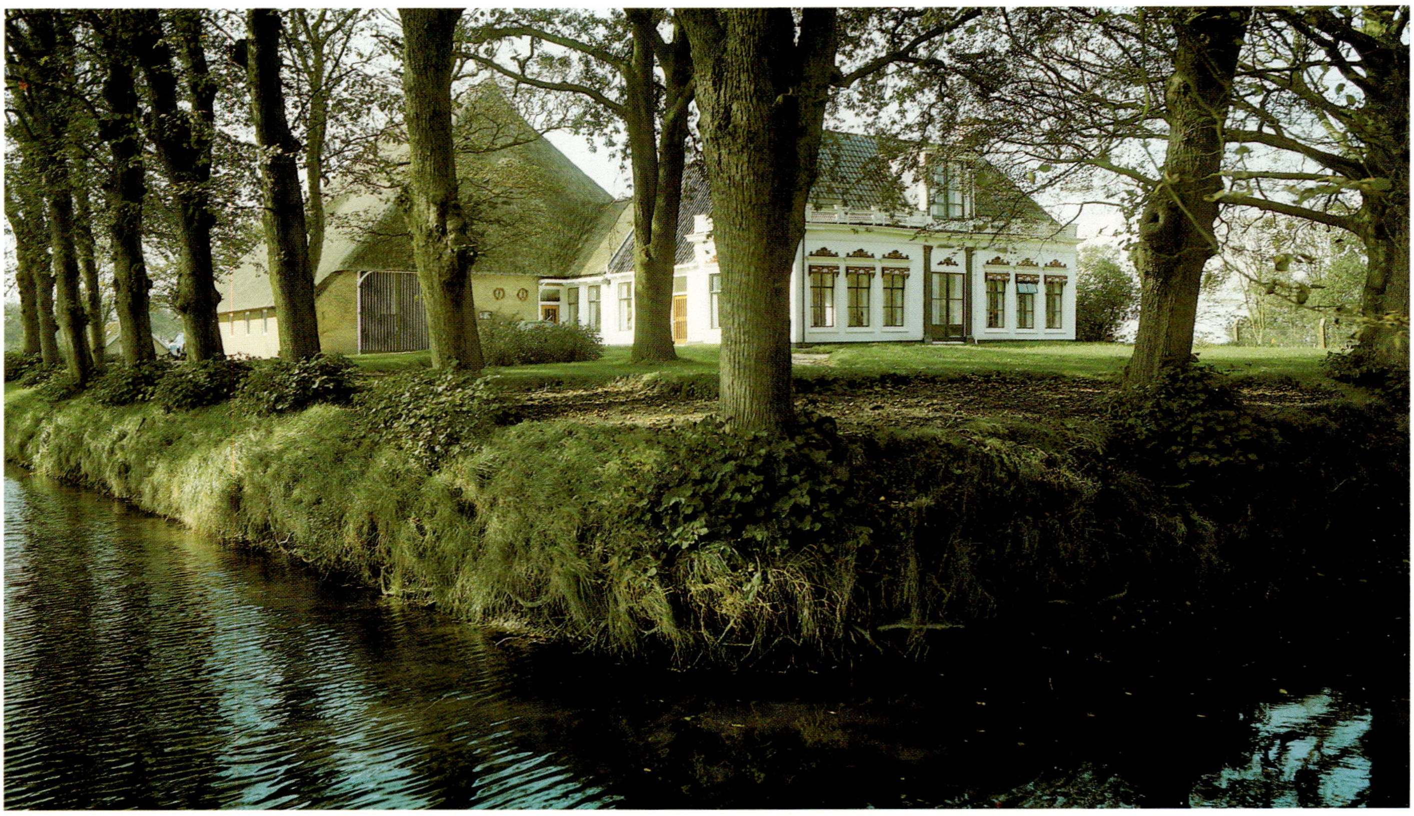

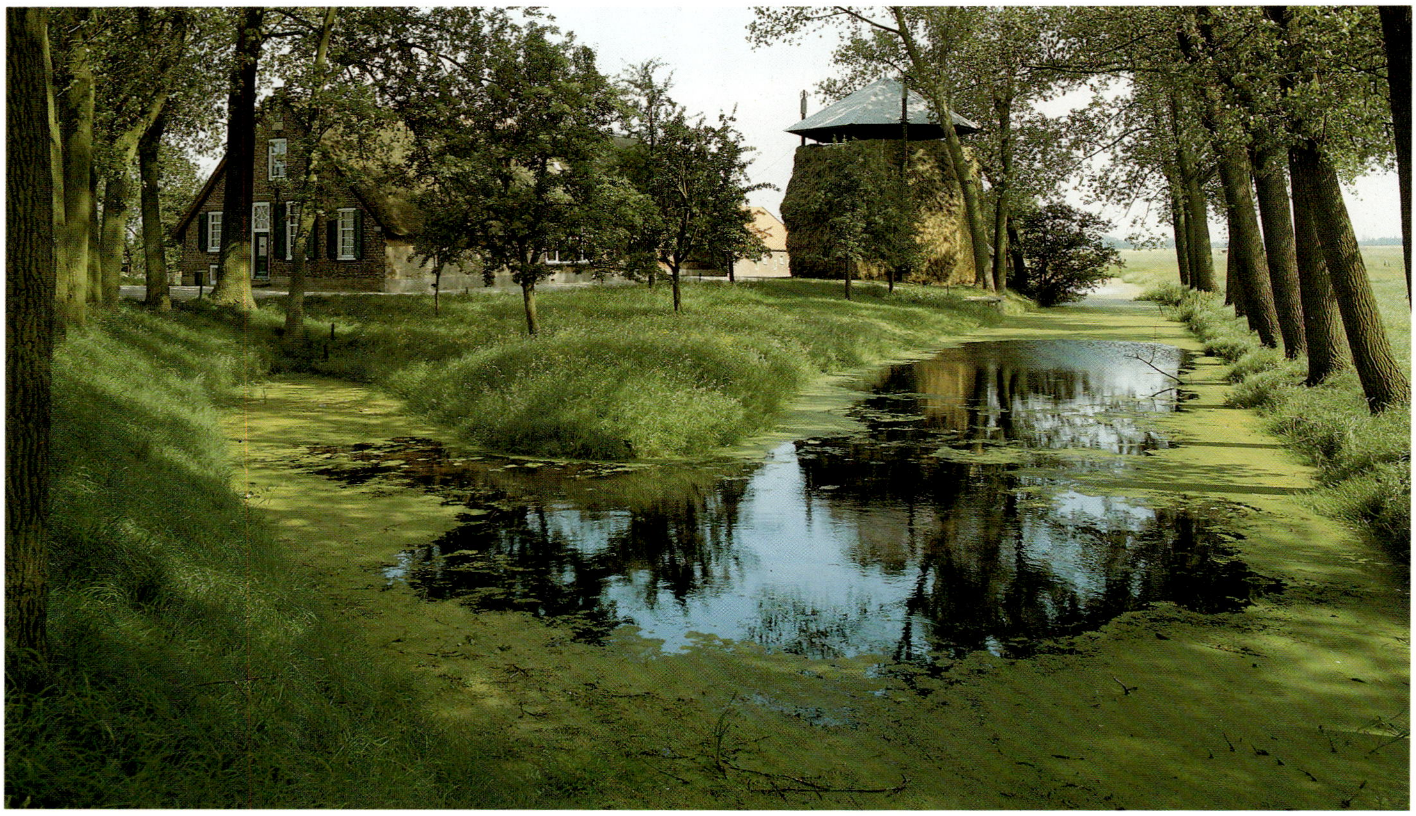

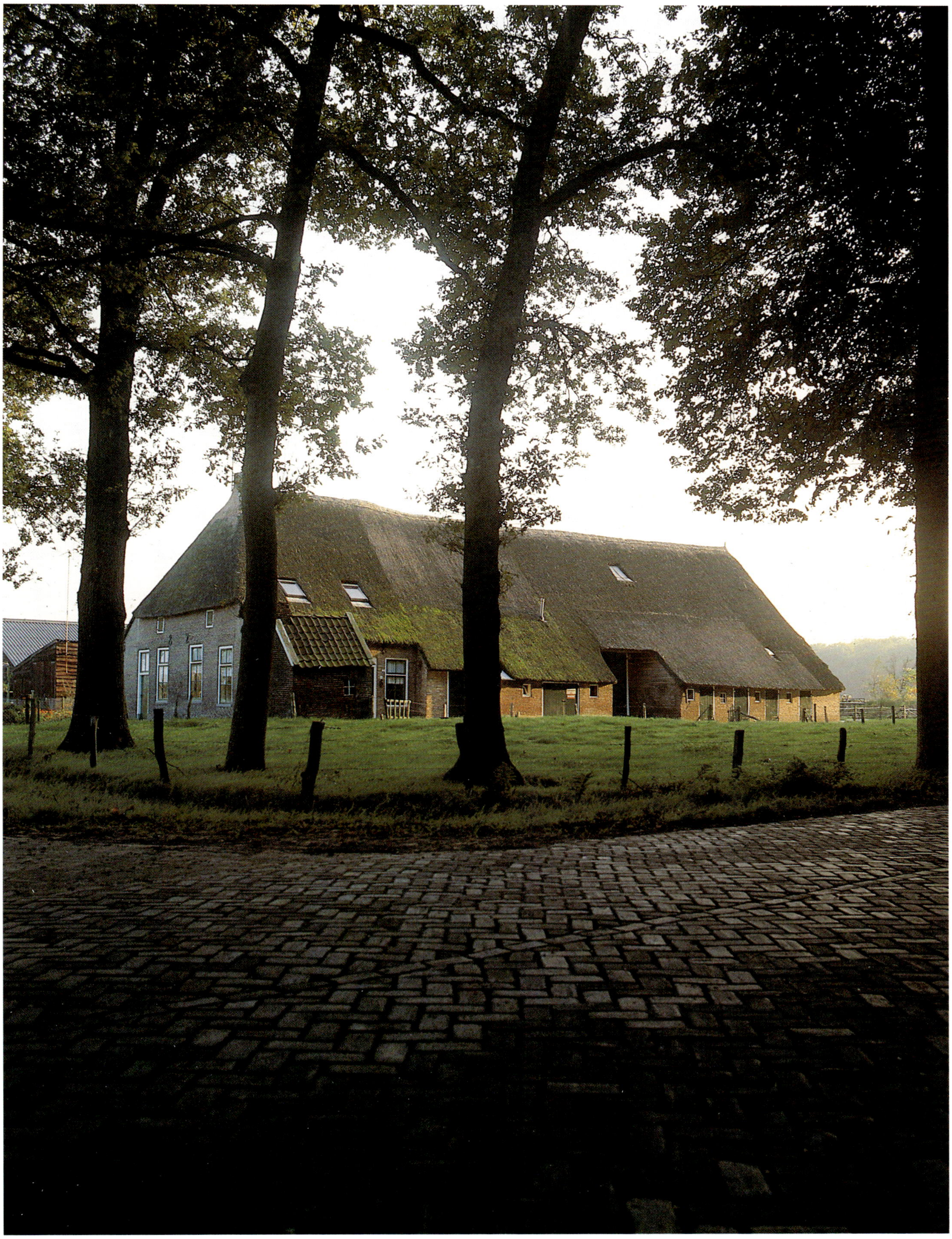

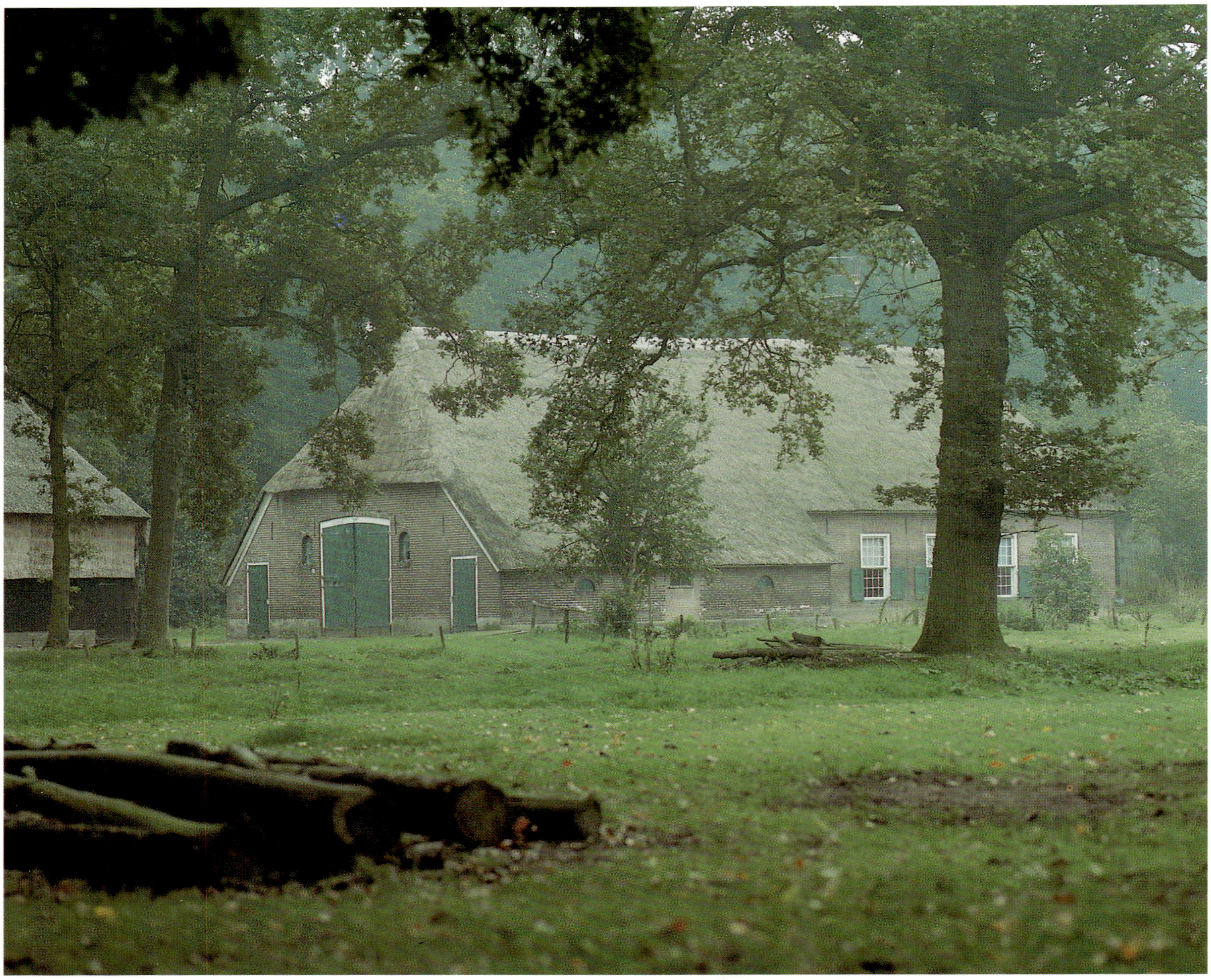

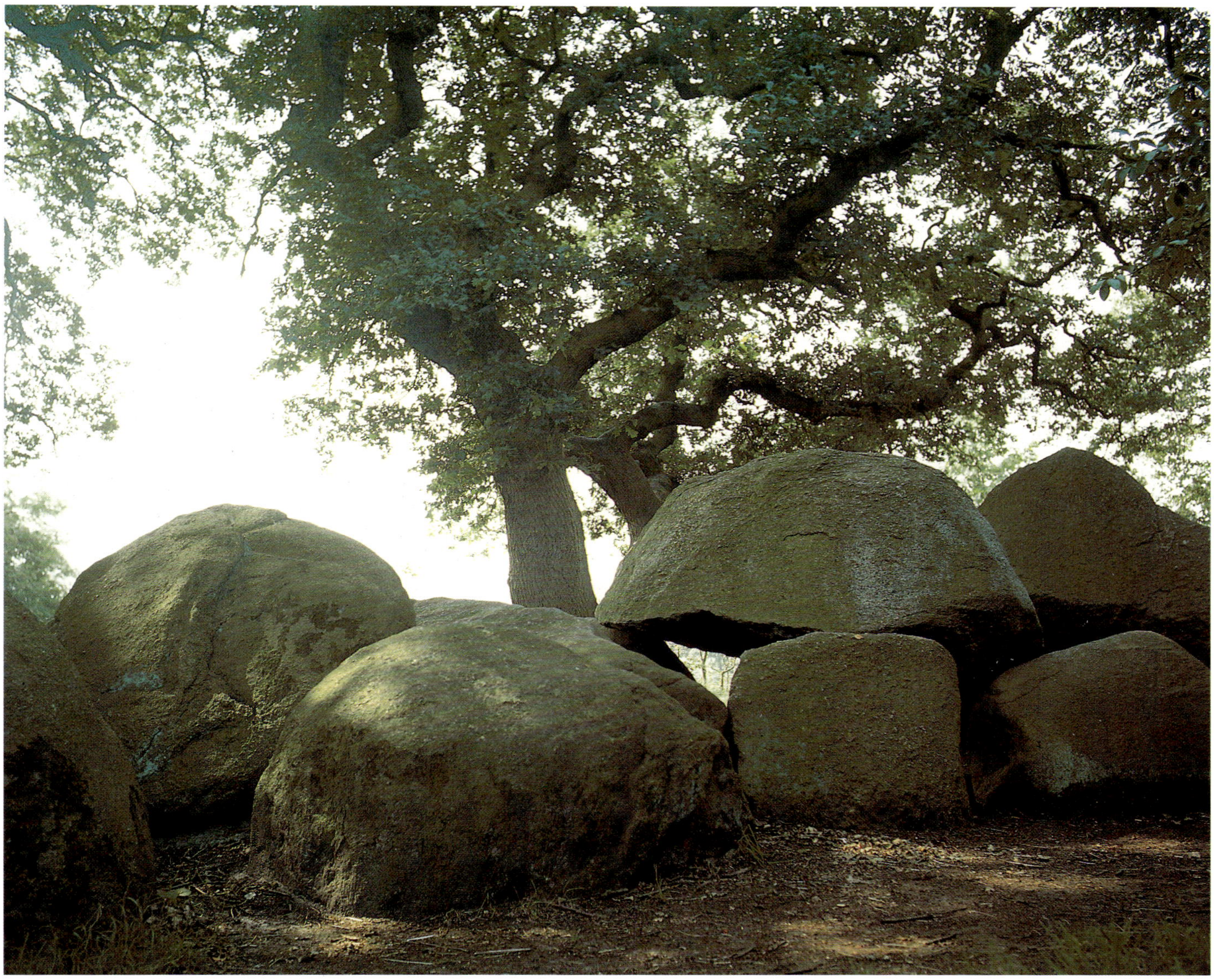

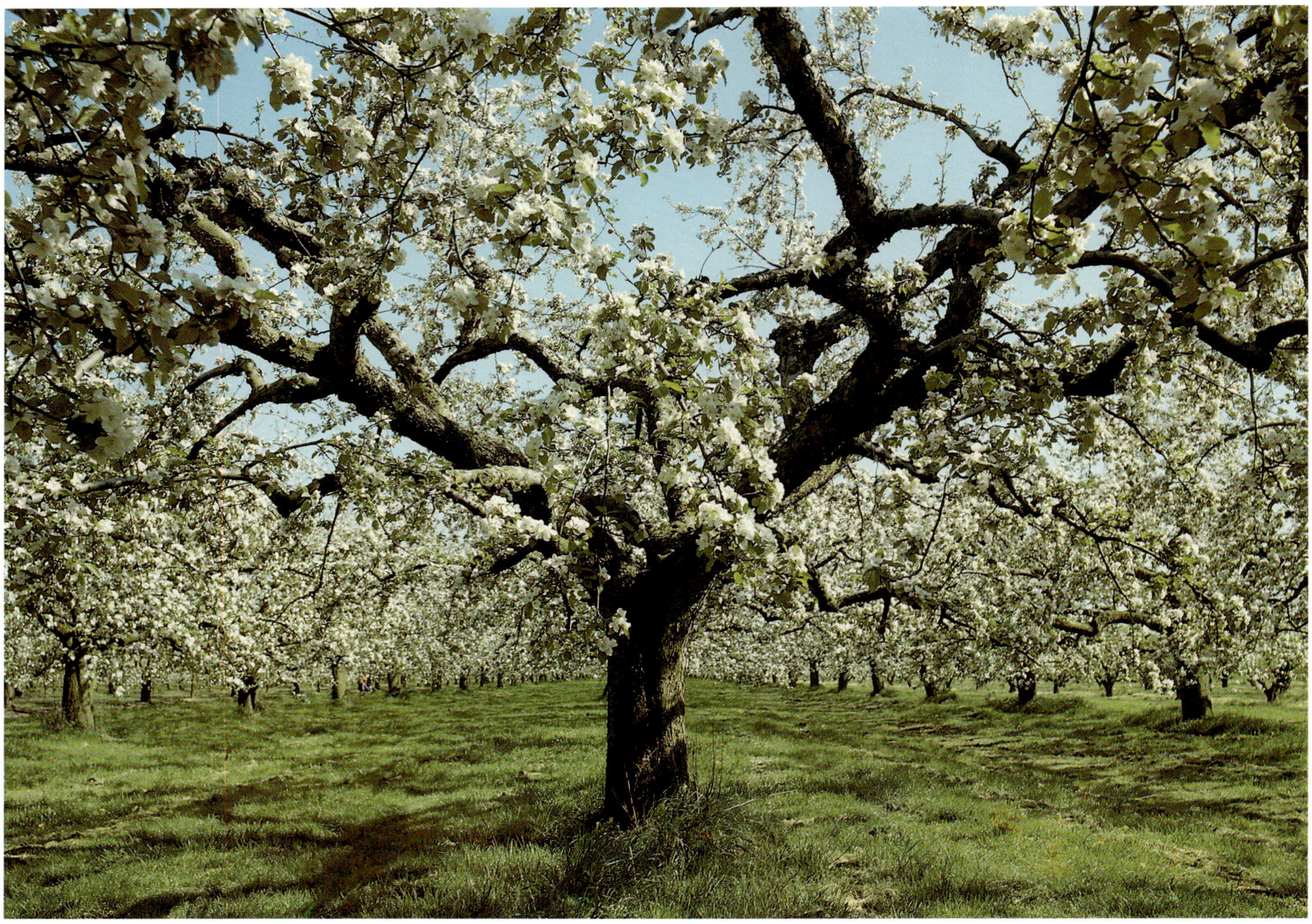

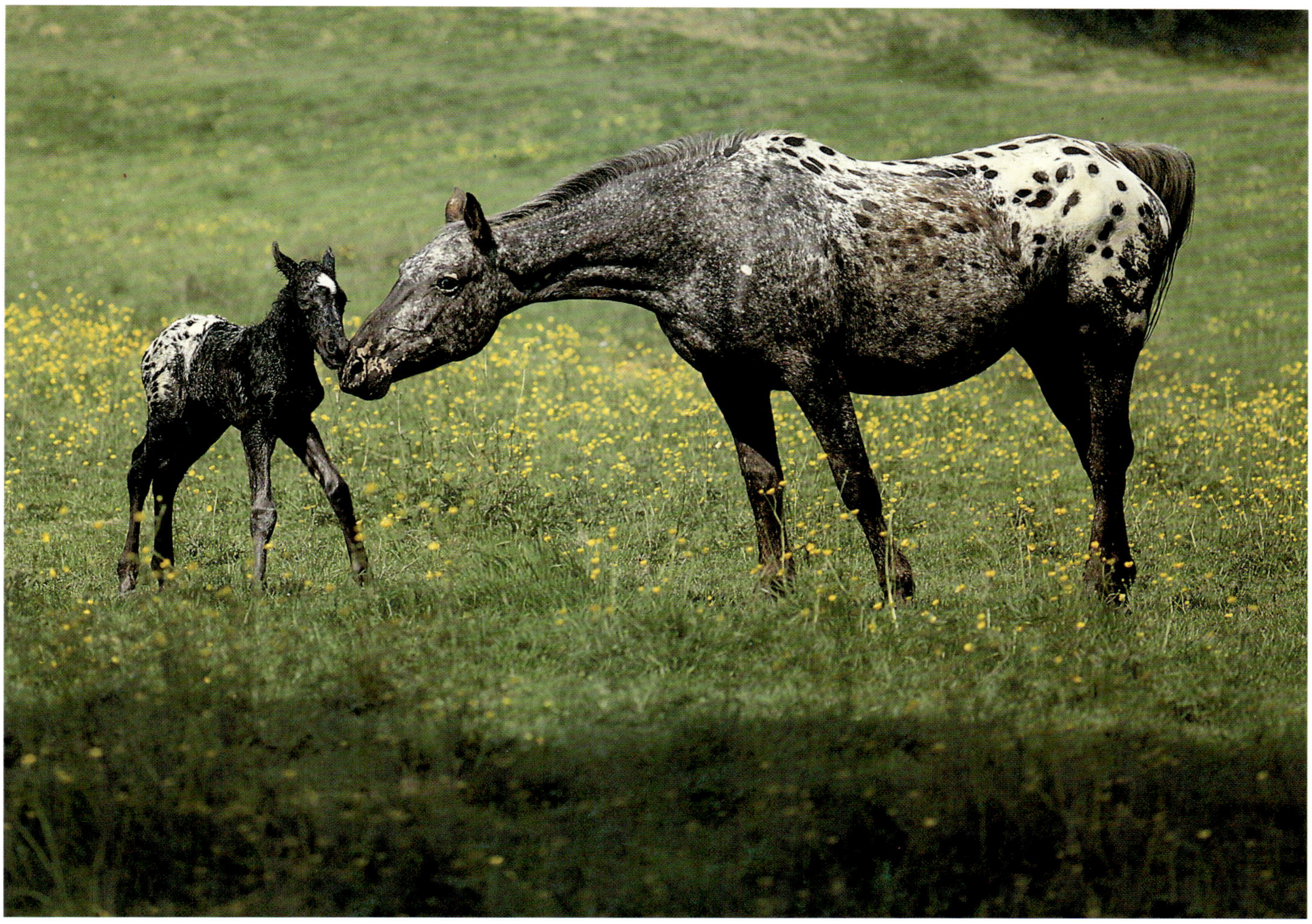

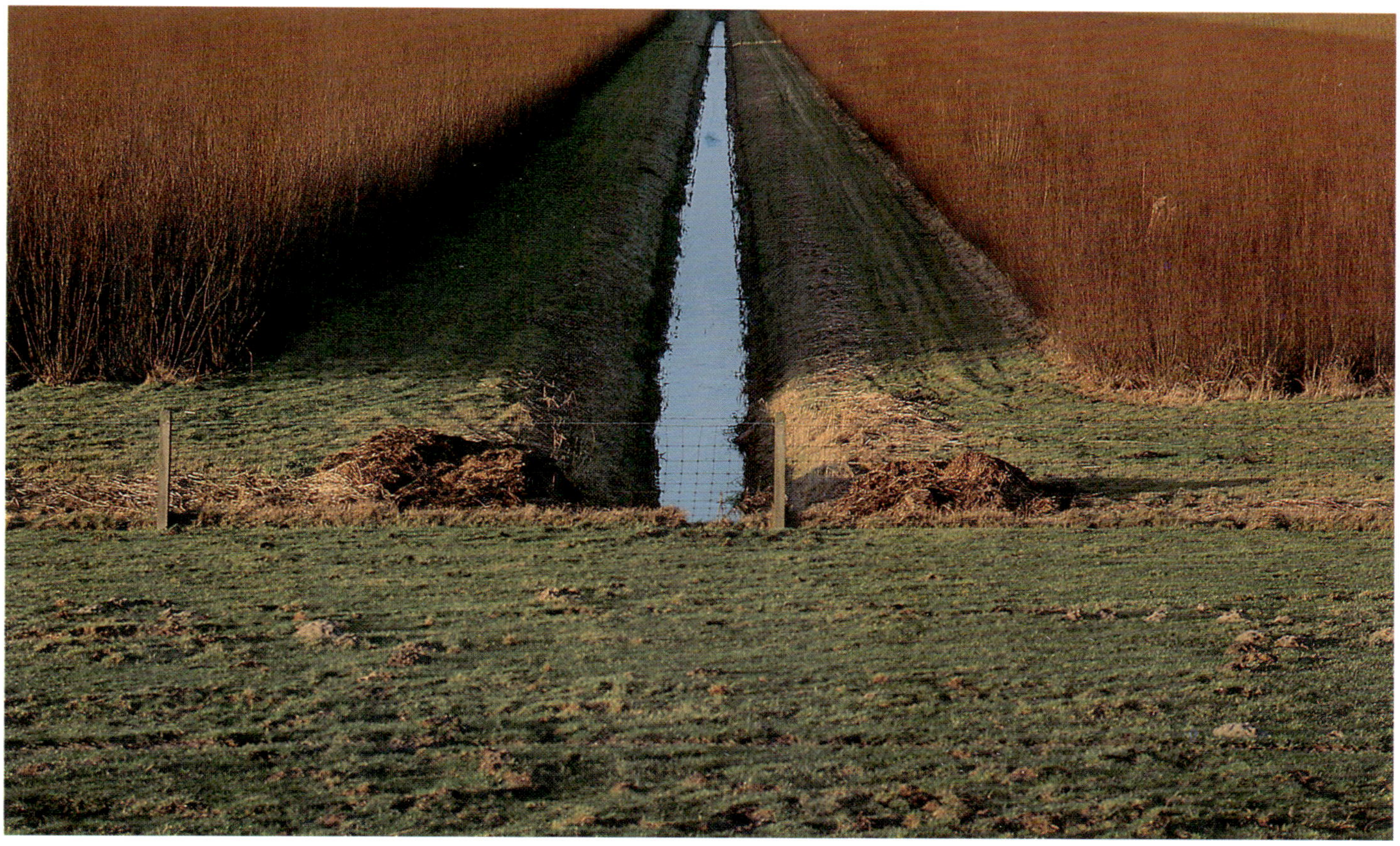

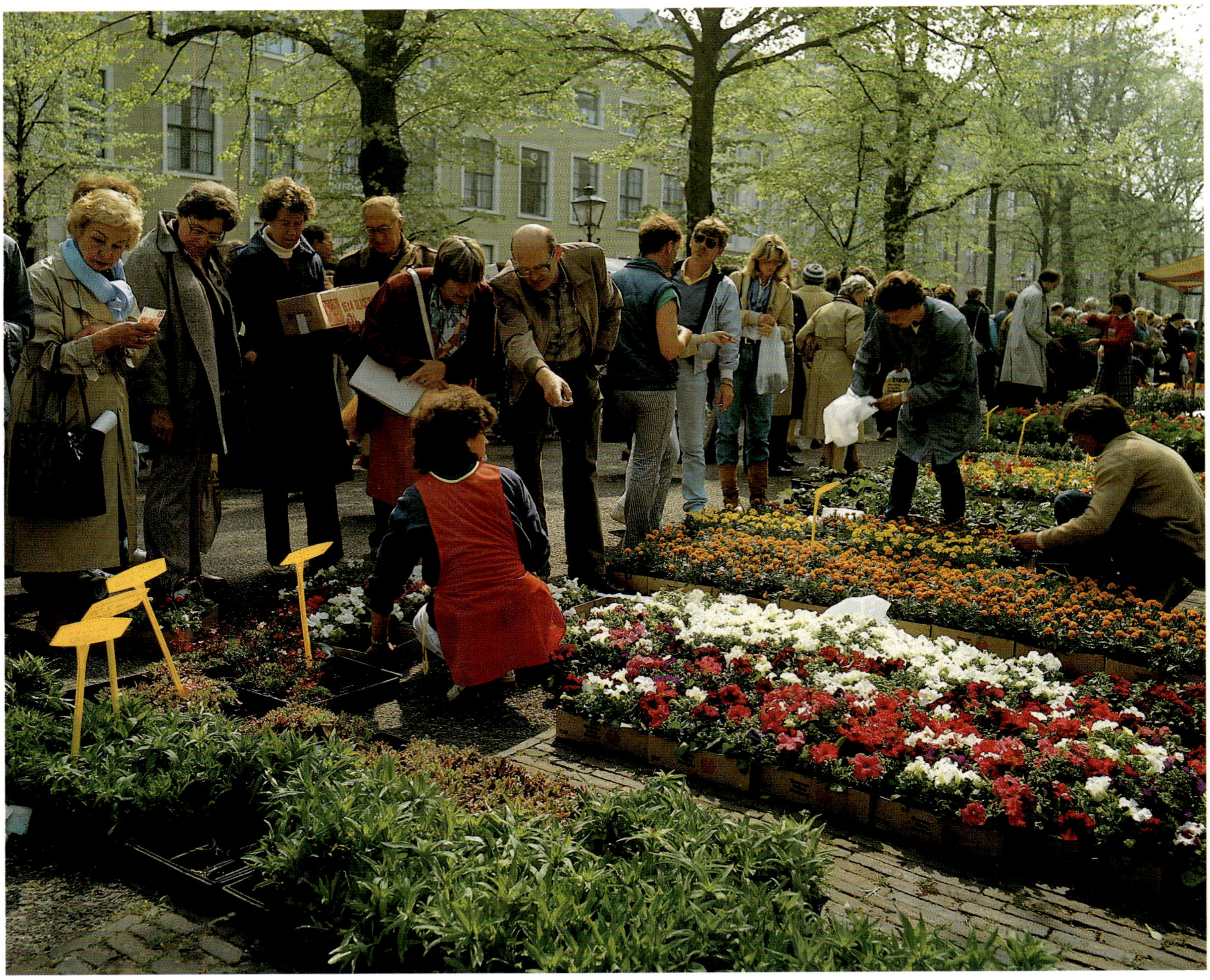

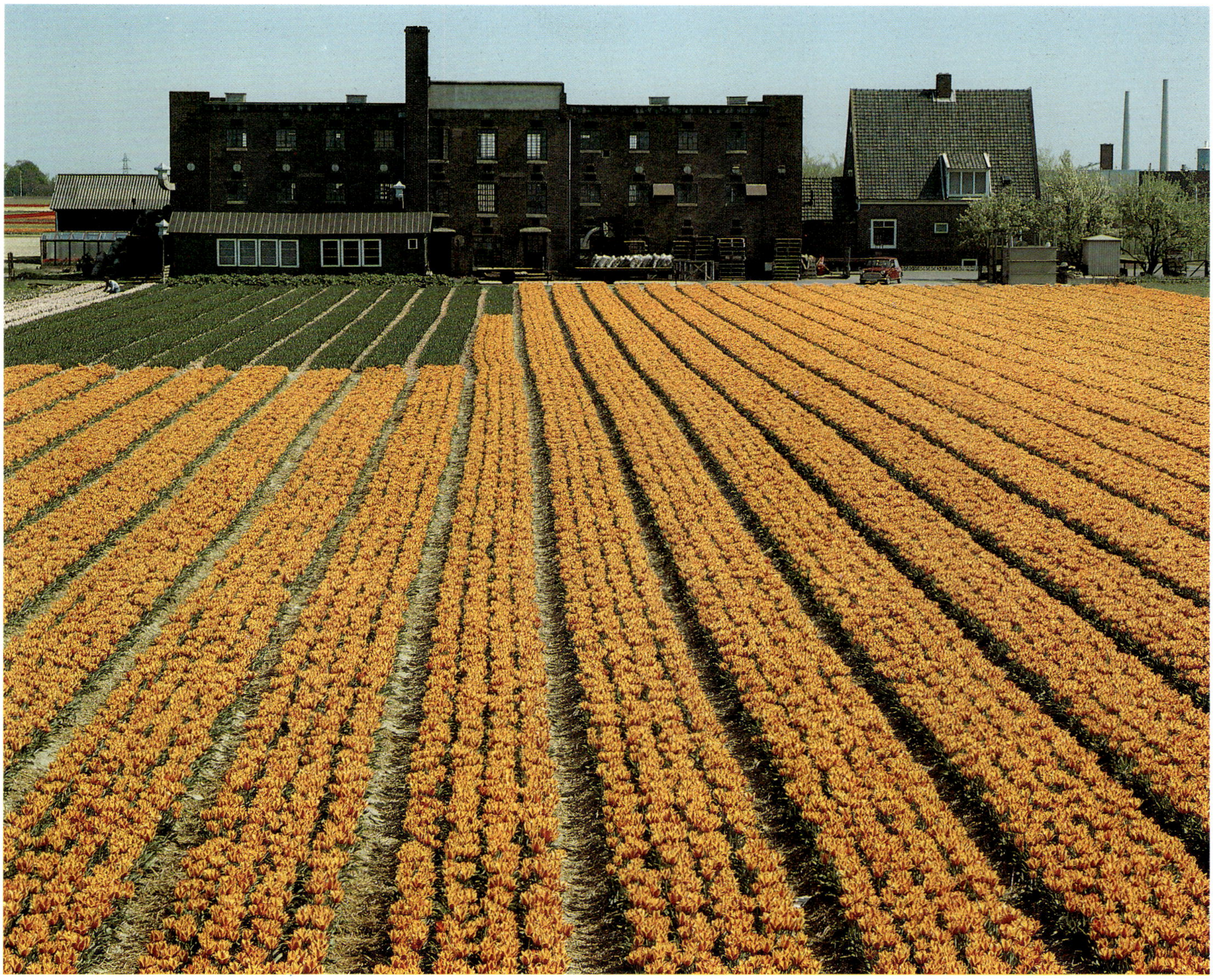

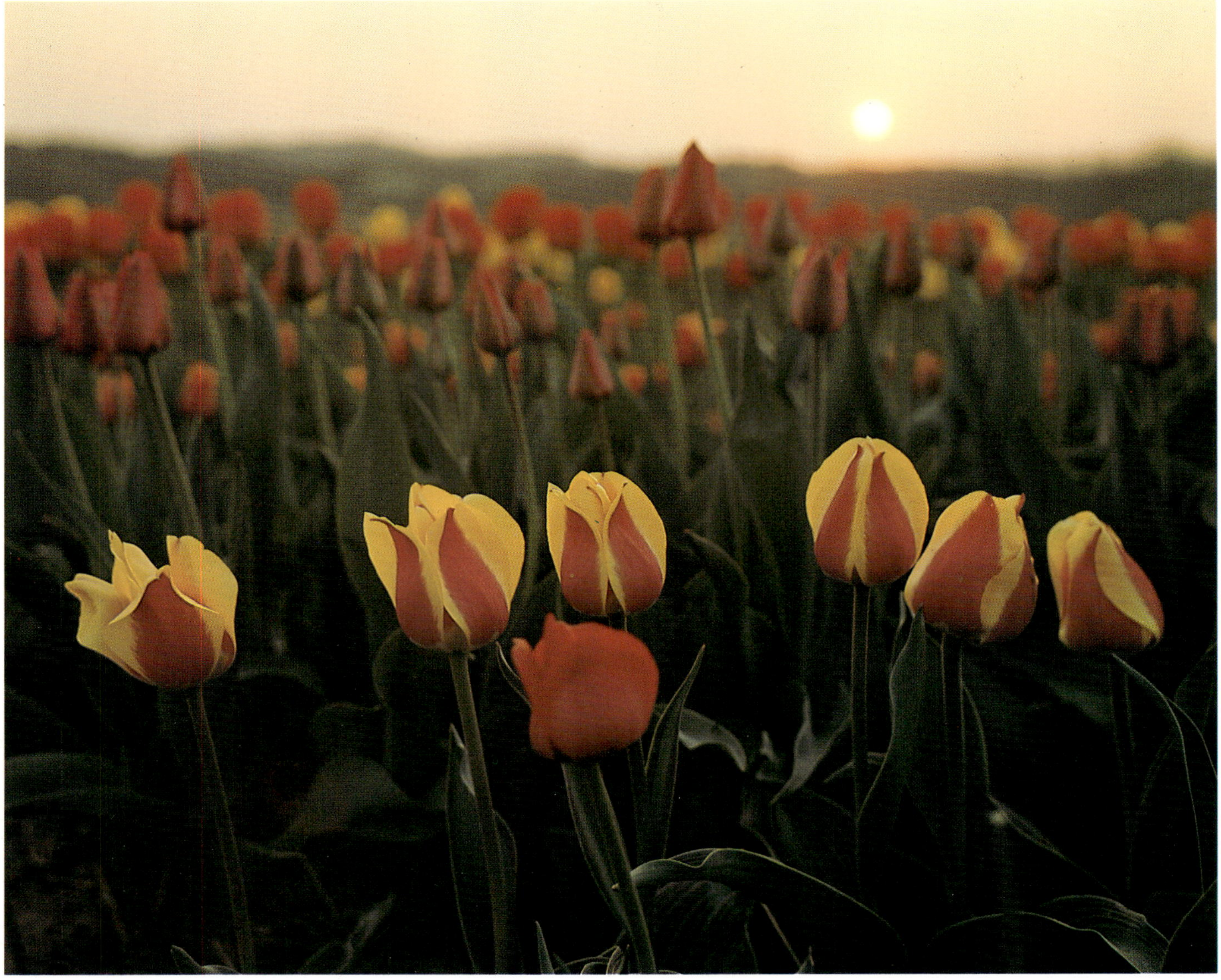